国家社科基金重大项目（编号：13&ZD140）
——中国体育非物质文化遗产资源数据库建设的研究

体育非物质文化遗产传承人口述实录

上　卷

陈小蓉　主编

人民体育出版社

图书在版编目（CIP）数据

体育非物质文化遗产传承人口述实录．上卷 / 陈小蓉主编．-- 北京：人民体育出版社，2023

ISBN 978-7-5009-6074-4

Ⅰ．①体… Ⅱ．①陈… Ⅲ．①民族形式体育—非物质文化遗产—介绍—中国 Ⅳ．① G852.9

中国版本图书馆 CIP 数据核字（2021）第 181886 号

*

人 民 体 育 出 版 社 出 版 发 行

北 京 中 科 印 刷 有 限 公 司 印 刷

新　华　书　店　经　销

*

787 × 1092　16 开本　20.25 印张　420 千字

2023 年 4 月第 1 版　2023 年 4 月第 1 次印刷

*

ISBN 978-7-5009-6074-4

定价：85.00 元

社址：北京市东城区体育馆路 8 号（天坛公园东门）

电话：67151482（发行部）　　邮编：100061

传真：67151483　　邮购：67118491

网址：www.psphpress.com

2010 年 10 月 23 日，拦手门武术联谊会合影

代表性传承人张文仲

第八代传人张力、穆素芬等人，展示“七女战独侠”（张文仲 1975 年摄于天津北宁公园）

第七代传人张文仲授徒典礼

拦手门武术进校园

张文仲展示日月方便连环铲“回头望月”式（董雯霞拍摄）

中国式摔跤是我国最古老的体育项目之一（赵德春拍摄）

代表性传承人付文刚（身着蓝衣者）

清朝时期宛八爷和扑户手合影

清朝时期善扑营扑户宛永顺（右二）

天桥摔跤围观者众多

惊险刺激的天桥摔跤

空竹是一种民间传统文化遗产

代表性传承人李连元展示绝活（陈小蓉拍摄）

天桥茶汤李（法国阿兰于 20 世纪 40 年代拍摄）

2007 年李连元慰问水立方工地建设者

习练者在习练异型空竹（陈小蓉拍摄）

李连元传授技艺

沈氏摔跤以“散手快跤”为主要特点

著名摔跤选手沈少三（左）

代表性传承人沈少三代表中南地区参加比赛

1958 年沈少三在三门峡工余时间摔跤

1959 年沈少三在郑州参加全运会赛前热身

沈少三在沈氏摔跤免费传授点辅导青少年

位于新会京梅村的蔡李佛宗祠（陈小蓉拍摄）

代表性传承人陈忠杰

盾牌刀、双刀、单刀、钩镰枪、扁担、红缨枪（陈小蓉拍摄）

陈忠杰传授技艺

世界各地蔡李佛弟子回祖馆集训

陈忠杰举行入室弟子拜师仪式

2003 年 5 月，吴信良展示峨眉柔推术

代表性传承人吴信良

2017 年，吴信良展示峨眉武术

2014 年 7 月，吴信良教学员练习反截击

吴信良教学员练峨眉防身术

2015 年，吴信良教外国友人习练峨眉养生功

潮汕地区深具特色的传统舞狮——青狮

代表性传承人李国英

代表性传承人孙淑强传授舞狮技艺

孙淑强辅导学生习练武术

巨型青狮头参加巡游活动

孙淑强的儿子在习武（陈小蓉拍摄）

崆峒文武学校学生集体习练崆峒武术

代表性传承人王镖

燕飞霞习练花扇

燕飞霞展示崆峒技艺

王镖被师父委以传承重任

第十二代传承人陈虎演练“崆峒乾坤扇”（陈小蓉拍摄）

代表性传承人张西岭

梅花拳学校学生参加梅花拳祭祖表演

邢台梅花拳稀有兵器——小法车

代表性传承人张西岭演练稀有兵器落子枪

学生演练稀有兵器（陈小蓉拍摄）

张西岭的儿子张宇皓习练高桩

国家级代表性传承人赵剑英练拳照

赵剑英的师父——武当太乙五行拳
第十七代传人金子弢

武当武术省级代表性传承人、武当太乙五行拳第十九代掌门覃献平练拳照

覃献平指导市级传承人覃良伟在东湖畔练拳（陈小蓉拍摄）

赵剑英的长孙覃良伟、孙媳付翔（武汉体育学院博士）、重孙覃翰圻四代薪火相传，传承武当武术

道教武术总教练赵剑英与武当坤道武术队众弟子合影

苗族独木龙舟起源于趴龙船的传说故事

苗族独木龙舟是一项古老的少数民族传统体育活动

一条龙船上一般都是同一个宗族的村民

负责管账的村民将“姑妈们”送的礼绑在船头

龙舟的安装需要多人配合

独木龙舟协会在龙舟节期间起到重要的协调作用

青城武术发源于青城山（陈小蓉拍摄）

代表性传承人刘绥滨

刘绥滨传承技艺（陈小蓉拍摄）

青城小学体育课上学生习练青城武术（陈小蓉拍摄）

52 个非洲国家青年代表习练青城武术

印度友人阿米尔汗体验青城武术

如今的城南龙灯成了人人都能参与的欢庆活动

代表性传承人史克滨在扎制龙灯

史克滨的父亲史有青

制作龙灯是一个大工程

史克滨展示龙灯

一群捷克的年轻人在舞中国龙，通过网站了解到城南龙灯的制作过程，说道：“终于买到真正的中国龙了！”

代表性传承人苌红军（陈小蓉拍摄）

代表性传承人苌丙军（陈小蓉拍摄）

苌家拳传人（左 1 老五苌丙军，左 2 老大苌毅军，左 3 大师兄史振江，右 1 老二苌红军，右 2 老三苌红佑）（陈小蓉拍摄）

苌家拳传人苌山林在荥阳县新庄学校演练二十四棒

苌延军（又名苌红佑）在练习罗汉拳（陈小蓉拍摄）

双剑霸王观阵（陈万卿拍摄）

心意六合拳名家吕瑞芳

代表性传承人吕延芝（金春霞拍摄）

吕瑞芳练拳

吕延芝与父亲习练拳术

吕延芝指导学生练剑

吕延芝访问沙特，传授武术技艺

武术名家沙国政老先生

八卦掌对练

代表性传承人沙俊杰在练习形意拳

代表性传承人李斌在练习八卦掌

沙式武术走进军营

沙俊杰、李斌夫妇与英国东方艺术学院沙国政武术培训中心学员

永胜堂舞麒麟参加深圳非物质文化遗产展示活动

永胜堂舞麒麟第十一代传人张志明

代表性传承人张志明展示麒麟头（陈小蓉拍摄）

张志明在麒麟馆中展示武术器械（陈小蓉拍摄）

坂田麒麟队到军营慰问演出

越来越多年轻力量加入舞麒麟队伍

代表性传承人陈德辉（陈小蓉拍摄）

陈德辉主持起龙仪式

大坑舞火龙代代相传延续至今（钟剑彬拍摄）

大坑舞火龙的热闹场面

村民在龙身上插香火

陈德辉主持起龙仪式

石林摔跤比赛

代表性传承人毕有恒

代表性传承人黄毕兴

代表性传承人毕宏英担任裁判

毕有恒年轻时参加比赛的照片

黄毕兴训练小学生摔跤

荣昌武术进校园万人展示（荣昌缠丝拳协会提供）

代表性传承人蒋远武（陈小蓉拍摄）

蒋远武演示缠丝拳套路（荣昌缠丝拳协会提供）

蒋远武习练缠丝剑（荣昌缠丝拳协会提供）

蒋远武给弟子讲解缠丝拳手法（荣昌缠丝拳协会提供）

缠丝拳深受当地青少年喜爱（荣昌缠丝拳协会提供）

太极梅花螳螂拳是螳螂拳的三大流派之一

代表性传承人危凤池演练“螳螂捕蝉”式

危凤池跟郝斌师父学武

“螳螂骑马”式

世界各地螳螂拳爱好者拜会香港中国国术龙狮总会

香港太极梅花螳螂拳总会十五周年庆典

一代宗师卢鸣金（1830—1900 年）

代表性传承人卢奎镇（陈小蓉拍摄）

传承人在白俄罗斯国立大学共和国孔子学院教学

1998 年，国际太极拳首届散手擂台赛上卢尚奇夺冠颁奖仪式

卢氏太极拳代表团在俄罗斯莫斯科中国文化中心交流演出

郑红与圣彼得堡武术协会签约

舞醉龙是盛行于澳门的一种民间传统节日活动（左逸帆拍摄）

代表性传承人卢国明与何健侠（陈小蓉拍摄）

20 世纪 80 年代青年街头舞龙

醉龙表演与龙船头饭同时进行

澳门舞醉龙巡游（陈小蓉拍摄）

舞醉龙者巡游时饮酒（陈小蓉拍摄）

重刀武术代表性集体造型

代表性传承人曹仕杰和女儿曹宁带弟子习练重刀武术

重刀武术逐渐成为天津民俗的品牌

曹仕杰传授技艺（陈小蓉拍摄）

第七代代表性传承人曹宁自小
随父亲习武

曹宁带领队员参加比赛

功力门代表性传承人刘幼贞

李文贞练剑

青年李文贞练功照

青年刘幼贞双剑照

刘幼贞（左三）出访缅甸

第五代传人赵开

永登硬狮子舞充满异域特色

代表性传承人冯德培展示刀法

代表性传承人培养本村的孩子习练武术

冯德培的外孙女习练舞狮（王铮拍摄）

引狮人有一定的武术功底（张俊杰拍摄）

冯德培向女儿讲述舞狮技艺（王铮拍摄）

蒙古族民众投掷布鲁

代表性传承人满都拉在校园传承布鲁技艺

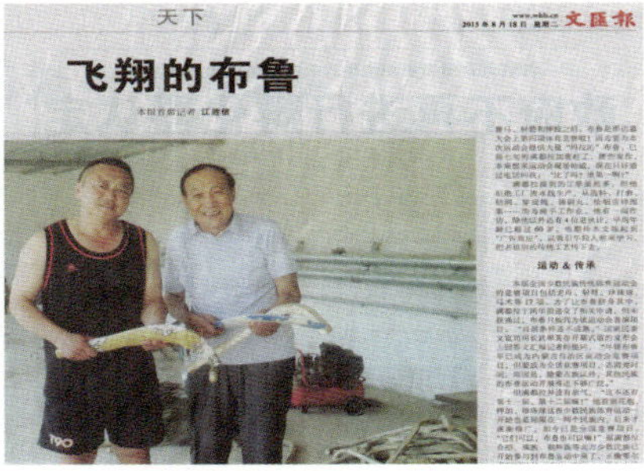

天下

2015年8月18日 星期二 文汇报

飞翔的布鲁

运动 & 传承

2015 年 8 月 18 日，上海《文汇报》专题报道《飞翔的布鲁》

满都拉父子一同研究布鲁

代表性传承人白东升带领学生参加 2016 年内蒙古自治区第八届全民健身大会

在牧区推广布鲁的场景

六郎庄五虎棍具有浓郁的京剧色彩

五虎棍主要以民间传说“赵匡胤斗董家五虎”为蓝本

代表性传承人池永福（陈小蓉拍摄）

六郎庄的民众习练五虎棍

五虎棍在六郎庄村具有深厚的群众基础

表演团队练习五虎棍

船拳是具有江南水乡特色的民间水上武术项目

代表性传承人丁裕春

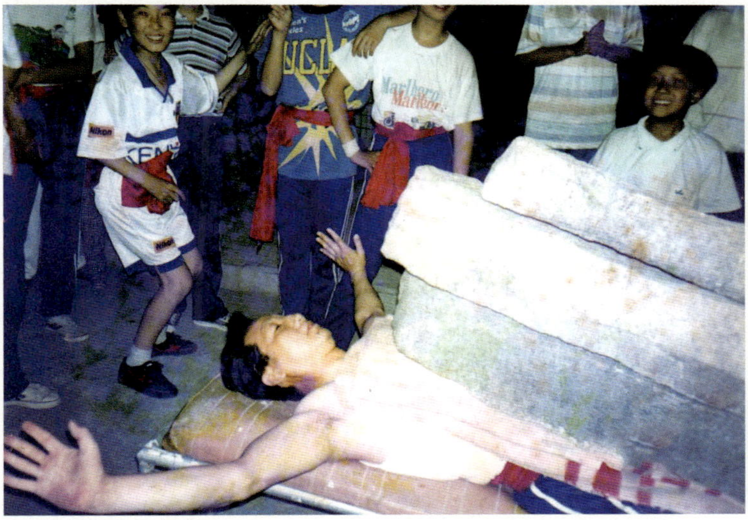

丁裕春表演硬气功

1978 年丁裕春拜名师李青山

丁裕春在珠溪中学传授技艺

丁裕春师徒三人习练船拳

2010 年 2 月 27 日，龙井市开山屯镇光昭村踩地神队员们脚踩路面和桥面，企盼健康长寿 （李光平摄）

代表性传承人李光平（陈小蓉拍摄）

2001 年 2 月 19 日，安图县明月镇新屯村踩地神队员们载歌载舞，脚踩场院，盼望地神保佑村民安康（李光平摄）

2010 年 2 月 27 日，开山屯镇光昭村踩地神队员脚踩屋内各处，期望地神赶走病魔邪气

2010 年 2 月 27 日，李光平（左一）指导开山屯镇光昭村踩地神队的民俗表演活动（车光范摄）

2000 年 2 月 19 日，李光平参与踩地神活动（黄范松拍摄）

序

自古以来，口述历史都是一种重要的历史记录形式与史学研究方法。著名的《史记》中，就有司马迁在实地考察中记录的大量口述史料。口述史料、文献史料、实物史料并列为史料的三大类型。口述史料是采访人对受访者个人记忆的挖掘和整理。个人记忆不仅能提供公共历史信息，还能提供个人生活情感经历和心路历程。个人记忆是社会记忆的珍贵历史人文资源，众多的个体记忆可以形成时代集体记忆。

口述史料是珍贵的历史资源，在看似琐碎、平淡、片面的表象之下，埋藏着前人留给我们的无形财富。在体育非物质文化遗产研究中运用口述史的方法，能全面地展现我国民族传统体育历史的鲜活性、时空性和活态性。口述史料既能生动地展现体育非物质文化遗产传承人在不同社会大背景下人生的悲欢离合，也能展现不同历史时期传统体育的沉浮与变迁。

我国大多数体育非物质文化遗产的代表性传承人年岁已高，在老人们的记忆深处，有许多鲜活的故事可以挖掘，也有许多珍贵的经验值得记录，还有许多高超的技艺需要留存。他们的逝去将会无法挽留地带走与他们的生命一样珍贵的历史回忆。面对社会的迅猛发展和文化的快速变迁，面对众多迅速消失的体育非物质文化遗产，积极着手收集和整理传承人的口述史料已成为一件重要且迫在眉睫的事情。

作为首席专家，笔者在主持国家社科基金重大项目《中国体育非物质文化遗产资源数据库建设的研究》的7年时间内，实地采访了160余位体育非物质文化遗产的代表性传承人，从中精选出首批30位代表性传承人口述录音进行整理，并汇编成书。本书内容丰富，情感朴实，记录了口述者平凡而又真实的人生故事，记录了各个非物质文化遗产项目的起源、传承脉络和技术精髓，并配有传承人收藏的珍贵历史老照片约300幅，全书约30万字。

本书的编著兼具史料价值、史学价值和研究价值。

本书的史料价值在于：传承人是非物质文化遗产“活的”载体，我们通过和传承人面对面访谈，获得了大量原汁原味的口述史料，包括项目起源、历史故事、人生经历、传承状况等，通过这些口述史料能够改善国内关于体育非物质文化遗产传承人文献资料零散、来源分散的现状。尤其多数传承人是“文化大革命”等历史事件的亲历者，他们的口述史料可以弥补该时期文献史料和实物史料的缺失和断档，为后人提供宝贵的历史文献资料。

本书的史学价值在于：非物质文化遗产“口传心授”的传承特点，决定了口述方法非常适合作为非物质文化遗产的研究工具。传承人的口述内容中既包含前人的记忆，也融入了笔者的记忆，传承人的生命历程与所承载该项目的历史发展紧密相连，口述内容既是传承人的个人生命史，也是该非物质文化遗产项目的发展史，两者统一，互为佐证。本领域的学者可以通过对口述内容的加工整理，旁证考据，归纳辩证，进行体育非物质文化遗产项目的史学研究。

本书的研究价值在于：本领域的学者可以对本书中的口述文本素材进行二次挖掘与深度利用。可以采用扎根理论等质性研究方法，依据口述史料对体育非物质文化遗产的起源、发展、保护、传承展开多视角、多层次的研究，以研究传承群体与特定时代的关联性、个人的能动性，分析个人事件与国家事件的交叠和它背后的规律及各种影响因素等，从而形成系列研究成果。

口述史分为口述史料和口述史学两种类型，本书定位为口述史料，即真实地记录体育非遗代表性传承人的口述内容。同时，为保证口述内容的准确无误，编者采取了一系列措施，以弥补和解决口述史料存在的局限性问题，例如，讲述者的记忆误差和访谈对话时产生的歧义和误解等。首先，编者对口述史料的关键信息进行文献考据与文献核实。其次，对半数以上口述者进行了两次访谈，访谈中对口述细节重点进行了对照核对。在录音资料整理时，采用电话、微信和邮件等方式，与口述者反复交流、沟通与校对。最后，将出版文稿发给每一位口述者本人进行再次核定确认，并与口述者签署内容准确的确认书和出版授权书。

本书编写的工作量巨大，不仅包括千里迢迢的实地采访，还包括大量的后期录音资料、文本资料的整理以及与30位传承人的反复沟通。在此非常感谢参加本书采访工作的课题组成员张俊杰、王铮、张得保、崔家宝、金春霞、刘欣、朱维萍、李杨、郭红卫、张长念、周月媛、徐立宏、刘青、王小安、王楠、王贺北等老师。感谢参与本书编写工作的研究生陈荣杨、刘璇、左逸帆、袁进业、李波、朱虹、刘晓鸥、胡天弄、王亚敏、肖巧荣、胡沛文、罗晓琴、刘泽辉、周紫微、刘芳、姜青青、王鹏、张马可、陈娜、林舰等同学。同时，感谢本书中30位代表性传承人的倾力配合与支持。感谢人民体育出版社的领导与编辑们给予的大力支持。

由于笔者第一次从事口述史的编写工作，疏漏和错误之处在所难免，敬请谅解。

陈小蓉

2021年2月14日于深圳

目　录

天津拦手门代表性传承人张文仲口述实录

采访时间：2017 年 7 月 21 日
采访地点：天津市河东区
采访人：陈小蓉、刘欣、崔家宝

项目简介：拦手门武术主要有四套母拳，即拦手拳、拦手翻拳、拦手操拳和拦手五花炮拳。拦手武术的风格主要表现为招法简洁实用，气势雄壮，劲力浑厚，功底扎实，步活桩稳，结构严谨。其特点为练养相兼，行气催力，刚柔相济，内外合一，以攻代守，上下互动。2011 年，拦手门被列入国家级非物质文化遗产名录。

口述人简介：张文仲，出身武术世家，自幼习武，1963 年创建"津拦武术团"。1970—1978 年组建"沈庄子青少年武术队"，曾多次代表省、市武术队参赛，获得各种武术冠军若干项。2002 年，张文仲在天津市创建津门拦手拳研究会。张文仲从小习练拦手武术，以传承与发扬该门武术为己任，几十年如一日，辛苦耕耘。张文仲现任拦手门武术总会会长、津门拦手拳研究会会长、天津市民间文艺家协会会员、河东区第十三届政协委员、河东区民协常务理事、河北省邢台市巨龙武术院、天津市北辰区少练老会名誉会长等职务。

拦手门创立往事（三则）

说起拦手门武术，它的前身分别叫"拦路"和"练手"，也叫"拦路练手"，虽属少林武术，但不成体系。"拦路"和"练手"都是拳种的名字，是由两个互不相识的武林人士先后传授到天津的。

（一）战将落败走江湖

拦路拳是明朝战将郑海宁在多年厮杀战场后，基于所积累的丰富搏杀经验而创编的拳种。当年，他因战败隐姓埋名于关东，后隐逸江湖，飘落四海，以行侠仗义为乐，劫富济贫为荣，人称“关东大侠”。1644 年，也就是明朝灭亡与清军入关的那一年，他从东北流落至天津，后来就在天津大直沽一带落脚了。

郑海宁到了大直沽之后，发现天妃宫庙一带有一伙青年人，每天都聚在一起习练拳脚，但都是自己摸索着练习一些石锁、盾子、棍棒，也练习一些踢打和摔跤。由于没有正式的师父执教，练得很笨拙，且不得其法。

郑海宁见到这一情景，便想亲自传授他们。当时有个姓李的青年，叫李金刚，力大无比，可以单手举起庙里的石龟，因在家排行老四，人称“李四金刚”。郑海宁认为这是个可造之才，问他是干什么的，他说是干烧锅造酒的。谁能料到这个干烧锅造酒的“李四金刚”会是六年后集拦路与练手两大拳术之精华，最后创立拦手门的李金刚呢？

当着这伙青年人的面，郑海宁说：“你们练这个拳术不得其法，根本没有什么用。”大家抬头看着这骨瘦如柴，遇风都可把他刮倒的老者，心里都愤愤不平，说什么的都有，反正就是不服这口气。

这时，郑海宁又说了：“你们可出一力大之人来与我过手比试，若能使我倒地，则说明我话说错了。”说完，郑海宁就往那儿一站，一动也不动。

这时大家就推选了一个最能打之人，这个人冲过来，拉开架势对着郑海宁就是一拳，郑海宁伸手一挡，再顺势反手就一掌，“啪”的一声，这个人就倒在地上爬不起来了。后来，众人逐一进攻，或推或挤或踢或打，把平时所练本领全用上了，无一得势，郑海宁屹立不动。郑海宁觉得这样不行，说：“你们还是一起上吧。”

这伙青年人也跟着叫起来：“大家一起来，围着他。”

郑海宁也笑着说：“你们不用围我，你们几个先抱住了我，其他人再出手。”

大伙一听有道理，于是就抱腿的抱腿，抱腰的抱腰，拧胳膊的拧胳膊，把郑海宁给搂住了。

郑海宁问：“抱好了吗？”

大伙一声喊：“抱好了！”

这时，只听得郑海宁大吼一声：“起啊！”全身一发力，一抖劲，“哗”的一声把挂在身上的几个人全都推出去了，只见他周围顿时倒下了一圈人。大家一看，哎哟喂，遇见神人了，“啪”一下就全跪在地上了：“我们服了。”意思就是您是我们的师父了。

于是，郑海宁留在天津三年，并传授李金刚等人拳、棒、枪、棍、刀剑、爪功、臂功、桩功和气功等拦路拳功夫。1646 年末的一天，郑海宁跟大家说："我将离去，只因我的行踪已露，清廷名捕追踪至此，我不可再留。"大家舍不得他走，七嘴八舌地出主意，要帮他藏起来什么的，但郑海宁说："这没有用，我还得走才行。"

临行前，郑海宁问大家："你们跟着我练了这么长时间的武术，你们知道我是谁吗？"大家齐声回答："不知道啊，你不就是师父吗？"说来这也是有趣，那个时代的人真是憨厚，这伙年轻人跟着郑海宁练了三年的武艺，也冲着郑海宁叫了三年的师父，可到最后居然连郑海宁姓嘛叫嘛都不知道。

郑海宁说："你们学的这些东西都是我平时所用的武艺套路，叫作拦路拳。"他接着说："我是明朝战将，我叫郑海宁，你们听说过东北前些年有个'关东大侠'吗？那就是我！"完后，他还说了一句挺重要的话："日后找我，到峨眉吧。"

第二日凌晨，果然庙外已被兵丁包围，郑海宁把大家安顿好后应声而出，来到树林停下，向众官兵说："我平生所为敢说都是忠烈侠义之举，众君披星戴月，数年侦查才发现我行踪，确不是件容易之事，我本应随军到案，但现任官吏皆昏庸之辈，故难从命。"这些捕快之中有几个动了杀机，均执刀向前，但见郑海宁声色不动，微以手敲击，他们的刀纷纷落地，郑海宁说道："诸君家中都有妻儿老小，若再交手生死未卜，请君三思。"这些捕快官兵虽然人多，但还是被郑海宁的威势所震慑，没人敢动。

后来他的这帮徒弟到峨眉等地去找他，但都没找到这个人。到峨眉那儿问什么"拦路拳"啊，什么"拦手拳"啊，人家都说没有听过，都不知道有这么一个拳种，提起郑海宁这个名字，也都不知道是谁。也就是说，当初郑海宁是想着要去峨眉，但最后去哪儿了，谁也不知道。

（二）机缘巧合传练手

说完拦路拳，咱们再说练手拳。现在有好几个人都曾说过练手拳的来历，但实际上有没有练手拳呢？事实上，我们拦手门里至今还保留着最早的四套练手拳套路，算是练手拳的母拳吧，而这个练手拳的套路是我们尽力追溯回来的。

当郑海宁走了之后，又有两个人来到了天津，名叫郑天兴、郑天隆，这哥俩的舅舅是河南嵩山少林寺"同梁"和尚的弟子，从小跟随舅舅苦练少林功夫。经过十几个春秋的磨炼，这哥俩的拳法、刀法、棍法、内气功、擒拿点穴等得到少林功夫真传，达到炉火纯青的地步。

因贩卖牲口，郑天兴不时北上，并且常到蓟州盘山北少林寺切磋武艺。1646 年一日，郑天兴来津访友未遇，见大直沽天妃宫庙有伙青年，每日晚在此认真练习拳脚、棍棒、内气功、腰腿功、臂爪功，多日观察后，觉得这伙青年，人性本善，很下功夫，一看就是有正式的名家师父传授指点过的。

武林有句名言："人不亲艺亲。"郑天兴见到好功夫，爱不拔足，很想把自己所学少林武艺传授于此，在津也好有个落脚之地。他想见见这位师父，结果他在那儿等了好几天也没见着，于是就走过去问这伙练武的青年人："怎么这些天没看见你们师父出来，你们师父呢？"

青年们回答："我们师父云游去了。"

这哥俩又问："多会儿才能回来？"

青年们回答："不回来了。"

郑天兴对他们说："这可不成，没有师父指教，也没有师父陪着练，这样是不行的。你们再这样练下去，很容易就练岔了，一旦练武练岔了，弄不好练武的人也就练废了。练武必须要有师父把着，把式嘛，一定得有师父指点才行。"

听了郑天兴这番话，这伙青年人愣了半天说："你说的这话有些道理，你能不能跟我们演练一下？"

这时，郑天兴也不推辞，就连说带练，比画了一通。大伙一看，觉得他的功夫确实不错，就对他说："您在这儿别走了，我们大伙拜您为师。"郑天兴听了也愿意，他们哥俩正好需要在天津找一个落脚之地。此后，郑天兴哥俩便开始传授这伙青年人拳术，这个拳术就是练手拳。这也就是天津大直沽练手拳的来历。除了传授练手拳之外，郑天兴还传授了击技、气功和器械。

郑天兴哥俩在天津教授了三年练手拳，后来因为贩卖牲口生意的路线变了，也就不在天津大直沽那里待了，尽管徒弟们再三挽留，最后依依惜别，郑天兴哥俩还是走了。

（三）金刚始立拦手门

郑海宁也好，郑天兴也罢，都是携技到天津传授大直沽李金刚等人，于是天津始得"拦路拳"和"练手拳"其术。日后，李金刚等人如获至宝，不但每日认真苦练，而且不断加以研究、整理和实践。后来，李金刚收了 6 个徒弟，其中有两个是哥俩，名叫姚怀德、姚怀亮。

认真说来，那时李金刚创立的拦手拳功夫也才刚出世，还没形成完整的武功理论体系，动作套路也才出来一些，只是将中国的周易理论、军伍的兵法思想，还有一些道家和医家的五行功法，初步归纳糅合在一起，再结合拦路拳与练手拳两家的武功套路，刚摸索出一些新的武功路径，所以在江湖上的名声还不显赫。

结果姚怀德回乡探亲，遇上了个姓李的同村人出言嘲讽他，他忍了又忍，最后实在忍不下去了，两人打了一场，没过几天，姚怀德的兄弟姚怀亮就一脸惊惶地找来了，小声告诉他说：“哥啊！你快跑吧，那姓李的死了。人家已经报官了，这衙门的人很快就会来拿你了。”

姚怀德一听就吓住了，这怎么办呢？这不小心一掌下去就出了人命，那就赶紧逃吧。可兄弟俩商量了半天，也没拿定主意去哪儿，结果还是旁人出的主意：“人命关天啊！这本地是不能待了，只能闯关东了。”兄弟俩没辙，只好听从劝告去闯关东。

多年以后，听说在关东那边，也有拦手门武术的一脉，大抵就是打那个时候开始的。因为当年郑海宁从关东来天津的时候，还没有拦手门这档事，那时叫的是“拦路拳”。所以大伙就念叨，如果在关东也有人教过拦手门拳法的话，那就是姚怀德传授的。

我为嘛要专门提这事呢？就是说这个习武也要讲究个流派出身，如果江湖上没有你这个流派啊，那就会让人家看不起你，甚至还要取笑你，说你是个劫道的出身，这个名声可不好听。旧时的习武之人，都听过两句话，叫作“有拳无门不成派，有派无谱不成门”，就是说你虽然创出了拳法，但你要想在江湖上站住脚，还得创立流派，只有立住了是哪个流派，你才能算是自立了门户。

现在看来，当时李金刚的脑子确实很好使，他将拦路拳与练手拳合二为一的想法打开了一条新路，先是将拦路、练手两种拳法套路组合在一起，再吸收一些其他流派的功法理论及高招，最后在拦路拳和练手拳的基础上，再创立出一个新的拳术套路，而且这个新拳术套路从实用性到观赏性都比原来的老拳术套路更强，这就是本事啊！

有了拳术套路，还得起个名字啊，李金刚他们就研究给起个什么名字。商量来商量去，最后决定在拦路拳、练手拳的名字中各取一字，就叫作“拦手门武艺”。由于就在大直沽立足传播，所以全称就叫“天津大直沽拦手门武艺”。

于是在1650年，就在大直沽天妃宫庙，正式挑幡打出了“拦手门武艺”的旗号。说实话，当年拦手门挑幡、挑帘子上写的什么内容，我还真没见过，只是听门里的老人们说过这事。可他们讲这些的时候，我也很小啊！时间一长也就只记得大意是嘛，上面写的具体什么词儿，后来也就忘记了。人就是这样，再宝贝的东西，只要你忘记了，那就等于丢失了。

历代传承人故事

（一）

从李金刚创立拦手拳至今，拦手门武术已经在岁月的长河里走过了三百七十多年。其武术理论和拳术套路里不但有天文地理，还吸收了很多中医养生与疗伤理论，以及诸如易经、阴阳五行相生相克等中国古代哲学。拳起于易、理，成于医、刚柔互补、快慢相间、后发先至等，都是拦手武术阴阳辩证观念的指导思想。这使拦手门不仅有很高的健身与实用价值，还蕴含丰富的民族传统文化理论与重传统、重武德、尊师爱徒的人伦观念。而后世弟子对于这些理论的不同态度，也使拦手门武术在岁月长河里具有了不同状态。

拦手门的第二代弟子并不是第一代某一个传人的弟子，而是一个群体。对于第二代弟子而言，一开始弟子们彼此都一样，大家一起生活，一起练功，最后从中挑选一些优秀的弟子作为传人，后面进来的年青一代就认这些传人为师父。在第二代传人中有一个叫于德泉的人，他将拦手门的理论和套路视为珍宝，联合了几个第二代传人，以武艺功法保密为由，坚持关起门来练功，拒绝将拦手门武艺外传。这样做的结果便是关起门来孤芳自赏，最终使拦手门武术踏入故步自封的局面。

到第三代的时候，有个叫王海山的人认为拒绝将拦手门武艺外传的做法不妥。他认为如果关起门来不与外界交流，没有新的武术理论和动作套路进来交流，从而促使自己拳术不断创新更替的话，拦手门的武功只会越来越退化，最后就会湮灭在历史长河之中。为了打破这个关门练功的局面，王海山找到了门中的几位师父，将拦手门的这个现状跟师父们讨论，还分析了这样做的不良后果。他说如果这样下去，用不了几十年，拦手门肯定就完了。大家坐下来一起分析，最后认可了王海山所说的。师父们说："你说得对，我们支持你，怎么办呢？你就自己立场子干起来。"后来，这个王海山就打开了山门，广收门徒，传授拦手门武艺，使开始走下坡路的拦手门又重新兴盛了起来。

算起来，王海山是"海"字辈，而"海"字辈我就记得几个人，但除了王海山之外，"海"字辈的其他人在历史上没有什么分量。而"海"字辈的下面就是"兴"字辈。拦手门到了第四代"兴"字辈的人才就多了，这都是王海山教的，所以说王海山对拦手门的功劳也就都在这儿了。

（二）

在鼻祖李金刚的传承下，从第一代到第三代传人的主要练功活动地点在大直沽的天妃宫庙和大直沽后台。除各种长短兵器外，李金刚主传"拦手拳"和"练手拳"，封水伯主传"拦路拳"等。

1832年拦手门第四代传人李兆兴在师父王海山的支持下捐出四间栈房、一间账房和一个约260平方米的大院，由李兆兴、刘建兴、张德兴、王华兴、张大兴、张绍兴等人于1833年创建了拦手门习武场，起名为"弓箭房"，意为习武之地。作为天津早期武馆之一，“弓箭房”当初坐落在海河东岸（今河北区）大口附近，于厂大街于厂下坡，李兆兴的住宅右前侧，东邻马集，西邻于厂大街，南邻兴隆街，北邻地藏庵。这地方离海河很近，是李兆兴家的船运装卸货的栈房，所以房屋特别高大，院落宽敞，坐南朝北。

大院内是拦手门先辈习武、修德、授徒的专用场地。进院前必走过道屋。过道屋很大，能往里赶大车。过道屋内有鞋匠师徒二人，实际上也是为弓箭房看门的人，要是生人进去，这俩人就会把你拦住了。这对师徒中，师父孟三爷除打理生意外，在弓箭房专修“气功”。徒弟王学嬴则除跟孟三爷学徒外，还跟在弓箭房习武的拦手门第五代传人冯仲元学习拦手门武艺。冯仲元是这屋子的主人李兆兴的徒弟和挚友，后来他俩还结为了儿女亲家（冯仲元的女儿嫁给李兆兴的儿子李多谟为妻）。

走进院门向右是一个宽敞大院，靠墙摆放着各种练功器具。西墙根下的石锁由大到小摆成“金字塔”形状，越往上就越少，到最上面就只剩一个了。看了这一堆石锁，我就在想，学武艺也就跟堆金字塔似的，垫底的一大堆，学出头的可能也就那么一两个。顺着墙根再往前走几步，放的是重量不等、摆成“品”字形的石砘（又叫“石担儿”），它们是由两头用石头凿成圆形石片，中间有个木头杆穿孔而制成的，搁在现在就叫杠铃。这些石砘分大小两种，大石砘是让人抱起来练功的，练的是腰腹和臂膀；小石砘就摆成“品”字形，是让人做俯卧撑练臂力和背肌力量的。再往里面就是靠背桩，足有一尺厚，这么宽的板子（约一米），有一人多高，是用来练靠背、靠肩的动作，也就是练身体撞击功夫的。随后是大小的抱桩石和箭靶靠墙整齐地摆放着。再往那边就是一些木桩，把木桩往地下埋一截（约半米），上面露一截（约半米），这是练梅花桩用的，人就在那上面跑、跳、交手，主要练的是人的平衡性与灵敏性。

正房一溜五间，靠东独门是一间静修房，屋内迎面摆放着一张八仙桌，其上方供奉着一幅达摩老祖画像，两旁张贴写有“功纯道德深”“修运环万源”的条幅。桌面上摆放着几个大口瓶子，各装有跌打损伤药、咳喘药、痨病药、烫火药和小儿（花盆）药等，此药都是给习武之人疗伤和免费施舍穷人用的。旧社会的年月里，人吃不饱也穿不暖，抵抗力太差，生病讨药的太多了。

静修房左侧的四间房就是弓箭房。走进弓箭房，迎面墙上挂有字画一幅，上书“游云天下四部洲，人心难比水长流，初次见面甜如蜜，日久天长喜变忧，当前背后能言短，自从桃园结义后，那有交友顶到头”。左侧东墙前供奉着一尊关老爷塑像，右侧西墙下矗立着一排兵器架，刀、枪、剑、戟等器械整齐地摆放在架上，兵器架后墙上挂有硬弓、箭弓和弹弓等。

每天到弓箭房自愿习武的都是男性，老少皆有，兴旺时一天可达五十多人次。弓箭房自 1833 年至 1937 年先后经历了三代（第三代至第五代）拦手门传人，不但培育出多名武举和差官，还由第四代传人“兴”字辈最出众的“四大兴”李兆兴、刘建兴、张德兴、王华兴作为“开荒人”（创办人）、“瓢把子”（负责人）成立了“德晟镖局”，造就了一大批武功精干、江湖经验老到的保镖人和护院名人。

在明清时期，火枪火炮开始横行，老祖宗留下来的这些刀、枪、剑、戟就走了下坡路，不受人待见了。冷兵器走到了末路，走镖护货就成了江湖习武之人的生活出路。拦手门也一样，再好的武功也挡不住枪炮，练武的出路也只有去镖局走镖了，说起来心酸啊！

当年的德晟镖局在河西三义庙、官银号附近，有镖师 20 余人，受过“夹磨”（训练）的“托线孙”（保镖人）若干。德晟镖局这些保镖人在弓箭房都有“叩瓢”（拜过师），受过“夹磨”，严遵武德，武功扎实，所走“红货”（走镖时押护的钱货）安全性强。再加上弓箭房的总“瓢把子”——“四大兴”的威望和信誉，所以德晟镖局的“买卖”（生意）很受“海翅子”（当官的）、“火点”（有钱人）及“贸易点”（商人）的青睐。因此，弓箭房和德晟镖局的声名和威望不但响彻津京两地，而且在西北、东北、华南等大半个中国都有名，为拦手门传扬了不少名声。

据我所知，德晟镖局里还有四大镖师，各自负责东、南、西、北四个方向的走镖生意。“托线孙”走“衡山”这趟线（西路川陕线）的“瓢把子”是“一脚门万”（姓李），所使的兵器是大梢子棍，就是一根长棍上面连着一根短棍。走东北线的“瓢把子”姓张，所用兵器是小梢子棍（又称盘龙棍或两节棍），这和平常的两节棍不太一样，它是一长一短相连，有两对，用起来挺厉害，长的主防，短的主攻，叫作“长短不一，攻防兼备”。走“阳埝”（南方）的“瓢把子”是“虎头万”（姓王），因水、旱两路走镖，所用兵器为“花条子”（花枪）和“片子”（腰刀），如果行舟走运河在船上就得用长枪，若走旱路，那就要用腰刀，地上短兵相接，近身快打，腰刀比长枪管用。

（三）

一百多年前，拦手门的一个重要分支——北仓少练老会的 300 多人，在天津郊区北运河东岸北仓南头的小摆口打了一场对八国联军的阻击战，让洋鬼子领教了拦手门的厉害，扬了中国人的志气，灭了来犯者的威风。

作为拦手门第四代传人“四大兴”之一的李兆兴，是跟天津北仓一个叫“孙二爷”的人学的艺。“孙二爷”是人们对他的尊称，他本来的名字叫孙希瑞，是河南少林寺的弟子。当初正值清末民初，孙希瑞从少林寺回来以后就去了北京给革命党重要领导人孙洪伊做护院，据说他们俩是叔侄关系。当时民间有“南边孙大总理，北边孙小总理”的传说，“孙小总理”说的就是孙洪伊。

当时正逢革命党起义失败，孙洪伊就回到天津北仓老家了。这时，李兆兴正好来北仓找到了孙希瑞，要求跟这位“孙二爷”习练黑虎拳等少林拳脚功夫。孙希瑞觉得李兆兴功夫还很不错，便收下了李兆兴。就这样，拦手门武术事业在此出现了新变化。当时的“孙二爷”孙希瑞挺有名气，大家都来投他习武。“孙二爷”在北仓那儿组织了七十二户农民弟子，组建了“少练会”，会馆选址建在了北仓娘娘庙，他将这个少练会交给了李兆兴和李翔来负责。再后来，大家集资买下废弃的教堂作为会馆。将北仓的“少练会”改名为“少练老会”（因为北仓那块儿陆续成立了好几个少练会，故改名以作区分）。因为北仓少练老会的练功内容大多都是拦手武术套路，所以后来这个少练老会就成了拦手门的一个分支。

如同开门办学一样，开宗习武你也得有个名称才行。这不，还没等大家定下名称，就发生了1900年八国联军侵略中国的战争。消息传来，天津的民众都急眼了。你别看这都是些老百姓，但中国老百姓对于外国侵略者是绝对不含糊的。因为侵略者来了，那就是让你亡国做奴隶，到那时候你连说话的权利都没有了，更别说吃的喝的了。

当时，全天津习武的和不习武的人都组织起来了，共同在北仓的小摆口抗击从大沽口登陆的八国联军。结果朝廷军队、义和团和老百姓一块儿上，一下午就把洋鬼子给打回去了。双方又接连打了两三个回合，今天才把那些八国联军打下去，隔天这些洋鬼子又打了回来，然后又让我们中国人给打下去了。北仓军民不畏强势，奋起阻击，以血肉之躯，凭着练就的拦手门武艺，用刀枪棍棒同侵略军进行浴血奋战。村村相互支援，镇镇遥相呼应，在这血与肉的厮杀中，北仓军民与八国联军展开激烈的肉搏，死守着祖国的每一寸土地。溃散的联军士兵在逃窜中纷纷把军械丢在河里，被砍杀的洋人尸体被中国将士抛入河中……北仓小摆口一带顿时血流成河，流血漂橹，八国联军在北仓阻击战中遭遇了前所未有的重大伤亡。

后来过了几十年，拦手门的弟子们又参加了抗日战争，再后来又参加了抗美援朝战争。这些都是拦手门的骄傲与荣誉，都是当年那几代弟子们用鲜血换来的功绩。而在北仓小摆口战斗之后，李兆兴也从孙希瑞那儿回到了天津弓箭房，并在天津的东北角官银号附近开了德晟镖局。后来，李兆兴就没有时间再去“孙二爷”那里了，去北仓的人就改成了第五代弟子冯仲元。

（四）

张文庆是拦手门的第六代弟子，他爷爷张大兴是拦手门的第四代弟子，当年曾在弓箭房习武，而张文庆的父亲张亭栋则没学过武，一直都在经商。所以，张文庆的武术都是跟他爷爷张大兴学的。

1933 年，第 5 届全国运动会期间，国民政府在南京举办了一个国术国考擂台赛。之所以称为国术国考，是因为它不光有散打比赛，还有文化考试。那会儿天津选派了三名运动员前去参赛，分别是功力门的孙祖荫、形意门的王汉臣，以及拦手门的张文庆。

当时参赛选手练习的拳种不一样，比赛就是对打。比赛规则就是只要上场参赛了就算加一分，如果将对方打躺下了，再加一分，连打 6 场再考文化。武术比赛和文化考试成绩是分甲、乙、丙等的，但笔试成绩也没公布出来，最后的总成绩具体怎么算，谁也说不清楚。拦手门张文庆连着打了 6 场，然后通过了文化考试，因为他学的是律师，有文化底子，最后获得了冠军，还有证书。当然，这些是我后来听当年武英国术馆的一位学员跟我讲的，当年他年纪不大，但后来给我说这件事情的时候，他的岁数也不小了，没半年他就走了。

（五）

说起《大刀进行曲》，自然会让人联想起国民革命军第二十九军大刀队，说起大刀队不得不谈到拦手门，这是一段鲜为人知的史实。拦手门传人为抗日战争做出过积极的贡献，突出代表人物有刘长海、赵占魁，他们二人都是天津拦手门弟子，刘长海是第二十九军大刀队队长，赵占魁是第二十九军大刀队教练。

故事还得从全国人民熟知的歌曲《大刀进行曲》说起。1933 年 2 月，日军侵犯热河省（今分属河北、辽宁、内蒙古），省主席汤玉麟不战而逃。3 月初日军已占领热河全境，直逼长城。此时，第二十九军才匆忙赶到喜峰口设防。这支原属冯玉祥的西北军开赴长城时，兵力虽有两万多人，但装备极差，重武器很少，弹药也不足，使用的步枪不仅样式陈旧，数量不够，许多还配不上刺刀。但在军长宋哲元的率领下，这支军队以保国杀敌为己任，士气旺盛。为弥补装备不足，每位士兵都配有一把大刀。

开赴前线之时，宋哲元写下了“宁为战死鬼，不做亡国奴”的誓言。当时，第二十九军某部曾驻守在天津北郊韩家墅，为了训练士兵，掌握近战杀敌本领，旅长赵登禹选出 500 名战士组成大刀队，聘请武术教练。当得知天津北仓有一个武艺高强的赵占魁时，便来北仓村寻访。赵占魁的拦手门刀法无人能比，听说训练大刀队打日本鬼子，便欣然同意。他还专门根据拦手门武术编排了一套动作“单刀破长枪”，利用手中的大刀片专门对付日本兵手中的“三八大盖”刺刀，经他训练的大刀队，个个武艺高强，作战勇猛。

3 月 9 日夜，大刀队袭击敌人炮兵阵地，用大刀砍杀敌人数百名，杀得敌人抱头鼠窜，夺得机枪十余挺，这是日军发动对热河攻势以来的首次受挫。之后几日，日军调集重兵，疯狂进攻第二十九军的阵地，一度占领了喜峰口。第二十九军将士以大刀对抗大炮，伤亡很大但顽强不屈，师长张自忠等坚持在前线指挥。3 月 11 日夜，第二十九军组织了 4 个团再次夜袭敌营，赵登禹、佟泽光两位旅长身先士卒，在近距离的拼杀中充分发挥大刀的威力，砍死砍伤敌人逾千名，烧毁敌军车 200 多辆。

此战不仅夺回了喜峰口，还大振了军威，连一家日本报纸也认为“皇军名誉尽丧于喜峰口外，而遭受 60 年来未有之侮辱”。消息传出后，自“九一八”以来久受打击的国人为之大振。何香凝先生一连作了好几首颂扬第二十九军战绩的诗篇，其中就有《大刀赞》：“大巧若拙用大刀，大新若旧国术高。伏如猛虎进如揉，十步以内敌休逃。”在上海从事抗日运动的作曲家麦新听说第二十九军大刀队的英雄壮举后，激情澎湃地创作了这首歌：“大刀向鬼子们的头上砍去，二十九军的弟兄们，抗战的一天来到了，抗战的一天来到了！前面有东北的义勇军，后面有全国的老百姓，咱们二十九军不是孤军。看准那敌人，把它消灭！把它消灭！冲啊！大刀向鬼子们的头上砍去，杀！”这就是《大刀进行曲》，它的副题为“献给二十九军的大刀队”。

在飞机大炮的年代，挥起大刀有些无奈，但这无奈的背后是一种永不屈服的精神。此后，“大刀向鬼子头上砍去”成了第二十九军的军歌。随着抗日战争的全面展开，《大刀进行曲》中“二十九军的弟兄们”改成了“全国武装的弟兄们”。“大刀向鬼子们的头上砍去”成了一个民族在危亡中发出的呐喊。

这不，都快九十年过去了，今天的中国人还在唱这首歌。这首歌可不是白唱的，当时就吓得日本兵睡觉都不敢摘下钢盔，有些日本部队还弄了个铁颈套，晚上套在脖子上，就是防大刀砍头用的，那时的日本兵特别怕第二十九军大刀队，都害怕掉脑袋。

（六）

1937 年，中国的全面抗战开始了。那时，以刘长海为主的拦手门第五代弟子，还成立了一个“武英国术馆”。这家国术馆于 1937 年成立，1945 年日本投降之后就关门解散了，就好像是专门为中国抗战量身打造的。

在漫长的十四年抗战里，武英国术馆不单培养小孩学武术，还培养了许多年轻的爱国武林人士，这些武林人士不但同日本人打仗，还破坏日军的运输线，打劫日军的汽车运输和火车运输，截下来的物资，就往抗日根据地送。如果在公路上，他们通常选择在公路拐弯处，车稍微减点速，他们就爬上车去，往下丢卸货物，然后埋伏等在路边的板车一拥而上，迅速将货物运走。如果在铁路上，他们通常选择在火车出站速度较慢时，飞跑腾身爬上车厢，砸开车锁，弄出来一捆一捆的枪，就往铁路边上扔，一箱箱的子弹也往下扔。

当年参加抗战的武林人士，大都是为了国恨家仇自愿上阵打击日军，夺取物资来支援八路军和根据地。但还有一些专门为钱财而单干的武林人士，他们的目的是和八路军做买卖，八路军要什么，他们就去抢日本人，然后再卖给八路军。这些人就光盯着钱了，为了换点钱，这些人可以什么武德侠义都不顾。

（七）

杨连弟是中国人民志愿军一级战斗英雄。1919 年杨连弟出生于天津市北仓镇，1949 年 2 月参加中国人民解放军铁道兵部队。杨连弟在 1949 年前当过学徒、电工、鞋厂佣工、三轮车夫，饱受贫困的折磨和老板、工头的欺压。很小的时候他就学练拦手门武术，1949 年 2 月，他带着一身硬功夫参加了中国人民解放军铁道兵部队。

1949 年，中华人民共和国成立前夕，解放军为迅速解放大西北、建设大西北，决定急速修通陇海铁路线。杨连弟所在的铁道部某部架桥大队，接受了抢修八号桥的艰巨任务，限期在三个月内修复通车。

当时，因受各方面条件的限制，全靠人力在半空中把高低不平的五个桥墩顶面凿平，这是一件很不容易的事情。当地农民有这样一句俗话："八号顶，八号顶，失手摔成饼；八号端，八号端，上桥如上天。"

铁道兵某支队架桥大队来到现场后，对抢修八号桥的施工计划做了认真研究，组织全体战士讨论，发动大家献计献策。刚参军的杨连弟到现场后，发现桥墩垂直面上每隔三四米有一个突出的铁板，可以利用它把桥墩顶面凿平。经过研究，大队决定让杨连弟同志带领 18 名登高能手，去完成这一任务。他身先士卒，机智勇敢，利用单面脚手架，攀上 45 米高的桥墩，仅以一块木板做掩护，连续实施爆破百余次，清除桥墩混凝土 26 立方米，整平 5 座桥墩顶面，提前 20 天完成任务。为了表彰杨连弟同志的模范事迹，部队授予他"登高英雄"的光荣称号。1950 年，杨连弟同志被评为铁道兵战斗英雄，出席了全国战斗英雄和工农兵劳动模范大会。

同年 10 月，美帝国主义发动侵朝战争。为保家卫国，杨连弟踊跃报名参加了抗美援朝战争，在朝鲜架桥修路中屡建功勋，1951 年 9 月被选为中国人民志愿军铁道兵部队战斗英雄，出席了全国铁路劳动模范代表大会，并参加了国庆观礼。1953 年 5 月 15 日，杨连弟同志在指挥抢修朝鲜清川江大桥时光荣牺牲。中国人民志愿军领导机关为他追记了"特等功"，授予他"一级英雄"光荣称号，把他生前所在的连队命名为"杨连弟连队"。朝鲜民主主义人民共和国追认杨连弟同志为"朝鲜民主主义人民共和国英雄"，授予他"金星奖章""一级国旗勋章"。中华人民共和国铁道部将杨连弟同志生前战斗过的陇海铁路八号桥命名为"杨连弟桥"并建立纪念碑。天津市北辰区建有杨连弟纪念馆。

文仲学艺未拜师

我是 1941 年在天津出生的，后来去了河北省青县，但刚懂点事就又回天津了。我的姥爷是大清朝廷的武举，也算是武术世家了。我父亲祖上是在天津卫这边跑船的人家，坊间传说我爷爷当时也经常挂着腰刀。另外，我姥姥还活着的时候，我曾问过家里的那些古玩瓷器都是哪来的，因为这些东西，当时一般的家庭很少见。我姥姥说这些东西大都是宫里出来的，有的是我姥爷当年中武举和比武时官府发的奖品，有的是我姥爷立功的时候宫里赏的。中华人民共和国成立后这些东西就很少了，由于家境不太好，有人给俩钱也就都卖了。“文革”的时候，这些古玩瓷器啥的，都算是“四旧”，剩下的那些也被红卫兵砸了。

1947 年，我六岁的时候就跟着练形意和八极的舅舅开始学武，学了两年多。到了 1954 年，我认识了拦手门第六代传人张文庆，便跟着张文庆老师继续练武。一年后，我准备正式拜张文庆为师父。拜师仪式就在家里办的，当时还请了饭店里的大师傅来家里做饭。记得还请了拦手门的老人、街道办主任，还有一些有名气的人到家里来，凑了一桌子。大家闲聊时说起各自的老家，也提起各自的家谱，没想到说来道去，居然发现我家和张文庆老师还是同一个家族的人，祖辈们都是从山西洪洞那边迁徙过来的。因为都是同一个家族的后人，张文庆老师说：“咱就别拜师了，咱就家传了。”这是为嘛呢？这就是习武人常念叨的“拜师不如家传，请名师不如访高友”。就这么一搅和，这个拜师饭大家吃了，但拜师仪式却给弄黄了。不管怎样，后来虽然没叫过张文庆师父，但我一直都称张文庆为老师。其实，师父和老师是一回事，都是授业解惑。

1955 年，张文庆想办一个武术社，地点就在天津河东的沈庄子上坡 2 号。当时，张文庆老师问大家武术社取个什么名字好呢？大家说我们不懂啊。他半开玩笑地说，抗战的时候，天津曾有个武英国术馆，要不咱就叫武英国术社吧，反正只有一字之差，名字大方顺口，听起来也顺传统。

武英国术社就这么成立了。后来我才知道，抗战时的武英国术馆就是拦手门第五代弟子弄出来的。抗战十四年，武英国术馆为抗战培养了大量的人才，也做了很多有益于抗战的事情。张文庆为现在的武术社起了这么一个相同的名字，我想可能也是为了纪念那一段抗战岁月吧。

为了开业，武英国术社还专门印了背心，背心上印着“武英”两字，下面是“国术社”三字，当中的是一个小人，戴着草帽披着斗篷，拿着剑正在比画。这个小人就是我画的，每当看见自己的“杰作”印在了背心上，心里还有几分得意。

当时，武英国术社招收的第一拨徒弟，包括我在内一共有 5 个。我上面有一个大师兄，那时凡年长的都是师兄。我年纪小点，就是二师兄。后来在天津武术界，我们“武英国术社”还是有些名气的，说起来有点自吹自擂的味道，反正我们就这么闯出来了。并且认真讲来，当年的武英国术社也确实为天津培养出了不少优秀的武术运动员，我也算其中一个。

1959 年，天津河北区成立了一个武术学校，叫红旗武术学校。这学校成立之后，当时的书记就把天津教场子的这帮武林人士召集到一起，全都划归这个武术学校来管理，相当于这个学校就是天津武林的一个上级单位。当时的市体委有嘛事就传达给这个学校，再由他们传达给大家。

大概在 1962 年，我也到这个红旗武术学校任教了，负责学校的人事管理。在学校里，老师们教给学生的都是国家规定的武术套路。那时候国家规定的刀、枪、剑、棍、拳套路都制订出来了，并且级别也有了，从初级一直到健将级。后来还制订出了一些分组级别，叫甲、乙、丙组。

当时的天津武术界也都认为这个拦手门和武英国术社还不错，我们的名声就这样闯出来了。到后来组织专业武术队的时候，我们武英国术社就俩人出场，我和我那师兄一起，因为我们俩还有对练项目，所以就一块去。

那时候刘万福老师也到了体院任教，我又跟着刘万福老师学艺，就学这个拦手门的气功、十三太保、太阳功、罗汉功、童子功等。尤其是那个童子功，刘万福老师是跟他父亲学的，而我是在武英国术社跟张永安师爷学的。1956 年，张永安就已经 78 岁高龄了。

在武英国术社的时候，张文庆老师就对我们说过：“在日常生活当中，个人洗脸个人光，个人擦粉个人香。”也就是说，你练不练功，你下不下功夫，这都是你自己的事，别指望别人来管你。

当时，我对武术历史这方面的东西很感兴趣，而拦手门的老人们经常会在武英国术社聚会，也会给我们讲一些心得和逸事，每当我听见这些有意思的东西就会想办法记下来。因为我家离武英国术社很近，出门走上 20 多米就能到，于是我一回到家就赶紧把这些东西写下来，然后再去武英国术社接着听讲。

每当这时，老一辈的人就以为我出去是上厕所，总是一会儿去一会儿来个不停，就担心我身体出了什么毛病。后来张师爷就问我：“你干嘛去了？”我说：“我没事。”然后又走出去了。于是他们就跟上我了，后来还不停地问我干嘛去了。最后，我只好说实话了，我说：“您们说的这些东西对我很有启发，我进进出出的就是为了把这些东西记下来。”老人们问：“记的嘛？拿来我看看。”我回答：“就是记您们刚才说的。”我记录的那些纸片有大有小，乱七八糟的。老人们又问：“你记这玩意干嘛？”我回答说：“我觉得挺有意思的，没有别的想法。”

老人们都不说话了，这时张永安师爷站了出来说：“行行行，你不用记了，回头送两本给你。”我以为他说着玩的，没想到过几天他真拿来了。就这么两个硬皮本子，是他自己写的手写本。那一年张永安师爷都 78 岁了，从他上一辈人就开始记事，就记咱们这个拦手门的历史，哪一年发生了什么大事，哪一代传人叫什么名字，什么时候又创立了新的武功套路，还有镖局的那些趣闻逸事，本子上记的都是这类东西。

那时候我对拦手门的这些历史逸事就只感觉不错，但是不知道记这些东西以后有嘛用。当我翻开那个硬皮本子看了几页后，张文庆老师一把抢了过去就不撒手了，说等他看完了再归我看。看他这么霸道兼无赖，我只好跟他说好话，说我抄了之后就给他。我后来就加快了抄写速度，记得那时抄了好些纸。可惜的是为了赶速度，我抄写的时候，就只抄了一些我认为不错的东西，而我认为没有啥用的东西就省略过去了。尤其本子里有好些药方都没抄写下来，还有好些镖局的行话我也没抄，都放弃了。现在想来，确实有些惋惜，因为这些都是原本啊，后来都在“文革”中毁掉了，再也见不到了。

我抄完了以后，就给张文庆老师送家里去了。到他家里一看，桌上有一个红包，张老师说你来看这个。我打开一层又一层，一共打开了六层红布，看见里边也有两本手写的本子。我说：“您给我看，还是？”张文庆老师说：“就给你了，以后拦手门的传承你要弄好了。”

他就这么没头没尾地说了一句，我也没往心里去。他说的嘛意思呢？我当时也不知道。我回来打开一看，心里就一阵激动，这两个本子更厉害，捡到宝贝了啊！分量太重了。这两个本子里记载的有拦手门的历史沿革，拦手门武术怎么来的，还有就是从明末到现在的传承人谱系，再有的就是他们当年所经历的一些事情。

记得本子里还记了一段是张文庆自己怎么行侠仗义打日本人的经历。那是在芦庄子，就是百货大楼对面靠右边一点的那个地方。张文庆刚从澡堂子里洗完澡出来，就听见前面路上有一个女人叫救命，他赶忙跑了过去，伸头一看，马路上有俩日本人正在动手调戏中国女人。当时路上围了好些中国人，可谁也不敢插手，因为那儿是日本人管辖的地方。张文庆一看就炸了，这算是嘛事！这些中国的大老爷们儿就这么眼睁睁地看着日本人糟蹋中国女人？他立马就把自己衣裳给扒了，冲上前去，嘛话也不说就抓住一个日本人的后衣领子，直接一把就扔了出去，接下来对着另一个日本人当胸就是一拳，只听见“啪”的一声，日本人就躺那儿了。这下好了，这俩日本人就躺那儿不动弹了，也不知是死是活。

这下可不得了啦，围观的中国人一哄而散，张文庆也赶忙带着那个妇女跑了。但是当时现场有人认识他，不知道是谁就向日本人举报了。后来日本宪兵队包围了他家，就把他抓住了。抓到宪兵队之后，就往他嘴里灌辣椒水，还灌大粪水，几天下来，把他折腾得够呛。让日本宪兵队放人可不容易，后来是他家里人找到了一些关系，花大价钱才给保出来了。

那两个本子里记载着很多事，我印象很深。后来拦手门武术申报非物质文化遗产的时候，我就靠回忆当年那两个本子里记载的那些事，可帮大忙了。可惜这些本子，还有门里传下来的那些老书资料都没了，“文革”时都给人烧了，可惜啊！那些可都是老祖宗留下的宝贝啊！

自从 2002 年组织拦手门研究会以后，门里就成立了几个活动站，专门收集一些散失的拦手门武术资料，还有就是动员一些老人开座谈会，让老人们交流与回忆一些当年拦手门发生的事。这些都是非物质文化遗产啊！我们能抢救多少就抢救多少，大伙尽力吧。

默默传承不畏难

从辈分算，我算是拦手门的第七代人。我从小就在拦手门里练武，一直就没离开这个武术圈。后来我收的徒弟，有上百名之多，教过的学员那就数不清了，大概在四位数以上。

我在天津有些徒弟，另外我在河北省邢台、石家庄等地都有徒弟在开武校授艺，如我的徒弟吴振龙在邢台办了“巨龙武术院”，至今已将近 20 年了。

我最早在天津二中教过武术，那是 1962 年，学校都开展武术班。我还给河北区体育老师开过培训班，那时候国家开始重视发展传统武术。天津还有一个人民体育馆，我在那儿还专门为和平区的教师们开展过培训班。当时全国掀起了一阵武术热，男女老少都喜欢武术，好像你不会几下招式，都不好意思上街一样。

那时候，我常在北宁公园剧场旁边练武术，后来认识了河北区文化馆一位姓王的老师，他便介绍我去天津歌舞剧院给学员们教武术。他们歌舞剧院里有芭蕾舞、中国古典舞，还有民间舞蹈什么的，请我去教他们一些武术基本功。王老师还告诉我，在我之前，歌舞剧院请过 6 位武术老师，结果这 6 位老师都没待上一个礼拜就被学员们气走了。我听了直想笑，武术传统里的师徒关系比父子关系的规矩还大，那师父就是天，徒弟学艺那是任打任骂，见了师父就跟老鼠见了猫一样。歌舞剧院那些学西方芭蕾舞的学员怎么能理解这样的关系呢？而这些老师又把学员当成自己的徒弟来训，两边关系能好吗？老师被学员气走也是很自然的事了。事实上，后来我和这些学员相处得还不错。其实道理也很简单，我教他们练武的时候，心里别把他们当自己的徒弟就成了，这样彼此的关系自然也就融洽了。

再往后，就是“文化大革命”来了，武术被视为“封、资、修”的东西，被列入“四旧”，遭到了灭顶之灾，造成了中国传统武术的停滞。包括拦手门武术在内的天津武术同样遭到严重摧残，武术被全盘否定。一些武林人士、老教练、老武师成了被批判的对象，武术爱好者、工作者被扣上封建遗老遗少的帽子。大部分的武术辅导站点被迫停闭。大量武术拳谱、武术书籍被抄走、遭散失，武术器械被收缴销毁，天津武术陷入前所未有的低谷。

“文革”开始之后，我的学生怕造反派把我存攒下来的那些刀、枪、剑和护具给抢了，便把我那些宝贝都运到人民体育馆的仓库里锁了起来。当时，有我的学生在人民体育馆那里当老师。大约一个月后，有一天，学生气喘吁吁地跑来告诉我，说仓库里的东西还是被造反派抢走了。我到体育馆仓库那儿一看，心就凉了一半，仓库里被翻得乱糟糟的，啥也没有了，就剩两套盔甲衣裤，衣服上面还有一片一片的鱼鳞铁片。再后来就连这两套盔甲也被当作“四旧”物品给扣了，一件也没有留下来。

另外，还有一个关于刘万福老师的故事。他与我都是拦手门的人，是我的老师。我对刘老师有感情，甚至他父亲刘长海迁坟都是我帮忙的。刘老师一生十分坎坷。1952 年，在天津举行的全国武术散打赛上，他获得了重量级冠军，但他并没有因为拿到了冠军而受到上级器重。在此后很长一段时间里，他都在靠修理汽车为生。那时候他孩子还小，我一直在给他弄那些汽车维修工具，还有些汽车配件啥的。再后来，他自己还弄了个小屋，卖点烟卷啥的补贴点家用。我还记得后来他那些修汽车的工具都还是我给他卖的，当时我也不知道那些维修工具值多少钱，好像只给了 40 元我就卖给长春道委托行了。1958 年天津体育学院建立后，他被选拔到天津体育学院当了武术队的指导。到了“文革”时期，他又被赶出了天津体育学院，发配到了天津小站，也就是下放到农村当了农民。

“文革”时期，练武的人都要去工厂上班。我一开始去的是一家食品公司的工会，那儿活儿不多，但工资低挣钱少。后来我就打听嘛地方工资能多一些，大伙就都说食品厂里有冷库，在冷库能够挣钱多些。没法子，我就申请调去了冷库做了管理员。

实际上，冷库的工作也挺难的，保管员进冷库要戴着棉手套，可我的工作要点数啊，开票啊，就得把棉手套摘了，待办完事再戴上。没想到这一摘一戴就弄出毛病了，我这手指关节就是那时落下的病。那时我还年轻，有时候穿得也单薄，进了冷库之后，有时活少的话，一会儿就出来了，但有时太忙，一时半会儿也出不来，那就得多待上一会儿。最难熬的季节是夏天，冷库最冷的地方有零下 30 多度，可一出冷库就是零上 30 多度，那可真是冰火两重天啊。不过还好，我在冷库里经常待的地方，大多是零下 1 度。好在那时人年轻，练武的人体质也不错。在那个工厂里，我还组织了一个武术队，弄来了一拨小青年 20 多人，练武之余，也到处去表演，日子过得还蛮潇洒。

直到“文革”后期，20 世纪 70 年代中期，武术开始逐渐恢复起来。可是，也许是由于被禁锢太久的原因，各种武术项目陆续兴起并活跃起来，甚至导致社会上武术队伍杂乱无序。为了控制混乱的局面，创建一个正规武术队伍占领校外阵地十分必要。当时，就由河东区体委、区教育局和中共沈庄子街道（春华街道的前身）党委联合成立了河东区沈庄子青少年武术队，武术队的领导由区体委、区教育局派人担任，我出任总教练，其他教练员还有 7 名。整个武术队男女队员共 120 多人，来自全市 18 所中小学，主要教习国家规定拳术、器械和拦手门武术。这个武术队组成后，得到市有关部门的重视和支持，沈庄子武术队成为天津市武术代表队，多次代表天津市参加国内的武术比赛、展演和国际武术交流活动。

经过几年的训练，武术队先后培养出一批批优秀队员，学员们多次在区、市武术比赛中取得好成绩。一次，武术队和解放军进行联欢，其中，有两位队员的擒拿对练表演很受欢迎，被部队首长看中，特批二人参军，到部队担任了武术教练，二人参军一年即光荣加入中国共产党并荣立三等功。之后武术队有 4 人考入了天津体育学院，并先后担任了武术教练，他们所带的学员遍布天津各行业及我国部分省市，在各条战线上为国家建设发挥着他们的武术专长。

“文革”结束后，我就去了中医学院。我在中医学院学习了三年半，主攻针灸与按摩。小时候听我父亲念叨：“学会文武医，货卖帝王家。”后来也常听老人们讲“万贯家财不如薄技在身”“无艺不傍身”，意思就是人多学一点技艺，总归是有用的。在中医学院有一个气功研究室，我跟气功研究室的老师们又搞了一段时间的气功，那时叫教学门诊，后来叫专家门诊，总之就是研究气功对人身体的医疗作用。

到了 2002 年拦手门研究会就成立了。我从那时起就开始做文献资料的整理工作，同时还办了一些活动站。我体会到要传承和发展中国武术事业，你不做宣传和推广是不行的，要推广就要组织活动。但组织一个活动弄不了两三个月就完了，活动完了以后人就都不来了。

对于这个问题，我觉得有多方面的原因，而其中最主要的原因是孩子学习压力太大和武术教学方法有问题。现在学生的课余时间全让学校布置的功课作业给占了，你说要给孩子留出练武的时间，家长会第一个站起来反对。咱们的武术教学方法也有问题，也许你不这样认为，你会说：“我小时候就是这样学的，我现在还这样教不行吗？”我说还真不行。我们小时候学武的时候，那时一家有六七个孩子，现在一家只有一个孩子了，情况不一样了。你这一个孩子都是小皇帝、小宝贝了，还能像以前那样教小孩子吗？肯定是不行了。所以你还得面对现实，学习掌握新的教学方法，也就是还得创新一套适应现代社会的武术教材和传授方法，才能从根本上解决这个传统武术传承与发展的问题。

申报非遗坎坷多

拦手门武术是中国武林中的一朵奇葩，传承发展至今三百七十多年，是天津地区久负盛名的优秀传统武术项目，也是天津古老的宝贵文化遗产，更是天津大直沽古老文化的瑰宝。拦手武术讲究练养相兼，内外双修，从养生、修性到操打、演练，独有一套完整的体系和科学的修炼方法，从风格到练法都别具一格、自成体系，是一个风格独特、实战性强、体用兼备、贵巧不贵力的优秀传统拳种。

从古到今习拦手武术的人，天津最多，上海次之，东北、河北、新疆、四川、广东、内蒙古等地（多为天津知青携技下乡而传）都有人练，特别是上海传人傅金镖的徒孙徐谷鸣，在美国的芝加哥、纽约、圣地亚哥、旧金山，以及荷兰、意大利、德国、新加坡、英国、法国等地积极传授拦手门武术。第六代传人刘万福生前应聘到美国、新加坡、意大利等国讲课并传艺。现在算来，拦手门武术至今在河北省邢台市的巨龙武术院已传至第十一代人了。

中国武术在冷兵器时期服务于军事战争，保家卫国、爱国自强的精神一直与中国武术的文化精神相关联，这种民族意识伴随着特定的身体运动得以传承和发展。近代中国人民在反帝反封建的斗争中，以民间武术团体的组织形式，聚集和训练武术人才，运用传统武艺和敌人进行英勇搏杀。在民族大义面前，中国武术为国家与民族贡献了自己的力量。拦手门作为优秀的传统武术拳种之一，也具备这种家国情怀，从抗击八国联军到抗击日本侵略军，拦手门人内心崇高的爱国主义精神，驱使他们献身于国家与民族。这不仅体现出拦手门人的责任与担当，更体现出以爱国主义为核心的民族精神，这是中华民族的气节与风骨！

2002 年建立拦手门研究会后，我就开始做资料的收集整理工作。主要是先把收集的资料理顺，再接着反复研究整理，每回整理都得认真讨论修改一批。2006 年的时候，国家开始重视非物质文化遗产的传承和保护工作。我那时还不懂嘛叫非物质文化遗产，后来我的徒弟跟我讲了一通之后，我决定要抓住这个机会，将拦手门武术申报为体育非物质文化遗产。我认为这是件好事，拦手门武术风风雨雨传承了三百七十多年，十多代人的心血都耗在了这上面，多不容易啊！咱得支持国家办好这件事情。我在弄清楚这件事的来龙去脉以后，就一边加快整理资料，一边赶紧着手写申报材料。就这样，2006 年我开始向市里申报，2007 年 6 月天津市政府就批准了拦手门列入第一批市级非遗名录。

待批准完了市级非遗名录以后，紧跟着我又开始整理新的申报资料，继续往上申报国家级非遗名录。申报资料交上去之后，我就开始等待通知，结果第一批国家级非遗名录公布了，没有咱拦手门。我怎么也想不通，这究竟是嘛原因呢？后来经过一番打听我才知道，虽然以我的个人身份也能申报，但只是凭个人单枪匹马努力，而没有政府部门的配合支持还是不行的。

当我们弄清了这个道理，就决定挂靠到河东区春华街了。前面也说到，当年我在组建沈庄子街武术队的时候，曾经和当地政府有过联系，也获得了区政府文体部门的积极配合。就这样，在区政府的大力协助下，我们一边挂靠，一边申报，经过了不少曲折。在 2011 年 6 月，拦手门被国务院批准为国家级非物质文化遗产项目，不容易啊！

说到这，其实有些话，在我心里头已经憋了好些个年头了。多年以来，我们任劳任怨、辛辛苦苦地传承中国武术、保护体育非遗，图的是啥？还不是不愿意老祖宗几百年来传下的这些东西就这么慢慢地消失掉？这些东西不光是国家的非物质文化遗产，也是我们中华民族的根啊！

对于非遗保护这件事，我一直有个愿望，就是想有一个纪念馆，专门记录拦手门武术的历史：它是何时起源于天津的？几百年来它是怎么发展起来的？在这些发展过程中它做过些什么事情？尤其是在近代以来，在中华民族危亡之际，在八国联军的枪炮下，在抗日战争的十四年里，在抗美援朝的战争中，拦手门的弟子们是怎样为国家尽忠、为民族流血的？他们都做过什么样的牺牲？他们都有过什么样的功绩？

此外，我们想建纪念馆，还有这么一个原因，拦手门在海外的发展也有上百年了，这些弟子在海外开枝散叶，收徒授武，为中国武术的传承发展作出了很大的贡献。改革开放这几十年来，不断地有一些外国的徒子徒孙们来天津找拦手门寻根拜祖。这些外国人来了，他们千里万里地找来，他们来拜谁啊？所以现在有人骂我，说我现在弄得连个拦手门的纪念馆都没有，这叫个嘛事啊？这些年我一见到这些寻根祭祖的老外们，心里就不是个滋味，希望人家来，又怕人家来。人家来你这儿看一眼，你得有看头啊，人家回去也得给他那儿的弟子门徒做宣传啊。

其实，我们也有过那么一次机会，那是 2008 年，中国奥运年。借中国奥运的东风，当时的区政府领导也重视了，下面也开了会。开的嘛会呢？这个会就叫作“拦手武术申报国家级非遗启动和传艺大会”，并且在那个会上我们还招收了 50 多名新学员。那个会还把区政府的领导们也都给请来了，我们也提出了建一个拦手门武术纪念馆的要求，领导们也同意回去开会研究，那时候还是真重视，但后来就是没办事。

认真讲，我们需要政府的支持，我们也需要领导们的热心。咱就是要求有一个纪念馆就行，或者批给我们一块地，我们再自筹点资金也行，因为光靠国务院给咱这个非遗津贴补助也不够建一个纪念馆的。长期以来，我们这个研究会都是在我家里聚会和办公。民间团体和单位不一样，如果要组织活动，开个什么会，就找大伙一块聚聚。如最近大家又找了一个项目，就是我们组织拦手武术，也就是体育非遗进社区活动。前面我们武术队已经进了几个社区，活动开展得挺好。但社区地盘是人家的，人家一不高兴，说停就给你停了，你没辙啊。要是咱自己有个地点就好办了，就相当于有了一个固定的传习场所。

体育非遗进校园还是挺好的一件事，我们拦手门武术也进校园好几年了。像华明学校、东丽学校，都坚持三四年了。还有津南区的几个幼儿园也都组织起来了，嘛事都要从娃娃抓起，武术也一样。但体育非遗进校园这件事也有失败的，如河北区那儿有一个大江路小学，当时拦手门武术进这个学校的时候，我觉得自己找学校说不上话，就找了那个街道派出所的所长出主意，我说咱们武术队想在这个学校里开办一个传授点，免费教孩子练武。这位所长觉得是件好事，后来就和我一块儿去学校那么一说，校长当场就拍板支持，认为咱这种义务性教孩子练武的方式，既可以增加体育课的特色，又可以增加学生课外活动的兴趣。后来这个活动开展得不错，先是安排进了体育课，后来干脆替代了课间操，全校都统一做武术动作。可惜啊，这个武术进校园活动虽然好，孩子们喜欢，但老师不喜欢，老师觉得太耽误课余学习时间了。结果这件事只坚持了半年多，就给停下来了。

现在的事啊，要做成可不容易，非得从上到下不可，如“体育非遗进校园”这件事，如果教育部不将它列入学校教学大纲，仅仅从民间做起，那困难要大得多。

传承推广需创新

据《中国大百科全书》载：“拦手武术的风格主要表现在招法简洁实用，气势雄壮，劲力浑厚，功底扎实，步活桩稳，结构严谨。特点以二十四个字为代表：练养相兼，行气催力。刚柔相济，内外合一。以攻代守，上下互动。”所谓“练养相兼”，就是不光练筋骨肉，也练里边的心气，通过调气、调心、调息而成；“刚柔相济”讲快慢相间；“以攻代守”就是你打我来了，我“噔”这一下不是只去挡，我还要打上你；“上下互动”就是一旦动手不是光打你这一个点，而是上下都一块儿用力，打你个防不能防。

具体来说，拦手武术动作虽简，但手法、腿法、步法的招式全。拦手门武术的手法有缠、崩、按、摇、斩、拦、截、抱、撕等，以“拦”为核心。腿法有勾、扫、踢、踹、蹬、弹、踩、戳等，多用低腿。步法有进、撤、闪、滑、插、碾等，强调出步快，落步稳，换步灵活。功力练习主要有抓坛子、拧棒子、打木桩、抖大杆子、耍石锁、玩石担等，尤重打桩。另有九种气功功法，一为二十一式童子功，其中包括凝神养气功、丹道呼吸功和铁裆功；二为罗汉功；三为达摩老祖易筋经；四为十三太保功；五为五禽戏；六为六字吐纳功；七为太阳功；八为八段锦；九为十个大架。通过气功练习可调节神经，顺通气血，强精固本，达到内外兼修、自卫强身的目的。

我们拦手门武术主要有四套母拳，即拦手拳、拦手翻拳、拦手操拳和拦手五花炮拳。通常外面都讲是“操、拦、翻、炮”，实际上这是不对的，应该是“拦、翻、操、炮”。因为这个拦手拳和拦手翻拳是第一代人创编的，拦手操拳是第四代传人集体创编的，拦手五花炮拳是第四代和第五代传人共同创编的。除拦、翻、操、炮四套母拳外，还有第一代传人封水伯保留、传承下来的拦路拳、练手拳（现保留四套）。另外还有弹腿十二趟、燕青架一路、引捶八折、拦路八打、三十六盘手（第六代传人创编），以及徒手对练操拳、对练逃还散（也有人叫桃花扇）。器械主要分为长器械、短器械和软器械等。

拦手武术的动作舒展，活动范围大，对关节、肌肉和韧带的柔韧性、弹性要求较高。由于大多数动作是用大肌群进行活动，所以肌肉的活动量大而迅速，相对需氧量较大，因此对提高心肺功能有良好作用。总结来说，拦手武术主讲刁、滑、毒、疾、实。要求用独特的拦击手法和诡秘的手段来拦截并打击对方，法以神传。必当竭尽至理，须宜实至其功。

“刁”讲的是巧妙、难以猜测。招法运用多以刁钻、古怪、贵巧不贵力为主。如进步施礼、狼刨沙迷、迎面三不过等招式。

“滑”讲的是狡猾、诡秘。招法运用多以指上击下、虚进实打、上下互动为主。如三晃迷手、白鱼翻浪、迷魂土招等招式。

“毒”讲的是凶狠、毒辣。拳谱讲：“出手莫留情，留情必不赢。”招法运用除击打章门、耳门、天突等穴位外，还有一些阴手和蹬、贴膝、肘关节的动作。如仙人蹬磨、阴山打虎、探囊取宝等招式。

“疾”讲的是快、迅速。不招不架就是一下。击打时，出其不意。拳谚讲：“发招疾如电，彼心胆寒颤。”拳谱讲：“拳似发炮身如龙，力达四梢地盘环。”如砍斧子手、三盖荷扒、分水三声炮等招式。

“实”讲的是实在、真诚。招法运用朴实、明快，一拳一腿简洁实用。有多大劲使多大劲，男女老少皆宜。如哪吒出关、骏马登山、金锤翻打、螳螂捕蝉等招式。

现在为了适应时代环境，我们第七代传人在四套母拳基础上创新出了五路拦手。认真讲来，我们创新出这个五路拦手和连环拳，也是为了现代比赛的需要。

传统的武术比赛，你可以打“拦、翻、操、炮”，但在中小学或青少年的武术比赛上，因为是锦标赛或冠军赛的缘故，你再打这些传统套路，那举办方就不给你打分了。为嘛这样呢？因为套路不符。所以我们除了传统套路之外，还有创新套路，或叫自选套路，这些新老套路加起来，其实拦手门就有很多套路了。

访谈后记

我们在传承人张文仲老人家中访谈了整整一个下午。张文仲老师操着一口浓重的天津口音，把拦手门几百年的历史故事、历代传承人及本人的人生经历绘声绘色地娓娓道来，我们聚精会神聆听，仿佛有一种在津门茶馆听名家说书的兴奋感，真是一次很奇特的采访经历。

传承人张文仲老人将拦手门历朝历代祖师先辈的经历整理得非常细致，脉络清晰，情节生动，具有很高的史学价值和文学价值。他每每谈到珍贵的历史资料被销毁和遗失时都痛心不已，他喃喃自语道：“人就是这样，再宝贝的东西，只要你忘记了，那就等于丢失了……”“说到这，其实有些话，在我心里头已经憋了好些个年头了。多年以来，我们任劳任怨，辛辛苦苦地传承中国武术，保护体育非遗，图的是啥？还不是不愿意老祖宗几百年来传下的这些东西就这么慢慢地消失掉，这些东西是我们中华民族的根啊！”

研究团队与传承人张文仲合影、工作照

北京天桥摔跤代表性传承人付文刚口述实录

采访时间：2018年3月28日
采访地点：北京市西城区非物质文化遗产传习基地
采访人：陈小蓉、张鹏飞

项目简介：天桥摔跤即中国式摔跤，在双人对抗的过程中加上幽默风趣的语言，构成了天桥摔跤的表演艺术，因此被称为“武相声”。天桥摔跤与其他摔跤项目最大的区别在于它不仅仅注重摔跤技艺的比拼，更注重连摔带说，而这个“说”便是天桥摔跤最大的特点。所谓连摔带说，是指练习摔跤时，说明白要比练明白更重要，包括基本功、技术动作、竞技战术等，不仅仅说给摔跤的选手听，更是说给观众听。这一极具特色的体育非物质文化遗产在一代又一代人的坚持下得以不断传承，彰显了优秀传统文化的魅力。2006年，天桥中幡被列入第一批国家级非物质文化遗产名录。2008年，天桥摔跤被列入国家级非物质文化遗产名录。

口述人简介：付文刚，1962年生，天桥摔跤第四代传人。自小跟随父亲学习摔跤、中幡技术，自1985年恢复庙会以来，第一次在地坛庙会登台表演，一直坚持到现在。在北京市政府、市文化局和宣武区文委的大力帮助下，组建“北京付氏天桥宝三民俗文化艺术团”。艺术团不仅有中幡、中国式摔跤的表演，也有古彩戏法、拉洋片、双簧等老天桥绝活儿。付文刚成为“天桥中幡”和“天桥摔跤”这两项国家级非遗项目的代表性传承人。

天桥跤艺皇宫始

清代，康熙为了铲除鳌拜，召集众多少年在宫中练习摔跤。日后，这群练习摔跤的少年帮助康熙皇帝在武英殿内将猛将鳌拜擒获。康熙皇帝认为这项运动不错，便组成善扑营，为王公贵族表演，或与外族摔跤手比赛。当时，进入善扑营练习摔跤的少年大都是八旗子弟。

我的师祖名叫宛永顺，人称宛八爷，清末光绪年间，他在善扑营做罡尔魁，也就是现在的教练。那时他40多岁。善扑营分东西两营，我师祖隶属于东营，善扑营的扑户按等级从高到底依次分为头等扑户、二等扑户、三等扑户，还有四等扑户。其中，四等扑户就是等着入营的后备扑户，前三等扑户年龄大了或是受伤染病不能摔跤了，便由四等扑户补缺。那时的摔跤比试不像现在按体重公斤分等级，全由抽签决定，抽到谁便和谁比试。如果三等扑户抽签抽到了与二等扑户比试，取胜则会晋升一级，我的师祖也是按这样的等级一步步考上罡尔魁的位置的。

开始时，我师祖的技艺达不到罡尔魁等级，在比试中时有落败，他便在集训时努力练习基本功与基本技艺，同时也私下练习功夫，那时叫练私功夫。每人都有自己私下练习技艺的方式，我师祖是通过磨盘等器具循序渐进地进行一系列负重练习，以提高上肢力量，达到私练的效果。就这样，冬天练力量，夏天练筋骨，日复一日，冬练三九夏练三伏。我师祖勤练几年，最后当上了罡尔魁。他在善扑营里除了训练、比赛、为王公贵族表演外，还要在天坛当值。每年腊月二十三，皇帝会在坤宁宫祭神拜灶王爷，类似于现在拜神的形式，我师祖便会在皇帝身边担任摔跤侍卫，相当于现在的保安，在皇上祭天拜地的时候保护其安全。

后来，清朝灭亡了。师祖没有了俸禄，被逼无奈，只好开设跤场，教授摔跤技艺糊口。因为他过去在天坛当值，离天桥很近，跟附近红庙的和尚、主持很熟悉，便在天桥的狗尾巴胡同开设跤场，叫作“随妙跤馆”。他收了20多个弟子，大徒弟叫魏德海，为人正直憨厚，但技艺方面不尽如人意，后来真正带出来的弟子有两位，分别是“宝三”——宝善林和“沈三”——沈少三。

中幡摔跤一起学

我的师爷宝善林也是满族人，十几岁开始跟着师祖学习摔跤，在师祖的众多徒弟中年龄最小，是师祖的关门弟子。师爷家住西寺，没有钱坐车，只好徒步往返于西寺和天桥红庙习练基本功学习技艺，很是辛苦。

前面有提到，清朝灭亡后，善扑营的扑户们没有了朝廷俸禄，为了讨生活只能开跤场或者赶会卖艺，逢初一、十五赶寺庙卖艺。那时我师爷学摔跤练完功后不直接回家，而是跑去各个寺庙凑热闹看扑户们赶会卖艺。有一次在隆福寺赶会看到了一个叫天桥中幡的传统民俗杂技，认为这个技艺对练习摔跤大有好处，便跟着偷学。

当时师爷他们靠专有的器械练摔跤基本功，包括大棒、小棒、天秤、地秤、皮条、双石头、小推子、石锁等一系列器械。可这些器械不管轻重大小，终究是死物，练习时动作姿势都是固定的，很难在实践对抗中做到举一反三、活学活用。而中幡就不一样了，中幡器械立起来有十米高，且分量十足，要控制它不能单靠蛮力，还需要一定的技巧和胆量，对手腕和臂膀力量的训练十分有效。更重要的是，控制中幡与摔跤博弈十分类似，中幡会受风向的影响，控制时需要时刻随着风向找平衡，摔跤时对手是活人，博弈时则需要根据对手的动向时刻调整自己的技术动作，两者都对训练者随机应变的能力提出了较高的要求。

自那以后，师爷练完功夫就上街赶会看要中幡，中幡到哪儿他就跟去哪儿。有一回王爷去唱堂会，师爷碰巧赶上，在唱堂会上碰到了中幡表演师父王小辫。“王小辫”这个别名源于他的头发，清朝时期男子都留长辫，后来辛亥革命剪辫子，不少老人是不愿意剪的，王小辫就想出了个办法，把头发梳起来，搁在头顶并盘上几枚铜钱，跟冲天锥似的，由此而得名。王小辫在唱堂会期间表演耍中幡，那天恰巧大风，中幡不怕下雨下雪，唯独怕刮风，风级一大，会使中幡分力，力道就难以控制。王小辫在耍中幡时遇到旋风，中幡失去控制，向王爷的小孩和师爷砸了下来。眼看要砸到孩子了，说时迟那时快，师爷便向中幡一蹦，伸脚一勾，把中幡拽了回去。（这个动作）摔跤的名字为“里刀勾”。

在场的观众还以为是节目安排，纷纷叫好。王小辫心里明白是师爷替他解的围，要是砸到王爷的孩子，自己的命可能也要搭进去，对师爷心存感激。现在常说教会徒弟饿死师父，做师父的要留一手绝活儿，但在那个年代没这样的说法。王小辫一是想把耍中幡的技艺传下去，二是想报答师爷的解围之情，便决定把耍中幡的技艺传授给师爷，师爷这边也是极想学的，但不是说学就能学的。旧时有规矩，不像现在只要出于双方意愿便可拜师学艺。那时一辈子就只能认一个师父，我们圈里把这个叫“认爸”，也就是一辈子只能认一个爸。

师爷苦于求师无门，终于在大师兄魏德海身上找到可行的办法。上文中我提到的魏德海是宛永顺的大徒弟，同时也是王小辫拜把子的兄弟。

当年卖艺为生的师父生活不稳定，吃上顿没下顿的，难免有周转不开的时候。魏德海大师兄算是大户人家，有几十亩水田，看谁过不去了就会出手相助，久而久之，便和王小辫熟识并拜把结交了。这样梳理一下关系，王小辫成了师爷的大师兄的结交兄弟，也可称是师爷的大哥。一行人找宛永顺为师爷求情，再三请求下，宛永顺终于允许师爷向王小辫学艺，以大哥相称，不能拜师。虽称大哥，师爷还是尽了作为徒弟的孝心。王小辫在 20 世纪 40 年代去世了，安葬在黄土岗，距离北京大观园不远。

在学习要中幡过程中，师爷的力量、平衡能力、协调能力、耐力等都得到极大的改善，摔跤的技艺也随之大幅度提高。那时的规矩，徒弟出师后要照顾师父，每个月拿出一部分工钱给师父作为生活费。师祖年迈，师爷为了养师祖也为了生存，成立了宝三跤场。那时，摔跤需要一定的考核，无论摔跤的技艺有多强，没有相关考核证明，名声还是传不出去。所以这段时间内师爷先后参加了三次国考，分别在江苏南京、山东济南和上海夫子庙，国考就相当于现在的运动会。旧时，中国式摔跤也是武术的一个门类，与武术项目同台竞技。1949 年后师爷做了西城区的政协委员，参加了抗美援朝，赴前线报效祖国，被称为“宝队长”。后来，师爷回国后在国家队任总裁判长，那时他的岁数已经很大了。1965 年，师爷去世，享年 65 岁。

先学唱戏后摔跤

我父亲名叫付顺禄，是天桥摔跤的第三代传人。父亲七八岁的时候在富连成氏子辈的戏班学习唱戏，唱的是大武生，因此有一定的武术功底，能跳能翻。十二岁时，我父亲嗓子变音，一下子倒仓了不少，原来的戏是没法再继续学了。当时我的师爷宝善林已到花甲之年，苦于一身手艺无人传授，恰巧他与父亲戏班的班主关系好，班主便把我父亲介绍给宝善林师爷。

我父亲一开始并不认宝善林师爷，也没跟他学摔跤，反而跟一个叫熊德山的摔跤师父学艺。熊德山的父亲熊万泰也是善扑营的扑户。那时我家住在龙潭湖天坛的东门，而熊德山师父的跤场开在东大地（现在的东单），离我家不远，父亲会翻跟头，跤场开张时，去给他们“圆年子”。所谓“圆年子”就是跤场在没开张之前表演造声势，像现在店铺开业之前敲锣打鼓招拢人一样。

在那之后，父亲便跟着熊德山师父学习中国式摔跤。再后来父亲十五六岁时在北京市拿了青少年冠军，小有名气该拜师了。那时拜师要找名声大的师父，熊德山师父虽有一定名气，但比起宝善林师爷还是差得远，所以父亲便向宝善林磕头拜师，跟着师爷宝善林学习中幡和摔跤。我父亲身高 1. 76 米，身材适中，身架较宽，练习摔跤有一定身体条件，加上勤奋刻苦的学习，很快就在摔跤界小有成就。

1959 年，全国召开第 1 届全运会，父亲代表北京队参赛并夺取冠军，在 1965 年的第 2 届全运会上蝉联摔跤项目冠军，被评为运动健将。

“文革”时期，摔跤、中幡等项目因被列为“四旧”而被取缔。从事摔跤运动的手艺师父被下放，我父亲也不例外地被下放到工厂做司机，一直做到 1985 年。改革开放后，当时的北京市副市长陈昊苏和高占祥同志找到我父亲，邀请我父亲一起参与地坛的工作，一起举办庙会。就这样，我父亲和很多天桥老艺人组合到一起，陈昊苏副市长为他们取名为“天桥老艺人演出团”。每年小年，也就是腊月二十三，地坛举办庙会，父亲便随天桥老艺人演出团，到部队、工厂、农村等各地慰问演出，一直到正月初七。

后来，国家体委主任王蒙同志计划推广民间太极，把父亲借调到体委，参与相关推广工作，可惜后来有同事把相关资料泄露到日本，这方面的工作被迫叫停。日本也派来相关代表，奉承父亲为龙潭大侠，以高额的酬劳聘请我父亲为他们工作，均被父亲一一拒绝。太极推广工作叫停后，父亲在北京市内钟楼和鼓楼中间的空地上开设跤场，继续传授摔跤技艺。

1987 年，当时我们在文化宫那边表演。道具准备、节目彩排和活动政审手续均已完成，正等着第二天演出，父亲忽然身体抱恙，急性脑出血，好在抢救及时保住了性命。对于正常人来说，急性脑出血后活不了太长时间，但父亲常年从事摔跤和中幡的身体活动，体格硬朗，在那之后活了八年去世。

中幡摔跤双传人

我从七八岁的时候就开始接触摔跤和中幡了。我在家排第八，有四个哥哥、三个姐姐。那时父亲带弟子和哥哥们练习摔跤，我看着好玩，每逢训练便在他们旁边跟着比画。大人们制作训练器材时，我也会在一旁看着，捡起红砖头跟着一起比画。除了训练，跤场还经常出外表演，要中幡自然成为表演节目。中幡本身又高又重，单凭一己之力没办法搬运，需要汽车拉，要知道那时汽车不常见，我跟大人们一起坐着汽车非常兴奋。

一开始接触摔跤和中幡，我就是跟着瞎玩，久而久之，一招一式比画起来也颇有架势，按行话来说，就是干摔跤、中幡这一行的雏儿。等我再大一点到十几岁的时候，从基本功开始正式地学习摔跤和中幡。所谓基本功，分上肢、下肢两部分，各由五个动作组成，上肢动作分别为挑、端、云、开、锤，下肢动作分别为踢、抽、盘、跪、过。

俗话说练武的孩儿不挨揍练不出来，那时我练基本功可吃了不少苦。正式学习之前我只是跟着练练瞎玩，所以动作参差不齐，活像个架秧子，有好多需要重新校正的地方。

那时候，父亲手里握着藤鞭在旁督促，一旦动作不标准了就是一鞭子，父亲下手没轻重，有时打重了疼半天都缓不过来。那时候练武就是这么严格，单靠肢体机械地重复动作是没有长进的，必须在练动作的同时动脑子感悟，一旦悟明白了，剩下的事就好办了。

正如之前所说，我在家排老八，年纪最小，母亲分外疼爱我，看我挨罚挨揍很是心疼，甚至好几次因为处罚（我）重了，跟父亲吵架。后来熬到了 16 岁，总算将摔跤和中幡都练得像模像样了，我也开始面临前途问题了。那时我在读高中，毕业后本可以继续考学读书，可我没有赶上。同时，也没别的选择，见家里大哥当兵，在军队有个关照，于是我也选择了当兵，认为这是最好的出路。

参军后我被分配到内蒙古的导弹部队服役，守卫部队的地对空导弹。我的第一感受就是内蒙古的气候比北京冷多了，夜里站岗，我穿着棉裤、棉袄、皮大衣还是浑身打冷战。有一次冷得实在扛不住了，便放下枪打一套中国式摔跤的套路暖暖身子，恰巧连长夜里查岗，碰到我打拳，批评了我一通，又问我练的是什么功夫，这一聊才知道连长是吉林人，也练中国式摔跤，但和我练的套路不太一样。因为这个爱好我和连长逐渐熟络起来，每天早晨吹号出操，我就和连长上山练功，相互切磋，相互学习。

我在部队服役了三年，正好赶上邓小平大裁军，于是我提交了申请报告打算复员回京工作。直到改革开放后，1985 年，政府开介绍信把我从单位借调至“天桥老艺人演出团”，我一边在单位工作，一边从事摔跤、中幡的训练、彩排和演出工作。每逢演出，单位都会给我固定的公假待遇，允许我带薪外出表演，加上表演团的演出报酬，家里的生活质量有了很大的提升。随着“天桥老艺人演出团”的知名度越来越高，演出安排也越来越多，隔三岔五便有公假外出表演，一年到头上不了几天班。

1993 年我辞去演出团的工作，靠着攒下来的积蓄，准备自己开公司。首要任务就是办理营业执照，也就是演出许可证。办理过程中遇到不少挫折，直到 2003 年才落实了营业执照，成立了北京付氏天桥宝三民俗文化艺术团。

艺术团成立后，我在北京古玩城附近租了一块地，把摔跤、中幡的老一批艺人师傅组织起来，从事节目编排演出工作。艺术团的名声越来越大，厦门电视台也闻讯过来给我们做节目，并在飞机上播放相关的宣传片，很多东南亚老华侨在飞机上看到节目后，都慕名来北京观看我们艺术团的演出。

2004 年，老宣武区搞文化调研，中幡和摔跤是其重要的调研项目。我们提供并补充了很多项目资料，协助专家团队完成调研工作。那段时间我们赴全国各处参加大型活动并推广中幡和摔跤项目。其中，包括南京市举办的世界名城博览会、重庆的世界非物质文化遗产活动等。

功夫不负有心人，多年来的付出终于有了回报。2005 年至 2008 年，中幡项目和摔跤项目先后被列为国家级非物质文化遗产项目，我是第一批国家级非遗代表性传承人，我们还受邀参与了北京奥运会开幕式前的热场演出。2009 年，我被评为全国先进工作者。目前，艺术团已有 30 多名表演人员。

天桥摔跤多技巧

天桥摔跤的实战技术动作主要有 4 个关键点，即头部、脚部、腰部和步法。拥有 50 多种徒手训练方法，10 多种器械，上百种训练方法，100 多个技术动作名称。有句行话形容为“大动作三十六，小动作似牛毛”。天桥摔跤可分为跤架和步法两项基本技术。跤架，指对阵双方交手之前所采取的姿势。摔跤讲究“四正四圆”。其中，“四正”是指“头正、脚正、腰正、手正”；“四圆”是指“胸圆、背圆、裆圆、气圆”。脚站“前三后七”，即“前进、后退、左顾、右盼、中定、提胸、竖顶、吸胸、紧背、耷拉尾巴骨”。此外，跤架分左右跤架。右跤在前即为右跤架，现在跤手们普遍使用右跤架。

步法，指对阵过程中下肢采取的动作策略。俗话说：“走对步赢跤，走错步输跤。”可见步法在摔跤中的重要作用。摔跤的步法有很多种，但无论变换哪种步法，双脚一定保持走斜丁步，一旦换步法，必须是底桩（后脚）先动，前脚跟进。灵活运用步法是每位跤手必须掌握并熟练运用的技术。

摔跤道具器械方面，在沿用传统的训练器械基础上，如今的天桥摔跤从材质上对器械进行改良，增加了许多现代化训练器材。

目前天桥摔跤用于基本功训练的器械有大棒子、小棒子、霸王砖、千斤坠、炙子、推子、大推子、皮条（麻辫子）、沙袋、双石头、哑铃、杠铃等。其中，大棒子、小棒子、炙子和推子等用于基本技术练习；霸王砖、千斤坠、沙袋、哑铃、杠铃等用于身体素质的练习。

天桥摔跤的服装主要沿用传统服饰。主要有三种，即褡裢衣（多层布制成的上衣）、骆驼绒绳（腰带）、螳螂肚靴子。随着生活质量的提高，褡裢布料柔韧度比以前更好，整体褡裢各部位较以前宽松，中心带也不再使用骆驼绒绳了。

现在天桥摔跤人员使用国家规定的褡裢服饰，摔跤必须穿褡裢，故有“褡裢有八把手，一把手四下绊”之说。

传承窘迫行路难

近年来，尽管天桥摔跤入选国家级非物质文化遗产，使天桥摔跤的传承与发展取得了很大的进步，但目前天桥摔跤的传承与保护工作，依然面临着比较严峻的局面，天桥摔跤的生存现状不容乐观。主要表现为表演人员老龄化、新生人才不足、青黄不接、人力与经费投入不够、活动本身难度大、社会影响力日渐萎缩等。

在过去那个年代，摔跤是一种胡同文化。在北京各胡同里，随处可见切磋摔跤技艺的老百姓。而现在不同了，摔跤面临着比较严重的传承问题，主要体现在学习摔跤的孩子越来越少，深入研究技艺并将摔跤当作职业的年轻人更是凤毛麟角。我认为现在天桥摔跤的传承困境主要来源于以下三个方面：摔跤项目本身、传承人素质和学生学习动机。

首先是项目本身的问题。众所周知，中国式摔跤是非奥运项目，国家不重视，它没有考级制度和考试加分，不像其他项目可以认证健将、一级、二级运动员，在高考中予以相应的加分奖励，自然而然愿意学习摔跤的孩子越来越少。中国式摔跤也没有相关的职业比赛，不过目前情况有所好转，有关单位已经着手组织相应运动队训练和比赛了。

摔跤项目有一定的危险性，中国式摔跤也不例外。我有个徒弟曾和有关教育部门洽谈合作，希望让中国式摔跤走进校园。然而摔跤和抖空竹、舞狮舞龙等非遗项目不同，总伴有磕磕碰碰，孩子在学习过程中受伤更是在所难免的。但是体育项目进校园的第一步是要签安全合同，可见，中国式摔跤在这第一步就被卡住了。

其次是传承人的问题。我们有句行话叫“别误人子弟”，要知道教育孩子，比起传授技艺更重要的是教授为人处世的道理。我收徒弟从来没要过他们一分钱，甚至还自己掏钱培养徒弟。可惜目前教育行业鱼龙混杂，中国式摔跤项目领域也不例外，许多人稍有点技艺便开跤场授艺挣钱。现在的跤场也好俱乐部也罢，都是以营利为目的，他们能教给孩子的东西又有多少呢？

最后是学生的问题。我现在带的徒弟和学生可以分为两类：第一类学生占比极少，因为他们的父辈就是摔跤选手，因此他们的父辈会带着这些孩子慕名来我这里拜师学艺，想让这些孩子完成自己年轻时未竟的理想；第二类学生则占绝大多数，他们是为了锻炼身体前来学习摔跤和中幡的。面对这类学生，即使作为师父的我们倾囊相授，他们也只是学一些皮毛，不再深入探究，因为他们的目的很明确，只是为了锻炼身体。现在家长对孩子的教育越来越重视，“不能让孩子输在起跑线上”这一观念更是根深蒂固。孩子们的闲暇时间排满了文化课程的补习班，至于练习摔跤等项目，只是课余锻炼强身健体的手段罢了。更何况现在各体育院校根本没有开设中国式摔跤的专业或专项，练习的孩子就更少了。我觉得现在这种局面，在短时间内是难以改变的。

访谈后记

当我们走进北京市西城区非物质文化遗产传习基地的天桥摔跤博物馆时，

首先映入眼帘的是天桥摔跤展示墙，正面墙挂着天桥摔跤祖师们的四幅大画像，很有气势。四周展框里贴有具有年代感的清朝善扑营时期摔跤手、老物件和现代传承活动的照片。

摔跤手出身的付文刚老师身材壮硕，声音洪亮，中气十足，透着英武之气。采访中，付文刚老师有条不紊地将天桥摔跤的起源和祖辈们的传承脉络细细道来。通过与传承人付文刚老师的交谈，我们深深感受到天桥摔跤浓厚的历史文化底蕴，以及历代传承人的鲜活人生经历，了解到天桥摔跤这一民族文化瑰宝与众不同的技术风格和特色。

付文刚老师通过建立艺术团的方式，带领选手到各处表演，在媒体上进行展播宣发，形成了规模化的产业经营，使天桥摔跤能够适应现代化社会需求。在一代又一代人的坚持下，这一极具特色的文化遗产得以不断传承，彰显了优秀传统文化的魅力。

研究团队与传承人付文刚合影、工作照

北京抖空竹代表性传承人李连元口述实录

采访时间：2018 年 4 月 24 日
采访地点：北京市西城区报国寺小星胡同北京空竹博物馆
采访人：陈小蓉、张长念、张鹏飞

项目简介：空竹在我国有着悠久的历史，早先为宫廷玩物，后来传入民间。空竹一般为木质或竹质，是一种用线绳抖动使其高速旋转而发出声响的玩具，古时也称“胡敲”“地铃”“空钟”“风葫芦”等。空竹作为一项传统休闲健身娱乐项目，集娱乐性、游戏性、健身性、竞技性，以及表演性于一身，工艺、品种、技法多样，深受北京各阶层市民喜爱。空竹作为中国独有的传统文化载体，其制作和表演技法是中华民族文化宝库和北京民间文化的重要组成部分，不仅具有浓厚的老北京胡同文化特色，而且扎根在广大人民群众之中。一枚小小的空竹，是老一辈北京人童年的回忆，也是传统文化不断传承的见证。2006 年，抖空竹被列入国家级第一批非物质文化遗产名录。空竹作为一种民间传统文化遗产，具有极高的文化娱乐价值、健身锻炼价值和社会民俗价值。

口述人简介：李连元，出生于北京市宣武区，宣武“抖空竹”第三代传人，北京市首批国家级非物质文化遗产空竹技艺代表性传承人，广内街道办事处空竹协会会长。2003 年其抖空竹技艺被录入“北京绝活”。传承人李连元从小学习抖空竹的技艺，跟着家族一起外出摆摊卖艺，与爷爷奶奶感情深厚。现在每当看到空竹时，李连元便会想起奶奶对自己的殷切教诲。

嘹亮声音透碧霄

2004 年，我们向国家申报非物质文化遗产时，需要空竹运动相关信息的补充与完善。在当地政府的努力下，我们成立了空竹工作办公室，调查空竹运动的起源等信息。空竹的历史溯源有很多个版本，有的人认为空竹起源于武则天掌政时期，另有一部分人则因曹植作过《空竹赋》而认为早在三国时期就有空竹运动了。然而这些都仅是传闻，没有确凿的历史资料论证。

那段时间，办公室的工作人员夜以继日地往返于首都博物馆、国家图书馆和北京图书馆，几乎要把图书馆的门槛都踏破了。功夫不负有心人，终于在《海外遗珍》[1]中找到了空竹运动起源的相关记载。《海外遗珍》是台北故宫博物院的院长秦孝仪所作，书中图文并茂，为空竹运动的起源提供了确凿的史料支撑。我们在书中找到了一个明永乐年间的漆盘，在漆盘中间有两个小男孩抖空竹的图像，这就足以证明在明永乐年间的社会上就有抖空竹了。这个漆盘，也就成了中国空竹运动历史的文物物证。美中不足的是，这个漆盘由美国洛杉矶博物馆保管，我们没办法得到漆盘的实物，只能将书中秦孝仪院长的文字描述及文物照片复印下来，作为空竹起源的实物依据。

明朝时期就有空竹，除明永乐年间的漆盘文物考证外，还有相关文字记载材料。《帝京景物略》记述："空钟者，刳木中空，旁口，汤以沥青，卓地如仰钟，而柄其上之平。别一绳绕其柄，别一竹尺有孔，度其绳而抵格空钟，绳勒右却，竹勒左却。一勒，空钟轰而疾转，大者声钟，小者蜣飞声，一钟声歇时乃已。制径寸至八九寸。其放之，一人至三人。"这是对当时空竹玩法和制作方法的具体记载。此外，从明代剔红婴戏纹圆盒，以及明定陵出土的刺绣百子衣等文物考证均可知，"抖空竹"在我国民间流行的历史有六百年以上。

基于上述文物与文字记载的挖掘与调查成果，我们办公室向国家提交资料进行空竹运动的非物质文化遗产申报，获得了一致的肯定与赞赏。因此，空竹的历史应起源于九百年前至六百年前，这是有确凿的文物物证与文字考证支持的。

与众多非物质文化遗产一样，空竹的制作技法和表演技法主要是以家族传承的方式保留下来的。我家祖辈几代人以空竹表演闻名京城，可追溯至我的爷爷李桂林和奶奶寇景兰。清末民国时期，每逢都土地庙开市，我的爷爷奶奶都会靠着一手抖空竹的绝活边做生意边卖艺表演，以吸引游客，久而久之抖空竹便成了庙会一景。我的父亲李秉孝、大伯李秉忠自小受家庭熏陶，对抖空竹产生了浓厚兴趣，跟随长辈们学习与继承抖空竹技艺，并在已有的技艺基础上创编了以正反抖单轮空竹为代表的一系列表演技法。后来到了我这一代，则由我和我长兄李仓元传承这门手艺。

梁溪坐观老人对清代北京空竹的特点做了记述，他曾在《清代野记》中写道：

---

[1] 秦孝仪所著《海外遗珍·漆器》中，收有一件"剔红婴戏纹圆盒"，盒盖上刻有婴戏图。图中，一童子正在抖空竹，旁边另有一童子捂着耳朵观看。空竹为圆盘状，中有木轴，以竹棍系线缠绕木轴拽拉抖动。该画所表现的空竹和抖空竹的方法与现在完全相同。

“京师儿童玩具，有所谓空钟者，即外省之地铃。两头以竹筒为之，中贯以柱，以绳拉之作声。唯京师之空钟，其形圆而扁，加一轴，贯两车轮，其音较外省所制，清越而长。”可见空竹在清代深受京城百姓青睐，特别是青少年。北京空竹与外省相比有其自身特点——以双轮空竹为主。空竹所发出的声音，至今对于北京这座城市仍具有象征意义。广内民间的空竹制作是纯手工的，有精湛的技术和独特的制作工艺。

抖空竹集娱乐性、游戏性、健身性、竞技性，以及表演性于一身，技法多样，仅目前掌握的花样技法就有一百多种，还有双人、多人等众多集体花样。广内空竹风格特点可归纳为“一高三多”：一是制作工艺高，从选材到制作完成共 17 道工序，皆以手工操作；二是样式多，有单轮、双轮、双轴、异型等多种样式的空竹；三是品种多，茶杯盖、茶壶盖、锅盖、酒壶、圆桌面、自行车轱辘等物品都被纳入空竹系列；四是花样多，空竹操作技巧包括扔高、换手、一线二、一线三等，还有正抖、反抖、花样抖等一百多种玩法，如“金鸡上架”“翻山越岭”“织女纺线”“海底捞月”等。

声响人聚好生意

小时候，我爷爷在天桥三角市场摆摊卖自己做的糖、茶汤和元宵，其中爷爷做的糖是最出名的，可以做出一百多种花样。当时有个叫谭富英的京剧大师，每在唱戏前都会来爷爷的摊位买些杏干糖，说在唱前吃天桥糖李的杏干糖，唱戏时嗓子特豁亮。老美院的院长曾给爷爷画过一幅百果图，寓意各种水果经爷爷的手都能做成水果糖，而且特别好吃。后来爷爷将做糖的手艺传给了我的父亲，又把做茶汤的技艺传给了我的大伯，大伯家的六个孩子也跟着继续做茶汤。现在他们家把茶汤店开到了德国，特别的棒。

那这些家传的手艺和抖空竹有什么关系呢？我们家算是老天桥的小手工艺者，做小生意特别依赖人气，每当爷爷摆摊卖糖和茶汤时，我们家人便会在旁抖空竹卖艺招呼，来往的行人大部分都会停下脚步看空竹，再到铺前买上一些糖和茶汤，这便是“声响人聚好做生意”。

我接触抖空竹是 1952 年前后，我那时只有四五岁。我有两个哥哥、两个弟弟和一个妹妹，我排行老三，俗话说“逢三必猴”，我比较精明而且会来事儿，一看奶奶洗脚就帮她拿拖鞋，奶奶想吃什么，我就一溜烟跑着给买回来了。奶奶见我有眼力见儿，又喜欢抖空竹，便将技艺传授给了我。我学会抖空竹后，就跟着爷爷奶奶演出，帮衬家里做生意。

对我影响尤为深刻的一次，是我表演抖空竹的时候，手被绳子割伤，流了很多血，观众们见我还是个小孩子心疼我，便都来捧个钱场，往我这儿投了很多钱，最大的有 5 元的纸钞，这在当时算是挺大的数额了。

我是在做闪金背的时候失误了，后来才发现手已经被绳子割得血肉模糊。当时奶奶放下空竹抱着我就往医院跑，爷爷则开心地数着观众们投的打赏钱。那时我还小，还不懂得生活的艰辛，见爷爷对我的手伤漠不关心，心里特别不是滋味，甚至还对爷爷心生恨意，后来年纪大了，也就慢慢地理解爷爷了。从那之后，我也慢慢懂得了挣钱养家的不容易，以及要练精一门手艺受苦受罪是在所难免的道理。

1976 年奶奶去世，弥留之际，已经说不清楚话了，她把最喜爱的空竹颤颤巍巍地放在我女儿的怀中之后，才缓缓地闭上了眼睛。虽然奶奶没有留下什么遗嘱，但那一刻我觉得，奶奶是跟我说："连元，你要把空竹这门技艺一代代地传承下去，往后的孩子们也要传承下去……"

奶奶去世后，我便将奶奶最喜爱的空竹看作奶奶，每次演出都会随身携带，我也觉得奶奶从未离开过我，和我一起参加了 2008 年北京奥运会、人民大会堂等一系列的大型演出。再后来，我不怎么演出了，就把这个空竹捐献给了北京空竹博物馆，奶奶的空竹就像种子似的种在我心里，时时刻刻提醒我她生前的告诫："人有好的时候想着点别人，人也不要自私。"

奶奶生前曾救过一条人命，我时刻记着奶奶的教诲，后来自己也曾救过三条人命，这事曾在《北京晚报》上报道过。时至今日，我觉得家里我最尊敬、最喜爱的便是奶奶。小时候看奶奶抖葫芦、杯子、盘子时就特别羡慕，也十分钦佩奶奶高超的技艺，恰巧在家中众多兄弟姐妹中，奶奶最偏爱我，把她毕生的空竹技艺都传授给了我。现在，我不光可以抖单轮空竹，还可以抖凳子、西瓜、手绢空竹等。

在熟练掌握了抖空竹的技艺之后，我在前辈的技法基础上也逐渐开始创新。我最擅长的便是用鱼竿抖盘丝空竹，依靠这门绝活也多次在北京市获奖，并在 2003 年时被政府录入"北京绝活"。我认为，是儿时奶奶的倾囊相授和严格教诲，才造就了今天的我。

声入云天眼缭乱

空竹按材质可分为竹木制、金属制和塑料制。小的时候我们都是玩竹木制的空竹，顾名思义就是由原生态的竹子、木头做的空竹，轮盘四周的哨口以一个大哨口为低音孔，若干小哨口为高音孔，以各圆盘哨口的数量而分为双响、四响、六响，直至三十六响，拽拉抖动时，轮盘高速旋转，各哨同时发音，高亢雄浑，声入云天，非常好听。空竹的缺点是非常脆弱，一摔就坏，因此在抖空竹之余，我们也会用杯子盖、锅盖等当作替代品练习技艺，免得摔坏空竹浪费器具。现在得益于手工业水平越来越高，人们找到了更多替代品，最多的便是金属制和塑料制的空竹，尤其是塑料制的空竹，抗摔、便携、成本低并且可以大批量生产，随着生产工艺的提升，塑料制空竹的声响一点也不亚于竹木制的空竹。

原先竹木制的空竹由于珍贵且脆弱怕摔，现在都作为艺术品收藏起来了。国家级非物质文化遗产项目抖空竹代表性传承人、空竹制作人张国良先生，他平生最爱制作和收藏空竹的工艺品，他收藏的空竹价值在 10 万元到 30 万元，非常珍贵，大家有机会也可以了解一些张国良先生的空竹收藏。

空竹按外形可分为双轮空竹、单轮空竹和异型空竹。其中，双轮空竹最为常见，即一个轴带两个轮子。一个轴带一个轮子则是单轮空竹，其余的便是异型空竹，如瓶子、葫芦等日常用品，安装好轴和挂线纽就可使用。每一种类的空竹都有其各自的基本功要求和抖法技艺，为了教会大家这些抖空竹的手艺，师傅们针对不同类型的空竹总结出相应的口诀和顺口溜，希望初学者们能在短时间内上手并掌握空竹的入门技艺，但再往深处练可就要下不少工夫了，因此我们说抖空竹易学难精。

空竹按大小和数量分类则相对随意，目前最大的空竹直径 1.5 米，重 30 多千克，而最小的直径仅有 1 厘米，大小宛若纽扣。一般空竹直径 15 厘米左右，重量在 200~300 克。

一般而言，空竹越大、数量越多，对技艺和力量的要求就越高。2008 年北京奥运会，我们在鸟巢表演抖直径为 1.2 米的空竹是非常需要技术的。目前最大的空竹直径大概有 1.5 米，被收藏在空竹博物馆。在数量方面，国外有人可以同时抖 3~4 个双轮空竹，而在我们国内则可以抖 10 个单轮空竹。为此，《人民日报》专门报道过。

除大小和数量，抖空竹的形式也一直都在创新。传统的空竹表演技法有“扔高、呲竿、换手、一线二、一线三”等多种形式。玩者用上肢做“提、拉、抖、盘、抛、接”，用下肢做“走、跳、绕、骗、落、蹬”，用眼做“瞄、追”，用腰做“扭、随”，用头做“俯、仰、转”等动作，其花样多种多样，有正、反、花样抖等一百多种玩法。

此外，人们在传统的身前抖空竹的基础上，陆续发展出跨腿抖、头上抖和身后抖等形式，创造出如“金鸡上架”“翻山越岭”“织女纺线”“夜观银河”“二郎担山”“抬头望月”“鲤鱼摆尾”“童子拜月”“鹞子翻身”“海底捞月”“青云直上”等技艺动作，令人眼花缭乱、目不暇接。除了个人花样，还有许多集体花样，如两人对传一个空竹、两人对传两个空竹、四人对传一个空竹、单线彩云追月、双线嫦娥奔月等。可以说，技艺手法的更迭和身体素质的提升促使了空竹项目的创新，也使其更具有发展力。

空竹博物馆每年都有上万的访客量，其中老人孩子居多，年轻人占少数。青年一代工作或课业繁忙，无暇参与相关的活动，因此空竹项目的推广活动更多以老人和孩子为推广对象。为保护空竹得以代代相传，我们抖空竹的手艺师傅们也做出了不少尝试，包括组织研讨交流会、组织民间机构等。

研讨交流会方面，我们尝试将各地空竹手艺师傅们组织到一起，做各地空竹节目的会演与交流，如 2015 年底，我们把宝岛台湾的空竹艺术团请来，在天桥做了空竹节目。艺术团的师傅们精通双轮空竹，还获得过世界金奖“俏花旦”。那期节目非常精彩，相关录像资料在政府部门都有备份储存。

除了参与各地空竹的研讨交流，我们还会和舞龙舞狮团、杂技团等进行交流，并将各自的特点融合在一起，形成抖龙空竹、抖道具空竹及杂技空竹等特色表演项目。

民间组织方面，为促进空竹项目的传播和普及，我们成立了广内空竹协会，至今发展到 3404 人，建有 76 个健身活动站，分布在北京市内各个公园，并在北京市附近的河北省燕郊镇也设立了活动站，我的徒弟就在那里当站长。此外，协会还在天津、安徽、浙江和四川等地建有活动站，开设免费的空竹项目授课活动，大家都非常愿意把空竹这一非物质文化遗产保护和传承下去。

进校传承常创新

此外，我们还将空竹带进中小学校园授课、与其他休闲活动进行融合创新、收徒传艺、组织商业演出等。

进校园授艺方面，北京市教委最近下达指令对学校提出要求，周一到周五必须有非遗项目进校园开设课程，以保证孩子们接触、了解我国非遗文化。迄今为止，我们走进的中小学共有五十余所，这要感谢国家体育总局为我们培养空竹专项的指导教师，教师从下至上依次按三级、二级、一级和国家级划分，人数比例呈金字塔式分布，其中三级的空竹指导教师最多，大概有五百人，二级、一级指导教师人数递减，国家级教师目前有 10 人左右。每逢周一和周五，这些教师就会走进中小学校园，教授相关课程。有的学校叫空竹课、体育课、大课间，有的叫兴趣班，名称不同，内容大同小异，都是教孩子们基本的抖空竹技艺。

我每逢周一会到北京回民中学教两个小时的空竹课，周二去大兴授课往返需要六七个小时，周三到陶行知创办的一五九中学教两个小时的课，周四、周五的课程则是让徒弟们代班，否则我这一把年纪，可真有点吃不消了。

在创新方面，空竹的一大特色就是它具有很强的包容性，可以和杂技、舞龙舞狮、瑜伽、健身运动等诸多体育项目有机结合。而且做空竹的手艺师傅们都愿意与其他项目交流，毫不夸张地说，我们现在的空竹花样有成百上千套。我在校园教孩子们抖空竹时，有个叫张晓磊的同学，把平日里玩溜溜球的动作引入到抖空竹中，于是我对班里的学生们说："很多体育项目的技术动作都是以动作创始人的名字命名的，如李宁动作、托马斯全旋动作等，张晓磊同学今天创新了动作，我们就称它为小磊动作。"

这样一来，孩子们的积极性立即被调动起来了，大家在抖空竹之余都在思考将平日里玩的游戏动作引入到空竹之中。除了空竹动作的创新，还有项目之间融合的创新，如瑜伽空竹，人们一边做高难度的瑜伽动作一边抖空竹；华尔兹空竹，人们一边跳着三步舞一边抖空竹；太极空竹，人们一边打太极拳一边抖空竹等。

此外，人们还在空竹的形式、参与人数、道具上做了不少文章，引申出更多的创新玩法。

我们希望空竹可以走出传统休闲方式的局限，开展相应比赛，演变为竞技项目。目前我们在已有的基础上，向体操、武术和跳水这些体育项目学习动作套路、难度系数、完成质量评分等标准，而相关比赛的开展则需要国家体育总局的进一步支持才能实现。

在收徒传艺方面，我是第三代传承人，在 2008 年参加过北京奥运会，且长年从事空竹技艺传授等相关工作，积累了一定经验。同时，在传承方面也有一定的创新。政府让我组织了一个拜师会，从事空竹技艺传承的工作。我在收徒前会和学生相处一段时间，在这一过程中逐步了解学生的人品、性格。若觉得学生合适，再举行收徒仪式。

这个仪式一般都在空竹博物馆的一个古香古色的小院中举行，省去磕头等一系列传统的繁文缛节，我会把国家给我的证书的复印件交给他留存，然后我本人写一个接纳他为传承人的证书，并给徒弟提出要求，希望徒弟能和我一起传承好空竹文化，最后由徒弟敬师父一杯茶，再照一张合影，收徒仪式就结束了。前段时间我在地铁里看到了我们这传承活动相关的报道，一杯茶、一合影、政府批的一横幅，特别简朴又不失严肃。

目前，第四代传承人有二十个，包括去年授予证书的成都信息工程大学教授廖述兵先生。同时，我也有十多个较为理想的传承候选人，他们中除北京本地的，还有来自河北、浙江、四川等地的，职业也是多种多样，有的是国家公务员，有的是学校的体育老师，有的是密云区的武术教练，还有的是农民。总的来说，这些年我收的这些传人，政府部门也都是很满意的。

再者就是商业演出方面，我是纺织局的退休干部，有稳定的退休金，由我爱人打点日常起居生活，因此我办商业演出不以营利为目的，重在宣传推广空竹上，这几年的演出劳务费、政府给的演出津贴也全反哺在提升节目效果、质量上了。我们在演出、培训时，政府都会给我们一定的演出补助，演出劳务费就由聘请我们的单位、学校来发放。我坚决不仗着声望高而狮子大开口，毕竟演出主要是为推广空竹项目，一旦高收费会折损口碑。

我们给武警战士、敬老院的老人及幼儿园的孩子演出时，不但不收演出费用，还会自掏腰包买礼物带给战士、老人和孩子们。除了演出外，我们还成立了空竹爱心基金，大家都会捐出一部分演出劳务费，用于帮助孤寡老人、外来子弟，之前也捐助过汶川灾区的孩子。

我们抖空竹的手艺师傅们一起演出挣钱，一起维持基金会运作，条件也变得越来越好。现在空竹博物馆已经开馆七年了，前六年是没有工作餐的，但今年已解决员工的餐饮保障问题了。

我现在已经 72 岁了，但还是坚守在空竹推广工作的岗位上，空竹作为非遗项目进校园我责无旁贷。与此同时，我还在老干部局的宣讲团从事相关宣讲工作，以推动空竹运动的推广与发展。

访谈后记

我们是在北京市西城区报国寺小星胡同中的北京空竹博物馆采访的李连元先生，他从四五岁开始在家里的小摊玩空竹到成为北京抖空竹传承人，这小小的空竹已经在李连元手中转了七十多年。在北京空竹博物馆里，我们看到了一个奇妙的空竹世界，有小巧到在指尖旋转的空竹，有大到为庆贺 2008 年北京奥运会特制的破吉尼斯世界纪录的巨型空竹，有常规样式的经典空竹，还有各式各样的异型空竹，如龙形空竹、彩带空竹、啤酒桶空竹等，我们被空竹传承群体的丰富想象力和创新精神所折服。七十多岁的李连元仍然不遗余力地推广空竹的传承事业，进校园、进社区、开展各种交流活动和举办各类比赛，尤其是与国家体育总局联合培养空竹教师和因人而异创新空竹类型及玩法，都是颇具创意的传承理念。他用亲身经历向我们证明了，变则通，通则久，是以天佑之，吉无不利也。

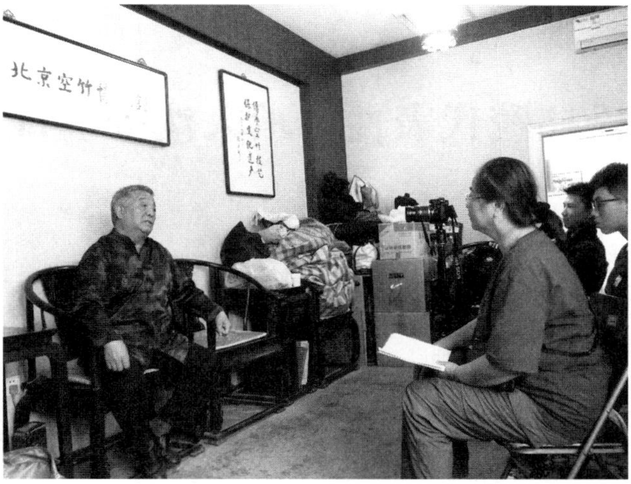

研究团队与传承人李连元工作照

河南沈氏摔跤代表性传承人沈少三口述实录

采访时间：2017 年 3 月 26 日
采访地点：河南省郑州市省体育局职工宿舍
采访人：陈小蓉、金春霞、陈沛菊、崔家宝

项目简介：沈氏摔跤以“散手快跤”为主要特点，“武术功夫跤”“动静结合”“表演性极强”“实用性很强”是沈氏摔跤的特别之处。沈氏摔跤的技术与基本功环环相扣，器械的辅助练习加强了对基本功的练习与掌握，深化了技术动作的实用性，同时部分辅助器械练习还可以单独作为表演内容，如“石锁”“皮条”等。练习过程中突出“练、摔、说”三个字。2011 年，沈氏摔跤被列入河南省非物质文化遗产名录。

口述人简介：沈少三，1928 年生于北京牛街，河南省非物质文化遗产沈氏摔跤代表性传承人，沈氏摔跤第三代传人。1953 年第 1 届全国少数民族运动会轻量级摔跤亚军。荣获中国摔跤协会颁发的中国式摔跤杰出贡献奖、全国体育开拓者奖、全国少数民族体育活动模范，被誉为中国跤坛的“泰斗级”人物。

家族技艺代代传

我们沈氏是摔跤世家，至今已传四代。说起与摔跤的缘分，要追溯到我的爷爷沈芳。他身高有 1.9 米，说话嗓音洪亮，肌肉发达，身材健硕，且平衡能力甚佳，人称沈大个，是清朝善扑营的二等扑户。

善扑营是清朝专门为摔跤能手设立的培训机构。当年康熙为了铲除鳌拜，召集了一群少年，在宫内陪皇帝练习摔跤。日后，这群练习摔跤的少年帮助皇帝在武英殿内将鳌拜擒获，后来他们便组成了善扑营，专门训练青年摔跤，常为王公贵族表演，或与外族摔跤手比赛。善扑营里的扑户分三等、二等和头等三个级别。由于要

求非常严格，升扑户是一件非常困难的事。在善扑营里练习摔跤还有一个特别之处，就是扑户平时自己练没人管，每逢农历初八、十八和二十八这三天，扑户会集中到善扑营摔跤，按扑户等级与扑户摔跤的表现分发俸禄。

1911 年清朝被革命党推翻后，善扑营也随之瓦解。善扑营没了，我爷爷年龄也大了，只能回家从事屠宰卖肉的生意。那个年代的孩子稍微懂事一点儿就想去做点小买卖，想方设法帮补家计，我父亲也不例外，便跟着我爷爷学屠宰卖肉。受我爷爷的影响，我父亲从小跟着爷爷练习摔跤，当时父亲最大的梦想是到善扑营里摔跤，辛亥革命后，这个梦想也破灭了。我父亲没有读过书，但他从小就喜爱练摔跤，再加上刻苦练习，日积月累，我父亲的摔跤技艺可以说炉火纯青。

现在回想起来，我父亲的摔跤技术之所以会那么好，有几方面原因：首先，我爷爷要求非常严格，只要发现我父亲有偷懒的想法，我爷爷就会严厉地处罚他；其次，我父亲虚心好学，无时无刻不在想怎么能摔好，去卖肉时会把摔跤衣和靴子往车底下一搁，走到哪听说有练摔跤的，就会把活儿丢下，去跟别人练摔跤；最后，他的技术可以说是集大家所成，谁的动作好他就找谁学，虚心向学为他提供了广阔的平台，比如，他开始跟着我爷爷学，我爷爷身高体大，但因为个子高而靶位不灵活，所以我父亲除了跟我爷爷学摔跤之外，还跟其他摔得好的人学，想学点灵活的技术。

在我父亲那个年代，摔跤在北京牛街（牛街是北京最大的回民居住区）已经很普遍了，牛街以东有一条小街叫东街，以西叫西街。那时有一阵时兴摔跤，尤其西街习武、练摔跤的人特别多。有一次我父亲得知我们家附近有一个前善扑营的头等扑户，他个子小，动作灵活，踢、爬、勾、别，技术灵活娴熟，于是我父亲便跟他学了一些灵活性强的技术。后来我父亲还跟一个姓夏的师傅学摔跤，学习不同靶位的摔跤技术，来回换靶位，类似游击战的感觉。还有个姓关的师傅，人称“神跤关文”，他有一个动作非常厉害，我父亲就去登门拜访。起初那位老人家不愿意教，表面说自己年纪大了不愿意教了，实质是担心你不是真心想学。于是，我父亲天天去找这位老人家，时间长了，老人看我父亲是真心想学，就答应教他。

以前，有一位师叔名叫吴少三，是和我父亲一起练摔跤的，他曾经感叹道：“你父亲的摔跤技术谁也猜不透，他一会儿这个招，一会儿另一个招，你要防着这边的进攻，又要防着那边被突袭，他总在不断变化，让人捉摸不透，非常诡异。”后来有一个前清的官员杨双恩在天桥卖艺，主要是拳脚表演。他的表演起初还有人看，后来没人看了，也挣不到钱。别人给他提建议，找沈友三帮忙表演摔跤才能挣钱。杨双恩觉得有道理，于是找到我父亲。由于两人都是牛街人，老街坊都认识，我父亲很快就答应了。有一天我父亲把卖肉的车托给一个半熟人，扭头就去了杨双恩的卖艺场，等表演完摔跤回来，结果连人带车消失得无影无踪。车子没了，卖不成肉也做不了买卖，杨双恩便对我父亲说："以后别去卖肉了，咱们一起摔跤卖艺吧。"这番话触动了我父亲的内心，于是他立马就答应了杨双恩，从此踏上摔跤卖艺为生的道路。不久，杨双恩老爷子去世了，我父亲从此成为天桥摔跤卖艺的第一人，列为天桥"八大怪"之一，其余七人分别是云里飞、大金牙、焦德海、大兵黄、蹭油的、拐子顶砖和赛活驴，他们个个身怀绝技。在十多年前，天桥为了纪念民间这些能人异士，专门为"八大怪"设立了铜像，其中就有我父亲摔跤的铜像。

我父亲除了表演摔跤，还表演气功，经常表演"双风灌耳""踢砖"等节目。双风灌耳是在地上平放一块砖，我父亲侧身躺下，耳部枕在砖上，在另一边耳朵再摞三块砖。另一人手执大铁锤，抡起来往下砸。一锤下去，把上边三块砖击碎，耳下边的一块砖也震碎，而我父亲安然无恙。踢砖是将一块砖头立在地上，紧靠砖前、砖后各放一碗水，然后猛踢一脚，砖头上半块飞滚出去，而下半块立着不动，前后两碗水也原地不动，滴水不洒。我父亲在天桥卖艺以后，不仅爱钻研摔跤，而且爱研究其他人表演。那些硬气功如砸砖、砸石头、踢砖、打砖，他几乎无所不能，这些表演都是他自己钻研出来的。

当时有十来个人跟着我父亲在天桥卖艺，我父亲是主角，其他人跟着他学摔跤，也跟着一起卖艺。我印象比较深刻的是魏大爷，他年龄较大，在摔跤界中威望很高，我叫他大伯，别人都管他叫大爷，就是现在大哥的意思。还有一个名叫张文山，我叫他叔叔。还有孙傻子、付傻子、苏祥林、孙德山、赵云挺、孙文虎、刘四宝、金木林、善石俊等，他们都练摔跤，但生活过得不好，只好以摔跤卖艺为生。他们原来在其他场子卖艺，但无奈观众不多，无法维持生计。后来知道我父亲在天桥名气大，都过来要求跟我父亲一起摔跤卖艺。

我们将摔跤卖艺的地方称为教场，教场用长板凳围一圈，摆桌子茶几。我们这个教场的观众特别多，来早坐凳子，来晚了站着看，看了一场就往里扔钱，到晚上把挣的钱集合在一块大伙分一分，一人一份。

我小时候就干些零活，十二岁以后，我父亲有时候会让我和弟弟穿上摔跤衣跟着练。从此，我也走上了摔跤这条路。现在回想起来，那时候的日子非常艰苦，许多人折腾一天，挣不了几个钱，更别说吃饱了。一个班子的人钻一间屋子里头，一个炕上睡好几个人，两条被子盖好几个人，我父亲睡在窗台上，我母亲和我们几个睡在地上。今天挣钱多了可以吃上干的、稠的，明天挣钱少了就只能喝点稀粥。那时候，对于练摔跤的师傅来说，生存着实是个大问题。

那几年，报纸上报道一个消息，说有一位俄国大力士来中国表演，能举半截铁轨和大杠铃，还跟牛摔跤，表现神勇。后来，这个俄国人发了一个通知，欢迎中国的能人前来与他比赛。我父亲知道这个消息以后，决定前去与他比赛。俄国大力士见我父亲，提出先签生死状，比赛过程中打死不偿命。我父亲立马答应了，并在生死状上签了字。紧接着，俄国大力士又提议说：“不如我们把比赛搬到舞台上，私下约定打成平手。我们可以一连表演好几天，第一天零比零打平，第二天、第三天、第四天都那么做，最后平手和解，最后挣的钱大家平分。”我父亲当场就拒绝了，他说：“不行！你是专程到中国找人比赛，那比赛就应该分输赢。”俄国大力士犹豫了一会儿，说道：“这样吧，到我住的旅馆比吧。”我父亲毫不犹豫地答应了他。到了旅馆以后，俄国大力士问我父亲：“怎么比呢？”我父亲说：“按照中国比武的惯例，有两种比法。第一种是武比，人往那一站说：‘请！’咱俩就开始比斗，谁把对方打趴下就算谁赢，比武过程中谁死谁伤概不负责。第二种是文比，我们各自面对面站好，互相推对方三下，看谁能先把对方推趴下就算赢。”

俄国大力士思前顾后，最后决定跟我父亲进行文比。他先推我父亲，我父亲站成摔跤的姿势，他推了三下，我父亲纹丝不动。换我父亲推他的时候，他站了个马裆步，我父亲一看他站的是马裆步就特别高兴，心想这人原来是门外汉！我父亲两手搭在他肩上，说道：“我要推你了！”我父亲话音刚落，手臂往里一收，再迅速做出往前推的动作，结果“嘭咚”几声，俄国大力士往后退了好几步，最后失去重心，摔倒在床上，还把床给压垮了。

当时这件事报纸也报道了，说沈友三打败了俄国大力士，为民族争了光！从那时起，我父亲便名声鹊起。记者纷纷前来采访我父亲，前来拜师学艺的人也多了起来。从此以后，我父亲的境况好了很多，但他唯一不变的是对摔跤卖艺的坚持。

1933 年我父亲在南京参加摔跤比赛拿了第一名，同时也结识了许多河南开封的练武同行。大家看我父亲摔跤摔得好，又都是回民，便邀请我父亲去开封教摔跤，我父亲同意了。到了河南后，他在开封的大相国寺藏经楼上摆了个场子，一边教摔跤，一边表演打弹弓讨生活。我父亲教徒弟从来都是不收费的，所以很多人愿意跟他学。大概过了半年，我父亲因为惦记家人，只好又回到了北京。

1942 年我父亲得了伤寒，天桥摆不成场子了。我只好去给日本人打工。早晨起来从家里出来，如果被日本人选中，今天就有活干，如果没被选中，今天就挣不到钱。大家排好队进仓库，先交上良民证，也就是今天的身份证。日本人什么活都让我们来干，动作稍微慢点就打人。中午吃饭时间，有人卖粥和咸菜。大家一人一碗稀粥，一丁点咸菜，吃完了就去干活，一天的活干完了才允许离开。离开时要我们在门口排好队，所有中国人要把衣服全脱掉，不管天气多冷，日本人要检查你有没有偷东西，没偷东西才退还良民证，让你回家。

我记忆中那时饿得难受，家里也没吃的，物质也匮乏，我拿着工钱只顾一个劲往家里跑，生怕把工钱给弄丢了。那阵子北京发生霍乱死了很多人，跟父亲一块卖艺的孙傻子，早上起来出现拉肚子的症状，不到两小时就去世了。那时的社会动荡得很，日本鬼子侵略中国，兵荒马乱，民不聊生。

1943年中国北方到处闹灾荒，当时据说河南开封的灾荒已经缓解了，北京都还没缓解。我父亲在开封的徒弟们想接他到开封度荒，便派人到了北京，我父亲推辞不过，便带着我和我弟到开封定居，在大相国寺教摔跤，来学的人非常多，每天有上百人练摔跤，我父亲还是坚持收徒不收费。后来父亲回北京把我母亲也接到开封，母亲料理家务，我和弟弟在大相国寺摔跤卖艺。遗憾的是，有一天我父亲忽然病倒，好像是得了肺癌，一个星期不到就去世了。

勤苦一生不懈功

我从一记事就开始接触摔跤，那时只有四五岁，我爷爷在我们院里练摔跤时我们会去看，因为我年纪小，爷爷让我先从柔韧性练习开始，过去叫抻筋拔骨。他让我拉韧带、练劈叉、练腰功，再后来就让我踢腿、盘腿、抽腿。另外还不时让我去看摔跤，看完了再给我讲解，天长日久，耳濡目染，我对摔跤有了一定的认识。

后来，我父亲在天桥卖艺，我也经常会去看，同时还给他们帮忙。观众把赏钱扔地上，我把钱捡起来凑在一起，点一点有多少钱。有时候师傅们需要喝水，我便去给他们端水、沏茶。等我大一点了，他们摔跤，我便给他们干点零活。有时候他们累了想缓一缓，就会让我打一场拳，练一练摔跤基本动作。他们通常休息两分钟再摔下一场，便在休息时指点我一下。

我就这样跟着父亲和师傅们开始练习摔跤，可我父亲要求非常严格，常对我说："宁吃仙桃一口，不吃烂桃一筐。"告诫我习武、练摔跤不是儿戏，要学就要认认真真、扎扎实实地练好每一个动作，一个动作练好了，比囫囵吞枣地多练上百个动作都要强。我念小学那会儿学校没有开设体育课，唯一的锻炼就是练武术，每星期两次，大多数人会选择练摔跤。因此，那时候摔跤在我们学校里非常流行，当时我父亲就在学校边上卖肉，空闲的时候就会教大家摔跤。

1948年正值解放战争，到处战火连天。1948年6月，解放军打下了开封，后来又撤走了，国民党回来了，北京也回不去了，在大相国寺里的摔跤卖艺也被迫暂停了。同年11月，国民党从开封溃败，解放军解放了开封并驻扎了下来，这一驻扎就太好了，我和弟弟可以继续在相国寺卖艺了，当时开封有什么表演活动，我和我弟就去表演，场面还挺热闹。

1950年召开河南省体育工作者代表大会，我作为民族体育代表参加，会后成立了河南省体育筹备委员会，简称河南省体筹，单位挨着中华门和团校。后来以团校为主，成立了河南省体育运动委员会，这时候省里有什么比赛都会来找我，慢慢地，我就开始跟着体委干活。

1953年，第1届全国少数民族运动会在天津举行。马春喜、我弟弟还有我被选进河南省体育代表团，代表河南到天津比赛。当时我的最好成绩是全国轻量级摔跤亚军，我跟冠军打平，最后查小分，他是冠军，我是亚军。同年12月，我准备回开封过年，可没过几天，上级的通知来了，说要把我调到国家武术队，问我去不去。我当时很犹豫，那时我已经结婚了，家里还有两个小孩，我要走了生活怎么办？朋友都劝我应该珍惜机会，说这比街头卖艺好多了，于是我就去了国家队。后来，国家政策调整，把武术队撤销了，我只好到三门峡钻机厂当了工人。

我以前从来没进过工厂，开始不习惯工厂三班倒的体制，觉得当工人又苦又累。后来上级又让我学钻探，糊里糊涂的，我也学会开钻机了。厂里见我干得不错，把我提为班长，让我带一帮人搞钻探，去三门峡大坝搞坝基勘探。搞完钻探后，由于担心石头有缝，大水一来把大坝冲垮，上级又让我跟着别人学堤坝灌浆防水。冬天里做防水灌浆作业，人冻得发抖，那时可受罪了。尽管我已经成了工人，但我仍未忘记武术和摔跤，工作空闲的时候，我会在堤坝上扔石锁锻炼身体，在工地里自娱自乐。

1956年，我又代表河南省参加全国摔跤比赛，没怎么练，就是简单恢复了一下，成绩还行，最后拿了全国第四名。1958年，“大跃进”开始了，河南省体委让我继续代表河南省参赛，可那时我感到有些疲惫，不想再出去比赛了。领导们得知消息后觉得不妥，最后还是动员我去参赛，那年的全国摔跤比赛我拿了第五名。

后续获得的荣誉还有：全国少数民族体育活动模范、全国体育开拓者奖、中国式摔跤杰出贡献奖等。我从河南省体委一成立就在这工作，一直没离开。后来，沈氏中国式摔跤被评为河南省级非物质文化遗产，把我推选为代表性传承人，我感到很自豪。

我60岁那年就办了退休。可一年后单位领导上门找到我，希望我能归队，重新担任摔跤队主教练一职。原因是在我担任主教练时，队伍成绩非常好，有3人获得过全国冠军，多人获得过前六名，而我退休以后，教练队伍青黄不接，经验不足，队伍成绩下滑严重。听到这里，我毫不犹豫就答应了，这么一干又是十几年，一直干到我78岁。后来我儿子跟领导申请，希望我能从主教练的位置退下来安享晚年。

2008年，我正式卸任，回想一下，以前工作虽然很辛苦，但也很幸福，因为这是我喜欢的事业，为河南省和国家的体育事业奉献了自己的一份力量。你问我这是什么原因，我想这跟责任、传统还有信念有关。我父亲将毕生的技艺传授于我，从那时起就意味着我应该承担起沈氏摔跤往下传承的责任。我爷爷、我父亲都是义务教别人摔跤，只要你愿意，他们不仅教你如何去摔跤，还教你如何去做人。我也如此，我教人从不收费，我让我的徒弟也不管别人要钱，这就是传统。我们以前苦日子过惯了，对事情比较执着。既然我选择了摔跤这个行道，那么不管前面的路上有多少荆棘，我都应该义无反顾地走下去，这就是信念。

78 岁以后，我的徒弟看我闲着难受，纷纷给我出点子，让我办个“孙子班”，教青少年练石锁、练摔跤。后来，我还真这么做了，找了几个小孩，在小区院里找了一块平地（原来是个田径场），教这些小孩练石锁、练摔跤。前不久，省里将沈氏摔跤列为省级非物质文化遗产，推选我当代表性传承人，这传承的重担难以推卸。可传承和推广不仅要有人，还要有场地和经费，这对我们来说可是一个大难题啊！

动静结合功法繁

我们沈氏摔跤的传承主要以沈氏家族为主体，秉持以跤会友、义务教授的优良传统，从北京天桥传入河南开封延续至今。“摔跤之心，广交朋友”则是沈氏摔跤的师承之道。寓意想方设法战胜对手的心态只能用在摔跤场上，而为人处世则不能算计，应与人为善，实事求是。沈氏摔跤的师承之道，不仅教人如何进取，而且注重“育人”。这些传统在历代的传承过程中得以发扬，成为人们心中崇尚的“活法”。

我们沈氏摔跤所用的器械也是一大特色。练习摔跤所用的辅助器械，先辈人动了很多脑子，创造了许多非常特别的器材和练习方法，如皮条、地称子、天称子、大棒子、小棒子、大推子、小推子、石锁、大砖、大拧子等，都是提高抓握力量的器材。这些器材不仅极具特色，而且功效显著，说明过去我们的老祖先在这方面是认真钻研过的。这些器械和方法在我看来，生命力还是很强大的，哪怕现代的摔跤训练都可以用，但可惜的是这些东西都慢慢地失传了，现在会的人少了。

我家里有一样宝贝，我们叫“皮条”，用牛皮制成，是老祖宗传下来，专门练摔跤基本功的，拉的时候会发出“哒哒”声，所有练摔跤的人都必须练这个皮条。我启发学生和家长一起自制皮条辅助练习器材。就是找一个修车摊，买一块橡胶皮，类似车轮胎那种就可以。这个自制的皮条很有特点，它本身有伸张力，能缓解对手腕的震动。

摔跤的技术要领与举重不一样，举重是双向平衡用力，只要能把重量举起，属于平衡发力。而摔跤是两只胳膊不同方向用力，用这个皮条打个比方，左手“哒”往上使劲，此时右手必须往下沉，相反，如果右手往上使力，左手必须配合往下沉，二者必须互相配合着来，不能像举重那样，往上举或者往下放都是左右同步的。比如，我这手往回拉，他踢我的时候我就抓住他的大领往下拉。如果我这再往上人家不就倒了吗？简单来说就是两手一用力，一手往上，一手往下，使劲一提，对手人就翻了，关键在于两只手要相对使劲。

另外，它的材质相对软一些，对人的虎口磨损也减轻了。传统的皮条由于材质不是橡胶，弹性不好，容易把虎口的皮肤磨破，所以凡是抖皮条都要经历磨破皮、成茧的过程，我爷爷、我父亲也不例外，开始练的时候都把虎口磨破了，破之后变成茧，再抖就没事了。

抖皮条练习的主要目的是加强背和腰的力量。摔跤时你想要把对方摔倒，就需要上、中、下三盘配合用力。“上盘”指的是手，“中盘”是腰，“下盘”是腿。你想要用动作把对方摔倒，你这三盘用力必须达到一致，把手、腰、腿的力量综合到一块，达到一拍即合的效果。这个在摔跤里是必练的，也算比较难的地方。

我们还有一个法宝，它的名字叫作“地称子”，也是练摔跤基本功的器械，你看它的高度跟我差不多，原来边上还拴一根带子，可以模拟摔跤时的揪、拿、抢把等技术动作。也可以拿这个当人模，来回拧它练练手。可以正手拧，也可以反手拧。这个练习就是练握力，因为通常摔跤时间会持续较长，小臂容易充血，充血没力了就抓不住了，所以摔跤运动员需要经常练小臂肌肉，练的时间越长，小臂肌肉就越不容易充血，肌肉的耐力就越好，从开始练到最后都有劲儿，那摔跤人的力量和耐力就可以上一个层次。“地称子”还有一个特点，它的底部是椭圆形的。这个椭圆形有点像不倒翁的原理，如果底部是圆的，一撒手就倒地起不来了，你还得花时间把它扶起来，而椭圆形则会自己起来。另外，如果底部是平的，你就不能像我这样把它旋转着走，椭圆的就不一样了，这样拧着转动，方便练习手臂和手指的握力。

发挥余热望后人

“奥运战略”“金牌主义”在我国仍发挥余热的背景下，不属于奥运项目的中国式摔跤正逐渐被边缘化。在第 7 届全运会后，中国式摔跤更是被挤出全运会的舞台，而柔道、空手道、古典式摔跤、自由式摔跤这些外来项目则一概变为全运会的比赛项目。受其影响，国内学习中国式摔跤的热度骤然下降，许多开展中国式摔跤的体校和练习中国式摔跤的运动员纷纷转投其他项目。沈氏摔跤作为中国式摔跤的重要分支更是如此。如此下去，沈氏摔跤甚至中国式摔跤的技艺将面临失传。

目前最大的困难是缺人和缺场地。我记得以前开非遗学习班的时候，有位学者曾说过：“时代变迁、传承人危机、外来文化冲击是打破非遗传承生态平衡的重要因素。”我觉得这个说法很有道理。

我认为缺人的主要原因要归咎于当代价值观的转变。现在家家户户的经济条件都好了，人们注重小孩的学业，五花八门的课外培训班是爹妈的第一选择，拿钱让小孩去上补习班，目的是考上重点学校，压根不考虑小孩的身体素质、为人处世、思想品行等问题。我们那时候没那么注重学习，家里经济条件也不好，哪里有钱去上补习班。现在时代不同了，小孩都要求有文化，我们以前穷，只能追求武化。武术看似暴力，但其实蕴含许多内化的作用，如要以德服人、警恶惩奸等，教会我们如何在人生道路上不走偏。现在的孩子文化水平是提高了，但分辨是非的能力却很差，很容易误入歧途。

在传授摔跤技艺的过程中，我们几乎没有过固定的场地，而且场地经常变换，这是另一个困境。由于受我父亲的影响，我教摔跤有一个宗旨，那就是义务教授，不收任何学费。但这样也带来了一个困难，即没有资金来源，也无法保证场地，传承难以持续。

这些年来，小区的院里、省体育场的空地、学校的操场等，我们都去过，但都是临时的，一直没有固定的教学练习场地。后来，河南电视台都市频道、《大河报》都采访过我，并针对我们面临的困难，向有关部门和社会各界发出求助。我十分感谢这些好心人的热心帮助，但我明白这个问题不是三言两语就能解决的。政府有政府的难处，我表示理解，困难总是存在的，我们坚持坚持总能挺过去的。再后来，郑州市金水区文化馆还投资给我们买了垫子，在垫子上摔跤，场地不足的问题稍微得到缓解。

可好景不长，新的问题又来了。我身边来学习摔跤的孩子通常是小学时跟着我练，练上两三年，孩子升初中、升高中，学习紧张没时间练摔跤，最后只能放弃。原来有二十多个小孩，现在就剩下八九个。不仅如此，就连我带的摔跤队的队员也是没等学成就已经轮换了好几批。因此有人问我："中国式摔跤传承的形势似乎不太乐观，您准备教到什么时候?"我当时就说："不管形势好坏，我会一直教到我离开人世的那一天!"

不仅如此，在外来文化冲击的背景下，家长们都让小孩学跆拳道、空手道、拉丁舞等。而且现在时代不同了，家长们都管小孩叫宝贝，都捧在手心用心呵护着，生怕出一点意外，把小孩养得太娇气了，小孩自然吃不了苦，面对困难就往后退，永远不敢迎难而上。而习武或练摔跤肯定得吃苦，要想练好就得付出巨大的努力，这似乎跟现在年轻人热衷的享乐主义格格不入。一句话，现在我们的子孙们实在是太娇气了。

今年，我与儿子沈志坤共同编写出版了《蹁跤》一书，书中详细记录了沈氏摔跤的理论和技术。

我今年 90 岁了，我感觉自己时间不多了，这就是传承危机，传承人年龄偏大，没有年轻人接班，如果老一辈人走了，传统文化又没有传承下去，中华民族的根也就断了。

访谈后记

我们联系上沈少三老人时得知他大病初愈，我们本想得到一点文字资料就满足了。谁知90岁的老人十分支持我们的工作，对我们十分热情。访谈中，老人渐入佳境，滔滔不绝地讲述着祖父辈的故事，以及自己的坎坷人生。交谈中，还多次起身，颤颤巍巍地走到里屋，拿出沈家自创的摔跤训练辅助器材“皮条”和“地称子”，给我们展示这两个训练器材的使用方法和训练功效。

当他说到，我今年90岁了，我感觉自己时间不多了，如果老一辈人走了，传统文化又没有传承下去，中华民族的根也就断了。看到眼前这位耄耋老人，依旧身体力行，克服种种困难，坚持义务传承中国式摔跤，我们的敬佩之心油然而生。同时，心情也不免倍加沉重，面对这90岁的老人，我们这代人是否应该为中国的传统体育做些什么……

研究团队与传承人沈少三合影

新会蔡李佛拳代表性传承人陈忠杰口述实录

采访时间： 2015 年 1 月 21 日（第一次）；2018 年 7 月 17 日（第二次）；2018 年 8 月 18 日（第三次）

采访地点： 广东省江门市新会区始祖馆、广东省江门市新会区新会蔡李佛始祖拳会

采访人： 陈小蓉、崔家宝、刘璇、袁进业、刘晓鸥、罗晓琴、刘泽辉、肖巧荣、张雨沂

项目简介： 蔡李佛拳起源于广东省江门市新会区崖门镇京梅村，由京梅村拱北里人陈享所创，是广东南拳的一个重要拳种。蔡李佛拳取“南拳北派”之长，集多家掌法、腿技、拳术之长，是刚柔相济、攻防兼备的武术训练体系。拳理以《孙子兵法》为基，拳路气势磅礴，如“漂石之水”；动作疾速迅猛，如“折毁之鸷”。实战运用讲求“防之必然、攻之无意”，主张“以攻为守，攻即是化、化即是攻”；招式组合按照“以迂为直”的理念设计，“静如泰山、动若脱兔、臂如纤绳、槌如飞轮”，风格舒展连贯而稳准狠。2008 年，蔡李佛拳被列入国家级非物质文化遗产名录。

口述人简介： 陈忠杰，国家级非物质文化遗产项目“蔡李佛拳”省级代表性传承人，他先后随同村蔡李佛拳师陈华灿、陈扶浩等学习蔡李佛拳艺 30 多年，自 1984 年开始收集蔡李佛拳的有关资料并进行理论性研究。自 1999 年 5 月至今担任蔡李佛始祖拳会会长。多年来，他积极推进武术交流活动，大力弘扬蔡李佛拳术，拳会弟子多次参加国家、省、市级武术比赛并获大奖。(《南方都市报》)

武医双修得真传

我们的祖师爷陈享公是新会崖门镇京梅村人，京梅村地处南粤珠江三角洲的西南端，背靠古兜山，比较偏僻。祖师爷陈享是清朝晚期岭南武术界的传奇人物，杰

出的技击名家。享公是家里的次子，1806 年出生，小的时候十分聪颖，七岁（虚岁）的时候跟着他的族叔陈远护学习武术。陈远护觉得陈享的骨骼与一般的孩子不一样，生来手脚就比其他孩子长，认为他定具有天生神力。于是悉心教导他，希望他能成材。而这位族叔曾是少林寺的俗家弟子，是镖师出身，据族中老人说，他曾经师从广东肇庆鼎湖山庆云寺的“独杖禅师”，是一名“洪佛拳”的高手。在陈远护的悉心教授下，陈享练就一身本领，附近各乡都没有对手，在崖西的坑头村及新会城区的周馆等地方教拳，还因武艺高超而闻名乡里。

后来，因缘际会，祖师爷陈享先后拜李友山、蔡福两位为师，整个拜师学艺的经过，他自己在《蔡李佛技击学》自序中曾经提到过。这篇自序印在了我们京梅村始祖馆的墙上，上面是祖师爷自述蔡李佛拳诞生的经过。

祖师爷陈享拜师的经过大概是这样的：祖师爷在新会任教的时候，有一天听说临街的会馆聘请了一位叫李友山的拳师，他是少林寺至善禅师的入室弟子，技击的能力非常厉害。陈享听说了以后非常想跟他切磋。当时他看到这位李公在一个茶馆里喝茶，就悄悄地跟在他的后面，想要从后面抱着他的腰，将他扳倒以显示他技击的能力。但是由于李公的马步扎得非常稳，所以陈享无论如何都没有办法让他的双脚离地，自己反倒被他一个转身踢了一脚，不由自主地摔出了几米之外。当时李公问祖师爷说：“看你被踢的反应能知道你练习武术有一定的年份了，你师从何人？为什么想要比试却不光明正大地提出来，却要在别人没有防备的时候偷袭，这不是大丈夫所做出来的事情。”祖师爷陈享回答说：“我粗略地学习技击，今天听说先生的技术超凡，因此特地来求教。由于我学艺不精，所以不敢将我师父的名字报上来，害怕损害了我师父的名誉。”说完就离开了。李公目送陈享离开后自言自语道：“这个人有这样子的根底，却不肯虚心求教，以求深造，太可惜了。”有人听说后将李公的话转告给祖师爷听，祖师爷恍然大悟，非常后悔自己因为年少气盛而错过机会，武术的学习是没有穷尽的，不可以给自己设限。

于是祖师爷辞去新会的教职，拜到了李公的门下。后来祖师爷陈享曾经问过李公：“当时我还没有靠近师父您的身体，您怎么知道我偷袭您，难道是脑后面长了眼睛吗？”李公回答：“不是的，我也是人，跟普通的人也没有不一样。但是武术高强的人耳目都比较聪明，在与人对战的时候必须要眼观四面，耳听八方，才不会被敌人暗算。而且人在用力出拳的时候必定会带有拳风。拳没到拳风先到，所以虽然我没有提前留意到你偷袭我，还是能够因为拳风的到来而闪避。当时你的手虽然还没有碰到我，但是脚步声已经在脑后。我知道是偷袭所以我先发制人，给你一脚，化掉你的拳路。这一个技巧非常简单，只不过你因为专心进攻而没有留心防守，因此才会被我踢到并且摔到了地上。”陈享听到这话以后心里面非常佩服，跟着他学习了五年。后来李公把他的灵敏过人及他所有擅长的东西都教给了陈享。

后来陈享听说有一个还俗的和尚蔡福从福建到了罗浮山，他的医术非常精湛，所医治的刀伤、跌打等病症很快就痊愈了。李公认为他的跌打医术如此精妙，那他的技击技术一定也非常好，就让陈享和他一起去拜访蔡福。他们到了寺庙的外面，看到一个老汉站在门前，看起来年近六十岁，两只眼睛非常有神，他们就向他询问蔡福是否在寺庙中。老汉自称为蔡福的徒弟，师父出门还没有回来，将他们邀请到了寺庙内，在阶前煮茶款待他们。老汉用手劈柴，非常轻松，李公怀疑老汉就是蔡福，有心在他面前炫技。李公看到台阶下面有一个臼，重约千斤。他将尘土撇开抬起脚一踢，臼就像猴子一样被他踢开数丈之远，地面也因此凹陷。老汉看到了以后，微笑着缓步向前，用手拿起臼，臼马上就缺了一角，然后用手轻碾，石头做成的臼马上碎成粉状。老汉将粉末扔到李公的面前，笑着说："你以这雕虫小技卖弄在人前，跟班门弄斧有什么不一样？怎么会敢在我蔡某面前卖弄呢？这个给你留作纪念，希望你引以为戒。"李公看到了以后十分害怕，忙谢过蔡福离开了。蔡福对此只是一笑置之。李公走了以后，祖师爷陈享看到蔡福武艺高强，就马上上前行礼，并且长跪不起，希望他能够收下自己做徒弟。蔡福最后与祖师爷约法三章：第一是要十年才能下山；第二是武术学成以后不允许伤人；第三是要当场将石臼踢回原处，都做到才愿意收徒。祖师爷当时担心自己做不到，但还是尝试了，他抬起脚一踢，果然石臼就归回了原位。蔡福就允许祖师爷留下来学习。

后来，祖师爷陈享才知道，原来蔡福当年已经九十六岁了，而他的体魄和精神就像五十多岁的人一样。就这样，我祖师爷跟随蔡福学习了十年。

经过前后三位师父的悉心教导，我祖师爷从罗浮山学得大成，不仅武技大增，在医术上也大有增益。他经过增城金牛都拜会在绿营的同乡汤游击时，听说了当地以何元庆为首的许多土匪作乱。当时增城知县杨先荣及参将桑达组织官兵和乡勇剿匪，几次都失败了，还死了 174 人。无奈之下，知县只好张贴告示来招揽能人帮忙剿匪。祖师爷在汤游击的引荐下，揭榜去拜见知县。他手上拿着下山时蔡福师父赠予的两把蝴蝶短刀，一个人深入了七条村庄的土匪老巢，将他们打得落花流水，还救出了多名被他们抓起来的官兵乡勇，最后还与当地的官兵们乘胜追击，全歼了占领了三十二条村庄的土匪。这件事情之后，朝廷为表彰纪念死难的官兵乡勇，建造"忠勇亭"，并授予祖师爷"达亨"的封号。

虽然获得了朝廷的封号，受到了清政府的招揽，但是祖师爷陈享从小深受"反清复明"思想的熏陶，只想为百姓除害，他时刻牢记蔡福师父临别时的劝诫，反复推脱。终于，他在 1834 年回到新会县城，并且开了一家叫作"永胜堂"的药店，在治病救人的同时认真钻研武学。

在这期间，他还无偿为街坊民众配制药方，用来防治当时流行的鼠疫，受到坊间好评。此外，他花了两年时间，在整理中医药典的同时不断总结自身武学，编创拳谱。1836年，祖师爷为了感谢和纪念三位恩师的悉心栽培，将总结出来的医药、拳谱均命名为“蔡李佛”，蔡李佛拳正式诞生。

当时的新会县衙推行“攻匪保良”的政策，允许各个乡村自己设立“睇更队”等防土匪骚扰的村民自保组织，这在无形当中解除了清政府不许民间结社的禁令。身怀绝技的陈享答应了族中父老的邀请，在我们京梅村的祠堂建立了“洪圣”武馆，将蔡李佛拳传授给族中的子弟和临近的村民。由于祖师爷的教学别具一格、简单实用，吸引了周围大批青年到京梅村来求教，对每一个认真求教的人祖师爷都尽心尽力地教导他们。就这样，广东、广西各地的武术爱好者都慕名而来，我们京梅村也就成了蔡李佛拳的发源地。

吾技御敌亦强身

我们新会蔡李佛拳的发展与“鸦片战争”和“太平天国农民革命运动”这两次重大事件紧密相关。

林则徐当年主持“禁烟”的时候，祖师爷协助他训练当时的义勇水师。在鸦片战争爆发的时候，陈享率领弟子们投入广州的虎门水师衙门麾下，英勇抗击外来侵略者。后来由于清政府战败投降，林则徐被贬，香港被割让，祖师爷看透了满清政府的腐败无能，在秘密护送林则徐到达伊犁后，带着弟子们返回家乡。当时国家积贫积弱的现状及外国侵略者的丑恶嘴脸对他触动很大，他也因此萌生了“以武强族”的信念，开始积极宣扬“吾技进可御外侮、退则强身健魄”的主张，广泛地招收徒弟，一边悉心传授武技，一边抓紧时间策划着“洪圣”武馆的发展。

1842年，祖师爷经与陈尊三等人的精心策划，采取“武医结合”的方式，提出“忠勇大义、英雄至圣”的口号，坐镇京梅村“祖师堂”，指派陈大楫、陈典桓、陈燕贻、龙子才等多名高徒分赴两广，选择先城市、县城及商埠，再拓展乡村的路线，开设了44间“洪圣总馆”和“胜”字号药店。

由于组织得力，一时间蔡李佛洪圣馆像天女散花，发展神速。因组织相当庞大，分布地方极广，为了同门互相识别和联系，除了定下挥拳出脚发出“域、的、益、吓、鹤”五音外，陈享根据蔡福师父的赠联，在京梅总馆挂“洪材定取文章事，圣算还推武略通”的关帝联；祖师堂上的对联是“蔡李佛门源自始，少林嫡派是真传”；神位联为“拳出全凭身着力，棍来须用眼精神”；为各地总馆挂出的对联是“英棍飞腾龙摆尾，雄拳放出虎昂头”。

蔡李佛武馆面向贫苦大众，基本上都是义务式教拳，以药店的收入作为生活的主要来源，当时带“胜”字的药店均为蔡李佛门人所开。我们蔡李佛拳与以往的武术拳种有点不一样，并不认同“文穷武富”和“重内轻外、重男轻女”的传统传承方式，而是广泛地面向贫苦大众，开辟了平民化的发展道路，自然而然很快成为岭南地区规模最大的拳种。不仅如此，祖师爷在各地总馆设了两个负责人，一个“主教”、一个“副教”。对于各地总馆的负责人采用了轮岗的形式，即主理人在一个分馆待了一定的时间以后就会被调配到其他分馆担任负责人，这有利于拳术的相互交流，以及避免总馆因为负责人在当地的权力过大而逐渐失去控制，同时加强了各地总馆之间的联系。随后，各地“总馆”再衍生的“分馆”就难以统计了。

就在各地的蔡李佛武馆蓬勃发展的时候，太平天国运动兴起，许多蔡李佛弟子都加入了起义军的队伍。其中，冯云山（当时的太平天国南王）等人还成为“金田起义”的主将。后来，祖师爷秘密协助他的师兄陈松年（新会潮莲人，太平天国将领）在江门狗山“扯旗起事”。由于祖师爷当年在增城剿匪神勇，受过清政府的赐号，又有训练水军作战的丰富经验，关键是他对由“徒子徒孙”为主力而组成的太平天国军队具有影响力，曾国藩多次派人游说他加入湘军行列。为了躲避征用，同时想要向外传播和发展蔡李佛拳，陈享与妻子带着孩子安伯与官伯先后到南海、顺德、中山、东莞等地躲避，设馆教授徒弟，借机弘扬首创的蔡李佛拳。

1856 年，祖师爷到太平天国翼王石达开处当幕客，协助训练起义军将士。“天京内讧”后，他辞别翼王回到了新会。不久，太平天国农民运动失败，清政府开始追捕太平天国余党。陈享被逼逃往香港，辗转南洋（东南亚各国）的几个埠（哈蒙、明古、吧城等），以授拳行医为生。由于祖师爷技艺精湛，赢得了众多的赞誉，他所传授的“铁箭拳”，也就是蔡李佛的长拳，在南洋一带广为流传。而在这期间，国内各地洪圣武馆缺乏相互联系，彼此各谋发展，且由于时局的关系，武馆的发展一度停滞。

蔡李佛拳出国门

16 世纪，葡萄牙、西班牙、荷兰等西方殖民主义者以武力占据马六甲、菲律宾和爪哇国（爪哇岛，今属印度尼西亚）后，为解决殖民地开发时劳动力不足的问题，派出远征队到中国东南沿海一带掳掠和拐骗中国沿海居民到殖民地去当劳役。当时中国国际地位低下，海外华人华侨承受了很多苦难。此时，陈享与他的蔡李佛成了海外华人华侨自我保护、强健身体、抵御病痛的重要依靠。

祖师爷被迫在海外行医授拳，为了维护华侨利益，曾拳折外国恶霸基士利。这个故事在《新会县志》有记载：“陈享在任新加坡的广东会馆及福建会馆的武术教师时，‘金山大埠’有位名叫基士利的外国恶霸，凭有点拳脚，自称世界大力士，恃技横行，每年都向华侨勒索所谓‘年规’。遇有拒交者，均遭他拳脚摧残。华侨们忍无可忍，以中国会馆的名义聘请陈享去主持公道。”

“1864 年，陈享抵达美国旧金山，即与华侨们一道柬请基士利谈判，劝其取消年规。基士利竟然提出要立下‘生死文书’与陈享比武。比武中，基士利用凌厉的拳脚猛攻要害，想要置人于死地。但享公身手灵活，擅走活步，忽前忽后，忽左忽右，恍如游龙一般。基士利见自己拳拳落空，便暴跳如雷，猛地飞起右脚，使尽全身之力踢向陈享心窝。陈享避其锋芒，随即一招‘骑龙扛掌’，将之抛出一丈之外。基士利不甘败阵，从地上爬起来再战。陈享看准空隙用右肘撞其胸口，致其胸骨折断，倒地不起。”

“在场观战的华侨出于气愤，一致要求将其毙命，以免后患。有良好武德的陈享没有乘人之危，令人将基士利扶起。此后近一月，陈享施用少林跌打医术给基士利治伤，直至其康复。基士利完全被陈享的技艺武德折服，在当地登报公开向华侨致歉，并保证永远不欺侮华侨。从此，陈享名扬海外。他随后受侨美陈氏联宗会的邀请，留美任武术教师三年。”

后来，香港的广东会馆聘任他为武术教头，其间他也萌生了重整旗鼓的念头。而在这个时候，京梅始祖馆，以及广州、佛山、江门等地的洪圣馆也再次活跃了起来。这时候，祖师爷在香港收了一名叫张炎的徒弟，他从小习练洪家功夫，有一定的根基，在得到了祖师爷的真传之后，武术技艺判若两人，进步非常快。祖师爷非常爱重他，先后派他到新加坡、中国香港、佛山、江门等地的洪圣分馆担任主教练。张炎十分崇拜陈享，同时也羡慕洪圣蔡李佛的兴盛，以张鸿胜作为自己的名号。

陈享在港期间，同样因为痛击外国大力士而出名。当时，港英政府兴建跑马场，为招揽生意，聘得一俄国大力士在湾仔设擂台，公开挑战中国武术。当时在港的十多名中国拳师与之打擂，均败阵而归。大力士目空一切，登报宣称：中国人无能，没有一人能敌过他的一只手臂。

陈享在其众徒的恳请下，前往应战。因打擂是按“西洋拳”的规则，双手戴上拳套，不许踢脚用肘，蔡李佛的拳法受到限制。但我祖师爷沉着应战，运用闪电般的步法左闪右突，避其锐气，同时暗中摸清对方的拳路和破绽，来回数十回合，体壮如牛的大力士出拳的威力开始减弱。陈享见时机已到，看准对方破绽，躲过大力士的一记重拳，以泰山压顶般使出“擂阴槌”，直插大力士的肋部。俄国大力士惨叫一声倒地，方欲起身又跌下，最后只能用担架抬走。

这件事发生以后，洪圣馆在香港名声四起，但却受到了港英当局的忌惮，借由张炎的徒弟陈盛“犯事”，对洪圣馆进行打压。洪圣馆为此被迫停止在香港的业务，为了寻求日后的发展，只能将名字改为“雄胜”及“鸿胜”。

1868 年，祖师爷重返故里，他继续指派高徒主理各地的蔡李佛总馆。这时，京梅始祖馆由他的长子安伯主理，新会各地和江门的分馆由次子官伯及首徒龙子才主理，佛山总馆则由张炎接替年老且双目失明的陈典垣为主理。

享公在家安度晚年，其间仍然停不下来，系统地归纳总结武学理论，专注著书立说，将少林的内外功法、跌打医术、佛家技击心法、西洋搏击技法等特点，结合自己的所学和多年的实战经验、教学体会总结编成《蔡李佛技击学》等书，用来传给后辈。1875 年，祖师爷在京梅村离世，享年七十岁。

我曾经在很多场合表达过对宗师的崇敬之情。陈享不愧为心存民族主义大义的英雄。他奋发进取、锲而不舍、不畏强暴的精神，值得我们后辈敬仰学习。

蔡李佛拳传承路

1950 年，国内各地的蔡李佛武馆分别闭馆。我们京梅村的洪圣始祖馆也被迫中断收徒教拳，闭馆长达 30 年。蔡李佛拳的传承只能依靠京梅村的村民们通过“父传子、叔教侄”的方式进行家族传承。不仅如此，蔡李佛的医药也随着中医的式微，零星分散在民间。

我出生于 1963 年，八岁开始跟随我的师父，第四代传人陈华灿学习蔡李佛拳艺。由于当时不允许公开教学，我和其他师兄弟都是在村里悄悄地学。1966 年至 1976 年十年“文化大革命”期间，当时武术活动被作为“四旧”列入了禁止行列，很多蔡李佛拳师遭受了打击和迫害，我们不少老拳师手上祖祖辈辈留下来的宝贵的蔡李佛拳史料、手抄本、书籍和拳谱等被查封和收缴。

然而，同一时期，蔡李佛拳在中国港澳地区，以及东南亚、美洲各国流行，甚至还成为部分国家军事训练中的拳术训练项目。在港澳地区的蔡李佛人秉承“爱国爱乡”的优良传统，传承活动一直正常进行。1971 年，陈洁芳、胡云绰等人在香港注册了“蔡李佛始祖陈享公纪念总会”，与后来的“蔡李佛北胜馆”“蔡李佛国际联会”等社团长期活跃于香港武坛，再加上澳门的“工人武术健身会”“鸿胜罗梁体育会”“友乐文娱体育会”等著名社团，使蔡李佛武术在该地区的传承从未衰落。

20 世纪 80 年代初，“十大武术名师”之一的第四代蔡李佛传人区汉泉随广东武术挖掘整理组遍访广东各地各拳种拳师，为广东武术的挖掘整理工作不遗余力。广东省武术散打队首任教练曾庆煌将蔡李佛技艺融入现代搏击运动，使省武术队队员在全国、国际性的重大比赛中屡创佳绩。可以说，以区汉泉、曾庆煌为首的蔡李佛人成为省内武术竞技运动的骨干力量。除此之外，他们还积极参与编订南拳及传统南拳械的竞赛套路。当时，南拳的竞赛套路虽然以蔡李佛拳作为基础套路，但在推广的时候却没有对此进行介绍，导致没有多少人知道南拳其实是以蔡李佛拳为基础的。在他们的积极推广下，广州市武协、广东省武协也成立了蔡李佛拳会，蔡李佛拳在省会城市逐渐恢复了正常的民间传承。

1980 年，我们京梅村的陈水、陈扶浩、陈雄等旅港乡亲筹款捐资回村，重开“始祖馆”，请出当时年龄已近八旬的我的师父陈华灿，以及陈燕洛等前辈担任主教练，村里及邻乡的青少年开始习武学艺。始祖馆还接待了许多来自港澳地区，以及澳洲、美国、加拿大等地的蔡李佛弟子回来寻根问祖。紧接着，新会县总工会、江门市总工会及多个乡镇先后成立了蔡李佛武术队，气氛一时热闹非凡，培养出目前传承最活跃的一代蔡李佛传人。

而到了 20 世纪 90 年代初，受经济大潮影响，习武之风迅速冷却，习武人员稀少，各地都面临着组队的难题。尤其是随着年轻人更多地选择外出打工，京梅村内习练蔡李佛拳的人数逐渐下降。

看到蔡李佛拳传承日趋式微的状态，我心里十分焦急，想到师父陈华灿的临终嘱咐“不要让蔡李佛技艺在你们这一辈人后失传。”1998 年，我与陈华享联合陈锡章、利荣就、林长炷等在新会城区工作的青年，大家一起积极筹备有组织、常态化的传承活动。我们在社会人士的爱心捐助下，租赁了新会北门体育场中的一片场地，设立蔡李佛拳训练部，义务教授拳技。

1999 年，我们筹办了“新会市蔡李佛始祖纪念会”，我成了筹备会会长及总教练，陈华享、陈永健为理事长，陈锡章为秘书长，陈炳耀为执行总教练，我们力图将蔡李佛发扬光大。到了 2000 年，我们在会城地区举办了第一期蔡李佛武术培训班，多年来坚持在新会传承蔡李佛拳。

2001 年，我们完成“始祖馆”的重修，同时向政府注册民间团体，定名为“新会蔡李佛始祖拳会”。此后多年，拳会不断完善组织架构，不断补充新鲜血液，并在 2006 年通过公开筹集经费的方式成立了“蔡李佛武术文化基金”，用于大型活动花费、培养蔡李佛武术人才及加强对外交往。

除此之外，我们还注重对蔡李佛拳相关知识产权的保护。2002 年，我们拳会向国家工商总局提出申请注册了多项蔡李佛专利，这些专利最终在 2005 年先后获得了批准。2005 年开始，我们拳会努力争取，分别成功申报了市、省级“非物质文化遗产”，而在 2008 年蔡李佛拳更是被列入了国家级第二批非物质文化遗产代表性名录，我本人也成为广东省级非物质文化遗产代表性传承人。

从 2003 年开始至今的十多年间，我们始祖拳会积极派出教练员与运动员参加国内各级传统武术比赛，取得了不错的成绩。我们的醒狮武术节目受邀参加了多场重要演出，获得了不少好评。同时，我们还积极参与国内国外各种交流活动，在传播蔡李佛文化的同时加强与其他兄弟拳会的联系。

但说实话，受制于新会地区经济发展、行政规划等各方面原因，我们新会蔡李佛拳在国内的收徒较为松散，我自己也只是经过十年的观察，在确定他们真的喜欢并且愿意传承蔡李佛后，才先后收下了 4 名徒弟。

我觉得现在最大的遗憾就是没有一个像样的蔡李佛传承基地。虽然在 2017 年，崖门镇委、镇政府投入大量资金，对京梅村的始祖馆进行改造，将原来的一个破旧的室外篮球场改造成了训练场地，但是由于我们拳会成员基本上都在新会城区生活，拳会主要的训练都在新会城区，京梅村内基本已没有人习练蔡李佛拳。始祖馆的改造和训练场的改造主要用于祭祖等拳会的特殊活动。而我们在新会城区北门体育场及会城街道所设的培训点也都是室外的训练场地，广东天气多雨、炎热，我们的训练课受天气影响较大。

2014 年，我们拳会在新会振兴路设立了蔡李佛振兴馆作为室内的训练场地，派出我的徒弟阮召荣为负责人。现在，每周周五到周日，我们都会在新会县城进行训练，每日是两个课时。由于我们的培训都是象征性收费，拳会的经费有限，我们的训练馆比较破旧，训练的器材也不够完善，专职教练更是由原来的 10 人减少为 6 人，加上兼职教练一共才十多人。

由于时代的不断发展，我们深知校园传承对传承和传播蔡李佛拳十分重要。因此，2007 年至今，我们长期派出教练在新会华侨中学、新会冈州职业中学、崖门黄冲小学及城南小学设立传承基地，进行义务教学。在新会华侨中学主要是以兴趣班的形式，同时教授蔡李佛拳武术及龙狮艺；在冈州职业中学同样是以兴趣班形式，主要教授龙狮艺；而崖门黄冲小学则是 2007 年政府挂牌的“蔡李佛武术学校”，学校一至五年级的学生们早操和体育课都会学习蔡李佛拳，我们还为他们编写了教材，并制定了教学课程。

我认为，我们新会蔡李佛拳这么多年来能够坚持传承，很重要的一个原因就是注重资料的保护。祖师爷陈享晚年著书立说，有意识地将自己多年的武术经验、教学经验积累整理成文，用来指导后人。此后多年间，蔡李佛的后人都十分重视资料的收集、整理和保存。因此，尽管后来国家经历了战争、“文革”等一系列动荡事件，但是这些资料都能够保存下来。我们的拳谱也是通过手抄的形式一代传一代地保存了下来，而心法则通过口传心授的形式传承。

第四代的区汉泉在 1985 年编写了《蔡李佛拳》一书，并且在 1995 年完成了第一套《蔡李佛启蒙》教学片的拍摄工作。与此同时，他经过 60 多年的实践，科学地研究、整理、总结了古今的骨伤疗法，编写《中国武术传统跌打骨伤科讲义》，广为传授。

我的师父陈华灿也亲自抄写、整理了一份有关蔡李佛拳起源、发展源流的资料，并且在 1990 年由新会县志办重新收集整理，现在保存在新会的景堂图书馆。各个蔡李佛拳会也经常会整理自己拳会的历史资料、传承谱系，部分拳会还会刊印会刊。

包括我自己也从1984年开始，跟随师父收集蔡李佛拳的有关资料，根据史料重新考证《陈享及蔡李佛历史》，编写《蔡李佛源流简谱》，整理《蔡李佛技击学》，重编《蔡李佛拳谱》，并主编《蔡李佛基础教材》，整理出《蔡李佛武术文化简介》与《蔡李佛大事记》，并且会始终坚持下去。

我们的一切努力都是希望能够将蔡李佛一代一代传承下去。

南拳北派蔡李佛

我们蔡李佛向来有着“南拳北派化”的说法，集百家之长，训练体系十分庞大。其中拳术39套，对拆类54套，器械类64套（其中棍术14套），桩类练习法18套（俗称18木人桩），狮艺套路9套，内功练习套路等共193套。技击手法有30种，掌法有28种，桥法有29种，槌（拳）法有35种，身法有14种，腿法有16种，步法有18种。

其中拳术以蔡家马、李家拳、佛家掌为基础，主要借鉴的是少林的五行通臂拳法、道家的太极八卦步法，结合南方的洪家桥手、武当腿法、北方戳脚等诸家之长，整编了“五轮马”“五轮槌”“走生马”“四门桥”等基本功法。拳术按风格训练侧重分类则有梅花拳法、十字拳法、八卦拳法、象形拳法。器械以棍枪、刀术居多，并有专门设计便于水上作战及与洋火器近身搏斗的“九龙叉”“七星刀”等独特兵器。功法训练有少林18木人桩法、练眼法、练耳法、纵身术、千斤坠、罗汉功，技法丰富，经近代战场大规模的反复检验，实用性不言而喻。

蔡李佛拳有两个显著的特点：一是要求学练功者须有明确的目的，讲究科学方法。祖师爷陈享在他所著的《蔡李佛派练行功秘要》中告诫想要学练蔡李佛拳的人：“拳之为用也，主要目的强身健魄，却病延年，进而御外侮。”并阐明练功要顺应自然、因人而异、循序渐进，不能紧张牵强，自伤营卫。他认为，教拳的人同样需要了解学拳的人的差异，因材施教：“人之体魄，有强壮瘦弱之分；人之智能，有聪慧愚鲁之别；人之壮弱，亦有男女老幼之异。因此，凡创宗立派、编制拳谱，当顾及学者之禀赋，使能适合而胜任愉快。不然者，徒令学者之，本能过于距离，必将影响其健康。”并且总结辑录了30种练功时的注意事项，去除武术传承过程中玄虚造作等糟粕弊端，他的武学理论极具科学性。

二是区分阶段，内外结合。“外帘手”包括“穿、挠、挂、捎、插、抛、钑、标、顶、撞”十大技法，这十大技法在经短期训练之后，就可以运用到实战中。“内帘手”是心法修炼、固功培劲的技法，着重于“虚实、刚柔、趋避、进溜及连环”，力求“去掉徒见表之刚猛，存力拙气穷之弊”，以达到“技尚巧劲，源之不尽，刚而不僵，柔而生刚”的境界。

我们蔡李佛武术文化海纳百川，能够自成一体，深入民众，走向国际，流传 180 余年而不衰，追究其原因，三大独有的特色起到了一定的作用。

第一，蔡李佛摒弃门派之见和辈分束缚。如果习练者原来学的是其他拳种的功夫，也可以来学练蔡李佛，学了蔡李佛也可以去学其他拳种的功夫。师兄弟之间可互相教学，入门拜了专门的师父，只要是品行过关，天资聪颖或肯学的，会推荐向更高辈分或有不同特长的门人学习。这样较为先进的理念，在当时是非常少见的。

第二，设馆不标榜自我，行医不四处游走。开馆授徒的名号以“蔡李佛”三字放在前面，不允许门下的徒弟以姓氏为武馆、医馆冠名。行医的时候必须设立固定店铺，不许流动设摊，杜绝游走行骗，当所谓的“江湖郎中”。这也说明了我们十分规范，并且充满自信。

第三，区别大家与小家，公私分明。武馆敞开大门，所有名号均用寓意“洪武至圣，反清复明”中“洪圣”的谐音：“洪胜”“鸿胜”或“雄胜”。以此组成一个大家庭，不区分姓氏、种族，不管男女均可加入学艺。药店属于用来维持生计的“家产”，可用不同的名号。在医药这方面的授徒就相对来说比较严苛，因此流传面不会很广，但凡是能得到传承的人都是精英。

墙内开花墙外香

我们蔡李佛拳在国外的发展实际上也经历了五代人。经不完全统计，第一代自然是我们祖师爷陈享，第二代是祖师爷的次子陈官伯及徒弟张炎（张鸿胜），第三代是陈官伯的长子陈文彬和次子陈耀墀及陈官伯的徒弟蔡伯雄，第四代是陈耀墀的女儿陈洁芳及张炎的徒孙谭三，第五代是黄虾、陈郁及陈耀墀的孙子陈永发。陈永发也就是祖师爷的玄孙，他和我同辈，是我的师兄。

如今我的师兄陈永发是海外传播的主力军，他是全球蔡李佛功夫武馆总教练，同时也是我们始祖拳会的名誉会长。师兄出生于 1951 年，随父亲陈云汉和祖父（陈享的孙子陈耀墀）定居广州。因此，他从小在广州长大，跟随他的父亲、祖父习武，并学习了蔡李佛医术，后又学习中医、西医，曾在广州市越秀区的正骨医院做过骨伤科医生。

1983 年，师兄移居澳大利亚悉尼，在拿到澳大利亚的行医执照后成为职业医师，业余时教授蔡李佛。他的医师职业可以说为蔡李佛拳的传播提供了很大帮助，他医治的许多患者都成为蔡李佛的学员。经过一段时间的积累后，陈永发在悉尼成立了武馆，通过举办培训班的模式传授蔡李佛，并分派弟子在美洲、欧洲等二十多个国家开设蔡李佛洪圣馆。

渐渐地，越来越多的国家和地区的学员邀请陈永发师兄到他们国家举办培训班。师兄每年飞往几个不同的国家和地区，在当地进行培训班教学，每期停留半个月到一个月，经他培训的弟子及学生成千上万。

随着我国综合国力的不断提升及中国功夫电影的深远影响，蔡李佛拳在海外的传播范围越来越广。当国外的学员们学习蔡李佛拳到了一定程度的时候，他们会对中国武术文化产生浓厚的兴趣，希望向他拜师。经过了多年的考察，他也认为有些学员达到收徒标准。但陈永发师兄一直坚持，“洋徒弟”要在始祖馆祖师爷画像的见证下完成拜师仪式。

因此，2000 年我们与陈永发师兄商量举办一些国际性的武术文化交流活动。2001 年，陈永发师兄亲自带着多个国家和地区的外国弟子回到新会参加同门溯源寻根活动，同时进行了武术培训。一年后，第 2 届活动如期举行，此次来的部分洋弟子在蔡李佛前辈的见证下，在京梅村始祖馆向我师兄陈永发拜师。

这十多年来，我们在陈永发师兄的大力支持下，先后组织、策划了七次大型的国际交流活动。海内外数万人次的蔡李佛弟子到来寻根，成了新会家喻户晓的传统文化品牌。第 8 届活动也将在一个月后举行，这次也会举行拜师仪式，你们如果感兴趣的话也可以来看看。

事实上，我们总有一种“墙内开花墙外香”的感觉。如今，蔡李佛拳在 40 个国家、地区进行传播，北美、南美、欧洲、澳洲和非洲都有多个蔡李佛拳会，而我们国内的传承活动却困难重重。不过我自己也不认同在蔡李佛拳传承方面采取过度商业化的方式。因为过度的商业化包括资本的加入会使你的原生态发生变化，也许你做各种决策的时候也会受到限制，所以我们还是希望更多地保持蔡李佛拳的原生态。

访谈后记

我们先后 3 次对蔡李佛的传承群体进行采访，除了代表性传承人陈忠杰先生，还包括蔡李佛医药传承人陈茂枝先生及海外传承人陈永发先生。多次访谈中，我们渐渐了解到，蔡李佛传承群体在该非物质文化遗产的活态保护、传承与传播方面做了大量的工作。在传承人陈忠杰的协调组织下，传承团体充分利用社会、政府各方面的力量，无论是祖师祠堂的扩建、文字史料和传承谱系的整理、创意产业的开发，还是 7 次蔡李佛海外弟子的认祖归宗活动，都做到有声有色，效果显著。尤其是目睹近百位海外洋弟子，在京梅村祖祠宗师陈享画像面前黑压压地跪了一片，举行认祖拜师仪式，我内心深深地被中国传统武术文化的魅力折服。

研究团队与传承人陈忠杰工作照

四川峨眉武术代表性传承人吴信良口述实录

采访时间：2016年3月16日（第一次）；2017年6月5日（第二次）
采访地点：成都市成都体育学院体育博物馆会议室、成都市金科中路86号
采访人：陈小蓉、李杨

项目简介：峨眉武术起源于峨眉山，流传于巴蜀民间，吸收各流派之精华，扎根于巴蜀大地，流传于中外。峨眉武术作为中国传统武术流派之一，其武学体系庞大，源远流长，素有“五花八叶”之说。“五花”即都江堰青城山的青城武术，金堂云顶山铁佛寺地区的铁佛武术，丰都地区青牛山的青牛武术，涪陵点易洞地区的点易武术，荣昌及隆昌两地的黄林武术，这五个流派均是在四川流传较广泛和影响较为深远的峨眉武术。“八叶”则是指赵、僧、岳、杜、洪、化、字、会八门拳种，其中前四家称为“四大家”，后四家称为“四小家”。2008年，峨眉武术被列入第一批四川省省级非物质文化遗产名录。同年，峨眉武术被列入国家级非物质文化遗产名录。

口述人简介：吴信良，1951年生，中国武术八段，是峨眉武学研究者，曾创立峨眉柔推术，曾任四川省武术协会副秘书长、峨眉武术工作委员会主任、峨眉武术联合总会秘书长、峨眉武术代表性传承人。

峨眉武术自古传

据史料记载，峨眉武术的孕育期可以追溯到彭祖生活的时代。史书《华阳国志》中有一句“彭祖本生蜀，为殷太史”。彭祖本姓籛，名铿，叫籛铿，传闻他非常长寿，殷王听闻后便召他进宫做大夫，传授长寿之术。然而，彭祖见殷王十分残暴，拒绝传授长寿之术，惹怒了殷王，被发配至彭城（现江苏徐州一带）平息诸侯之乱。那时的彭祖还只是传授养生之术的一介文人，怎能平息战乱？

史料还记载了一个有关大禹带兵打仗并最终获胜的典故。彭祖便找到了禹王留下来的一些部将，虚心讨教学习外搏技艺，并结合自己的内修之术，一内修一外练，大幅度地充沛精力，提高身体素质。彭祖以此组建军队，战无不胜，所向披靡，顺利地收服了战乱的诸侯，并因此受封彭国，被后世称为彭祖。然而，殷王仍对彭祖拒传长寿之术一事心怀芥蒂，欲找借口加害彭祖，彭祖闻讯以后赶紧逃到四川现今彭山一带，在那个地方一直待到去世。

彭祖将外搏技艺和内修之术结合到一起，总结之后就一直流传下来，这给后来峨眉武术的起源奠定了很多基础。除前面提到的《华阳国志》《尚书》外，《庄子·刻意》里面有一段话："吹响呼吸，吐故纳新，熊经鸟伸，为寿而已矣，此导引之士，养形之人，彭祖寿考之所好也。"这段话表明彭祖的养生之术是非常高超的。这些历史资料都在一定程度上反映了峨眉武术在孕育期的一些情况。

峨眉武术历史悠久，可分为孕育期、形成期、发展期和成熟期四个阶段。从峨眉武术的历史来讲，它不是一脉单传的，也不是寺庙武术，它是一个地域性的武术。

关于峨眉武术的形成期，从现有文字记载来看，可以追溯到春秋战国时期。春秋战国时期"白猿祖师"司徒玄空所创的"白猿通臂拳"是现在峨眉武术的雏形，从历史上来看，很多书上都有这种记载。如东汉赵晔《吴越春秋·勾践阴谋外传第九》对越女的记载，越女受朝廷之命前往峨眉山，途中遇到了一位老者，老者听闻越女剑术很好，便以树枝过招比试，比着比着老者突然飞身上树，仿佛化身白猿。这个就是关于"白猿祖师"的一段传说，跟后来收录在唐顺之所著《荆川先生文集》的《峨眉道人拳歌》中"道人更自出新奇，乃是山中白猿"，都不谋而合地提到白猿祖师。

按照《峨眉山县志》和《乐山市志》记载，"白猿祖师"的名字叫作"司徒玄空"，但是否属实还有待考证。除"白猿通臂拳"外，还有史料表明"巴渝舞"也是峨眉武术套路的雏形。《华阳国志》里面有段记载："周武王伐纣实得巴蜀之师，巴师勇锐，歌舞以凌殷人。"讲的是周武王伐纣的故事。周武王率领的巴蜀之师可通过在战场上载歌载舞来迷惑对方，让敌军懈怠，待两军靠近以后，以近战武器和暗器压制对手的长戈长矛，并通过武器上的毒药、麻药消耗敌军战斗力，以此制胜。当年的巴渝舞现在在四川省川东地区还能找到一些痕迹。当时历史上流传下来的除了巴渝舞，还有剑器舞、斗牛戏，这些舞、戏形态，实际上就是峨眉武术早期的套路雏形。

峨眉武术的发展期是南北朝时期。当时的镇南将军叫林淡然，原名林时茂，世称"淡然法师"，打仗很厉害，杀人如麻。后来他出家到峨眉山的中峰寺，把军队的一些搏杀术、格斗术融进峨眉武术，并推进峨眉武术的传承与发展。在林淡然之后，有一位白云禅师，开创了一个"峨眉十二桩"，形成了峨眉武术桩技一体、内修外练的典型特点。这是峨眉武术发展历程中的一个里程碑，因为峨眉武术从彭祖那传承下来一直很重视内修外养，但是作战需要的是一种技战术，是内修外练的，到峨眉十二桩这里，就形成了桩技一体、内外合一的特点。“出手指掌当先，身法柔灵步为先，五峰六肘合为先”，练的时候非常注重养生，一旦临敌，这些动作都非常具有实战性。所以从白云禅师开始，峨眉武术的技击、内修外练特点就更加明显。白云禅师是南宋朝人，再往后就到了明朝，峨眉武术就形成了很多流派。

明清以后，峨眉武术进入成熟期。当时四川大规模人口流动频繁，本土峨眉武术与外来武术相互切磋、交流，峨眉武术日益成熟。

四海功夫汇成今

四川是峨眉武术的发祥地，历史上数次大规模的人口迁徙活动带来的不同武术文化交流碰撞，是造就当下峨眉武术流派众多的主要原因。这其中，有三场大规模移民是最为重要的。

第一次大规模移民是在公元前。当时秦国尚未统一六国，秦惠王派大将司马错到现在的四川地区伐巴灭蜀。巴蜀两国相继灭亡后，在旧址建立起了巴郡和蜀郡，当初就推出了一个移民计划，《华阳国志》中称“移秦民万家实之”。当时很多秦国的移民来到了四川，这使四川原有的土著武术第一次与外来武术实现了大规模融合。

第二次大规模移民出现于蜀汉三国时期。虽说刘备、关羽、张飞都不是四川人，但是他们在诸葛亮的帮助下，在四川建立了蜀汉政权，统治了几十年，这个时期由他们引领的军民带来的外来武术，如直隶武术、中原武术与四川当地的武术实现了第二次大融合。

第三次大规模移民出现在明崇祯十七年（1644 年）。那一年在四川发生了举世皆知的“张献忠剿四川”事件。作为游击军官出身的陕西人张献忠，在四川建立起了“大西政权”。由其游击官兵带来的陕西武术、中原武术，让四川本土的武术实现了历史上第三次与外来武术的大融合。

除了这三次大规模移民带来的外来武术和当地武术的大融合之外，抗日战争时期也特别值得提及。当年，国民政府将首都由南京迁到重庆，使以中央国术馆馆长张之江为代表的各路武林高手都来到四川，如李雅轩、郑怀贤、王树田、张英振（1896—1977 年，男，山东省冠县人，师承家传，擅长铁砂掌、查拳等）、温敬铭（1905—1985 年，河北蠡县人，曾任北平宪兵司令部武术教官、山西太原军官教导团武术教练）等，都是在那个时期来到四川的。这些高手将北方的形意拳、八卦、八极拳等许多功夫都带到了四川，有很多都和四川本地的武术相互融合。其中，张英振的查拳因为带到了四川，至今大部分都得以保存了下来。后来，也因为这层情缘，在张英振去世后，北京体院的张文广教授（河南通许人，当代武林泰斗，武术教育家，著名武术教授，当代“武林三泰斗”之一，被称为武术界的巨人）每年还会到四川这边给张英振上坟。听习云太教授（男，河北唐山人，中国武术最高段位——九段，武术教授、武术教育家）说，这是因为张文广的师父常振芳与张英振是一脉相承的，按辈分，张文广应该称张英振为师叔。

这些移民活动不仅促进了峨眉武术与外来武术的交流、融合，而且丰富了峨眉武术这个大家庭。如清代晚期何崇政，法名湛然大师，在其所著的《拳乘心》（残本）一书中所说：“一树开五花，五花八叶扶。皎皎峨眉月，风义满江湖。”还有一种不同的说法是，这里的“一树”指的是反清复明的秘密组织，而非峨眉武术主体，而五花八叶则暗指该组织的练武据点和练武内容。因为何崇政是反清义士，为了组织力量，他支持练武，故有此说法。

外来武术与峨眉武术的融合过程还有一个问题：为什么很多客家武术来到四川，我们还是把它定义为峨眉武术？原因是四川地理条件和人文特点的影响，外来武术必须进行相应的调整与改变，才能有生存的空间，久而久之外来武术都被纳入峨眉武术的范畴。

不管川西、川北，或者云、贵、川，它们都有个共同的特点：山高水多。在这种情况下，北方中原一马平川，少林外家武术要战胜敌人，需要以强胜弱，先发制人。那它在实战中就要讲究速度，大开大合，大蹦大跳，一个箭步就到敌人身边，起手就让他丧失战斗力。但是这种武术到了四川以后，没有生存条件，因为四川地势多高山悬崖，大跳大跃一不留心就掉下悬崖了，像这种武术要在四川生存就必须要改进，与四川的地理特点相结合。

除此之外，四川人身型较小，但是脚力很好，因为经常在高山上行走。时间一久，针对外来武术，就必须充分利用自己的特点，“短避长，脚下忙”，敌人大砍大劈，我一绕，避过敌人的风头反击制敌。所以峨眉武术有一个特点就是“法门以步为先，短见长，脚下忙”，步伐非常矫健。在这种情况下，中原武术、直隶武术等外来武术都是这样，一旦到了四川，如果不跟四川地区的地理特点、人文特点结合起来，就没有生存的空间。经过几百年的发展，很多武术都被四川地区的武术同化了，加上四川这个地区自古以来就有海纳百川的精神，因此，众多外来武术都变成了四川峨眉武术大家庭中的一员。

勤学好问众良师

我的武术启蒙老师是一位叫田禾的老先生，他很穷，住在我家附近公厕对门的煤坑，靠打蜂窝煤为生。老先生很喜欢喝酒，但每个月挣的钱可能喝酒都不够，每到冬天，身上穿的仍是单衣，半夜冻醒了就打套拳。老先生虽贫穷嗜酒，但体格硬朗一生无病，已经七八十岁高龄了，仍可以把腿一下踢到额头上，喝点酒就在大院门口给人们讲武术。

每次我都会去听他讲武，印象尤为深刻的一次，他说："如果一个人抓着你，五个指头，这边是四个指头，另一边是拇指，你不想被他控制，你要怎么办?"那时候小孩子很受他启发，就说："从一个拇指挣脱。""对了，我来给你们演练一下。"他叫人一边抓住他一只手，"嘿"一下，不但挣脱出来了，而且把两边小伙子都甩出去了。这件事情当时对我影响非常大，我心想：这个老先生虽然穷，但是一身本事啊。后来才知道，老先生在1949年以前实际上是一个大学生，很有文化。当时三年严重自然灾害，大家都生活困难，我们有的小孩自己都吃不饱，还是把家里的米和衣服偷偷拿出来给老先生，向老先生学习本领。

老先生觉得我天资不错，想教我武术，我自然也是深受老先生影响，对武术有着极其浓厚的兴趣。但因家人阻拦只能偷偷地学。我父亲是高级工程师，是四川省交通厅的，常年不在四川家里，在外面修公路。母亲是街道妇联主任，在我们那一带还是比较受人尊重的。母亲认为老先生既邋遢又嗜酒，打蜂窝煤的钱都拿来换酒喝，冬天了也是衣不遮体，怕我跟他学坏，坚决不准我跟他学艺。

我没办法名正言顺地拜师学艺，只好跟在其他小孩后面偷偷地学。每天早上我起床就悄悄地出去练，母亲有神经衰弱，很小的声音都能听到。早上五六点，我轻轻一打开门，我母亲就警觉了，说："你干什么呢?""我去解手。"我说。一去解手就是几小时，偷偷练习直到要上学的时候才回来。

从1962年开始，一直到1965年上初中，我都跟着老先生偷偷学艺。听说后来有天老先生打完蜂窝煤，晚上喝了点酒去泡澡堂子，很不幸在澡堂子里面淹死了，那时候他都九十多岁了。虽然那时候没有跟他拜师，但是田老师对我的影响非常大，这段经历对我来说算是启蒙吧。

上初中后，认识了同学胡能琦，他的爷爷叫胡子文，是一名中医，有一身本事。后来因为我跟胡能琦的关系很好，和他一起到他的爷爷那里去拜师，开始了正式的学习。1965年起，我开始跟师父学艺，那时我十三四岁。这是我的第一个师父。

我的师爷叫马振江，是清军的十营总教头，也叫十营总管，地位显赫。他武艺非常高强，并且健康长寿，活了 103 岁，在当时人均三十几岁的年代是很不容易的。在 1918 年，师爷成立了“四川武士会”，然后在 1922 年或 1926 年的时候就举办了四川省的第一次打擂。从那以后，四川的打擂之风就逐渐兴起。当时四川很多著名的高手都败在我师爷的手下，就因为他的技术太好了。当时的铁人马宝（字飞熊，后更名为哲良，成都人，曾随刘忠、金舵子等武林高手习武，并参加了赵公山起义。马宝习得一身钢筋铁骨的绿林功夫，故人称“铁人”）是非常有名的，也是第一次打擂的擂主。他在认识我师爷之前，也对我师爷不服气，找我的师爷比武，一开始就被师爷放了一个筋斗，当场就跪下给师爷磕了三个头，向我师爷拜了师。

我师父胡子文当时是清军，靠打仗带兵为生，是从兵卒开始做到了差官，又从差官做到千总，后来四川省军政府成立的时候，他又是军政府的参议，去西藏平叛的时候带了很多兵，所以他也是一身本事。师父留着八字胡，和蔼可亲。因为师父年轻的时候练毒药铁砂掌，对手的硬度和力度要求非常高，所以平时常拿几个铁蛋子在手上练着以保持手的灵活性。一些老师兄跟我讲，那时候师父把铁蛋子扔进滚烫的油里面，马上伸手进去抓起来，手抹两下脱一层皮，其他什么事都没有。我从师时，师父已经 80 多岁，他跟我们讲：“冷兵器时代已经过去了，你们就不要像我们这么练，什么劈手、插铁砂，不要练这些，只管把技术练好就够了。”

我师父练的在四川叫作“赵门”。“赵门直隶派”，由于是从马振江这一支下来的，也叫作“马派”。这“马派”对基本功要求非常严，基本上就是早晚都要练基本功，不管你以前有没有基础都得练。虽然我以前跟着田老师偷经学艺，学了一点东西，但到胡师父那里去了之后，都是从头来。基本功我们叫作“十大盘功”“十大招”，一招一式都要求非常严。比如说马步，就是开四划，正直下坐，直至膝面平，双脚尖内扣，身体一定要端端正正，一定要坐直。弓步就有弓步的要求，如前腿弓后腿绷，身正步稳别晃动，膝尖要对脚尖，膝面一定要平，这些要求都非常严。在胡师父这种训练要求下，我自己感觉基本功练得比较扎实。可惜后来“文化大革命”期间，胡师父家里面收藏的古董被抄家抄走，这让他心里很不舒服，最后就抑郁而终了，去世时 93 岁。那时我们还年轻，我就想博采众长，有句话叫作“见多才能识广”，我见识越多才能掌握更多的东西，所以后面我又陆陆续续拜了几位师父。

1969 年 1 月，我和师兄胡能琦及另外一个同学，一起下乡到洪雅县止戈公社红旗七队当知青。那时每天就跟着师兄早上晚上都练习武艺，除了每天挣工分，该干啥干啥。生产队的一些小伙子问：“你们练这个有没有用?”有几个身强力壮的小伙子找我们比试，既然来了我们就跟他们打一打，这一打就把一个很壮的小伙子打出去，摔了一两丈远，从此就没有人敢找我们比试了。当时在农村，有时候也跟别人打架，但是基本上都没怎么吃亏。

我在农村当了三年知青，1972 年调回成都，进了成都量具刃具厂，没想到刚进厂就跟人打了一架。那时候买饭要排队，一天早餐买饭的时候，刚排到我，我们同小组的人就递了一个碗给我要我帮他打饭，我就帮他打了饭。后面的侦察兵转业军人，178~180厘米的样子，以为我插队，就在后面大骂。一开始我向他解释，他不但不听，反而变本加厉，还一拳朝我打过来。我头一仰，就没打到我，我顺手就扇到他脸上，当时还是不想打得太重，就扇了他一巴掌。因为他学过擒拿，就一手抓住我的领口，往身前一带，力量很大，当时我一看不行，夏天我穿一件背心、一件衬衫，我感觉领子那还有一点空，他一拉我，我就把衬衫顺势往上一脱，两手上去就是几拳。我也不知道当时是怎么回事，可能也是太气，就把衬衫撕破了，拉下来一看他已经满脸是血。当时本来我还想打他，想想还是算了。结果他又扑上来，又是几拳头打过来，我头往下一闪，下面一个勾踢就把他打坐在地上。他坐在地上就趁机抓我的下身，我一看这个人太歹毒了，我就左右两勾拳，哪知道这下打得很重，当时他头一偏，就倒在地上。后来别人把他送到医院一检查，是脑震荡，而且全嘴的大牙都被我打松，左边的大牙裂掉四分之一。这下我就脱不了干系了。因为是他先骂人先动手，在食堂很多人都能证明这一点，而且我没有插队，我就只赔了80多块钱的医药费，没受处分。这一赔钱我家里边才知道我练过武。当然本来打架是坏事，但是一打架厂里面的人反而很佩服我，从此再没人找我生事了。

打架本来是一件坏事，但是一下子我在刃具厂就很有名了，都说这么小个子打那么一个大个儿，而且是转业军人，打得那么惨。这也引起了厂里面的重视，那时候正好国内的武术经历了"文化大革命"刚开始复苏，就准备成立武术队。厂工会的陈干事就找到我，让我带头成立武术队。

成立武术队之后，就有人跟我讲，有一个搬运工张老先生，那个时候还是"四类分子"（注：1950—1970年，对地主分子、富农分子、反革命分子和坏分子这四类人统称"四类分子"），武术很厉害。他说："小吴，你一脚能把别人踢翻，可以把我们打倒，我们都感觉很疼，但是张老师打我们，我们什么感觉都没有，就倒在地上了。"听了这话后，我去拜访了一下这位老先生，他名叫张传锦，是以前国民党的一个中校教官，所以被叫作"历史反革命"。他一辈子习武，武艺非常高强，人品也非常好。于是，我就跟厂里面讲了，想把他聘到我们厂的武术队里来做教练，厂里面也很支持我。那时候对阶级成分的划分，跟1966年相比已经不是那么厉害了，把他请过来做教练后，我就跟他拜了师，他成了我的第二个师父，教了我一些实战的东西。我这一生拜了好多师父，实战这一方面张老师对我的帮助非常大。因为那时候他在旧军队里面要生存，军队里面的搏杀术是非常重要的一环，是生存的一种条件，所以很多实战的东西像勾踢、蹬扑、靠身的摔打方法都是他教我的。

后来我们整个武术队要发展，我们就到成都体育学院求学，因为成都体育学院当时集中了许多优秀的武术人才，像全国非常有名的郑怀贤、肖应鹏、王树田、兰素贞，都是1949年前留下来的武术精英，那时候都在成都体育学院当教师。我们就把王树田、肖应鹏老师请到厂里面来教我们武术队，跟着王老师、肖老师又学了很多东西，加上我自己又喜欢猴拳，向肖应鹏请教学习了不少技艺，这两位便是我第三、第四个师父。

我的第五个师父是赵子虬，他当时是四川省武术协会的副主席，也是一身本事。当时我们一块代表四川队去参加全国武术比赛，我见到了像我们这一代人从来没见过的硬气功。1979年，在广西南宁参赛，我目睹了侯树英头撞石碑，一头撞过去就把石碑撞断了。表演时，我在场边观摩他的演出，看到了一些窍门。下来之后赵子虬就跟我讲，他说其实这些硬气功没有什么东西，这叫作“三分功夫七分窍门”，是有很多力学原理在里面。赵老师说：“那个年代因为我们要生存，当时我们叫作‘拖’的这种东西太多了。因为那个社会你要生存，一定要有表演性的东西，就是让别人看到常人不能完成的东西，如几个人用绳子把我的咽喉系住，两边用力拉绳子，但是我一点事都没有；像单手断砖、碎鹅卵石、头撞石碑、俯卧钢叉，我们那时候把这些叫作杂要、要把戏，准确地讲里面的功夫有没有？有！只有三分，更多的是技巧，但是这种技巧是生存的需要，这样才能唬得住人，是不是？”他是中央国术馆的三国先生（注：中华人民共和国成立前，三国先生指传授国医、国学、国术的先生）。当时习武的人要生存，中央国术馆是他们比较高的目标，国民党政府也号召强国强种，要揭掉“东亚病夫”的帽子，所以也提倡习武。中央国术馆是当时习武的最高场所，所以民间的高手都奔那里去，各地也成立了很多地方国术馆，在这样一个历史环境中，当年的一些好手都到了国术馆。赵子虬老师是中央国术馆馆长张子江的私人保镖兼秘书，所以有很多东西他都懂，从他的身上我学到了很多东西。

我的第六个师父叫林默根，是一个太极推手的老师。认识他时，我已经调到四川省体委任四川省队的领队，林老师则是我们推手队的教练。当时我们的一些队员就跟我讲：“林老师很厉害哦，怎么推他，他都不动，但是他轻轻推你就把你推出去了。”当时我还不信，哪有的事啊。他一老先生，我一青壮年，怎么可能推不动他。我认为他们是夸大其词，没在意。

在去山东潍坊参加全国比赛的火车上，我跟他聊天提到此事，他讲：“你推推我试试。”我说：“好啊。”我正想试一下，就使劲儿推他。这老先生桩子这么稳，推了半天，推得我面红耳赤的，还真推不动。“这样，我来推推你。”我就扎了一个马步，让他推。“你注意了！”他一下就把我推在卧铺上，我很惊讶，力气这么大！我说：“再来再来。”我又蹲了一个弓步，弓步最稳。他说：“你现在站的是弓步，我不用全力推你，我用两根手指头推你，看能不能推动。”开玩笑吧！我想，刚才是我没注意。我说：“好啊。”我站好，然后他两根手指轻轻地搭在我肩上，一松一推，我又摔在卧铺上了。

比赛回来以后，我就想着把老先生的推手技术用在提高散打运动员的抗击打、抗摔能力上。几天后我们去体委汇报工作，汇报的时候我顺便就跟林老师讲："您没事的时候要教教我推手哦，我提高我们散手队的抗摔打能力。"我这一说，结果我旁边的一个女同志就说："你要学东西可以啊，但你要拜师哦。"我说："拜师就拜师。"其实我心里早就想，只要有真东西，虽然我还是领导，我是领队，他是一个推手队的教练，从技术上我又是散手队的教练，但是只要有真本事，我还是要学。我当即就跪下磕了三个响头，所以这个拜师是很奇特的。

从那以后，我就认认真真地跟着林老师学推手，学了一两年。推手是一种训练的手段，它不是终极的目的，但是对提高运动员的抗摔能力非常好。我从林老师那里掌握了很多东西，把它运用到我带散打队上，再与张老师和赵老师教我的一些实战的方法融合在一起，就创编了一个"峨眉柔推术"。

挖掘整理正当时

在 1949 年之前，习武的人要生存，一般有两条路走，第一是在旧军队里面做教官，第二是在江湖上加入帮派厮混讨生活。1949 年之后，这些人以靠武力生活为由被扣上历史反革命、恶霸、地主、流氓的帽子，被叫作"四类分子"。他们被剥夺了话语权、人生自由权，该管制就管制，该枪毙就枪毙。其中情况好一点的，如之前介绍的张传锦老师，一辈子都没有做过什么伤天害理的事情，只因为在军队里面做过中校教官，就被定位成历史反革命分子，要接受劳动改造。而有点血债或是势力较大的，可能就逃不过被枪毙的命运了。仅有少部分留在中央国术馆的人或与国民党军队和帮派没有瓜葛的老拳师，如王树田老师、赵子虬老师，才得以被分配到学校继续教学。

1953 年全国民族体育运动大会，武术比赛出了意外，参赛的拳手被打死，国家就把武术从竞赛项目中取消了。老拳师们无拳可教，只能改行谋生，如田禾老师改行去打蜂窝煤，其他老师去修修钢笔，卖点杂物。

整个 20 世纪 60 年代，武术被取消竞赛项目资格，国内没有相关的比赛。"既得艺必试敌"，民间习武者只能通过"抢手"的方式相互切磋。"抢手"类似于今天的擂台赛，不过就是悄悄地约在一个地方打，打伤了就自己走。当时我和我的一个师兄肖家泽，以及胡能琦师兄三人经常和其他拳种练习者抢手，这种抢手也很锻炼人，但都是偷偷地进行。因此，当时的中国武术难免存在传承相关的问题。直到 1974 年，国家意识到武术传承的重要性。毕竟武术是国粹，是国家的传统文化，是传统的精髓，也意识到武术的挖掘整理工作迫在眉睫，便开始着手相关的准备活动，我也就在这样的背景下被招募投身于武术的挖掘整理工作中。

1979 年的全国武术观摩邀请大会，是新中国第一次传统的民间武术大会，全国各地的高手云集。像我们四川省去的就是赵子虬老师、王树田老师、肖应鹏老师，重庆的余德华老师和江云国老师，然后成都这边就是我，当时我获得了通臂拳的银牌。我是整个队年龄最小的。1980 年我参加了山西太原的全国武术观摩邀请大会，获得了全国醉拳的金牌。1981 年我获得了全国醉剑的金牌和三节棍进枪的一等奖。

陆陆续续几年的比赛获奖经历让我积累了一定的知名度。1982 年，我还在成都量具刃具厂，接到香港乐丰影业公司跟中国新闻社的一个通知，招募邀请我参与影片《南拳王》的拍摄。在拍电影的过程中还有个小插曲，广东省杂技团的魔术演员骑了一辆本田 125 摩托车，那个年代都是骑自行车，从来就没有见过摩托车，我很好奇想尝试下，他也很大方，简单给我说了一下哪里是油门、哪里是刹车，我骑着在院子里面转了两圈，感觉跟自行车差不多，就上路了。刚一上路，对面就来了一辆装沙的大货车，我心里面慌了，下意识地去捏刹车，忘了摩托车手上是油门，一捏摩托车立刻就像野马一样立起来了，在空中转了三圈就倒地了。当时本能就想用脚去支撑倒下，没想到力量太大，膝关节内侧韧带、交叉韧带全断了，基本一个月没有站起来。拍戏都是河北队一个叫李彦龙的小伙子背着我往返剧组与宿舍，一直坚持到拍戏结束。韧带受伤这件事对我的打击很大，那个年代缺医少药，没有微创技术，断韧带是非常严重的，我担心这辈子都无法继续习武，只能靠仅有的补助买活络丸，咬碎后敷在腿上，让它慢慢恢复。膝关节韧带恢复后有一个结节，直到现在我都没有办法蹲到位。这件事对我后来习武的经历是一个挺大的挫折。

1982 年底，我拍完戏，还没来得及离开广州回家，就接到了四川省体委的借调函。当时我参赛获奖及拍电影的经历被刊载在《四川日报》《成都晚报》上，省体委认为我在这一方面有一定的造诣，便决定把我借调到省体委，参与武术挖掘整理的工作。那几年上海电影制片厂和香港一家电影公司相继邀请我参与拍摄武打片，我都一一回绝了，一是因为腿部韧带受伤不方便拍摄，二是我希望多从事职业武术相关的工作，便决定到省体委一心一意搞武术挖掘整理工作。

当时的工作对象都是六十岁以上的老拳师，他们那一代人都经历了不少的磨难，1949 年后有一段时间不允许公开传授武术，他们都身怀绝技但是报效无门，这下武术挖掘整理一展开，他们称赞党的政策，可以把自己的见闻和学识都贡献出来，掏心掏肝地给我们讲他们的经历、拳理拳法、功理功法，甚至把珍藏的拳经拳谱、医药秘方都交给我们，感觉这种贡献也是一种光荣。

我把当时四川省的十八个地市州跑了三遍，行程上万里，跋山涉水。很多拳师都住在比较偏僻的地方，只要是有点名气的，我们都去采访，三年时间，一共采访了上千名六十多岁的老拳师。那个时候，经济情况不是太好，我的月工资就三十几元，但是在工作设备保障方面国家是很慷慨的，我的相机、录像机等设备一套就是七八万元，编辑设备更是要五十余万元，要知道那时一辆尼桑轿车也就四万多元，可以看出挖掘整理工作深受国家重视。

工作过程中让我印象尤为深刻的是一位叫彭老道的老师父，当时我在内江搞挖掘整理的时候，一些七八十岁的老拳师就跟我讲：“小吴啊，我们这里有一个彭老道，现在至少 130 岁，我们当年还是小孩子的时候，已经看到他是白发染染，坐在那个坟上练紫霞神功，当时他一开练就能看到他头上祥云一片。”130 岁是夸张了，经过求证后得知彭老道是光绪三年（1877 年）出生，那时也是一百多岁的高龄了。之所以在坟上练功，是因为这是他们道家的一种修行的练法。

听完几位老拳师的介绍后我很动心，获得体委的批准后决定去采访这位老先生。不料彭老道被软禁在了敬老院，不得拜访。当地公安局解释道，兴隆公社卫生院把彭老道请过去当赤脚医生，他都不用给老百姓号脉，只是骂几句，随便抓几味药扔给他们，老百姓花一两毛钱拿一包草药一吃就好，认为这彭老道神得不得了，都自发地捐钱给他修楼，很快就在卫生院前面的麦地给他修了一个两层的楼。那个年代，公安局认为他是在搞封建迷信，所以把他软禁在敬老院，不让接见。

我扫兴地回到成都，仍不甘心，便跟省体委报告此事，一方面到彭老道的故居，侧面了解他的情况，另一方面办理相关手续、证明到公安局盖章，才得以在当地派出所所长、内江市体委主任的陪同下拜访了彭老道。老先生居住环境很惨淡，小房子只有七八平方米，只有张 1.2 米左右的床，被子非常潮湿，床头只有一个小窗通气，当地农民晚上悄悄地从小窗口给他扔进米花糖等小东西救济彭老道。我希望老先生拍些照片。老先生起初并不愿意，我只好和老先生拉家常，把之前在他故居了解的情况一五一十地告诉他。老先生得知故居的亲人都还健在，心情逐渐好了起来，同意我们拍照。我便一边听他讲他的功法、讲猫功，一边给他拍照，不知不觉把我带的胶卷都拍光了。拜访回来后，我心里暗自为彭老道的遭遇愤愤不平，便跟主管的领导汇报彭老道的情况，并把相关资料送往民政局，民政局批复后恢复了彭老道的自由。

相关资料整理完后，我于 1983 年到 1986 年陆陆续续在承德避暑山庄、北京天安门等地做了展览，四川省也出版了一百多万字的《四川武术大全》。虽然还不算太深入，不算太细，但是把各个拳种的拳理拳谱、技术套路，都用文字记载收集进去了，同时还有一些技术录像都保留下来，并上交了一套给国家体育总局。

称职教练善琢磨

1983 年，我借调到四川省体委。半年后，我正式调入了省体委，成为四川省武术专职干部，一边进行武术挖掘整理工作，一边从事四川省体委的日常工作，直到 1987 年 6 月，四川省武术馆成立，我也完成了三年的挖掘整理工作，被调入四川省武术馆，参与教练和管理工作。

那段时间正式的武术比赛组织少，习武者又希望切磋武艺，导致社会上存在打野架、约斗的情况。因此，四川省的肖家泽老师提议办擂台赛，给这些习武者提供一些较技、检验实战的平台。我就找到省体委办公室雷大燮主任，把这个想法说了。当时被调到省体委的还有曹德勇同志，我们俩一块制定了规则，我把民国时期浙江的、四川成都打金章的一些擂台赛的规则融合了一下，定了四川省第 1 届擂台赛规则。

1986 年，在文化宫举行了一场为期七天的擂台赛，这算是新中国第一个擂台形式的搏击大赛。当时各个拳种的高手争相报名，成都万人空巷，百姓逢人开口都是擂台赛，报上登载的内容也都是擂台赛。打了七天之后，《人民日报》评价："大胆的尝试，成功的突破。"比赛的视频现在在网上都还搜得到。这个视频是在打完七天之后，我跟成都体育学院电教室的王老师和武术系的张茂于老师，一块儿把它剪辑编成的。

擂台赛打完后，武术运动员们的斗志都很高，我和同在挖整组的付尚勋同志组建了四川省的第一支散打队，申请了散打比赛的试点单位。那时的试点单位还有武汉体育学院、北京体育学院、山东队、武警总部散打队、浙江省体委及四川省体委。我们的运动员都是各个拳种的高手，在四川本地比赛，都是不戴拳套、不戴护具的，格斗时非常小心谨慎，对距离感、时机的把握都要求比较高，看准了时机一下出击制胜。而一到全国比赛，运动员都佩戴护具、拳套，对距离感和时机的把握要求降低了，反而体力储备成了影响胜负的关键因素，运动员们很不适应，第一轮下来几乎全军覆没。运动员们非常沮丧，我为了给大家打气，自作主张地坐船从潍坊到上海，让他们去玩了一趟，顺便在上海打一场擂台赛。我带着便携式摄像机，录下了运动员们的比赛，回来后进行分析，发现运动员们表现不佳的最主要原因是呼吸问题，他们在高强度的连续击打时很容易出现呼吸不当的现象，氧气不能充分供应，没打多久就疲劳了。针对这个问题，我把武术挖掘整理过程中收集的呼吸方法传授给运动员们，特别是道家小金丹呼吸法、提高体力的方法和抗击打的方法。

第二年，我们在四川发起"保险杯全国武术擂台邀请赛"，把全国所有的强队邀请过来，比国家体育总局试点赛的参赛规模还要大，如湖南涟钢队、青岛豹子头队都前来参加。那次比赛，我们的运动员出类拔萃，取得两个冠军，四个亚军，团体成绩排在第三，这下我们运动员的士气一下就上去了。接下来几年比赛我们都参加了，成绩越来越好，1987 年到 1989 年，各个级别的比赛我们共收获几十个冠军，这是非常了不起的成绩。因为当时以武警总队散打队为代表的几个前卫队是完全专业化的，而我们队伍是半专业半业余队，集训时间、经费投入十分有限。在这期间，四川省也举办了不少传统武术的比赛，很大程度地提升了四川地区武术的发展水平。

1993 年，武术散打项目被正式列为全运会项目，四川省体委要求我们队伍打进前三。但考虑到我们是半专业半业余队，无法与专业队抗衡，我向体委领导解释短时间内无法完成这样艰巨的任务，但能保证成立专业队三年以内，打进全国专业队前三名。经过再三考虑，我与体委意见达成一致，与成都体育学院签约，将四川省散打队移交给成都体育学院。当时成都体育学院习云太教授特招了几个全国冠军，包括孔彪、王龙、杨建芳、刘琦等人，都是全国鼎鼎有名的冠军运动员，有足够的物力、财力、人力资源培养散打队。移交散打队后我从事相关的管理工作，并参与省里面教练培训班的工作，一直到退休。

峨眉武术脉络深

峨眉武术是四川武术的一个代名词，流传于古西南夷的云、贵、川一带，近代很多练武术的都称自己为峨眉武术。峨眉武术虽发源于峨眉山，但是它拳种众多，流传很广，当年有“一树开五花，五花八叶扶，皎皎峨眉月，风义满江湖”的诗篇。后来经过我们考证，有很多武术是外来武术，很多本土武术还没有包括在这八门当中，比如说黄林武术、盘破门武术、余家拳武术等，这些本地武术实际上是真正的峨眉武术，这些最古老的武术还散存在民间。这样一来，峨眉武术的体系就比较庞大了，再加上外来武术经过几百年甚至上千年跟四川武术的融合，也被本土化了，这种武术虽然被我们称为客家武术，但是它也是峨眉武术大家庭中的一员。在这种情况下，峨眉武术要发展，就面临着这么多的兄弟、这么多筷子怎么结合在一块儿的问题。

2010 年，我们跟四川省佛教协会会长永寿大和尚进行了一些探讨，决定成立一个“四川省武术联合总会”，把这些分散的武术都攒到一块，对峨眉武术的发展可能更有利，当时初衷是很好的。我们召集联合四川省的武术人才，包括各个地市州武术协会，甚至包括有些县的武术协会，各个大的武术拳种，以及几所高校，如成都体育学院、四川大学、中医学院等。

联合总会当时就想形成一盘棋，合力推进，让峨眉武术会发展得更好。峨眉武术在全世界分布很广，很多地方都有峨眉武术，并且发展得很好。举个例子，我在四川队的队友梁守渝现在任国际武术散手道联盟的主席，国际武术散手道联盟在三十几个国家有几百个分部，大家都想认祖归宗，将传统武术发扬光大。因此，峨眉武术联合总会成立以后，很多国外这些团体都想成为我们峨眉武术联合总会的分会，但是后来的发展情况不尽如人意，因主办单位是佛教协会，比较保守，不愿意冒风险，担心分布在国外的峨眉武术无法管理。甚至当时香港的电影导演陈勋奇和经济实力雄厚的潮汕同乡会来探讨合作都未果，这样我就感觉不太好办了。后来我们在大佛禅院设立基地，平时由峨眉山武术运动管理中心的主任王超留在那里传授技艺。现在基本情况是有一个组织在那，但没有发展开。

虽然联合总会并未如期发展，但还是有不错的工作成果的。四川省委宣传部最近召开了一个会议，拟定了一些发展的方案，把峨眉武术作为四川的一个名片，向全世界去推广。如《峨眉传奇》[1]，它是四川卫视每周二播出的一个拳王争霸赛，这个拳王争霸赛致力于将民间传统的、好的选手通过这个平台推广出去，争取跟世界目前最顶尖的格斗赛事平台（如GLORY、THAI FIGHT、TOP KING、K1、UFC[2]等）的高手同台竞技，迅速提高我们传统峨眉武术的实战能力。

我与《峨眉传奇》的制片人梅家祥先生的想法达成了一致，现在在从事这方面的工作。省委文件基本上都下来了，责成四川省教育厅、体育局、民政厅，把弘扬峨眉武术作为一项重要的任务。包括成都体育学院也成立了四川省搏击协会。这些文件里面都有专门的任务分配，任务明确，主要做什么，整个往外推。为了响应国家体育总局的进学校、进工厂、进部队、进机关、进社区、进军营这“武术六进”，我们正努力通过《峨眉传奇》，尽快地把峨眉武术向外推广。

《峨眉武术的段位制教程》初稿我已经写好了，但是还会根据现在社会的需求做一些改进，如引进一些世界顶尖的搏击技术。“他山之石，可以攻玉”嘛，让不同文化的不同技术之间有个对比，并通过这个对比，看到我们峨眉武术的优势和存在的不足，取长补短，让真正的峨眉武术能够走向世界。

---

[1] 《峨眉传奇》是四川翰文文化传播有限公司及栏目运营团队一起，结合赛事的制作、内容、资本三大优势，共同打造的顶级的格斗赛事品牌栏目，于四川卫视播出。

[2] UFC，英文全称Ultimate Fighting Championship，即终极格斗冠军赛，是目前世界上顶级和规模最庞大的职业MMA（综合格斗）赛事。

访谈后记

吴信良老师对峨眉武术研究多年，我曾前后两次访谈吴老师。第一次访谈以峨眉武术的相关内容为主，第二次访谈以吴老师个人经历为主。吴老师讲到自己6次拜师学艺的小故事时，生动细腻，妙趣横生，丝丝入扣，整个访谈过程如同听书看剧般引人入胜。

从吴信良童年跟邻居老人偷偷学艺启蒙起，直到向第6位师父林默根学习太极推手，并创编了一个“峨眉柔推术”的经历中，我这个武术门外汉，深刻感受到中华武术兼汇百家、融会贯通的精神内核，认识到中国武术的传承发展与中华文明博大精深的文化精髓一脉相承。

陈小蓉与传承人吴信良工作照

揭阳青狮代表性传承人孙淑强与李国英口述实录

采访时间： 2019年7月6日（第一次）；2019年7月7日（第二次）

采访地点： 广东省揭阳市榕城区青狮馆

采访人： 陈小蓉、崔家宝、郭玉池

项目简介： 青狮俗称“青狮白目眉”，也称“开口狮”，是潮汕地区独有的传统舞狮，深受潮汕地区人们的喜爱。青狮无论从外形还是制作和舞狮技法上，都与流传于北方的北狮和广东地区的南狮有着明显的差别。据德化赤水《许氏家谱》和西敦《林氏家谱》记载：舞狮按武艺高低分等级，其中以“青狮白目眉”武技最高强，被公认为“狮王”。揭阳榕城区位于粤东潮汕平原中部，是青狮项目发展最为繁荣的地区。在榕城的各乡镇，每逢神诞祭祀或赛会，都会有狮舞的表演。据《揭阳县志》记载，在春节至元宵节期间，揭阳张灯结彩，进行放烟花、舞狮、扮揭阳八景、赏灯谜、行头桥等娱乐活动。青狮文化博大精深，其系统涉及制作、绘画、武术、杂技、舞蹈等各种技艺，是揭阳人民喜闻乐见的一项民间活动。目前，青狮喜庆驱邪的习俗在福建南部、港澳和台湾地区的影响甚广。2011年，青狮被列入国家级非物质文化遗产名录。

口述人简介： 孙淑强，男，自小随其父孙振高学习青狮的制作和技法，父子二人几十年来一直从事青狮技法的整理、发掘和传播工作，为青狮的保护和传承作出了巨大的贡献。2003年，孙淑强独立创立了揭阳市首家传统武馆——揭阳市孙淑强狮艺武术馆，该馆是揭阳市唯一一家获国家相关部门批准注册的传统武馆，专门从事青狮的表演和传承保护工作。孙淑强现为国家级非物质文化遗产（青狮）的国家级代表性传承人、民盟揭阳市委委员、榕城总支主委、揭阳市龙狮协会会长、榕城区青狮文化保护中心主任。

李国英，民盟揭阳市委委员、宣传部部长、揭阳市龙狮协会秘书长、国家级非物质文化遗产（青狮）的省级代表性传承人、榕城区青狮文化保护中心副主任，揭阳市孙淑强狮艺武术馆副馆长。

一、孙淑强口述

揭阳青狮代代传

青狮在三百多年前就已出现在我们揭阳榕城区，但有很长一段时间它都被视为“反清复明”的活动而被禁止，更不让舞青狮的人组成自己的团体，因而长期得不到较好的传承与发展。舞青狮为什么会被认为是“反清复明”呢？这是因为之前大家把青狮称作“彩狮”，又叫作“彩青”，这个“彩青”与“踩青”是同一个音调。另外，舞青狮选择时辰十分重要，要提前找好一个吉日、吉时，要看一个具体的时间，而这个具体时间实际上是反清复明的一个暗号。

作为我们潮汕地区一项特有的文化，其流传的地方包括潮汕南部，以及福建、台湾等地。另外，青狮在我国民间的历史更加悠久，我们所信仰的文殊菩萨的坐骑正是青狮。由于这层信仰的缘故，无论读书也好，做生意也好，还是开业庆祝等喜庆之事，大家都会邀请青狮过去热闹一番，目的是聚集一下人气和地气。我们这里拜文殊菩萨也有对应的说法，认为读书人拜过文殊菩萨后方可高中，人会变得聪慧，生意人拜过文殊菩萨后生意会兴旺。文殊菩萨在众人心中的地位很高，随着越来越多人的关注，文殊菩萨的坐骑（青狮）也逐渐受到人们的敬仰和尊重。

在“文革”期间，由于政府不让搞封建迷信，于是关于青狮的很多东西都被毁掉了，人们心中也很害怕，这就导致了关于青狮的许多东西都已失传。改革开放后，从我爷爷一代开始，到我父亲接过青狮进行传承，我们家一直坚持在做青狮文化的传承和保护工作。1995 年后，青狮的传承再度遇见了困难，因为外地南狮文化来到了我们这里，相对而言，南狮更为可爱，毛很多，舞起来也很轻巧便利。然而，舞青狮需要较深的武术功底，要在练武术的人中再挑选适合舞青狮的人。舞青狮不但需要会武术，还需要相互之间较强的默契。

我爷爷在我小时候对我言传身教，教导我学习武术和青狮。在“文革”期间，青狮的传承是非常困难的，我父亲都是偷着练的，因为当时还在全城抓练武的人。表面上是说抓你去学习，其实就是软禁。父亲给我讲，在我小的时候，基本上家家户户都懂得这个青狮，尽管真正会舞的人很少，这可能也与青狮有“狮王”之称有关，且对于红狮、黑狮之类的，大家知晓的没有青狮多，只是青狮舞得比较少。

我爷爷在我的印象中留了两撮胡子、个子非常高，差不多 1.8 米。我在五六岁时对武术非常感兴趣，想去练，但是父亲不肯，我就偷练。等我练到六七岁的时候，父亲说我资质不错，那时候才开始让我学习武术。通过我爷爷的组织，他们成立了这个舞狮队，要出去接活。店面开业舞的是一头狮，因为我爷爷他们出狮的时候只是一头狮子，然后有七八十人一起，比我们现在出狮的队员要多很多。在最前面的人拿旗，跟着的两个要一对狮神。队伍后面的人就是拿着旗子等各种物品，我们潮汕出来的就是有这个风俗的，一出来人家立即送给你纪念品、旗等各种物品，都是排着队拿出来，所以人就这么多。后面他们拿着器械，那时候舞狮跟我们现在这个舞狮还有区别，因为我们现在舞狮就是舞狮，如果有需要请武术和舞狮一起的，才做一个武术跟狮子一起的专场来表演。那时候不一样，我小的时候就跟着去过一个乡下，确定出狮后需要早上六点起床，打扮之后，全部都是走路的，来回要 15~20 公里，但走得不快，人家前面看到了就拿一些鞭炮出来，放一下鞭炮就在那里舞一下，其实舞狮队出队就是早出晚归。

1949 年后政府严管练武者，我爷爷当时也是很害怕，于是做一些小生意谋生。改革开放后，到了我父亲这代，我们这个地方当时归汕头市管，我们在和越南打仗的时候，全国仍禁止练武术。后来有一个全国武术交流会，没有人敢去参加，汕头市下达命令叫我父亲参加，那时候还叫作体委，现在叫体育局。那时候体委的人来做工作，让我父亲去表演。后来父亲如期做了展示，一下子引起了轰动，从此我们揭阳有了一个武术队，舞狮也开始全部铺开。

我父亲是属猴的，他如果还在世的话今年就是 89 岁。我爷爷家里也是挺穷的，因为我爷爷生了四个孩子，我父亲在家里排老二，我大伯是被日本人杀死的，我还有两个姑姑，所以生活就是靠着我父亲来支持。我父亲是一个对舞狮很痴迷的人，可以说全身心都投入进去了。我们七个兄弟姐妹，加上我爷爷，我们一家有十几个人。当时很穷，大家都吃不饱，饿肚子是常事。我父亲当时还给别人修理手表，那时候就靠这个手工挣生活费。虽然生活很艰辛，但他还是坚持练青狮，将这个青狮技艺和文化传承下来。当时我们在南门那边有一个练青狮的场地，平日要把这些练青狮的东西藏在地下，练的时候就偷偷地拿出来，这是一段难忘的记忆。

武术之乡南枝强

在当时我们这个地方叫作“武术之乡”，有些师父在这边生活，教一些套路，大家就跟着学和练，氛围也越来越好。拳术那时在我们这都是铺开的，一下子下来，全部都是一样的。有一个姓郑的师父教南枝拳，我父亲跟着他学南枝拳，我叫他师爷，后来我也拜他为师，跟着他学习南枝拳。

那个时候我们练武术的时间与别的地方不同，都是晚上吃完饭之后，间隔一个小时再偷偷出来练武，而不是早上或者白天练。1966 年到 1975 年左右，大家还是在偷练的，在我的印象中，我们直到 1979 年到 1980 年的时候才把武术铺开。那个时候我们就是在家里练，就是我们现在南门那边十几平方米的房子，里面要住人，还要练武术，还有的穿着这个火圈过去，都是偷练武术的。因为练武地方的后面还要养猪，所以练武的时候不能发出太大声，否则一有动静，就会被别人举报。

我父亲在 60 岁的时候，完成过力顶千斤，那时候他的力气相比年轻时稍微退了一些，从上面看有六个人，一人 100 多斤，六个人一起的重量是 1000 多斤，这个就是我们南枝拳的绝技！平时训练的时候父亲会跟我们在一起，但是他脾气比较急，你练得不好的话，他会特别生气。你练好了，时间有多的你可以自由安排。这个时间规定你练，你必须练。还记得当时我练得非常苦，练完以后腿都软了，上楼拿东西洗漱，下楼时腿都走不动，要用手撑着，腿没劲了，完全站不起来。

我们这里还有祖传的骨科医术，这个骨科的药全部都是自制的，包括跌打药酒、药散、药研、膏药等，里面有一些中药制作都是我们自己的秘方。我父亲从云南回来之后看到政府这么支持，政策也很好，他彻底大胆放开了。那时他就开始行医，行医的时候我还很小，那个地方只有两条街，开了一间还不到 5 平方米的铺子，他就在那里一边修手表，一边行医。

那时他心很善，其实家里很穷，还有一大帮子人要吃饭，但他还是把省下来的钱给“五保户”。大家有什么骨科疑难杂症，父亲就上门给他们医治，从来没有收过钱。包括 1998 年去湖北抗洪回来的人，有一些骨头都摔坏了，那时候我们都会定期去给他们换药、看病，一去就是两三个月。父亲在我们这边也是个名医，因此受到了当地报纸的报道，我们把相关的报纸都保存得很好。我们揭阳在香港那边有一个商会，每年聘请父亲去医诊。另外，泰国最大的医院天花医院也每年聘请他到那边坐诊，他一分钱都不收，泰国那边给他送过来的锦旗上写着：国医、骨科国医。后来我父亲就一直从事骨科、武术和青狮，这在我们潮汕地区是最早的。1992 年我们办了一个武术学校，最早是在粤东地区，传承青狮。

少年随父习武术

其实我五岁的时候就偷看、偷学武术。等到我七岁的时候，父亲看到我学得不错，就特别高兴，开始正规化练习。我们三兄弟每天读完书和吃过晚饭后，大概七点半就开始练习，每人最少要练四套套路，拳术、短器械、长器械，我们三个人对打或对练，这四套拳是必须要练的，但是这四套拳在练的时候非常费体力。

为了规范动作，还要练打沙袋、拳击、擒拿。接着就开始练体能，练完体能还要练石担等，所以这两个半钟头基本上没有休息。我们大家对这些任务的强度感到惧怕，但又必须把这些任务做好。我们每周和师兄弟一起练两个晚上，相互切磋鼓励，共同进步。

1988 年我十四岁，父亲送我去少林寺学武。当时有一个少林正骨的研讨会，我父亲写了一篇文章，里面有一些我们自己祖传的秘方。我师爷看到这篇文章后，说我父亲是一个人才。接着，我父亲就提出让我在他那习武。因为我们三兄弟中，我是最不怕吃苦的，问我能不能吃苦，我当时很坚定地就同意了，所以在我们三兄弟中就让我一个人去了少林寺。我父亲说如果出去打比赛或者交流学习，别人一听你在少林寺学过武，都会很认可你。你去少林寺学习了少林武术后，南方拳术和北方拳术再结合起来，可以更好地进行武术的传播。

当时交通很不便利，路途坎坷，我们从揭阳坐客车到广州的五华车站，坐了12~14 小时。因为路不好，特别晃荡，客车上面的行李很容易砸到乘客。到了广州车站排队买到少林寺的火车票，需要两个晚上和一个白天才到郑州，从郑州再转到登封县，至少坐半天的车才到登封县城，最后从县城坐小客车到达少林寺。

当时正好赶上拍《少林寺》这个电影，在全国乃至全世界都引起轰动，所以少林寺周边就出现了很多武校，有国家办的、有省办的、有市办的、有县办的、有单位办的，也有个人办的。当时我们在郑州一下火车就看到了郑州某某武术学校。但是我没有进武校，直接去了少林寺学武，到少林寺后跟着我师父德虔。

我们来少林寺学武的这一批有五个人，大师兄是东北的，二师兄是新疆的，三师兄是河南驻马店的，四师兄是青岛的，我是广东的，属我最小。在那边练武很辛苦，练武的方式和南方有很大的差距，吃饭也不太习惯。当时，基本上学费才 50 元，练武的才有 30 多人。当时少林寺里面的条件很差，什么东西都没有，反正每天早上起来就是要爬山，下山后去打水，就像《少林寺》电影中看到的，水需要从井中打出来。下雪的时候结冰，当时就是双手各持一个水桶打水，直到把几个大水桶都填满为止，然后就继续练功。

那个时候师父将易筋经传到了国外，行程排得很满，有美国、日本、俄罗斯等。我们在那边很忙，一些时间用来学习，同时师父作书时，我们都要帮忙抄写。因为每年他都要举办一个武术研讨会，他讲得确实很好。

我在少林寺学武四年。我从少林寺回来之后，1991 年底，我们揭阳正好要建市，我就与我的父亲联手在这里创办了一所武术学校。当时我们的武术学校办得非常火红，本地人、外地人都有过来，像潮州、揭阳、潮汕地区的学员特别多，甚至还有外省的人。我们招来的学生很多都是非常好动的，而我们的教学宣传概念就是要将“废铁”练就成“好铁”。没想到，这个概念一出，就有更多家长慕名到这里来为孩子报名了。我们班级分有小学和初中，人数最多的时候可以达到 500 多人，这在当时是挺不错的。

但是后来按照政府的规划，学校旁边的一块地建了一家工厂。厂房建成投产之后，给学校带来的空气和噪声污染很严重。再加上学校周围搞开发，武校没办法再扩充，到 2003 年的时候这个武术学院就停办了。

成立武馆续传承

学校停办以后，我就回到了榕城区自己住的地方，那里我自己的房子有两百多平方米，就在第一层，所以我就把它规划成了当时我们揭阳市的第一家传统武馆。在我之前，揭阳这里开的武馆都没有挂出“武馆”这两个字，而我却把这个名字挂了起来。在我打破这个惯例的时候，我们本地的一些同行和老前辈们就说：“哎呀，他父亲都没有挂这个名字呀，我们也都没有挂这个啊。”大家的声音很多也很杂，而我则想告诉大家我的初衷是什么，我的初衷在于要传播我们中国的武术，所以才会起这个名字，并且我也会坚持，不会违反国家的相关法律法规。最后我的做法吸引了更多人在自己牌子上加个“武馆”。

再之后，我就去民政部门登记注册“广东省揭阳市狮艺武术馆”，让我的武术馆可以与狮子结合起来。但是后面并没有想象中那么顺利，根本注册不下来。当时，我们本地民政局的局长拿出了文件跟我说：“孙师傅，这个事情不是我不给你办，确实很难办。”这个领导后面还跟我介绍了，出现这种情况的主要原因是之前社会上有人练“法轮功”，所以当时国家出了一个硬性文件，要求必须达到一定条件才能申报我们当时想要申报的那个名称。具体来说，除非你个人或者你这个项目近代在揭阳市有很大的贡献，这样你才能注册这个名字。

知道这种情况后，我就要求局长将文件复印了一份。我就以试试看的心态，一天时间跑了我们市委、市政府来回四趟。那个时候市委、市政府是武警站岗，他看我来来回回跑了好几趟，就问我：“你这个人，以前都没看到过，怎么今天老是进进出出的?”我后面就拿出了自己的证件给他看，告诉他我区政协委员的身份。我自第三届政协委员当起，至今已担任至第六届，现在也成了市政协的一名常委。通过这个身份加上前前后后地跑，我就成立了市里唯一一家正式注册的传统武馆，并且至今都是唯一一家。

说到这里，在 1997 年、1998 年的时候，外地的狮子文化对我们潮汕地区的狮子文化冲击很厉害。因为我们的狮子相对于南狮来说要重很多，所以南狮受到更多人的欢迎，小孩子可以拿起南狮动一动、摇一摇，但青狮就比较困难了，这影响到我们的传承。2004 年、2005 年的时候，非物质文化遗产的概念开始兴起，我们就想着跟着国家的路子走，把我们的青狮文化保护、复兴起来，因为青狮毕竟是我们揭阳市、潮汕地区地地道道的本土文化。当初我的父亲去区委、区政府，市委、市政府，舞的都是青狮，为什么这些外地文化来了之后我们青狮倒没有了？所以，我们需要保护我们的特色文化，恰好这时候国家保护非遗的政策也支持。

我们就对青狮的相关资料进行了挖掘整理。后面，我们又开始想怎么把这个文化传播出去，于是我们就抱着这个心态进行了准备与尝试。当时我就找到了我的师兄李副馆长，并把我大概的意思告诉了他，与他探讨如何传播青狮文化、将青狮继续发扬光大。我师兄当时跟我说："这个谈一下很容易，但是真正做到是很难的，包括对于精神、资金、力量的耗费都会很大。"后来我说："这样也是可以试一试的。"就这样，我们把握住了青狮保护的这次机遇。

虽然我们榕城的历史非常悠久，但是到目前为止，青狮依旧是我们唯一的国家级非物质文化遗产项目。通过多年多方面的努力，我们已经把青狮打造成为无论是放在市委、市政府，还是放在省里，甚至到国家层面都是挺有名的。在揭阳，现在青狮已经成为接待外宾时的文化交流（展示）活动。像新加坡、马来西亚、菲律宾等国家的客人来揭阳的时候，我们都是头一个进行展示并对外宾表达欢迎的，这也让青狮成为一个文化交流的桥梁。

我们下一步准备让青狮走进军营。现在军营，包括军队里是有我们的青狮队的，而且军营里面有这种文化的学习。我们的青狮能够进军营，其实也是部队方面提出的，他们希望可以把我们本地比较有文化特色的活动带进军营。最初他们跟我说的时候，我还觉得不太合适，因为军队要进行军事训练，每过两年一波人就会离开，这样青狮其实在军营里传承不了。后来，军队的领导跟我说，他们可以让老兵带新兵学，后来我觉得这条路子也不错，就同意了。此后，青狮在军营的传承效果还不错，他们的青狮队去省里参加武警总队的比赛时还拿了个第 2 名，也更有信心了。现在，我觉得我们的青狮也是丰富他们军营生活的一种方式。

我们现在这个武馆虽然比较小，但是大学来这边调研的、做课题研究的有二十多家，他们做的很多东西也有留着给我们。这也使我们这些人在做这些事的时候虽然会觉得很辛苦，但是也会觉得很开心。另外，我们还准备将青狮文化进行产业化拓展开发。目前，我们跟佛山的陶瓷厂合作了一批青狮陶瓷，很快就要正式出产了，这也是迈出的重要一步。

以医养馆传承难

跟在我们后面学的主要分为徒弟和学生两种。像暑期时候，来的有几百人，在教过他们一些后，我们会选择其中一部分团队意识、思想品德等综合素质表现较好，且对于武术基本动作较容易接受的学生举行收徒仪式。

我们的收徒仪式是一个非常传统的仪式，也讲究“一日为师，终身为师”，拜师之后（师父）就像父母一样。同时，我们在孩子拜师之前会调查他的父母，确定他的父母是同意的，并让他的父母要求他过来拜师。在具体拜师的日子上也有说法，要选择一个吉时，并要准备糖果，以及比较传统的帖子，这个帖子里就写有谁拜谁为师之类的。来了之后我们就要拜祖师爷，并且宣布我们武馆的一些规则。

收徒进来之后，一百人进行舞狮训练，练习高桩的时候，或者遇见一些比较困难的动作的话，可能就会有一两对配合得比较好。更多的学员可能是平时胆子很大，动作也很漂亮，但是到了高桩上他就不敢做动作了，因为最高的高桩达到 2.8 米，一个队员身高就 1.7 米，再抱起一个人，这个人再举着狮头，高度就达到五六米了。所以，关于这部分也是现在比较难传承的一个点，比较难找到适合上高桩的人才。

现在寻找传承人确实是很难的，因为舞狮是武术，每天都需要训练，特别是训练高桩的时候，需要你胆大心细，总的来说是相对比较枯燥的。另外，当这些学员到了一定年龄后，也会跟我们一样面对上有老、下有小的局面，需要结婚组建新的小家庭，而想通过青狮获得经济收入是特别困难的。我们老是说人才要留住，但是需要政府采取一定的措施。怎么扶持？怎么让下一代还有人来传承？政府其实应该特别重视这一方面，光靠我们传承人确实太困难了。我是自己不惜代价，不惜资金的投入，是通过“以医养馆”的模式来赔钱进行传承的。这不像其他人做一个产品，不管这个产品好不好，做十块成本，你卖三五块还能收回一点来。但是我们做文化的经常是一点成本都收不回来的。除了金钱，还有你自身的精力，以及各方面的积累都会扑空。这确实是我们现在传承的一个最大的难题。

我们的日常运营也非常希望由专职的队伍来做，因为我们现在接待的任务特别多。倘若我们是用兼职的话，这些兼职的员工的老板会愿意吗？员工三天五天请假，你自然不愿意。所以，刚才我说到的经济问题还只是现在传承面临的一小部分问题。现在参与我们传承活动的也多是生活在我们附近，从小在这里长大，现在慢慢成长为教练的一批人。因此，要是组建专职队伍进行训练，我们在经济上面确实是很困难的。

创新完善代代强

由于我们青狮比较重，所以如果是在地面上或者板凳上舞一舞，做一些小幅动作还好。后来，我们在非遗保护的前提下，对青狮在保持原型的基础上做了一些改进，将狮头改轻、狮被改短。具体来说，就是将狮头部分由原来的木制改为了竹制，这样狮头的重量就降下来了，但是这与南狮相比，还是较重，最轻的也比它们要重上一半；狮被部分也有改短，因为如果狮被太长，里面的人就不好抱起另一个人。

早先的时候，我们舞青狮时踩的桩还是比较矮的，不像现在这样高。以前的桩就类似木板凳，是比较大一点的。在传统表演的时候，会有叠在八仙桌上做动作，还会有在十几个人抬起的八仙桌上做动作的形式。为了吸引观众，增加表演的观赏性，我们也在器材上逐步改进，但是狮子本身是不会改变的。

叠罗汉动作是我们青狮的一个特色，也是我们的一个创意，目前只有我们有。这背后涉及的文化与两大佛教的坐骑神兽有关联。在叠罗汉的时候，两头青狮就在两边，与罗汉相配合，然后就像春节一样，一个大门，两边各放一副对联下来，中间再放下来一幅画。这样的设计会让人感觉非常吉祥而有创意，同时两头狮子在下面也能在他们表演时给予安全保障，可以保护两个人在上面摇摇晃晃做一些动作。

现在的年轻人不太愿意吃苦，在练习青狮的时候，倘若你想要练一些高难度的动作，那你必然会受一些小伤小痛。因为在青狮训练中，两个人训练配合时会抓抱对方，这个时候练狮头的人的腰部就会受伤，会变红变青，手抓狮头也会酸、麻，有许多人练一练就害怕了，就不敢练了。练狮尾巴的人也一样，特别是将舞狮头的人抱上头做旋转动作的时候，他的腰肯定是会有些小伤的。在现在每个家庭孩子都不多的情况下，家长也是会比较心疼一些，有许多孩子就坚持不下来，这也成为我们传承的一个困难。

我们以前的训练要求会更高一些，一天的训练任务不完成，你就不能去睡觉，练到上楼梯需要爬，下楼需要一坎一坎坐下来的地步。现在的要求就没那么高了，对照以前和现在的情况，我们要教出高水平的传承人也是很费力的。

我们通过“以医养馆”的模式进行青狮非遗的保护，同时，青狮也有着较好的社会影响力，我们每年的表演计划可以从年头排到年尾。像在“侨博会”时我们揭阳就派出了一头很大的青狮，高达 3 米多，宽度也有 3 米多，全长则有 26 米多，这头青狮里还包括了锣鼓。当这头青狮出去的时候，我们的武馆也出了 100 多头小青狮陪伴，合计有 500 多人参与其中。

如此多的人员要如何筹备？这确实是一个很困难的工作，但是我们具备一定的硬件资源条件，再加上我的父亲与师兄弟大力支持，将他们号召起来。就将青狮非遗发扬光大而言，我认为就是要把握好机会，无论是政治上的还是私人的，各种机会都要把握好。有些时候我们出去展演也会收到一些小礼金，而这些礼金就可以作为我们传承运转的经费。

另外，因为我们有拜师仪式，所以会有很多年轻人加入。这样的话，如果我们接到大型活动，无论有多困难我们都会去做，这些招来的徒弟们也会积极参与其中。这正是我们武术人的精神，无论多困难，大家都来帮忙。

整体上来说，青狮的当代发展经历了三个阶段，从最初得到大家的喜欢，接着受到外地舞狮文化的冲击，再到本地居民重新认识到青狮的美好，再度振兴。

作为本土文化，在 1996 年、1997 年以前，青狮在本地是非常受欢迎的，但此后伴随外地舞狮品种进入本地，青狮受到了很大的打击，开始走下坡路。那时候也可以理解，广州的醒狮重量轻，毛也很可爱，初学者不用像学我们青狮一样得先学武术，上手就能要几下，而青狮最起码要先学三个月的马步才行。

等到后面非遗概念开始红火，我们积极宣传青狮之后，我们这边的青狮文化逐渐得到了更多人的重视。甚至现在连俄罗斯等欧洲国家与非洲七国代表也来我们这里体验青狮。现如今，在我们潮汕地区，大家看到青狮都非常高兴，因为这与我们的信仰相关联，是吉祥的代表。如果开店的时候有青狮到场，会被理解为是来送财的。倘若大型活动有青狮在现场，营造出来的氛围也是特别好的。前段时间，我们市里还策划组织一场几千人参加的歌唱祖国的活动，就有邀请我们青狮去带动、发扬揭阳精神。

现在接到任何的展演，我们都尽全力办好，并且没有推掉任何一场表演活动，因为我们很珍惜展演青狮的机会。当初省文化厅厅长来看过我们的表演后，非常感慨地说了一段话："这个舞狮，除了黄飞鸿来办，否则都没有你们好，倘若黄飞鸿是个人来办，可能也没有你们好。"他讲到这里我们也非常感动，因为我们真的非常努力。我跟他说："我们这里只要有任务，我们跟李副馆长及徒弟们，都会没日没夜地干，会非常珍惜这些机会。"厅长看完后过来座谈，他坐在这里感慨地说："孙馆长，不要说外省的文化，我们走遍广东省来说，你们这个项目是第三批国家级非遗项目，还不是第一批，在这么短的时间里，我从馆外面走进来，看到你们从传承到内部摆设，从你们的规划到一小格一小格的这些东西，你们都做得很好，特别是还有那些报纸，这些地方上的东西做得特别用心，我这一次真的要特别代表文化厅向你们表示感谢，感谢你们把这个青狮非遗传承得这么好。"

二、李国英口述

青狮习俗布岭南

中国舞狮最早出现的相关记载是唐明皇时期的五方狮舞，当时的狮子是从中亚流传过来的。而揭阳最早在雍正时期的《揭阳县志》里面开始有舞狮的历史记载。所以我们至少可以从清朝追溯青狮的历史，我们说青狮有约300年历史的依据就是从这里而来。在我们潮汕地区，专门记载了青狮的文字资料被散落到各个地方的族谱或者地方志里面。像我们普宁的一本《客家风俗志》里面就有相关记载，它把潮汕狮分为青狮、红狮和猫狮，猫狮是儿童舞的，红狮是一般的狮队舞的，青狮通常是水平较高的狮队舞的。在福建的《漳州府志》里面对青狮白目眉有详细的记载："青狮白目眉，有本事你就来。"就是说你舞青狮要接受别人的挑战，这些说法和传统最早在《漳州府志》就有记录。此外，在福建的《许氏家谱》和《林氏家谱》里记载了青狮的发展历史，我们之前在收集青狮的资料时了解到这些相关记载。

其实中国舞狮主要分为北狮和南狮，最早的史书记载是在唐明皇时期，各种流派由地方的风俗差异演变而来。中国舞狮文化多姿多彩，有不同的造型、不同的舞法，大的流派就是北狮和南狮。南狮是以广州的南狮、佛山的醒狮和潮汕地区的青狮为代表，它们其实是同一个体系，但因为其形状、舞法不同，所以就分为南狮、醒狮和青狮。据了解，历史最短的应该是佛山的醒狮。古代是没有醒狮之说的，醒狮是由拿破仑所说的"中国是一个睡狮"间接发展而来，是近代才出现并发展的。我们潮汕很多的传统都是从福建那边流传过来的，可以追溯的历史是从河南流传到安徽，然后流传到浙江再到福建，都是从那个时期传过来的。

我们常说舞狮有南北之分，其实我们青狮的外形跟别的狮子也不一样。青狮的额头很突出，眉毛是白色的，显示出的是"青狮白目眉"，眼睛如同铜铃，非常大、非常凶。倘若你看佛祖，或者其他驱邪避魔的神，他们的眼睛都是睁得很大（为了吓跑妖魔），就像我们人也一样，倘若脸上有两条法令纹，眼睛瞪得大大的，就会显得比较凶。我们的青狮的嘴巴非常大，当它爬起来张开嘴巴的时候，你会感觉它像是在向你微笑。

说到青狮与佛山醒狮及广州南狮的差异，显而易见的是材质上的差异。南狮和醒狮以竹编为主，然后加上木条制作，它的狮头就比较灵活、轻巧，做动作的时候表情也比较丰富。舞青狮的人多是客家、潮汕人，包括一些少数民族，青狮多和古代记事紧密联系在一起，因此青狮其实和一些少数民族的面具文化非常接近，如现在藏族舞蹈面具上也带有长毛，很像狮子。青狮头是用牛鼻子去制作，然后加上木工，整个仪式包括宗族祭祀、神的祭祀，与宗教更加紧密地结合在一起。醒狮则更加注重表演。有关青狮的传统文化包括很多，过桥、拜庙等，比如说我经过神庙有许多礼节需要注意。过了桥，有桥神需要怎么去做，醒狮更注重这些方面。

为救青狮造狮王

我们现在的青狮王是在 2010 年制作的，我们从 2009 年就开始收集关于青狮的历史资料。大约在 20 世纪 80 年代到 90 年代，揭阳的潮汕传统狮已经基本上没人舞了。受香港的电视台影响，佛山的醒狮和广州的南狮推广的效果较好，所以现在很多传统的武馆也是以南狮与醒狮为主，因为它比较轻巧、容易舞，动作也比较丰富，潮汕的传统狮受到其冲击开始没落。2000 年左右的时候，我们觉得再这样下去不行，想把祖宗留下来的东西重新振兴起来，所以从那时起，我们开始收集与青狮相关的资料。一直到了 2009 年，我们开始非遗的申报，2010 年通过了省级的非遗申报，2011 年成为国家级非遗项目。2011 年 10 月我们出了青狮的第一本画册，当时也在考虑通过什么形式来助推青狮文化的传播，几个传承人就说要做一个世界最大的青狮头！我们当时的想法是通过申报世界纪录（制作世界最大的青狮头）从而吸引更多人关注潮汕的青狮文化。

青狮的文化底蕴非常深厚，具体来说，它的文化内涵可以分为两个方面。一方面是它的宗教文化，在佛教典籍中青狮是文殊菩萨的坐骑，是佛教两大神兽之一。我们民间舞狮其实就是祈求风调雨顺，国泰民安，这是一个宗教的内涵。所以这是在民间叫青狮“狮王”的原因。另一方面是民俗民间文化，我们潮汕传统狮有青狮、红狮和黑狮，分别代表刘备、关羽和张飞。他们桃园结义又代表了人间的义气，也是兄弟之间的感情。所谓“青狮白目眉，有本事你就来”指的是领袖的气质，不畏挑战。

在潮汕地区，包括在福建民间，舞青狮还有另一层含义和作用。当时清朝廷进关以后，对民间练武有限制，民间群众通过舞狮的形式暗中继续习练武术。此外，由于福建、广东潮汕民风比较彪悍，我们有个特点就是聚族而居，为了抵抗沿海地区的倭寇和海盗，或是抵御山贼，所以我们宗族有舞狮和习武的习惯。但官府明文规定限制习武，我们就通过舞狮这种形式去偷偷地练。现在福建那边的记载里面有一个青狮白眉阵，其中几十头狮子的表演阵法就是这样来的。

我十几岁开始跟着我师父练武，那是 20 世纪 80 年代，刚刚改革开放，经济复苏的同时也注重文化传承发展。当时政府在这方面可能又开始放开了，我就跟着我师父走街串巷，去把那些传统的、散落到民间的小武馆重新建立起来，然后又到一些乡村，参加祭祀、祭典，去普及。20 世纪 70 年代汕头第 1 届武术运动会，当时揭阳归汕头管理，所以揭阳县就要求我师父组建武术队去参加这个比赛。因为武术沉寂了十多年，很多人都不知道传统武术究竟还剩下了什么。那时候我师父参加力顶千斤，一下轰动了潮汕的武术界。

很多人申请非遗项目的动机是不对的，有人在成功申遗后就说，我拿到非遗后政府就会给我们支持。我说你这个观点是错误的，因为我们不管做什么首先要做好自己，申遗成功后的确可以得到政府的扶持和帮助，但这也是为了更好地传承。当传承和保护工作做到一定程度的时候，可能会引起政府的关注，获取更多的资源，但我认为，我们首先要做好自己，尽好代表性传承人的职责。

我们在 2011 年把青狮画册做好，在当地举行画册的首发仪式，也邀请了当地非遗主管部门的领导参与。那时候很多人还不了解国家级非遗项目是什么，我们将仪式办得尽可能隆重和正式。同时，我们还加强与国外相关人员的交流。当时和俄罗斯的交流，在揭阳引起了比较大的反响，毕竟揭阳还是一个相对落后的地方，这里的文化居然可以走出国门，逐渐成为揭阳当地的民生焦点。随后，我们参加了省文化旅游局举办的系列活动，其中澳门回归时也请我们青狮去展演，通过文化的传播渐渐提升了青狮在揭阳当地的知名度，市里领导也非常支持。

对于我们青狮而言，其中一个重要的发展节点是 2015 年市委书记陈绿平春节期间为青狮点睛，为市民祈福，他将揭阳青狮作为当地的文化资源和品牌来打造。我们现在是国家级非遗，通过市政协委员每年提出很多关于青狮传承和发展的提案，包括形成青狮基地、落实表演场地，还有我们 2015 年提出的以青狮文化带动古城的建设。我们自己出资在南门建设旅游景点，这些政府都没有投入。我们做的这些工作，领导也是给予肯定的。

授人以渔促发展

其实当地的市委和区委也想扶持青狮的传承和保护，但由于经济发展跟不上，这些部门是有心无力，包括像国家规定的市级的补助资金、区级的补助资金基本是没有的。像上述这种情况，佛山等经济发展较好的地方就会好很多，我们跟他们没法比。我们仅有的经费补助是国家补贴的，金额不多。这几年陆陆续续省里会补贴一点，但是数目也不大，更多还是靠我们自己，我们主要是以医养武，以武养青狮来传承青狮文化。自从知名度提高以后，我们每年招收的学生还是非常多的，加上我们医馆的部分收入，青狮得到了传承和保护。

从20世纪80年代到90年代，我们潮汕的传统文化基本上是没落了，我们那时候感觉自己有责任去把祖宗留下来的东西重新给整理出来，整理出来的很多东西值得我们去传承和发展，这就是我们去做这件事的第一个原因。第二个原因就是觉得一种文化要有自身的特色，永远传承下去。如果老是走别人走过的路，打一个比方，像我们潮汕人总说，“我一个人生很多小孩，那我就把东西传给这个小孩了”，就没什么意义了。

举一个例子，就是当时我跟我师兄谈这个事情，我们那时候建很多传统武馆，但是后来没落了。为什么没落了呢？就是说我老爸很厉害，但是我这个儿子可能不行，就这么没落了，武馆也就消亡了。我们如果要树立一个文化品牌，即使我们的子女没有多少成绩，但我们成为一个本土文化的存在，就像少林一样，就可以永远传承下去。我们那时候就是以这种思路去创建青狮这个文化品牌的，所以说你要把你的东西拿出来成为社会的常用物，你才有可能永远传承下去。

从我们个人而言，无论是从文化工作者的角度，还是作为一个民主无党派人士的角度，抑或是政协委员的角度，我们都希望揭阳青狮能够得到较好的传承和发展。我们从2015年提出，青狮的传承可以说是授人以鱼不如授人以渔。如果舞青狮仅仅是为了逢年过节时讨红包，那是层次很低的。我们都是从榕城走出来的人，那我们取得一定成绩的时候，如何去回馈家乡？

后来我们想把青狮文化引回到我们榕城，把这个文化和老城的老街、老巷及这里的人融合。当时青狮在国内外已经有了一定的知名度，我们在此基础上做了一些新的尝试，如开辟青狮的文创产品等，吸引游客到我们老城来，带动当地的旅游产业发展。我们最主要的是在节假日展演，平时游客不是很多，主要是满足旅游团展演的需要。在重大的节假日，像每年的五一、国庆等假期，或者是旅游团事先与我们联系，我们就会安排每天几场的展演。

关于青狮进校园，弘扬传统文化，我们培养的模式大概有两种：一是每周五至周日晚上的培训班，二是暑期（全天）的培训班，合计一年有几百人。我们除了办各种培训班，还在潮州或在一些乡村，开展一些义务的培训，总而言之就是要培养青少年一代的兴趣，让他们有更多的机会去了解非遗，了解我们自己的项目。

我们通过政府联系了广州体育学院和吉林大学珠海学院，开展了青狮进校园的推广表演，做一些简单的展演，与学校内的舞狮队互动，还会根据学生的情况做一个课题，看看学生要不要选修，如果要选修的话，我们再去做深一步的教学。

访谈后记

走进孙淑强狮艺武术馆，感受到浓郁的青狮武术文化氛围。小院正中是宗师塑像，左侧是一排整齐的兵器架，右侧是传承基地小楼和医馆。代表性传承人孙淑强正值盛年，精力旺盛，对青狮传承事业全身心投入。他在青狮传承方面思路清晰，方式多样。身为当地政协委员，他充分调动政府、社会和传承群体的资源发展本地的青狮事业。采访中发现，他们在商业化运作方面进行了不断创新，除了举办青少年培训班，参加各种商业演出活动，以医养武等传统方式外，还将祖宗老宅及附近片区打造成旅游观光景区，并开发老宅茶社进行青狮驻场表演，将博大精深的青狮文化作为揭阳市的地方文化名片发扬光大。

研究团队与传承人孙淑强合影

甘肃崆峒武术代表性传承人王镖口述实录

采访时间：2015 年 7 月 30 日上午 10 点
采访地点：甘肃省平凉市崆峒武术学校
采访人：陈小蓉、崔家宝、王铮

项目简介：崆峒武术是中国传统武术拳种之一。崆峒武术创始于崆峒山，早于少林、峨眉、武当，是道教文化的组成部分。第一代传承人唐朝甘肃人飞虹子吸收了敦煌壁画中飞天舞伎的舞蹈，创立了崆峒武术重要的高深武功“花架门”。崆峒武术集修身、养性、健体和技击于一体，讲究实打、实拿，以技击强身健体和增加功力为目的。崆峒武术的特点是“奇兵”，所用兵器以短、小、轻、柔、奇为特色，如扇、拂尘、剑、耙、枷和鞭杆等。2008 年，崆峒武术被列入甘肃省省级非物质文化遗产名录。

口述人简介：王镖，甘肃省灵台县人，崆峒武术第十一代传人之一，甘肃省省级非物质文化遗产代表性传承人，崆峒文武学校创办人、校长，崆峒武术研究会会长，国内弘扬崆峒武术领军人物。

崆峒武术诞生地

崆峒山作为人文始祖黄帝曾经问道的圣地，被世人称为“天下道教第一山”，中华文化即从此源远流长。《尔雅·释地》记载：“空同之人武。”因而，这里也成为中华武术的发祥地，开中华武术之先河。从现有记载看，崆峒武术早于少林、峨眉、武当等其他拳种。民间的各种原因给崆峒武术蒙上了一层神秘面纱，为其增添了浓厚的神秘色彩……

崆峒武术发源于崆峒山，要说到它的历史渊源就要谈到崆峒山所处的地理位置。自古以来，任何武术拳种的发展都与其所在的地理位置有很大的关系。

首先，甘肃平凉的崆峒山是人类最早的发祥地之一。据史料记载，崆峒山在五十万年以前就有人类活动的足迹。崆峒山也是中华民族发祥地之一，相传远古时期，黄帝和蚩尤就曾经在崆峒山下进行过大战，最后黄帝获胜。

崆峒山属于六盘山山脉，在古代曾被称作鸡头山。由于离陕西的关中平原很近，崆峒山起着保护古都长安的边关屏障作用。自古以来，崆峒山就属于中原王朝重要的边关之一。如果敌军突破崆峒山，便无险可守，即可长驱直入长安及八百里秦川。由于崆峒山在军事上的重要性，历朝历代的皇帝都要到崆峒山巡视边关。尤其在宋代，崆峒山以北是西夏，以南是北宋，山下的平凉地区便是两国交兵之地。

据史书记载，北宋庆历二年（1042 年），西夏兵大肆入侵陇东，崆峒山僧人法淳率僧兵抵御，最后击退了西夏军队，保护了人畜数万和御书院。同年十二月，受朝廷封号和赐紫："法淳号志护大师，法涣、法漫、法深、法汾并赐紫衣，行者云来等悉度为僧。"千百年来发生在崆峒山下的战争，催生了崆峒武术。

据说，崆峒山也是黄帝问道广成子的地方。轩辕黄帝赴崆峒拜师学道至今已有五千年历史，这是一个有史书记载的传说故事。相传仙人广成子驾玄鹤而来并定居崆峒山，后来轩辕黄帝听说了广成子的大名，便不顾万里之遥前来拜师问道。

黄帝向广成子求教两方面的内容：一是治国之道，二是养生之道。当时黄帝作为部落首领，其治下的民众生活困苦，疾病蔓延，找不到解决方法。于是他到崆峒山向广成子求教问道，即怎么把国家治理好，怎么让人的身体更好。

广成子除了向黄帝讲述"无为而治"的治国之道，还传授"打坐吐纳"的修身养生之道，而这些修身养生之道就同崆峒武术有关。实际上，崆峒武术的创始人就是广成子。

在史书与道教典籍中，广成子是真实存在的仙人。但也有人说他是《封神演义》中的神话人物，在真实生活中是不存在的。其实我觉得不是这么回事，从字面来讲，所谓"仙"就是一边是个单人旁，另一边是个"山"。实际上在远古时代，仙人就是在山中修炼的人。所谓得道之人经过修炼，便可成为大德之人，非常脱俗之人，这样的人就可以成为仙人，所以他不是神话人物，广成子就是这么一个通过养生修炼而得道的仙人。

据一些史书记载，远古时代的崆峒山林海浩瀚，山脚之下为水围绕。广成子在崆峒山上修炼要经历严寒酷暑，面对豺狼虎豹的袭击，他不可能只是打坐冥思而整天不动，必须有一套练功技击的方法，否则就可能会被野兽吃了。广成子和他的弟子不光是进行打坐吐纳，还要防御野兽的攻击。在长期的修炼生活中，通过观察野兽之间的搏斗动作，从中受到启发，怎样进攻，怎样防守，再结合他的吐纳功法，武术也就慢慢产生了。

黄帝问道的时候，广成子向黄帝传授了修身养生之道，其中也包含崆峒武术的雏形。因此，要说广成子创立了崆峒武术，也是有史书可查的。

崆峒武术有八大门，即飞龙门、追魂门、夺命门、醉门、神拳门、花架门、奇兵门和玄空门。每一门里面拳术和器械都很齐全，其武术理论体系都很完整，共有118种套路。

到隋末唐初，崆峒山有一个叫飞虹子的人修炼成功了，他将这些修炼心得进行了整理归纳，使崆峒武术形成了七大门。后来他在游历甘肃敦煌莫高窟的时候，从莫高窟的壁画中得到了灵感，随即创立了崆峒武术的第八门“花架门”。

为什么飞虹子会从莫高窟的壁画中得到灵感？据说他感觉到壁画飞天舞伎不光是一种舞女的舞蹈。他还从舞蹈中发现和悟出了武术的动作，其中有搏击的动作，有防守的动作，许多看似柔软的动作之中还深藏着武功与武术，犹如绵里藏针一般。因此，他从敦煌壁画里悟出并创立了崆峒武术最高深的一门武功，即崆峒武术的花架门武术。花架门武术看起来比较柔软和顺，通俗地讲，有点像《笑傲江湖》里东方不败的武功，但用我师父的话讲，就是这门武功既可以体现出非常刚的东西，又能表现出特别柔的东西。

从隋末唐初飞虹子这一代创立了第八门（花架门）武术以后，崆峒武术就成为一个完整的武术流派，不但有了完善的理论和内心功法，也有了完整的套路。所以飞虹子也就被公认为崆峒武术的第一代传人。

为什么崆峒武术流传至今只有十二代呢？我师父燕飞霞在世的时候，我曾问过这个问题。师父告诉我，这是因为崆峒武术的传承跟别的拳种有所不同。崆峒武术是一个比较庞大的系统，共有八大门武术，每一门里面的拳术和器械套路都很齐全，共有118种拳术或器械套路。一个人想把一百多种拳术或器械套路全部精通非常之难，它需要一个非常有武术天赋的人，而且这个人一生都要专门为崆峒武术的传承和发展去努力。换言之，要用他一生的精力去这样做，不计较名利，不计较得失。而事实上，既要天赋过人又要穷尽一生为之奉献，这样的人非常之少，可谓凤毛麟角。

即便是在武术盛行的古代，在崆峒武术的八门中，尽管每一个门都有自己的传人，但是要选择一个总的传承人也非常之难。所以就出现了一个奇怪的现象，有些朝代的崆峒武术没有传承人，但崆峒武术还是依照八大门各自继续往下传承。当传到某一个朝代时，这个人出现了，而且大家对他的德行、武功，尤其是武术天赋等方面都很认可，那么就有了这一代的传承人。反之，有些朝代没有这么一个人，八大门武术只好各自选拔优秀弟子作本门的传承人，将各门的武术分别向下传承，这就是崆峒武术至今只有十二代传承人的原因。

例如，今天给你表演崆峒武术的叫飞真子，他是第十二代传承人，是2010年从我的师母花舞影（第十一代传承人）传到他手上的，崆峒武术的传承关系基本上就这样。

师父飞霞多故事

“崇德尚武，修身养性。”这是崆峒武术的师承之道。崆峒武术源远流长，它以保护宗教和强身健体为宗旨，经代代相传发展至今，不仅历史悠久，而且如今依然传承有序。

我师父是崆峒武术第十代传承人，名叫燕飞霞，这是他的艺名，他本名叫王进，祖籍在东北吉林。我的师爷是胡飞子，即崆峒第九代传承人。

自古以来，武术界的人都以游历江湖卖艺为生，不会在一个地方久待。我师爷虽然是崆峒武术的传承人，但他一生中在崆峒山待的时间并不长。

那时还是1949年以前，我师爷在吉林游历时，有一天卖艺收场后准备打包走人，发现有一个小孩站着不走，这个孩子虽然很瘦弱但很精神。我师爷过去摸了一下这个孩子的根骨，发现这个孩子特别适合练武。我师爷就问：“你愿意练武吗？”孩子说他愿意，而且非常喜欢学武。这个孩子就是我师父王进，那是1947年，那一年他才7岁。

那时候，我师父的兄弟姐妹比较多，家里很穷。我师爷就到我师父家里去和他父母商量，告诉他们说：“我是甘肃崆峒山的，现在想把王进带到崆峒山学艺，教他武术，让他传承崆峒武术，看你们愿意不愿意……”就这样，我师爷征得王进父母同意后，将王进带回到了崆峒山，正式收王进为弟子，取艺名叫燕飞霞。

我师父上山后，在崆峒山上待了整整10年没有下山，每天练功，潜心习武。在这10年时间里，我师爷胡飞子把所有的东西都传给了我师父。传完之后我师爷就告诉我师父说：“我的心愿已完成了，该教的本事都教给你了，信物也传给你了，今后我就隐姓埋名，再也不出现了……”就这样，我师父17岁就成为崆峒武术传人。

后来我听一个武术界的人士说，他曾在陕西终南山见过我师爷，我估计他老人家现在可能还在人世，只是他不愿意出山，谁也找不着他罢了。

我师父第一次下山是1956年，他16岁就在第1届全国武术比赛中夺冠，17岁在缅甸举行的世界武术大赛中获得枪、剑、拳、掌和拂尘5项冠军。

我师父第二次下山是“文化大革命”，道观被砸，被逼下山。他后来跟我讲，他下山后的生活很不好，几乎是在各地流浪，曾先后到过新疆、江苏、上海、广东等地以教授武术为生。在上海期间，上海有个精武会，就是霍元甲创的精武会，我师父在那边一直教徒弟。几年之中，教授了很多徒弟。木兰拳、木兰扇实际上是我师父的徒弟把崆峒武术花架门的花架拳、花架扇改头换面叫木兰拳、木兰扇，它的根源是崆峒武术的东西。后来，有一次广东来了几个人看到我师父练得很好，便邀请他到广东传授武术。他在广东教了三四年时间，广东那边相对经济条件好一点，师父的生活环境也随之有了一些改善。

大概是到广东后的第三年（1990 年），我师父遇见了我的师母花舞影（甲斐睦子），她是日本人，当时她正随一个日本文化团体到广东访问，偶然在广州的一个公园里见到我师父正在教授武术，她很惊奇一个男人练武居然练得比女人还柔，这个非常之难。同理，一个女人要把拳术练得非常刚也是很难的，因为女人受身体的限制。甲斐睦子被刚柔相济的崆峒武术吸引，后来她拜我师父为师，我师父给她取了一个艺名叫花舞影。花舞影学了三个月以后，便邀请我师父去日本。1991 年，我师父东渡日本。现在算来我师父在日本的时间最长，约十五年。

20 世纪 80 年代至 90 年代初，武术在日本很热门，非常受追捧。一个中国人居然在东京开办武馆，一下子震惊了日本武术界。许多日本武士听了以后不服气，上门挑战。说文明点叫切磋，说直白点叫挑战。刚开馆时，每天都有五六拨人上门要和我师父“切磋功夫”，其中还不乏名家。

由于我师父在这些挑战中从未尝败，开始受到日本武术界的重视和追捧，我师父从此名声大噪。这时许多日本媒体来采访，才知道中国崆峒武术第十代传承人燕飞霞到日本了。

日本是一个尚武的国家，日本人骨子里佩服强者。如果两个人比武，你比我强很多，我就对你很佩服，你说怎么样就怎么样。但是我要把你打败了，我就从骨子里看不起你，觉得你太弱，你要听我的。

我师父在国外十五年，开馆授徒不下两万人，为什么这么多人学崆峒武术，一方面它的技击性很强、很实用，实战性很强；另一方面花架门武术多以花扇为兵器，以柔美见长，深受许多女性习武者的喜爱。认真说来，花架门武术尤其适合女子练习，因为它是根据敦煌飞天壁画的动作创立的，尤其对一些中老年女性锻炼身体非常有益。花架门武术看起来非常柔美，练了以后对人的体形塑造，以及很多慢性疾病的恢复都有非常好的效果，所以日本现在崆峒武术馆里练武的人中，女子反而多过男子。

由于我师父在日本名声大噪，收了很多徒弟，也开办了一些崆峒武术馆，他在日本创立的七个武术馆至今还在，崆峒武术在日本东京、北海道、大阪、神户这些城市都有较大的影响力，所以崆峒武术在日本的发展是非常好的。

我是 13 岁到少林寺学武，学了整整 7 年，还游历过武当山和峨眉山，也在成都体院学习过武术，1999 年回到平凉并创立了平凉武术学校。可能是离家时年纪太小的原因，我是回到平凉以后才知道崆峒武术的诞生地是我们平凉，没想到崆峒武术就在我的家乡。

2003 年 9 月，我在征得冯德卓师父同意后，正式拜崆峒武术第十代传承人燕飞霞为师，潜心研习崆峒武术。

我师父在日本待了15年，其间有5次回国，前3次回国都是为了崆峒武术发展推广有关的事情。第4次回国时他已检查出肺癌晚期了，所以他急着回国找传承人。而第5次回国则是师母捧着他的骨灰盒回到了崆峒山。

2004年，也就是我师父第4次回国之前，他一直认为自己的身体很好，用他自己的话讲，就是活到80岁也没有任何问题。所以他原本的人生计划是继日本之后，再到欧美一些西方国家去推广崆峒武术，人生的最后10年，即70岁之后再回到崆峒山收徒传艺，选择下一代传承人，然后自己终老崆峒山。可他万万没有想到，自己的这一人生计划与安排却被突如其来的一场疾病改变。

当时，他感到身体有些不适，便去医院检查，随即被确诊为肺癌晚期。医院的这个诊断对我师父打击很大，借着参加崆峒文化论坛的机会，他回到了平凉，希望能立刻找到崆峒武术的传承人，将崆峒武术继续传承下去。

这时，我师父的病情已日益加重，有时走路都很艰难，走几步就蹲下，非常难受。据说当时那些日本徒弟都反对他这次回国，说师父这个身体状况，医生都说了，如果静养的话，按照日本的医疗技术，最起码还能活三年以上。但我师父不同意，他坚持要尽快回国，一定要把他所有的东西传回来，他的信物啊，崆峒的拳术啊，资料啊，都要传回崆峒山。他说他的这些东西现在已经传出崆峒山了，如果都留在国外，他死不瞑目。

回国后，他感觉到自己的生命已经到最后了。这时，我师父也找了很多平凉市练武术的人，希望能谈一谈关于崆峒武术传承的事。但是人家说："燕师父，我平时很忙，我做不了这件事情。"我师父为此忙了很多天，几乎将该找的人都找过了，但没人愿意接这件事情。我师父最后很无奈，也很伤心。最后，我师父找到了我，这实在是出乎我的意料。

当时，燕飞霞师父找到我，要让我拜师，让我把崆峒武术传承下去。而我还不敢马上答应，一是因为我自己的武校还在初办期间，举步维艰，政府批文还在申请，资金和校舍都还没有落实；二是我认为崆峒武术传承这件事实在是太大，不是随随便便就能做到的事情。武者重承诺，我答应别人容易，可做不到就麻烦了，所以师父第一次来找我，我没敢答应。

过了几天，师父又打电话让我过去。我去了之后，他和我在宾馆谈了两天两夜。他把他一辈子的经历，包括怎样被师祖带上崆峒山学武，"文革"时被迫下山后走了哪些地方，教了哪些徒弟，后来又是怎样去的日本，这一生中所遇到的人和事都给我讲了。

最让人心痛的是他讲累了，倒在床上睡一会，坐起来又盘腿继续讲。我最为佩服的是他虽然已经是肺癌晚期了，但还是非常精神，头洗得很干净，颈上戴着观音像，他坐得很端正，一天就吃一根黄瓜，喝一碗稀饭。因为那个时候，别的东西他都吃不进去。

后来师父说到伤心的地方就泪流满面，他觉得他现在生病了，这种情况是他从未想到过的，因为他原想的是自己活到 80 岁都没问题，可现在突然患了绝症，要是就这么走了，崆峒武术的这些东西就传不下去了。他觉得他对不起崆峒山，对不起中国人民，自己虽然走出了国门，在全世界各地教了很多徒弟，但是最后居然没把崆峒武术传回来，他觉得自己成了一个罪人。

他告诉我，这次他是拼命回来的，可拼了老命回来之后却找不到传人，他感到很伤心。

我当时心里很矛盾。我说："这样，我和您一起待了两天两夜，让我回去考虑一晚上吧。"他说："你得尽快，我再过一天就回日本了。"

那天我想了一晚上，心里还是很犹豫。说实话，不是我不想干，而是好像什么条件都不成熟。这么大的事情交给了我，万一做不成咋办？从师父的病情来看，这也许就是他临终的托付了。如果我做不到，就真的对不起师父了，要知道他是拼了命回来的，结果我没传承下去，这怎么办？

那天我一晚上没睡觉，想放弃可心里又觉得很难受，我又想，师父都到这个程度了，他找不到别人了。别的人有的是在练武，可人家是一边练武，一边上班。也有的人是在练功，但人家是一边练功，一边做生意。师父几乎将平凉当地练武术的人都找遍了，可没有人愿意脱身出来，专门只做这个事情。

我看到面前这么一个老人啊，他就这么一点愿望了，而这个愿望就是将崆峒武术传下去。我最后咬咬牙对自己说：那就接吧！我尽我的力做吧！至于接下来发展得怎样，不一定以我的意志为转移。这个事情到底怎么发展，一个人的力量太弱。我心想接下来吧，就把它当作一个老人的临终遗愿，让他放心地走，不能让他带着遗憾走，所以我就接下来了。

第二天我去了宾馆，答应了师父做崆峒武术的传承人，师父当时很高兴。由于疾病，他也演练不了全套的武术套路。于是他就给我讲，这个是什么动作，是怎么变化的，他就在床上坐着给我比画。

在临行前的一天之中，他教给了我 3 套东西，他说："我实在教不动了，只能给你教这么一点了，然后剩下的那些套路啊，光盘啊，拳谱啊，信物全部给你，我就等于把这个事情传回来了。你是有武术功底的，你就跟着学吧。我回去再跟你师母说说，你师母叫花舞影，我让她每年到平凉来教你，她是跟我时间最长的，我在日本十五年，我的东西，她基本上都学会了，让她来教。我把信物给你，就等于把这事托付给你了，你去做吧，我就回日本了。"

师父把这些都教完了以后，我看他高兴了，精神也都好一点了，最后高兴地回日本了。

我师父回日本的时间是2004年8月，在师父走后，发生了一件平凉武术界的大事。这件事就是2005年甘肃平凉第一次举办了全国馆校武术比赛，由于我们平凉地处偏僻，在这之前就没举办过大型的武术比赛，而当时的马（学军）市长是一个很有智慧、很有远见的人，他觉得平凉作为崆峒武术的故乡，我们应该将崆峒武术发扬光大。而武术作为一种民族传统文化，应该得到更好的传承和推广。在他的提议和倡导下，平凉市决定在2005年8月举办全国武术比赛，当时预计参赛人数超过600人。

当时，我将这个消息打电话告诉了师父，他得知这个情况很高兴，他说："你们都好好练吧，全国的各地练武术的来了，全国的武术高手都到崆峒山了，咱们要有东西展示出来，到时候我会带一些徒弟过来参加大会，我会叫广东的、上海的，还有国外的徒弟都来，你跟他们好好练练。"

后来，他基本上每隔两三天就给我打一个电话，几乎说的都是他的计划安排，心情十分好。

突然有一天，大概是晚上六点半的样子，师母给我打来电话，说师父快不行了，让我跟师父说说话。我把电话接上，就听见师父说："我感觉我已经不行了，我今年来不了了。我对传人有这样一个安排，按照武术界的规矩来讲，推选传人的条件，一个是辈分，一个是武艺，再一个就是品德。按理来说，你师母从这个辈分来说，她是你师母，她辈分是最高的。她练得又是最多的，练得也是最好的。她可以当传人，但是她是个日本人，我不能真传给她。但这次我可能撑不过去了，这个事情很突然，现在怎么办？我打算让你师母代理5年时间的传人，选好传人后再传回来。这我要跟她叮咛好，我已给国内一些弟子打电话说了这件事，大家都说好。也给你师母说了，她也说好。现在给你说了，你说好吗？"这时，我手捧着电话，答应了师父。

这是师父的遗嘱，也是他的遗愿。我师父师母大体上都同意这些做法。

从2005年8月到2010年8月，在这5年时间里，师母每年都过来给武校的教练和学生教武术，她在这里面发掘苗子，看谁可以接承崆峒武术传人。在这几年时间里，她从武校中发现了一个叫陈虎的学生，艺名叫飞真子。人品好，有悟性、有天性，武术也好，他练得特别快，就有意地栽培他，每年都过来专门教他。

按照师父的遗嘱，在2010年8月，5年时间到期了，我们去拜了山，专门举行了一个隆重的仪式，由飞真子继承了第十二代传承人。民间的传承基本就是这样。

奇兵异器出崆峒

“天下功夫出少林，天下奇兵出崆峒。”崆峒武术的主要特点是养生与奇兵（兵器）。养生讲究修身养性，习武使身心达到一种平衡；奇兵讲究形式各样，就地取材，小巧玲珑，携带方便，不易被对方发现，在交手过程中能出奇制胜。

具体来说，崆峒武术第一大特色就是养生。武术往往给人的感觉就是防身与对抗，实际上武术真正的功能，应该体现为一种“和”的思想。武术的意义不是对打，而是救援。救援什么？通过习武来救援自己的生命。所以，武术的最高境界应该是一种从身体到内心的修炼方式，不是说把人打倒就是武术。

武术，它是修身养性的一种方法，按现在话来讲就是养生，练习崆峒武术对人的身体是有很大好处的。就武术而言，可能在别的拳种是以技击伤人为标志的，但是崆峒武术以养生为主，包括我前面讲到的养生之道这些东西，也包括崆峒武术流传下来的一些疾病的治疗方法。崆峒武术主要是用来救人的，这是崆峒武术非常显著的特色。它不是以伤人为目的，而是以健身养生为目的，它的很多功法是为了治病救人，也有很多功法是为了健身养生。

第二个特色就是奇兵，即奇异的兵器。一般的武术器械就是刀枪剑棍，即人们常说的十八般兵器。但是崆峒武术里面很多器械都不属于十八般兵器，像您看到的烟杆，崆峒兵器名称为“大烟锅”，它既是人们抽烟用的工具又是一种武器。像您看到的钉耙，崆峒兵器名称为“九齿天耙”，它既是农民锄地的农具又是一种兵器。再如连枷，崆峒兵器名称为“大连枷”，它既是农民场地打麦的农具又是一种兵器。

这些奇兵中我认为最有意思的一种是从崆峒山流传下来的鞭杆，崆峒兵器名称为“三尺鞭杆”或“三尺齐鸣”。一般用于赶马车的鞭杆很长，但是我们崆峒奇兵的鞭杆却很短，所谓“三尺鞭杆”只有一米长。奇兵鞭杆的来源和我们崆峒山所处的地理环境有关系。我们这里是山区，古代的物资运输主要靠人背马驮，所以当需要人背运东西的时候，鞭杆就成了挑担东西的扁担。此外，当人爬山的时候，还可以将鞭杆作为一个拐杖使用。后来人们就把鞭杆演变成为一种兵器，用以防御在路上遇到的强盗或者野狼。有了兵器就要有使用兵器的方法，这种方法慢慢演变为一种武术功法，包括防守方法和攻击方法，后来它就作为一种武术传下来了。

还有一种崆峒奇兵，是源于少数民族的特色兵器。平凉地区自古以来就是边关重地，是北方少数民族杂居的地方，至今平凉还有 30 多个少数民族。相对于咱们汉族的兵器来说，少数民族使用的兵器都比较奇特，其中包括现在我们武校学生练习的狼牙棒，就是一种典型的北方少数民族兵器。相传狼牙棒最早出现在黄帝和蚩尤大战的时候，蚩尤手里拿的兵器就是狼牙棒。

由于古代的崆峒山处于中原汉族与西北少数民族接壤的边境地区，各类奇兵在崆峒武术器械中占的比例较大，现在有记录的奇兵超过50种。时至今日，这些奇兵大部分还在，但也有一部分失传。对于失传的奇兵，我们只知道有这么一种很奇怪的兵器，但是不知道它究竟是什么样子，所以这也是要进行非遗保护的重要原因。

崆峒武术器械中除一些北方少数民族的奇兵，也有一些南方汉族的奇兵，如风水峨眉刺。这类奇兵的风格同北方少数民族奇兵（如狼牙棒）的风格正好相反，它走的是灵巧路线，双方对打的时候以点刺为主，主要是刺人体的一些要害部位。就如同剑一样，点刺一些穴位及要害部位，力量一般但很灵活的人就练这类小巧灵敏的兵器。而刀的风格正相反，适合猛杀猛砍。所以在武术器械对抗中，力量特别好的人大多练刀。

所以，崆峒武术的奇兵大多来源于古人的劳动生活，像烟锅、连枷、鞭杆、钉耙等这些劳动工具，最后也都演变成了兵器。根据我自己的理解，可能在古代的时候，屯垦戍边、驻守边关的军人在打仗的时候是士兵，不打仗的时候是农民，自然而然地就把一些劳动工具演变成了兵器。如大家正在地里干活，敌人来了怎么办，那么我们就拿着连枷、鞭杆、钉耙这些农具，直接可以上去跟敌人打，久而久之，也就琢磨出与这些奇兵配套的武术套路。我想崆峒武术的奇兵与套路，大概就是在漫长的岁月里这样形成的吧。

崆峒武术杰辈出

崆峒武术虽然英杰辈出，但如何将其发扬光大是千古不变的难题。崆峒武术是祖国古老的民族传统文化遗产之一，也是中国武术重要的组成部分，保护和传承崆峒武术已迫在眉睫，刻不容缓。

这些年来，伴随着崆峒武术的普及推广，确实也产生了一些创新。但我认为，崆峒武术传统的东西，就如同传统文化一样，目前最主要的任务是将其传承下来，而创新应该只是很小的一部分。我个人认为，如果创新不恰当，还不如不创新。就像咱们现在把一个文物古迹拆掉盖成现代楼房一样，你说哪个好？

对于崆峒武术的普及来说，现在崆峒武术已经进入了平凉市所有的中小学校。换言之，崆峒武术已经进校园了、进军营了、进社区了。在普及崆峒武术的时候，我们考虑到小学生的接受能力，考虑到习武的武警身体已长成，骨骼比较硬，考虑到社区退休老人的体力状况等。根据这些特点，我们在普及过程中稍微有一些简化创新。这些创新的目的就是使崆峒武术可以适合于不同的人群，如适合于小学生练，适合于部队战士练，适合于老年人练。但是我们普及崆峒武术的主要目的还是把它传承下来，要是修改得太多就不合适了，可能弄到最后也就不叫崆峒武术了。

就崆峒武术的传承与推广而言，目前崆峒武术在国内主要发展的地区有北京、上海、新疆、江苏、广东。在这些省市地区的传承与推广，主要还得益于师父当年的开拓工作。我师父采用的是一种民间武术的传统推广方式，即带徒传承的推广模式。他只要在哪个地方待过三五年，就会带出一批徒弟，而这些徒弟又会再带出一批徒弟，这样崆峒武术就在这个地方传播开来了。

2007 年的时候，我们注册成立了中国崆峒武术研究协会，以一个组织团体的形式来推广崆峒武术。为此，我们先后跟各地师兄弟进行联系，并在江苏、广东、北京等省市建立了分会，而我师父散布在各地的这些徒弟，就是这些分会的负责人。如果把社区、校园，包括我们平凉市中小学生统计在内，国内练习崆峒武术的人数大概在 23 万，这是最低数字。

崆峒武术在国外的推广还未形成规模。近年来除了日本发展得比较好之外，在韩国、加拿大也有一批徒弟在教授崆峒武术。不过他们那边没有成立武馆，基本的推广方式就是哪个学校需要人去教授学生崆峒武术，他们就派人去传授，还没有形成规模，发展也不是特别好。

但随着中国武术走出国门，现在崆峒武术在国外的交流与推广也开始多起来了，我们去年受邀派人到韩国和日本教授崆峒武术。现在国外推广方式主要还是两种，一是武术交流比赛，二是在政府组织的公办学校教授武术课。

从 1999 年至今的 16 年里，我们崆峒武术代表队参加国内外的交流比赛有统计的达 600 多场次，其中高层次的比赛有世界传统武术比赛、香港国际武术比赛等，所取得的名次都比较好，有获得团体第二、第三，也有拿金牌的。现在我们崆峒武术得到的奖牌有 500 多枚，奖杯有几十座。

此外，关于崆峒武术的系统专业培养，主要还是依赖于我们崆峒武术学校。目前崆峒武校的规模还不大，在校生约 300 人，每年毕业生有 60 人左右，短期培训学员有 200~300 人。毕业生几乎遍布各行各业，就业形势很好。

作为非物质文化遗产项目的崆峒武术，它在传承方面还存在一些困难。其中我个人认为目前最大的问题是老百姓还没有深刻理解到非遗对于传承民族文化的重要性，特别是年轻人。

我觉得学校对普及非遗来说是非常重要的，因为学校普及知识是最快的。如果武术不从学校开始普及，那么孩子走出学校以后就不知道什么是中国武术，也不会知道什么是民族传统文化。就像现在有些孩子头发染得黄黄的，哪里像个中国人。不爱唱中国歌，只爱唱外国歌。汉语都没学好，还拼命学英语。过圣诞节他知道，端午节啥意思就不知道了。所以我觉得，从普及武术非遗的角度来讲，凡是优秀的民族传统文化首先应该快速地在学校、部队和社区里普及。现在国家也对武术非遗普及重视起来了，但是我觉得力度还不够大。

访谈后记

在采访过程中，王镖校长时而慷慨激昂时而低头沉思的状态引起笔者的注意。当谈到崆峒武术的溯源和特色时，他表现得心潮澎湃、声音洪亮，笔者能从中感受到他作为一名崆峒人的自豪感。当谈及自己的师承经历和如何成为代表性传承人时，他的表现截然相反。尤其在谈到他师父身患绝症，迫切需要一位有责任心的人接过传承的接力棒时，他眼泛泪光，强忍着泪水往下讲。泪水的背后隐含着他对师父的思念和对传承重担的顾虑，担心自己能力不足耽误了传承。起初，笔者对崆峒武术的感受不深，但经过王校长详细讲解后，笔者发现崆峒武术的传承与其他武术拳种大不相同，崆峒武术是一个巨大的系统，分八门，共计 118 种套路，如果不是武术天才是难以全部继承的，因此只能等武术“奇才”的出现，担任传承人。在传承期间，崆峒派弟子按各自的根性和喜好择门修炼，分散继承着全部内容，直到一位弟子掌握了传承人八大门全部武学，便成为新的传承人，依次传承，有时候几十年甚至上百年也找不到一位有传承资格的人。因此，崆峒武术虽然有上千年的历史，但只传了十二代。如此庞大的系统架构和博大精深的文化内涵远超笔者的预想，可想作为该项目的代表性传承人肩上的传承重担是有多重！佩服之情油然而生……

研究团队与传承人王镖合影

邢台梅花拳代表性传承人张西岭口述实录

采访时间： 2019 年 3 月 31 日
采访地点： 河北省邢台市平乡县后马庄
采访人： 陈小蓉

项目简介： 邢台梅花拳简称梅拳。梅花拳历史悠久、内涵丰富，自清初以来，便以邢台为中心，逐渐广泛传播。梅花拳的技术动作朴实大方，以观赏性和技击性并重著称。2006 年，邢台梅花拳被列入国家级非物质文化遗产名录。现如今，邢台梅花拳的保护与传承工作在全国各级政府部门与社会各界的协助下得到了长足的发展。梅花拳的习练者遍布我国鲁、豫、晋、粤及港、澳、台等数十个地区，与此同时，梅花拳也走出了国门，现已传入了亚洲、欧洲、美洲等十几个国家和地区。

口述人简介： 张西岭，男，1966 年生，河北省平乡县丰州镇霍洪村人，梅花拳第十七代传人。他从小与梅花拳的缘分深厚，1983 年拜河南省长垣县梅花拳第十六代传人韩百广为师，系统地学习并掌握梅花拳系列拳术和功法。因其具备功底扎实、天资聪慧、勤恳刻苦、极具悟性等特质，深受其师父的器重。2006 年，他自筹 2 万元资金搭建国内首个梅花拳网站，为梅花拳弟子及其爱好者提供了相互学习与交流的平台，并得到了社会各界的广泛关注和认可。他于 2007 年被认定为“国家级非物质文化遗产项目代表性传承人”。

三德请师自古传

关于梅花拳的记载，追溯起来最初其实是对梅花拳中“桩”的记载。据史料记载，古代周穆王时期有一员大将名叫造父，他习得泰豆氏桩法后为周穆王平定了天下，即在那一时期便诞生了梅花拳中的“桩”，只不过那时候没有梅花拳的说法，而是称其为功法、桩法。梅花拳的得名需从五行阴阳学说说起。梅花拳以阴阳五行学说为基础，即五行学说的内容始终贯穿于梅花拳系列拳术和功法之中。因此，梅花拳的祖师爷以梅花象征五行的寓意，将其命名为“梅花拳”，并沿用至今。

在梅花拳的传承历史中，存在许多传说，都是由老一辈传人流传下来的，其中不乏真实的历史事件。其中，“三德请师”是梅花拳内部及社会群众广为流传的关于梅花拳的故事。大约在明末清初时期，祖师爷邹宏义一直在江苏徐州的铜山县一带传艺，其徒弟蔡光瑞听闻师父想要寻根返乡养老的消息，便北上替师寻根，探寻师父的祖籍，但最终未能如愿，无奈之下蔡光瑞跟弟子们商议就在河北平乡县的后马庄定居下来。随后，指派当地的三个徒弟去往南方（徐州）请师回北方定居。至于为什么会称为“三德请师”，是因为“三德”指的是三个人，即李进德、徐进德和郑玉德，他们的姓名中最后一个字都是“德”字。

梅花拳有着很清晰的传承系统，弟子们论字排辈，传承体系中有百字辈谱，每个弟子均按入门第字排序，“道德通玄静，真常守太清……”100 字排辈次。第一代“收元老祖”和第二代均为虚拟人物，自第三代邹宏义开始才有了清晰的传承脉系，所以后世弟子尊奉邹宏义为梅花拳始祖，现在的梅花拳弟子已经传到了二十多代。

阴阳五势是基本

梅花拳一直坚守将传统的核心内容传承下来的理念，它能够经久不衰地流传下来，与梅花拳本身的内容丰富、彼此形成体系有很大的关系。对于一般的习练者而言，想要掌握梅花拳的全部内容是十分困难的。正是因为这样，习练者想要达到突破与创新的境界就更难了。

以梅花拳的“五势”为例，作为梅花拳的基本动作和架势，若是“五势”的动作要领不正确，那是基础没打好，自然会影响后续修炼的成效。“五势”当中每个姿势都有讲究，首先，需注重动静结合，静中求动即外静内动，是一种身心修炼，动中求静即外动内静，最终达到天人合一的目的。梅花拳崇尚的是动作的实用价值，而不仅仅是动作的美感。梅花拳的“五势”也被称为阴阳五势拳，“五势”所包含的基本动作虽不多，但基于基本动作延伸和变化出的动作是非常丰富的，因此，五五生化、变化无穷，梅花拳的阴阳五势是万拳之母。当年，梅花拳老前辈传下这么几句话：“五五生化鲜人知，一动生五动中奇，势势陡发骤然起，五合五正二合一。”由此可见，梅花拳丰富的动作是由最基本的“五势”延伸和变化而来的。

梅花拳有三种核心的手法，分别是“开门手、中心手、关门手”，延伸出最基本的二十八种手法。这些基本的手法是以五势为基础，根据五行演化出来的。五势即

“大势”“顺势”“拗势”“小势”“败势”，是针对五脏去练的，主要对身体有好处，练武主要为了健身，人身主要部位就是五脏，所以说每个姿势针对五脏器官之一。梅花拳讲的是阴阳，一阴一阳为道，梅花拳的核心在于文武结合，也称文武大道，它不但可以健身，而且拳法的变化中带有一定的杀伤力。梅花拳是好多外行人无法深刻了解的，光说打的动作很简单，但有很多实用的东西，这也算是梅花拳一些核心的部分。

梅花拳可以单练、双人练、多人练、群练。它一变生万变，变化多端，内容形式丰富多彩。一个人可以按一个人的路线训练，两个人是两个人练，三个人、一群人也可以。梅花拳亦称梅花桩，它原来是在桩上练功，走着桩。梅花拳每个步法，每个步点都按桩走。说到这就说到梅花桩的情况，梅花桩是梅花拳的核心部分，是梅花拳练功的一种工具。实际练习的梅花桩，并不像现在社会上那种大桩、粗木头桩子。真正的梅花桩直径在5~7.5厘米，目的是拉开脚关节和韧带。练桩需要把脚掌的能力练成与手掌一样，抓、拿、扣像手一样灵活。你才具备人家两个手打你四个手的能力。所以桩上练功要比地上练功长功夫快几倍，练梅花桩也是提升梅花拳功夫的特殊方法。

梅花桩是根据个人体型、步子大小去“布桩”，因步而桩，布桩形式多样，有“三星桩”“繁星桩”“天罡桩”“八卦桩”“五行桩”“九宫桩”等。布桩不同，功法一样，但具体练功方法步骤有别。其实练梅花桩要能吃苦，要达到在桩上如履平地这个效果，并不是看桩走，而是通过自己的感觉和意境，练走桩步，找角度和行走路线，在实战之中那是很得力的，所以梅花桩练好了，功夫相当厉害。

梅花拳中的太阳功是练高深功法的必经之路，也称为内壮功、太乙术，练此功者需要名师亲自指点方可习练。

徒弟能把师父传

梅花拳传承方式的独特之处在于它不是简单的师传徒，而是倡导一种“能者为师”的理念。在谚语“梅花拳珍珠倒卷帘，徒弟能把师父传”中，“倒卷帘”所表达的意思是凡是梅花拳入门弟子，学了梅花拳，晚辈是可以给前辈传授功夫的。这一点相对其他拳种来说是十分难得的。

梅花拳的拜师仪式跟其他的拳种存在一个很特别的差异，即梅花拳是按辈分送徒弟。这一点涉及拜师的很多情节，入门就有三个师父，其中有本命师、引进师、送入师。本命师就是给自己传拳授艺的师父，引进师就是把自己引入这个门内的师父，送入师就是把自己送入本门内师父门下的师父。经过拜师仪式的各个程序，方可学到本拳种的各种功法和本领。

在倡导“能者为师”的学习传承模式下，只要是梅花拳弟子，倘若一人拜某人为师，但这个师父本身却不会梅花拳中的很多招式，那么这个徒弟就可以在同门里面跟任何人学，他想学什么都可以。作为徒弟并不仅限于向师父的单向学习，更不拘泥于向某一个师父学习。这也造就了如今梅花拳有些师徒是山南海北的，甚至一辈子师徒不见面的都有可能。

在梅花拳当中，一人拜师入门，递了拜师帖，就等于入了梅花拳的门了，但此人的师父不一定是他所在地当地的师父，可能是其他县市的人。师父间可相互送徒弟，教徒弟多学东西，这种原因也自然是因为好多东西并不是个别师父能掌握全面的，某位师父掌握拳法，某位师父掌握腿法，另外的师父掌握器械，乃至掌握桩法或实战，诸位师父将各自徒弟都送了出去，相互学习，也造就了现如今梅花拳的完整保存。

另外，梅花拳还被称为“父子拳”，但这里的“父子拳”并不是父传子、子传孙的概念，更强调的是师徒如父子的概念。在武艺传承的过程中，父传子是一种常见的形态，但倘若没有子女，功夫又当传给谁呢？作为师父只有传给徒弟，徒弟和师父的关系如父子关系一样。师父将功夫传给徒弟，徒弟再往下传，这就使得不管师父膝下有无子女后代，他所掌握的梅花拳功夫都会传承下去，永远不流失。梅花拳这种不局限的师徒学习模式，使得梅花拳的传承显得非常科学，也最终造就了如今梅花拳的原汁原味。

梅花拳在选徒弟方面也有四点严格要求。其一，要看弟子的人品耐心。梅花拳里说“三年架子两年拳”，其实“练架子”就是练功，磨一个人的耐性，看这个人到底适应不适应练这个拳，人品到底行不行，是师父考验徒弟的阶段。其二，会考虑这个弟子懂不懂规矩。梅花拳并不是简单的肢体运动和表演，每一招都很有杀伤力。因此，梅花拳里师父选徒弟、教徒弟都有一定的章法、规矩，既不能妄传匪人，又不能闷道不传。这里的“匪人”是指混社会的地痞流氓、不务正业者，传授其功夫往往危害乡邻，是助纣为虐的行为。这些人在老祖师爷的祖训里是不允许教授的，若是教授了，那就是你个人的问题了。其三，要确定对弟子不能扪道不传。在梅花拳里会这个武功的人必须将梅花拳功法传下去，不能保守。保是为了守，守是为了传，保是为保留这些原汁原味的东西，不乱传、不妄传。守是一种传承，传下去才能守。因此，好多人说老师保守不传，其实不是保守。其四，要确定弟子的功法。如果弟子功底达不到必要水平时就不能传授，梅花拳的武功传授要首先确保传授的知识在弟子的接受能力之内，这就如同教小学生大学的知识小学生会无法接受一样，弟子的基本功和技术达不到一定程度，就没法去学更高层次的东西。从这个意义上理解，学武和学文是一样的，上一年级识样板书，学 26 个字母，慢慢再加减乘除，逐渐往上走。练武术一样，你先练基本功，再练基本架势，再习练套路、器械、功法，再学实战，形成系列训练越级升格。

拜师仪式多说法

在我小的时候，梅花拳在我们家附近非常盛行，几乎每个村里面都有梅花拳拳场。所以我在十多岁的时候就开始和村里年龄相近的小伙伴们一起，在村里跟着老人们学习梅花拳了。这种没入师门不成系统的梅花拳学习方式一直延续到了一九八几年，后来我到快成年的时候才正式拜师入门。

我的师父韩百广是河南人，按照现在国内的说法，我师父的功夫水平相对来说是很高的。像蔡龙云、张文广等老前辈们，与我师父的关系都非常熟络，也都很佩服我师父。但是我师父为人做事十分低调，不像有些拳师爱包装，弄些名誉来宣扬自己。在我师父看来，学这个功法，就有责任和义务把这门功法传承下来、传播出去。除了有这种积极正派的心态之外，我师父还几乎原汁原味地掌握了梅花拳文武功法，各种练功功法、拳法、梅花桩桩法、兵器、太阳功等，这些梅花拳功夫他都掌握了。我觉得自己拜了一个很好的师父，我学到了包括梅花拳这门武艺历史、功法，以及如何为人处世的方法，可以说梅花拳文化让我受益终身。

从小开始习武的我，对于习武要吃苦这一点感受也尤为强烈，我现在已经近六十岁了，回顾三十几年前的生活，那时候生活条件那么差，但是在大部分时间里我都有在习练梅花拳，哪怕严冬酷暑也不间歇，跟着长辈们在一块学学练练，或者自己在家里练，有时候练摔打功时会把自己身上弄得红一块青一块。

你要问我为什么那么执着，我只能说，在当时那个情况，那个社会背景下，你生活过得不好，你自己想掌握这些功夫，首先自己要克服困难，去训练去锻炼自己。也正因为我想掌握它，当时我也是吃过很多苦的，春夏秋冬几乎不间断。说回来，学功夫跟学习也是一样，“一日练一日功，一日不练十日松，十日不练百日空”。真有功夫你不练，它都不再长进，不进则退。功夫是一种时间的积累，你只有苦练、巧练加科学训练才能掌握。梅花拳练功这个功法、方法很科学，在其中我也有很多领悟。现如今，我自己也有入门弟子几十人了。

校园传承是根本

每年正月十六，来自世界各地数以万计的梅花拳弟子会到梅花拳圣地平乡县后马庄进行一次祭祖亮拳的大活动，数十年如一日风雨无阻，并在此期间进行文武交流、切磋。现在这项活动已经成为促进梅花拳弟子相互交流、学习，共同进步的一个平台。同时，我们山东的梅花拳弟子已经在当地连续三年举办每年一届的梅花拳武术交流赛，且每届比赛都会吸引全国各地的梅花拳弟子前去参加，我每年也会带我们这里的弟子前去参赛、交流。

除了本拳种武术交流活动外，我们还会去参加国内其他地区、其他拳种组织的武术比赛或者交流活动，像西安、郑州、日照、上海、北京、广州、徐州等地我们都有组织成员前去参加交流、学习，每次都能获得较好的名次。我们市、县春节时候，有需要武术表演节目，也时常邀请我们。

说回梅花拳本身，其实从级别上看，梅花拳与少林武当、太极拳三者都是“首批国家级非物质文化遗产项目”级别，但是由于平原地带缺少自然景观和历史文化遗存资源，缺乏外在包装，宣传力度不够，也就让梅花拳的文化内涵显得不如前两者深厚了，所以必须通过自己后天的努力来进行一定的创造。

现在国家对于传统武术非遗这块的支持力度很大，政府支持力度也很大，在经过数年的努力之后，梅花拳发源地围绕梅花拳的非遗属性兴建了梅花拳文化园，走文化产业路线，将整个梅花拳文化产业链搞起来了。在前些年全国武术热刚刚兴起的时候，我就在做推动学校的武术培训方面的工作，虽然现如今已经没有继续做这一市场，但我依旧看好这一市场。

在我看来，无论是参加交流活动、还是进行产业开发，对于传承而言是远远不够的，更不要说普及了。这些活动只是把梅花拳代表性的东西展示一下，让大家知道我们梅花拳的内容。倘若你要从根本上解决这个传承和推广的问题，你必须进入学校。进入学校就是把它作为一种体育运动，一门体育课，按实际课程去进行，使学生有充足的时间和机会来学习这项技艺，时间一长就会让一些学生养成习惯。所以，我们也走进校园的这条路。

无心插柳成传人

梅花拳在还未申报成非物质文化遗产之前，因为其中有一些“文场”事儿，像烧香、磕头、给人看事儿（风水、算卦）等，在“文革”时候被举报了，在之后很长一段时间内，被河北省视为“反动会道门”。当然，这个被举报的问题主要发生在河北邯郸那边。可能是因为那边各个拳种比较多，人比较杂，大家相互挤兑造成的。或者是确有一些梅花拳弟子不守规矩，胡作妄为造成不良的影响所致。

虽然我们平乡县没有那么严重，但我们也不可避免地会受到影响，给大家的印象是非法、不正规的感觉。所以，当有了申报非物质文化遗产的机会，我就跟大家说必须要申报成功。只有这样，梅花拳才能得到国家层面的正式认可，将过去那种“反动会道门”、非法、不正规的帽子摘掉。并且从梅花拳本身而言，其宗旨和核心就是敬奉“天地君亲师”，门规的第一条就是要忠君爱国，要和睦乡邻、兄友弟恭、尊长爱幼、尊师重道，这种文化核心不应被大家忽视。

在 2005 年正式开始梅花拳非物质文化遗产申报之前，我们进行了前期资料的收集。由于梅花拳是比较大的拳种，涉及内容比较丰富，在收集相关资料的时候我们花了很多工夫，我还为收集资料买了一套拍摄录像设备。记得当时我开着自己新买的车，带着几个同门去了北京、河南、山东等地收集资料。因为那会儿我开了个印业公司，相对有些收入，所以费用基本都是我承担。

当我们一路收集资料到广宗县的时候，发现一个问题，邻县的广宗县已将广宗梅花拳申报为本县的非遗项目。非遗作为一项荣耀，有条件的自然都想拿到，这当然可以理解，但就申报而言，广宗县则要明显比我们迈步更早。在非遗申报消息公开后不久，广宗县已经将相关材料递交至有关单位了，并且还在报纸上进行了刊登。得知这个消息时，我就直接找我们县有关领导了。

由于当时我是平乡县的政协常委，还是县里武术协会主席，所以见县领导比较方便。但当我跟他们说到这件事的时候，他们却毫不在意，我在想他们可能还不理解非物质文化遗产的重要性。因为我这个人比较心直口快，于是我就对其中一个本地出生的县委副书记说：“这个事儿，如果你不做，让别的县做了，那你就是平乡县的罪人。”他的年龄比我大，他听了这话，就说：“你咋这样说话。”后面我就说：“我来给你捋捋，平乡县是梅花拳的发源地，老祖师爷就埋在咱们县后马庄，结果让其他县把梅花拳申报了非遗，你是平乡县人，又是主管这一块工作的书记，你说你是平乡县的什么人?”他听后觉得有理。

第二天早上，我又找县政协主席面谈这事，晚上找了县文体局的领导，结果领导病了，没见着。第三天，我们县委主管书记早上五点钟就给我打电话，让我找文体局的局长来帮助做这件事，后来书记联系了文体局局长，局长拔了液体针就去了邢台，找邢台市文化局的领导，说明梅花拳始祖就在梅花拳圣地平乡县后马庄埋葬的情况，要求由平乡县申报梅花拳非遗。

获得领导的首肯和支持后，我们就开始整理材料了。准备这个申报材料花了我们两个来月时间。准备好之后，又跟广宗县方面产生了争执，处理结果是上级把两个县上报梅花拳项目的材料都报到省里去了。我们也因此找到文化厅和省里的有关领导，后来省领导也没有办法了，文化厅的一个领导就跟我们市领导说：“你们回去自己处理吧，你们邢台市要申报梅花拳非遗项目只能报一个，不然都别报了。”就这样两个申请都被打回来了，大家都不甘心。后来市领导就说：“你们两个县合起来写，一起报。”这个方案不错，但是哪个县的名称在前、哪个在后大家也有争执，后来还是把材料报到市里，让市里去做调整的。

结果在申报材料上，广宗县写的是“广宗梅花拳”，而我们平乡写的就是“梅花拳”。为什么后来国家批成了邢台梅花拳呢？这就是其中的一个小插曲。后来到了2006年5月非遗名录公布出来了，梅花拳位列其中，但是发现“梅花拳”三个字前面多了“邢台”两个字，我意识到这下不好了，把好事办坏了。

关于传承人的事，虽然申报是在传承项目下来后第二年才报上去的，但是我们之前的申报书上也会有涉及。由于当时大家都知道梅花拳这边有点争执，导致大家想得都特别多，思想也特别复杂，也都觉得传承人只是个名号，其实本质没啥，到后来直接没有人敢报传承人，怕后面惹事儿。开始我们县的材料上就报了一个老者，但是他是个不懂武术的“文臣”。我本人没有填报，但是后来文化局的领导又觉得咱们申报的“梅花拳”非遗是武术，报个“文臣”恐怕不妥，而我擅长的就是武，又是平乡县武协主席，于是就在我不知情的情况下在申报材料上填上了我的名字。

项目名单出来后第二年正式申报传承人，我起初并不了解情况，还是我刚才提到的那个广宗县的朋友告诉我的，他问我有没有申报传承人，我则告诉他自己全然不知这件事。得知这个情况已经非常晚了，我给朋友帮忙整理材料到晚上一点。我在第二天上午去平乡县文体局找了局长，我问他：“广宗县报非物质文化遗产传承人，咱们县知道吗？”他说：“已经报了啊！”我说：“报了，我都不知道也没有弄材料呀，当时报的是我啊，现在报的谁啊？”后来他说：“报的是另外两个人。”为什么是这两个人？情况是怎样我们就不清楚了。

知道这个情况后，我马上就给市文化局领导打了电话，我问他：“原来平乡县非物质文化遗产传承人报的我和另外一个人，现在把我们两个人换成其他两个人了，这样行吗？”他说：“不行，原来是谁就是谁，你要改的话，一个都批不了。”后来他就让我们回去整理材料，并往省里晚报了一天。后来我们四个人的材料就都送到了上级，结果在市一级除了我和最初那个老者之外，另外两个人的材料都被刷下来了。再后来，到了省一级的时候，那个老者因为不会武，而我提供的材料里可以看到我的武术的相关画册和一个报纸的整版介绍我和我的武术学校的情况，相较之下省里就把那个老者给刷掉了。最后，我就成了梅花拳非遗项目国家级代表性传承人。

回顾来说，成为传承人真的是我事业上的机缘巧合。

办学辛苦愧家人

2006年5月，我们梅花拳国家级非遗申报成功，当时我就把后马庄的武术学校给接下来了。为什么会接这个学校呢？说起来也是受到师父之命。我的师父对我说："你必须把这个学校搞起来，咱不能骗国家，梅花拳是国家级非遗，它的本质是武术，但是没有学校，谁给你传武术呀？没有人，国家要是来检查，你这个不就是唬人的吗？咱可不能这样。"要知道，当时我的家属们并不同意我来办这个学校，我自己也是犹豫，但也是师命难违，我只能抛开我的企业，接下这个学校来办学。

2006 年 12 月 26 日，我与后马庄村委会和梅花拳管委会签署了协议。2007 年 1 月 22 日，农历腊月十五，就搞了开学典礼。最初办学的时候，学校一个人都没有，我就开始招生。但是按照我与后马庄的协议，我们教授的梅花拳是传统文化，梅花拳的老规矩教拳不能收费，可是办学也不能收费吗？只靠村委会一年补助的三万块钱够干啥？况且又不能及时到位，不收费怎么办？无奈我只能从我企业里筹钱往里补贴维持。

当时我们对招来的学生的政策是包吃、包住、包文具，同时我们还配了四名文化老师、三名体育老师，以及财务、厨师、门卫等员工。另外，虽然这个学校的楼是旧楼，不用我们建，但是学校装修，以及暖气安装、办公设施等都得花钱。后来慢慢地，我的企业越做越不行，办学却因为我这里是梅花拳圣地，被大家相信，从周边县来的生源越来越多。

当时的我可以说是"一个萝卜两头切"，困难重重。再之后经费不足，向朋友开口——借钱，我时常觉得那时非常对不起家人，特别是我的妻子，我把精力放在办学后，我们家六七十人规模的企业就都交给她打理了，虽然后来也请了帮手，但她还是很忙，以至于后来她累得都病倒了。在我妻子生病那两个月，我一直在医院陪着她，因为那时候的她在床上都没法动了。所以，我说成功的男人后面肯定有一个默默支持的女人，我妻子为我办学校支撑起了我们的企业。但那会儿也没有别的办法，因为那个时候已经走到那一步了，而我的性格是做什么事就一定要做好，若我不干了就意味着前功尽弃了。

最后，我还是放弃了武术学校的办学事业。要问其中缘由，其实也是因为涉及了很多问题，并且我的发展思路与后马庄那些管理层的领导不同。按照我的想法，既然我们签了协议，就应该履行协议，我办的事情我做主，但是不能如愿。后来我听了亲友和孩子的劝，经相关部门调解我放弃了这个武术学校的办学。从那以后武术学校也换他人经营了，因经营不善很快也没几个学生了，遗憾的是这么好的学校又有这么好的环境和梅花拳人脉，怎么就没有把学校办好呢？

放弃办学校后的我，也想清楚了，我是传承人，我干好传承的事就好了。从 2010 年开始，我率先选择了平乡县明德小学作为梅花拳普及与推广的试点，经过两年的辛勤耕耘，试点获得成功，得到了县委、县政府、教育局和有关部门的认可，同时也受到学生家长的肯定。自 2013 年以来梅花拳进校园取得了大的突破。我的举措得到了县教育局的认可和支持，县里的34所公办学校引进了梅花拳体育课，为了让梅花拳得到更好的传承，我协同教育局培训了50多名体育老师作为梅花拳传承的教练，填充了梅花拳进校园师资方面的空白。加强师资队伍的建设，定期培训教练，使梅花拳在校园传承方面得到了空前的发展。现在每个学校的课间操、体育课都是梅花拳。

在当今社会没有学历很难找到合适的工作，作为一种传统文化又是国家级非遗的梅花拳的学子们也不例外，要想为社会做贡献必须强化自我。依我的想法，关于校园传承我是从中小学、中职、高职到大学一步步推进的。像刚才说到的，现在中小学已经成型了，是校本课程，并在周边县已经铺开了。我们的梅花拳虽然在周边县市推广得较好，但是没有在高等学校设立这门课程就拿不到这门课的学历，严格地说就是你在中小学学练梅花拳非常优秀，但是大学里没有这门课程，之前付出的都白搭了。因此，我于2014年，通过朋友介绍与邢台学院的领导取得联系，并且深层地探讨了梅花拳在大学里传播的事宜，引起了学院领导对梅花拳发展的重视。梅花拳是邢台的一张对外传播的文化名片，其发源于邢台地区的平乡县，底蕴深厚，把本地的文化纳入高等学府教育中去是本地学院的责任和义务，能够实现对本地文化的推广。

邢台学院作为本地学院，又面向全国招生，有这个义务，也有相应的资源条件。而从学院开始，一个梅花拳弟子他出去可以传播一片，我们应用以点带片、以片带面的推广方式将梅花拳在大学的层面推向全国。按目前来说是学院里面这些梅花拳弟子，从去年开始到现在应该有六七千人，每天早操、课间操全部都练梅花拳。前两年我跟我两个徒弟一直在这义务传拳，并编撰了梅花拳系列教学教材。练梅花拳能提高身体免疫力、开发智慧，最终达到强身健体的功效，所以现在习练梅花拳的学生很少头疼感冒。只要你动作练对了，方法得当了，对身体绝对有好处。

2017年，梅花拳进入河北机电职业技术学院成为体育选修课，我被特聘为专家教授，并设立梅花拳名师工作室。2019年，梅花拳被正式列入“民族传统体育梅花拳”专业课，2020年面向全国招生。可以说，我在做企业的同时不忘梅花拳的传承，努力为梅花拳的发扬光大做贡献。特别是在教材方面，现在编辑了梅花拳系列教学教材的“初级版、中级版、高级版”三个版本和相关书籍，教材拓展中英文版或多国语言的版本，面向全球发行。我们会配备教学视频等系列的教学方案，集中为每个学校培养梅花拳教师教练，按照这个梅花拳系列教材教学。未来练习梅花拳的学生人手一本书，普及推广会更有力。我的目标是将中小学、中职、高职、大学串联起来，形成一套模式，相信未来梅花拳的发展一定会更好。

我感觉现在是越做越有意义了，虽然家人一直都支持我，但是支持的内涵不一样，妻子现在也挺开悟的，她有时候会跟我说，你咬咬牙坚持一下吧。我的儿子在武汉大学毕业回来也能接手企业了，我们夫妻也感觉轻松了。我其他几个孩子都非常争气，老二是北航研究生毕业在国家电网总部工作，老三是首都师范大学研究生毕业，在北大附小教学，老大是东北财经大学本科毕业，现在在本地也有固定的工作，孩子们都成家立业有工作了，我们夫妻俩的任务也完成了，哈哈。

整合资源拓市场

现如今在梅花拳圣地已经创办了梅花拳文武学校。邢台梅花拳在电视媒体中曾多次被报道，邢台电视台曾拍摄了《梅花拳探源》的报道片，河北省电视台也拍摄了《香飘燕赵梅花拳》报道片，CCTV4 频道的《走进科学》和《走遍中国》栏目、CCTV10《讲述》栏目也相继对梅花拳进行了专题报道，电视媒体的报道对梅花拳的推广和宣传起到了极大的作用。

总的来说，做这个梅花拳的事，牵扯了我太多的精力，但鉴于我与梅花拳这份无法割舍的关系，很多社会资源和人脉关系不用就太可惜了，于是我们就策划梅花拳文化小镇项目。与此同时另外一家公司也在后马庄搞相关策划，但是因诸多的原因和资金的短缺，项目没有彻底完成。所以，没有经济的支持，想把梅花拳事业做大做强是很难的，只有我们整合资源开拓市场，做好梅花拳文化产业，才能做大做长久，有后续能量的补给，方可完成这个宏伟的目标。现在我们建立了梅花拳传承总会、梅花拳酒业有限公司、梅花拳文化传播有限公司、梅花拳研究院，全力打造梅花拳文化品牌和可持续的连带产业，现有梅花拳酒、梅花拳服装、梅花拳器械、教材书籍等系列产品。

对我来说传承梅花拳是我义不容辞的义务和责任，既然国家给了我荣誉，我就要承担起这个责任，去面对自己这个义务，尽心尽力去做。对于现在的我而言，有两件事想做，其一是目前正在做的事；其二是把梅花拳有关的内容都综合整理起来，以武术入手，整体出发，从基础到高层系统地整理出一套在学校可以有序推广的梅花拳材料或健康向上的文化内涵，便于大家普及、学习、继承、发扬。

虽说义不容辞，但是另一个事实也应当勇于面对。现在的传承确实也存在着一些困难有待解决。第一，人才缺乏。对于现在的年轻人而言，很多喜欢上网聊天，他不愿吃那个苦，这是最起码的一点。现在子女都少，家长舍不得孩子吃苦，不愿让孩子受那罪，但练武不吃苦不受罪是不行的。所以，归根结底，当下关键的困难还是人才的稀缺、匮乏、年轻人怕吃苦。孩子都很娇气，大人娇惯，孩子们再不去努力，他也不爱好，你需要去引导他这种爱好，以强身健体的角度去开导引导他，叫他为了自身去锻炼。第二，经济是瓶颈。如我现在教拳收徒不收费，全是免费的，甚至老师管徒弟的吃喝，这个都属于经济问题，这也是个瓶颈。第三，传承活动缺场地。想传承要有学校，你没有好的场地不行，没好设施他不能练。凡此种种都是问题，除了选材之外的问题，多不是什么大问题，都是慢慢可以解决的事，选材问题是涉及后续发展最关键的问题。

访谈后记

对邢台梅花拳代表性传承人张西岭先生的采访持续了一整天，我们一路聊，一路参观武术学校旧址、祖庙广场、传承学校，以及训练基地等，整个采访过程断断续续，仔仔细细。邢台梅花拳传奇色彩浓厚，尤其是奇特的“飘帖”拜师形式、奇妙的兵器小车和样式诡异、功能独特的独门兵器，给我留下深刻印象。20 多年来，张西岭先生对梅花拳传承与推广的确付出了太多的精力和心血，尤其是在校园推广方面进行了许多尝试，在教材编制、教案编写、师资培训、外文版教材翻译，以及小学、中学和大学一条龙分层和分级传承方面均完成了大量实际工作，都值得其他体育非物质文化遗产项目学习与借鉴。

陈小蓉与传承人张西岭合影

湖北武当武术、武当太乙五行拳传承人覃献平口述实录

采访时间：2017年4月25日（第一次）；2017年4月29日（第二次）
采访地点：湖北省丹江口市武当武术传承基地、湖北省武汉市洪山区东湖落雁景区
采访人：陈小蓉、张得保、王小安

项目简介：武当内家拳是中华武术中的一个大拳种。武当太乙五行拳原名为“武当太乙五行擒扑二十三式”，由明朝弘治年间（1488—1505年）武当山道教龙门派第八代宗师张守性，以祖师张三丰的太极十三式为依据，融合汉末名医华佗《五禽戏》及道门传统的吐纳导引和技击融炼而成。此门功夫可释意为“真气遵循五行方位遣行之功夫”。由于道门阶层等级分明，作为道家龙门派上乘武功的太乙五行拳，历代被奉为看家本领，只传于层次较高的道士，一般道人则无缘问津。至清末民初，此门功夫传到第十六代传人李合林道长（时任紫霄宫住持）手中。其间四百多年未外泄民野，完整保留了武当内家武功古朴的面貌。2006年，武当武术被列入国家级非物质文化遗产名录。

口述人简介：覃献平，武当武术龙门派第十八代传承人赵剑英的小儿子，也是关门弟子。受家庭环境熏陶，覃献平自幼随母亲习武，打下了坚实的武术基础，得金子弢、沙国政和赵剑英真传，坚持练拳50载，率先将武当太乙五行拳的实战技击揉入国际摔跤运动项目中，将武当太乙五行拳养生功能和实战功能融为一体。现为武当武术龙门派第十九代传承人、武当太乙五行拳传承人，以及武当武术省级非遗代表性传承人、十堰市武当太乙五行文化研究会会长、丹江口市武术协会主席、丹江口市国家级非物质文化遗产武当武术传承基地总负责人。

金子弢心系武当

金子弢是武当太乙五行拳的俗家传人与传播者。他是满族皇族后裔，原名爱新觉罗·溥寰，为武当武术龙门派第十七代弟子。

1929 年，时年 23 岁的金子弢游历名山大川，秋到武当小憩，以施主身份居住于紫霄宫，无意间窥得李合林道长演练太乙五行拳。金子弢心诚意笃，欲以出家表其学艺之心志，最后感动道长，破例收下这个俗家弟子。根据道门拳派戒规，金子弢先生在紫霄宫大殿内，焚香燃烛拜师，并跪于玄武真帝塑像前起誓永不传人，方才获得此门功夫，并悟得真谛。尔后五十年如一日，金子弢先生恪守誓言，尽管人生坎坷，却始终练功不辍，从不外露。

太乙五行拳的对外公开，缘于 1980 年在山西太原举办的全国武术观摩大会。当时已近晚年的金老，痛感武当内家武术湮没尘世，濒临绝迹。出于对民族宝贵文化遗产的珍惜之情，他毅然打破门规，在会上首次公开演练太乙五行拳。他以娴熟的架势、古朴的风格首次亮相，赢得了武术同人的高度评价。

比赛中，我母亲赵剑英代表湖北队演练武当武术，我母亲良好的武术根基、与生俱来的武术灵气，以及对武术痴迷钻研的精神打动了他。他感觉到我母亲的拳法与众不同、似曾相识，经均县籍湖州队友王保仁引荐，金老得知我母亲来自武当山后非常激动。他找到我母亲，对她说："我是李合林道长的亲传弟子，也是武当太乙五行拳的传人，当年我师父讲过武当太乙五行拳不能对外传承，我本人五十年如一日也从未外露。但现在我年纪大了，半个世纪没有外传，再不传就要带到棺材里面去了，这样下去就要失传了，太可惜了……"

出于对武当拳失传的担心，金子弢希望将这套武当太乙五行拳归还武当。同时金子弢表示，愿意破例将我母亲收为衣钵弟子，并在空余时间将武当太乙五行拳的所有拳功义理倾囊于我母亲赵剑英。经湖北省体委领导支持同意，我母亲全程陪同师父金子弢先后在丹江口市武当山和武汉市传授推广武当太乙五行拳。

当时，我母亲征得金子弢同意，用录音及文字记载，请金子弢进行了现场演示。结果武当太乙五行拳完全符合传统武当拳"拳打卧牛之地、脚踢丈二方圆"的说法，即看起来打的面积很小，却威力惊人。由此证明，金子弢的武当太乙五行拳确实是师承武当山。

1981 年我母亲赵剑英陪同其恩师金子弢回武当紫霄宫拜会中国道教协会副会长王教化道长。依据丹江口市志，教化道长说："武当拳都失散了，你把这个传出来，是你的功德，发个圆愿心，我也了个心愿。"金子弢先生说："我在武当学的拳，五十二年没有外传，也没有收徒。现在还是还归武当山，传给赵老师，我也了个心愿。”

我母亲赵剑英每天跟金老学拳，她感慨地告诉我：“金老师当时已经七十多岁了，老人家身体硬朗，教拳、口诀、心法传授给我都亲力亲为，毫不含糊，这样的武术传承精神一直影响着我。”金老先生也很满意我母亲这个学生，不仅把太乙五行拳的有关资料交给了她，还将她认定为武当太乙五行拳的传人。

我母亲赵剑英返鄂后，也立刻把这一情况向湖北省武术管理部门做了详细汇报。从此，武当内家拳这一在武林中沉默了数十年的拳宗，又赫然出现在中国武坛上，令世人瞠目。

武当传拳功劳大

我母亲赵剑英，是我国首批国家级非物质文化遗产武当武术代表性传承人，也是武当太乙五行拳传人、武当武术龙门派第十八代传人，还是当代武当武术的中兴者。

我母亲1926年出生于武当山下的老均州城。母亲6岁时随驻扎部队的国教官习练国术，习得小洪拳、大洪拳、燕青拳、十二路谭腿等许多武术套路，练就了坚实的武术功底。

1941年，她应征到总部设在老河口的第五战区政工队，参加抗日救亡的宣传工作，并受聘为第五战区的武术教官。次年，她奔赴前线，为抗战将士悉心传授徒手格斗、擒拿、搏击等自卫防御方法。1944年底，母亲随丈夫覃辉（民主人士、时任李宗仁随行副官、第五战区司令部上校参谋，起义后任中国人民解放军滇黔桂游击纵队第十支队参谋长，中华人民共和国成立后先后任广西壮族自治区河池县建设委员会主任、广西壮族自治区政协副秘书长）辗转广西，先后在河池县法院、文化馆、广西壮族自治区政协、南宁师范大学工作。

1958年，母亲出任广西南宁体委健身武术社副社长兼武术总教练。1960年9月，在郑州市举行的全国武术观摩交流大会上，母亲表演的枪、剑、拳等自选武术器械套路获大会优秀奖，并应邀参加了广西电影制片厂专题体育新闻纪录片的拍摄。1979年，母亲回到湖北均县体委当武术教练。1980年至1982年，我母亲专程去浙江请金子弢来过两次武当，金子弢在前后一年多时间在武当山向我母亲系统地传授武当太乙五行拳、九宫旋转十二桩、武当内养十三式及武当养生导引术等武当道家功法体系。

20世纪90年代以前，武林界一直存在着“武当是否有拳”的争论。我母亲的最大贡献就是将武当武术集成合力，即集武当太乙五行拳、武当三丰剑、武当养生功等最具代表性的武当武术于一身，展示了武当武术的博大内涵，并终结了自20世纪30年代至90年代武林界近60年关于“武当无拳”的争论。我母亲为武当武术正名，并于1987年被授为武当山道教协会武术总教练，使流失多年的武当拳法回归武当，为传承与发展武当拳术做出了特殊贡献。

我母亲50多岁才接触内家拳，那为什么她可以在年迈的时候学习，而其他人不能呢？这是因为我母亲从小就受到武术熏陶，她哥哥也是学武术的，但家族武术传男不传女。另外，还因为我母亲小时候体弱多病，家里才让她六岁时跟着国民革命军黄埔军校第八分校的武术教官开始练拳。当时八分校的武术氛围很浓，由于那时全国各地都是外家武术，没有内家武术的东西，当时我母亲接触的也基本都是外家武术的东西，她也是在50多岁后才接触到金子弢的内家功夫。

此外，我母亲还有另外一个身份，即武当山道教武术总教练。1982年武当举办擂台赛，武当山道协把我母亲接到武当山上，请她牵头组建武术团队，这个团队是以武当太乙五行拳为主，并代表道教到东南亚及新加坡去访问当地的华侨武林同人。

同年12月，母亲还作为湖北代表团代表赴中南海参加全国武术工作会议，受到时任国务院领导的亲切接见。1983年1月，母亲参加湖北省武术工作座谈会，作为郧阳地区和武当武术的重要人物全程参与了湖北省武术挖掘整理小组工作，对武当武术进行了专题调查和挖掘整理，总结挖掘出的武当拳种达百余种。

1996年，母亲在武当山开办剑英武术馆，正式授徒。之后又将剑英武术馆开办到丹江口市，系统地选拔、培养武术人才。据不完全统计，在历次国内外大赛和交流演出中，母亲及其弟子带队共获得金牌166枚、银牌211枚、铜牌78枚，并多次获得优秀奖，受到过国家、省、市各级领导的亲切接见。2007年5月，鉴于其对武当武术的突出贡献，母亲被国务院文化部任命为国家级武当武术代表性传承人，被列入首批国家级非物质文化遗产代表性传承人名录，领衔中国武当武术。

2010年8月，文化部和外交部联合策划的关于我国对外使领馆的文化宣传片《功夫大师——赵剑英》由美籍华裔著名纪录片导演王勤平率美国彩虹电视台摄制组拍摄完成。该片以“赵剑英（国家级）、覃献平（省级）、覃侠、覃良伟（十堰市级）”为轴线拍摄，介绍了国家级非物质文化遗产武当武术项目代表性传承人赵剑英为“见证武当有拳”，三十多年痴迷武当武术的非凡人生。2013年，该片不仅荣获美国传播家奖“纪录片荣誉奖”，还在美国彩虹台和全美公共频道播放，被翻译成10国语言，播放后在美国掀起了一股中国武当功夫的热潮，让更多外国人了解了中国优秀的传统文化。

2011年1月6日，我母亲赵剑英在湖北省丹江口市安详离世，享年86岁。

刚柔相济合拳气

武当太乙五行拳以传统道学思想的朴素辩证观，也就是阴阳、五行、八卦、九宫、人体学说的认识论来指导拳法。武当太乙五行拳的原则要点可以归纳为：一是讲究拳气合一，意念集中，起于涌泉、以意领行、以气催力；二是讲究刚柔相济，刚藏于内，柔现于外，以柔韧之劲，连贯动作于整体之中；三是讲究动静结合，静中有动、动中含静、以静制动、后发制人，集养生与擒扑为一体，怡养心神、真元归一。

武当太乙五行拳的动作要领在于虚领顶劲、含胸拔背、沉肩坠肘，讲究腰随胯转、周身灵活、形意相随、呼吸自然；要求手如环抱、脚走括弧式，动如蛇之行、柔似蚕作茧；基本技法讲究手、腿、肘、脚并用，尤以扣穴擒拿为主。

武当太乙五行拳的功法原理在于：

其一，以五行的形态、性能为基准创拳理。中国古代先哲们从物质世界中抽象出木、火、土、金、水五种性能不同的物质，作为构成万物的元素，称为“五行”。以五行相生相克的关系，来说明事物间相互依存和相互制约的规律。太乙者，元气也。人之性命全凭其真气聚体。

其二，以八卦、五行、九宫的方位为基准，将基本拳式组成五行系统。在演练中，如人体的前、后、左、右、中五个方位，将“进步、退步、左顾、右盼、中定”为五行。太乙五行拳从动作编排和动作路线上，紧扣五行之理，井井有条地穿行于九宫中，在八卦阵中千变万化，在阴阳鱼和四方四隅中变化，形成九宫穿游的格局。手是环抱式，脚走括弧式，腰随胯转，肩胯相对，在方丈之地行云流水，劲势无穷，畅流不息。

在练习时身体气血的调理通过一个界面和思维，由屈到直，自然、随意，勿刻意，一刻意就分心。同时要会感官，气感、功夫、搭手一般不需要考虑对方的思维，对方一动你就知道他将要做什么，简单讲叫敏感，可以通过习练达到以静制动，以柔克刚。搭手重要的是对结合点的把控，进攻和防守，都可以控制对方。如对方双手来拉你的手，你只需要保持环抱式，如果你手伸直的话，你的重心就丢了，要有一个旋臂的过程，万一对方的力量足够大，你这样才能基本控制他。平时在练习这一类基本功的时候，可以两人相互配合，去感受这个力量，或者在接触过程中不要在意对方给你什么力量，以不变应万变，那对方肯定控制不了你，所以可以说你是把力量全部抵消了。为什么这样说，脚的站姿要像八卦图，一定要匀，才可以四两拨千斤，直接利用杠杆原理，进能攻退能防，才能让对方落败。

与其他拳种相比，武当太乙五行拳只需以胯带腰，膝关节便可四两拨千斤，所以说它跟其他的拳种不一样。注意重心，不要有明显的起伏，行如蛇，脚上功力，以膝关节带动髋关节，直接控制对方，实用价值很高。

按照道家来讲金木水火土（东西南北中）中，在原理上气息流畅，再通过意念、意识强化，持之以恒、日复一日，每天我都在练，气血畅通，意念和拳法高度契合。虽然每个人的体会不一样，但要坚持练习功法、循序渐进，忌违背原理。

传承太乙五行拳

我从小受到母亲的熏陶，在五六岁时就跟着大人一起练习武术基本功和传统套路。特别是 1981 年金子弢老师来武当的前后一年多时间里，我全程负责金子弢老师的日常起居，常受教于金老的言传身教，点睛之笔，受益匪浅。

其后，我先后由形意门名家马礼堂的高徒、西安大学的尚济教授传形意拳，由形意、八卦名家沙国政老师亲授武当八卦掌、武当三丰太极剑、武当八仙剑。1989 年由湖北省武术挖整工作组副组长陈流沙前辈传云房太极拳，由八卦掌传人狄兆龙老师传武当史式八卦掌。

总的来说，我比较善于学习、勤于钻研，悟性也好，且努力博众家之长。在体委办公室工作时，我开始学习内家拳，将武当太乙五形拳、形意拳、八卦掌等武当绝学融会贯通并运用到竞技摔跤实战格斗领域，形成了既尊重拳法原貌又注重实战的属于自己的独特风格，打开了将武当拳运用到实战中的新局面。

访谈后记

我们先后在丹江口和武汉市区采访了覃献平先生，此后始终保持着微信联系。曾经听闻武当有一位武功高强女拳师，人们口中的“武当武术活化石”，一心想此次采访能够见上一面，后来才得知赵剑英老人几年前已经过世了。在采访中，覃献平详细叙述了太乙五行拳回归武当的历程，详细回忆了母亲赵剑英老师的曲折人生经历。口述中，儿子对母亲的崇敬与爱戴之情浓郁而深厚。我们也对赵老师对武当拳种的挖掘与传承的付出十分敬佩。

同时，我们欣喜地看到，武当武术和武当太乙五行拳在传承群体、政府和社会各方面的努力下，形成了完整的传承链条。传承组织完善，传承人数众多，在教练员培训、骨干培训班、段位培训班等各方面体系完整，他们在国内和海外传播上做了大量的工作。

研究团队与传承人覃献平、覃良伟合影

贵州苗族独木龙舟节传承人刘永岳等人口述实录

采访时间：2017年7月10日
采访地点：贵州省黔东南州台江县施洞镇芳寨村
采访人：刘青

项目简介：苗族独木龙舟活动是原始文化遗存的一项古老的少数民族传统体育活动，它有着相对固定而又复杂丰富的仪式内涵和要素，包含很多民族禁忌行为，隐喻着清水江两岸苗族社会的文化心态、价值观念和丰富的想象力。它也是传播清水江苗族地域文化、联结和维系清水江苗族沿岸村寨社会关系，以及促进族群认同的重要手段和方式。独木龙舟是从造型上对苗族龙舟进行定义的，因其造型独特而得名。每年的农历五月初五、五月二十四至二十七贵州省黔东南州施秉县和台江县清水江流域两岸，以及巴拉河支流交界处的30多个苗族村寨会开展独木龙舟活动。活动内容主要包括新龙舟的砍树仪式、龙舟的出龙仪式、接龙活动、龙舟竞渡、“吃龙肉”聚餐，以及在这期间举行的踩鼓（苗族舞蹈）、斗鸡、斗鸟等娱乐活动和贸易集会。独木龙舟活动在纪念内容、龙舟制作、祭祀仪式、划舟方式、衣着服饰、民族禁忌等方面都与其他民族、其他地区的龙舟活动存在较大差异，具有自身的特质和独立性。2008年，苗族独木龙舟节被列入国家级非物质文化遗产名录。

口述人简介：刘永岳，贵州省黔东南州台江县施洞镇芳寨村寨老、族长、歌师。刘永岳老人常年担任村寨独木龙舟节庆的组织者、管理者与参与者，在村寨中德高望重，能文能武，熟悉清水江苗族的历史与文化。

张先文，贵州省黔东南州苗族独木龙舟制作传承人，20岁开始学习打造独木龙舟，制作独木龙舟已有40年的经验，打造过30余条独木龙舟，是目前少数还在独立制作独木龙舟的掌墨师父，带出徒弟10余人。

刘诗龙，原贵州省清水江苗族施洞地区独木龙舟协会会长，原施洞文化站站长、文化组主任。1986年清水江施洞地区独木龙舟协会成立，他是最早一批协会成员。1996年任施洞地区独木龙舟协会会长，该协会依旧是目前苗族影响力最大的区域性龙舟民间组织之一。

一、刘永岳口述

古老传说口相传

我们清水江苗族趴龙船（指划独木龙舟）的历史起源于传说故事。由于我们苗家没有文字，所以我们只知道趴龙船是很古老的历史。

我们老一辈流传下来的关于趴龙船的传说故事，讲的是在遥远的古代，在小江河（清水江巴拉河）边住着一个叫保公的渔民，他家有个独生子叫九保。有一天，他带着孩子下河打鱼，一不留神，河里的龙就把小孩拉进河里的龙洞里吃掉了。保公潜入河里去找，当他看到自己的孩子已经被龙咬死，尸体还被龙当作枕头来睡觉。他既伤心又生气，决心要为孩子报仇，他上岸后想到用火草来烧死恶龙。火草的原料是山上的一种草，我小时候还看到大人们使用过，大人们摘到后拿到火坑里晒干，晒干后用木棍捣碎，弄成像棉花丝那样细，放在岩石上可打出火花。

保公把火草装进竹笼里面并用苞谷（玉米）秆把它捆紧，再次潜入龙潭里，发现龙还在睡觉（以前有种说法，就是龙是最懒的，很贪睡），于是就用火草把龙给烧死了。这时候天黑了下来，并且黑了九天九夜，人们无法生产劳作，也无法生活。村里的妇女摸黑带着娃娃（小孩子）去河边洗衣服，娃娃们把苞谷秆分成几段，很像船的形状，放到河边玩耍，岸上的娃娃就把苞谷秆发出“咚咚哆”的声音。突然，这时候看到天有点亮了起来，可当娃娃们把这个像苞谷秆的“船”带回家后，天就又黑了。于是人们纷纷用苞谷秆仿制龙船放到河边，天也就慢慢地亮起来了。

龙被烧死后，尸身膨胀后漂到河面上，顺着河流先漂到了平寨村，平寨的人出来看到了死龙，于是把龙头砍下来吃了。施洞塘龙村的人听到后赶过去，分得第二截龙颈龙身。铜鼓塘、小河老屯村去得比较晚，分得龙身后部。我们施洞芳寨村去得最晚，就得到龙尾。所以，农历五月二十七，我们芳寨村就趴（划）最后一天。

独木龙舟划赐福

我们清水江苗族是从江西、湖南一带迁徙到施洞地区一带定居的。作为一个稻作文化的民族，我们来到这里已经有很多代了。祖祖辈辈流传下来的说法是我们在这一带趴龙船，天才会下雨，才会保佑我们清水江苗家各村寨以及整个清水江一带风调雨顺，幸福安康。所以我们清水江苗族趴龙船主要还是为了祭天娱神，祈求消灾赐福，保佑我们清水江苗族人丁兴旺、安居乐业。

我们都是男人趴龙船，女人不能上龙船。寨子里哪家女人生娃娃，如果还在月子里头，就要禁止她家的人上龙船，也不要她家的人去看趴龙船，更不能去参加趴龙船，这是趴龙船最大的忌讳了。

一般来说，一条龙船基本上都是一个村寨的，有些大村寨，也有两条龙船的。此外，我们一条龙船上基本上都是同一个姓氏（即便也有少数不是同一个姓氏，但都是以一个姓氏为主）。如果不是同一个姓氏的，我们也是通过认亲的方式认作兄弟姐妹，那就可以一起趴龙船了。如果既不是同一个姓氏也没有认过亲的外姓男子，就不能和我们一起趴龙船。我们宗氏内部男女是不能够开亲（通婚）的。

龙船上也有角色分工，我们一条龙船上有四五十人吧。龙船上最重要的就是要先选一位“鼓头”，这个“鼓头”在龙船上负责敲鼓，一般都是当地村寨的寨老、长者，经济条件好而且儿女子孙多、亲戚朋友多的。然后“鼓头”会着重挑选龙船上的重要人物，如小锣手（鼓头家的小孩子），装扮得很好看的小锣手负责在龙船上敲锣，同时龙船上的舵手、撑篙手、炮手和管账人也是“鼓头”亲自挑选的。

我们龙船上有一名炮手，用我们苗家自制的一种火药，那个火药威力很大，我就是当鼓头的时候被这个炮声炸得耳朵都聋了。放炮是为了鼓舞士气，同时通知亲戚朋友们来观看我们趴龙船。至于管账的那个人一定要是个口碑好的人，值得全村寨信赖的人，因为我们趴龙船要在清水江区域表演，村寨里很多亲戚朋友，尤其是嫁出去的“姑妈们”（对村寨嫁到其他村寨的女儿们的统称）会来给我们送礼，有钱的姑妈还会送猪送牛等，一般的人家也要送鹅、送鸭子，如果管账的记错了账可就不好了。

我们清水江苗族趴龙船是我们的悠久传统和风俗节庆。在“文化大革命”期间，趴龙船被看作是牛鬼蛇神，被认为是搞封建迷信活动，不准我们趴龙船，把我们的龙船拿去烧掉了，有的拿去锯断了再扔掉，当时我们都很心痛也很无奈，很多苗家人都流下了眼泪。在“文化大革命”期间，很多龙船都被毁坏了，大家都划不成了，我们的节日也没有了。但是，我们苗族有一股顽强的劲（坚韧的性格），那时到了龙船节的时候，白天政府干部守着（监督）我们不让划，但是我们又特别想划，白天不能划，我们就晚上偷偷划。总之，那个年代对于我们来说是物质和精神上都受到了很大的打击。后来国家了解到我们少数民族有自己的风俗习惯，我们又可以趴龙船了，而且国家现在还保护、鼓励我们办自己的节日、搞我们自己的活动，我们很是开心。

最忆旧时龙舟闹

当年趴龙船是一件很闹热（热闹）的事情，因为大家都聚在一起，天天都要上坡做活路（上山种田），没有吃的也没有喝的，条件很艰苦。如果没有一点娱乐活动来缓解一下身体的劳累，那就很容易引起大家的厌倦和烦心。

一听到趴龙船过节了，大家就可以趁这个机会去玩了。那时如果能有一碗饭、一口肉、一杯酒喝，哪怕是一碗酸汤（苗家独特菜肴），大家就会很开心，得到娱乐和休息，心情也自然好了。过去我们趴龙船没有奖金，只有锦旗，但却代表了全村寨的面子，大家把这个荣誉看得很重。每一年获得锦旗的龙船都会把旗子高挂在龙头上，向所有来接龙船的亲朋好友展示，大家心里觉得很骄傲，很有成就感。

以前我们那个年代，青年人趴龙船结束了，晚上就去游方（苗家唱歌）。有唱歌娱乐的，有唱歌、对歌谈恋爱的，说实话大家都很开心，挺好玩的。我们苗族热情好客，礼尚往来，趴龙船过节我们家家都是要杀鸡、杀鱼、杀鹅、杀鸭来招待亲戚朋友的，所以过节气氛是很浓的。

二、张先文口述

青年方始习造舟

我 20 岁开始学打苗族的独木龙船。我之前是一名木匠，靠建房子、打门寨、开汽船和打龙船（制作独木龙舟）过生活。打龙舟已快 40 年的时间了，也算是比较长的了。以前很多人和我一起打独木龙船，现在他们多数人都不打了。我算是坚持到最后的人了，至今已打了 30 多条龙船。

我是跟着我的师父学的手艺，已经是第三代了。我弟弟也会打龙船。这个龙舟的制作比较难学，要有当木匠的功底才行，不一定是家族内部传承，也可以由外面师父带徒弟。

过去我们清水江这一带打龙船的师父有好几个，但是后面坚持下来的人不多，因为这个活路说实话太累了，又不是固定的收入。我也是带徒弟的，现在有 10 多个徒弟，都是 30 岁左右的年轻人。他们大多数的人平时都在广东、上海和苏州等地做木匠赚钱，当我需要他们回来帮忙打龙船的时候，他们大多会回来帮我。我都是利用过年过节他们回来的时候一点一点地教他们，让他们打下手（当助手），希望他们能掌握这个技艺。

我家里有四个女儿，一个儿子，我的这个儿子是家里最小的，他怕吃苦，不愿意跟着我学，我也是很生气但又没什么办法。打龙船很累，我经常都要熬夜加班来打，而且说实话也很枯燥，程序复杂，所以我儿子不想学。现在的年轻人都不愿意学打龙船，这个活学得慢，说实话挣的都是辛苦钱，来钱也慢。

造舟精细需雕琢

制作龙船的工序比较复杂，刚开始要画龙船（绘图），需要先出设计图纸，龙船的长度、尺寸、造型、形状等关键部分都要画出来。画完之后就开始选材了，材料主要还是杉木。杉木的材质很耐磨经用，所以我们制作龙船基本上都是选杉木，这是整个龙身的部分。接下来就是龙头的选材了，龙头材料现在很难找，尤其是龙头上那对又大又弯的像“水牛角”一样的造型，龙头的造型决定了选的树木要有弯度，所以选树木都会选好久。选好树木之后，还要进行砍伐仪式，还要装车拉回工地。开始制作龙船之前，也要进行一个简单的开工仪式。

龙舟制作需要按照我们的图纸上的造型和尺寸，根据木头的大小、粗细、长短和造型进行编号，再根据编号的号码进行锯断、削木、打磨和各种镶接、上油。

一般龙头是由师父独立完成的，雕龙头就是把单独选出的木头按照我之前画的造型进行雕刻。木头的弯曲部分就是龙头的位置，我要很小心地进行锯、砍、切、刨、削、凿、挖、雕、刻、磨，即选用各种尺寸的大小工具进行不同部位的加工处理。其中，雕龙头的造型最费时费工，而且雕完后要先上一道油漆，等油漆干了后开始上色，上各种颜色的油漆色。等油漆干了，最后还要上一道桐油，让它有光彩并且不怕浸水。牛角是可以活动的，镶嵌在龙头的两边。

龙头和龙身制作好之后就要把龙头安装在龙身上，要想龙头的安装位置正确，还要统一协调龙身的长度和宽度。把这些安装好之后，整个龙头龙身才算真正地完成。

制作龙舟很复杂，有很高的技术要求。基本上我每天都要工作 12 个小时才能在规定时间内完成，同时还要具体监工和查看有没有还没弄好的地方，需要修补的都要及时修补。我制作龙舟几十年，每一次我都把它当成最后一次来干，所以我对自己、对徒弟要求是很严格的。

我自己做事也很细心和认真，这样打出来的龙船才好看才好划，也对得起作为一名匠人的良心。如果龙舟不直的话，就不好划了，也不美观，这是我觉得最考验自己的地方。打龙船一定要谋划好和看好哪块木板安装到哪个地方，哪块木板的形状适合安装在哪里。

一般制作一条独木龙舟要 90 多天，也就是 3 个月，基本上在这 3 个月里每天我都要工作 12 个小时，所以打造龙船是非常辛苦的。现在的技艺和过去相比基本没什么变化，制作过程都差不多，只是现在符合打龙船的树木不太好找，砍树需要走一些其他的额外程序，要写一些申请让政府部门批准。

二十多年前，山上树多的时候，我们请鬼师（苗族仪式专家）烧香办仪式后，就直接上山去砍了运走，而现在的大树真是少了许多，我们现在打造新的龙船都基本找不到那么大的独木了，只好用小木料拼接制作。所以现在制作的已经不是过去那种真正意义上的“独木”龙舟了，但是我们的龙舟造型还得这样打，外观基本上没有什么变化。

继往开来看后生

做了这么多年，我很热爱这个技艺，我这个木匠不仅靠自己的这份手艺养活了一家人，还能为自己赢得一些荣誉和声望。我打的龙船在贵阳民族博物馆、黔东南州民族博物馆都有存放展览，我自己觉得还是很开心和骄傲的。

二十多年前，我还经常打很多小龙船拿去卖，我家里现在还存有小龙船。因为我从小就喜欢龙船，看到龙船就很兴奋。我十几岁就开始学习打小龙船了。打龙船虽然很累很辛苦，自己也因为这么多年的劳动，现在腰都累弯了，背也累驼了。但是，每当打出一条新龙船，我内心就有一种喜悦和满足感。如果打出的龙船又好看浮力又好，自己就特别高兴，可以说很有成就感。

我打的龙船过节参加龙舟比赛，家里人都来看我，我有四个女儿，现在有三个出嫁了，还有一个女儿没出嫁，她们都觉得很自豪，因为爸爸的手艺得到了大家的认可和关注。不仅她们高兴，我也很高兴，因为我的作品得到了展示和认可。我打造的龙船每条龙头上都有一个鸟，鸟也是我们苗族吉祥的象征，也成为我打造龙船的标志了，同时鸟也代表飞得快，所以龙船也能趴得快。我觉得这些也是我坚持下来的原因吧，我是真心的喜欢，对独木龙舟有一种无法割舍的感情。

我认为划龙船的活动是会一直传下去的，因为这是老一辈传下来的好东西，是我们民族的传统和风俗。但是从打龙船的技艺传承来说，形势还是比较严峻的。因为打造一条龙船可以划二三十年。现在年轻人都不太愿意学，费时费力，既不好干又挣不了多少钱。但我认为一个人只要有一些木匠功底，再加上划龙船活动能够继续，那么这个制作手艺还是可以一直传承下去的。

从我个人来讲，只要有人愿意学，我都会教，我也希望我们苗族的这个传统技艺不要消失。其实，我觉得还是有办法的，我可以制作一些小龙船模型拿来卖。打小龙船的工期很短，难度也比较小，可以卖给很多外地来的游客，这样就能带来很多收益，而且通过这样制作小龙舟工艺品，就可以真正把这个手艺传承下去了。如果有收入的话，年轻人应该也愿意制作小龙舟工艺品了，如果这个小龙舟卖得好，那么产量大了，收入也相对固定，而且也能扩大我们这个手艺和活动的影响，让更多的人可以记住我们苗族划龙舟的节日和民族文化。

三、刘诗龙口述

聚集百姓共促兴

我 1972 年参加工作，当过施洞镇文化站的站长，一辈子都在从事少数民族文化工作。1986 年施洞地区独木龙舟协会正式成立，我是第一批协会成员。大家建立这个民间协会的初衷可能还是因为改革开放，党和政府又支持我们复兴传统文化和民族节日，我们这些搞文化工作的干部就觉得应该组织起来，保护和传承好我们清水江苗族的传统节庆活动。当时我们的想法很简单，就是要办好独木龙舟节庆活动，让大家都高高兴兴地过节，开开心心地团聚。

1987 年，我与中国人民大学的专家和十几个学生一起搞过独木龙舟的调研，所以对独木龙舟有很深的感情。在 20 世纪五六十年代，苏联、德国、法国都来过我们这里拍摄专题纪录片。后来到了 80 年代，日本也来这里研究过苗族独木龙舟。

刚开始组建独木龙舟协会，主要是我们这些爱好文化的工作者组织独木龙舟的活动。每次过独木龙舟节的时候，我们就去各村寨发展会员，一方面观察他们对龙舟活动是否有热情和爱好，另一方面考察他们在村寨中的组织能力，然后就把这些人吸纳我们协会中来。我们这个协会是地区性质的，主要是在施洞地区清水江沿岸及其支流巴拉河的苗族有龙船的村寨中开展活动。

1996 年，我开始担任施洞地区独木龙舟协会的会长。这个协会是一个民间组织，如果没有爱好和热情是不可能组织起来的。我们这个协会中的会长、副会长和所有成员都是无偿奉献，没有任何报酬。协会成立之初，就在我们施洞镇文化站挂了牌并沿用至今。自从我们的独木龙舟获评国家级非物质文化遗产项目之后，我们协会便上报申请为中国苗族独木龙舟协会，目前这个报告还在审批中。

目前协会成员有 24 人，都是施洞地区邻近村寨的村干部和村民，考虑到有的村寨距离较远，开会不方便，就没有邀请他们加入。每年在独木龙舟节庆活动前，我们会先召集协会成员到各个村寨去做宣传和民意调查，然后根据调查情况，到各村寨张贴海报和通告，通知大家前来报名登记。最后，我们会正式邀请包括整个施洞地区（施秉县和台江县）各村寨的“龙头”（各村寨的带头人）来参加施洞地区独木龙舟协会的扩大会议。

在协会扩大会议中，由大家一起来决定这次活动的内容，我们也会向各村寨汇报上级政府这次给协会资助多少资金，还有上级政府对独木龙舟节庆活动的要求，大家一起来讨论并形成一个具体方案，我们再反馈给上级政府主管部门，一旦主管部门批准后，我们就正式按照方案来执行。

由于这个协会只在每年的龙舟节期间才会发挥作用，所以整个协会没有固定的机构，有关文化活动的工作都是在文化站里开展的。

苗族独木龙舟节成为国家级非物质文化遗产的证书是我去北京领的，平时有关对外的媒体宣传工作也都是我来负责具体接待。我们协会的成员比较固定，有一些人年纪大了，不想干了，如果他的工作很重要，一般情况下不会让他退会，如果职责不重要，我们经过讨论会允许他退出协会。

现在协会成员的年龄结构以 40 多岁为主，最大的有 60 多岁。协会成员以有龙船的各村寨村干部为主，退休干部占了 1/3。这是因为协会成员在当地要有一定的威信和经验才能处理好活动中的各种突发事情。比如说各村寨之间因龙舟比赛发生争执，如果是年轻小伙子的话，根本就没人去听，不具有威信。所以协会成员至少是 30 多岁的人才能处理这些紧急事情。此外，镇政府也会出面为我们提供服务，帮助我们解决协调和安全保障等问题。比如，龙舟节大会的竞赛组、起点与终点组、起点与终点裁判等，政府都会派干部来协调，负责具体处理和调解一些突发事件。

协会运营困犹在

在协会组织过程中也有困难，但是我们是民间协会，群众基础比较好，大多数困难还是能够解决的。我认为最大的困难就是大家缺乏沟通和理解，不搞龙舟节的时候我们和政府、各村寨之间交流很少，活动资金也是政府说多少就是多少，有些时候政府拨得多一些，但大多时候资金还是很紧张的，我们想搞的一些活动也没办法实现。

苗族独木龙舟节在成为第一批国家级非物质文化遗产项目之后，给了我们很大的鼓舞和支持，说明党和政府大力支持和鼓励我们过好自己的民族习俗节日，说实话，我们是真的很开心也很高兴。

20 世纪 90 年代末，我们清水江地区各个苗族村寨青壮年都外出打工去了，家里剩下的都是老人和小孩，我们协会要组织独木龙舟竞渡就十分困难，当时很多村寨因为没有年轻人趴独木龙舟，都不来参加龙舟节了。龙舟节成为国家级非物质文化遗产项目之后，我们协会的活动也开始得到基层政府的重视，除了国家的专项资金之外，当地政府也会帮我们去宣传，有时候还会追加资金支持。随着我们农村生活条件越来越好，我们独木龙舟活动名气也越来越大，很多在外打工的青壮年逢年过节也会选择回来参加自己民族的节日，很多外地游客也会选择来到我们这里过节。

我们清水江苗族的节日得到很多人的关注和喜爱，我们也是很高兴的，我们希望让更多人看到我们苗族的热情好客、淳朴真诚。可以说，成为国家级非物质文化遗产项目之后，我们的独木龙舟节庆变得又闹热（热闹）起来，我们的活动资金有了固定的来源，不用像过去那样要去自己筹集，这样就提高了各村寨前来参加龙舟竞渡的积极性。我们现在给大家发的比赛奖励也高了，各村寨来的龙船也就多了，大家来比赛有钱拿，回到村寨还能好好聚一下，一些村寨还会将比赛奖金用于打造新龙船。所以这几年很多村寨都打造新龙船来参加比赛。

与此同时，也存在着一些不那么愉快的感受。就是当我们成为国家级非物质文化遗产项目后，当地政府的干预也越来越多，特别是现在基层政府有很多年轻干部不懂我们的独木龙舟文化，这让我们也很为难。

近几年来，独木龙舟竞渡节日越来越变成了政府行为。按道理说，这个节日应该由民间来主办，政府只能在旁边指导，行政干涉太多容易伤害我们的民族传统。对于少数民族传统节日，政府应该放手交给民间协会自己搞，政府提供指导并负责安全交通等保障工作，但不要具体去插手民间协会内部的决议和计划。

我认为要把独木龙舟节更好地传承和发展下去，我们一定要在尊重民族传统习俗的基础上来进行，不能丢掉我们民族节日的核心去谋求发展，如果那样，我们就对不起我们的苗族祖先和子孙后代。

但是也要让这个民族节日形成规模，我们才能长久地传播下去。如果节日规模小了，表演内容少了，参加竞赛的人少了，大家就觉得不闹热，节庆活动就会受影响。所以，我认为独木龙舟节日要办就是要形成规模，发动所有村寨都来参加。再就是要搞有苗族特色的农家乐、进菩萨、包粽粑等活动，将与苗族龙舟相关的一系列端午文化活动都展示出来，使得这项节庆活动的内容越来越丰富，给游客们提供更多的观赏和体验内容。

下一步我们协会要发挥民间的力量，提高我们协会的主动权和影响力，我们正在申请成为中国苗族独木龙舟协会，通过这些工作不断地扩大我们协会的影响力，为民族非遗的保护与传承做更多的事，发挥更大的作用。因为我们是民间组织，我们最懂我们自己的文化。我们有责任和义务保护好我们自己的传统节日，因为这是我们民族的象征和标志。

采访者刘青与三位传承人合影

访谈后记

苗族是一个历史悠久、文化深厚的古老民族。在中国的历史上，苗族历经坎坷、辗转迁徙，在与其他民族的抗争、对峙、接纳和融合中顽强地延续着自己的文化和历史。其中，苗族社会保留下来的各种传统仪式与活动，最能反映其民族本质特征的符号表达和行为方式。在访谈过程中，几位独木龙舟代表性传承人都很坚定地认为独木龙舟活动一定会传承下去。他们都对自己的民族文化很有自信，并且也都自觉地践行着保护与传承自己民族文化的初衷。这是一种民族信仰和民族情感，一种源于族群认同的内在原动力。在笔者长达一年的田野调查和实地访谈过程中，笔者深深地体会到处于独木龙舟文化圈中的清水江苗族同胞对于自己传统节日的热爱。作为非物质文化遗产的独木龙舟节要想得到更好的传承和发展，最重要的还是首先要尊重民族文化的本体和主体，地方行政机构不要喧宾夺主，更不要越俎代庖。同时，民族文化的主体与管理部门之间要持续地开展对话和交流，尽管这样做很不容易，因为大家已经习惯了站在各自的角度去看待和理解事物，但唯有这样做，清水江苗族独木龙舟的文化传承才会变得更加容易和顺畅。

四川青城武术代表性传承人刘绥滨口述实录

采访时间： 2015年6月23日（第一次）；2017年6月7日（第二次）

采访地点： 四川省成都市青城后山青城武术文化会所、四川省成都市都江堰区青城太极书画院

采访人： 陈小蓉、李杨、王贺北

项目简介：“拜水都江堰，问道青城山”，青城山是中国四大道教名山之一，五大仙山之一，中国道教发祥地之一，2000年与都江堰一齐被列入世界文化遗产名录。青城武术发源于青城山，受道教及道家文化影响深远，并广泛融合了其他武术精华，一直在道门和民间有序传承，秘练不宣。历经几千年发展，形成了富有道家文化底蕴，集养生、修行、技击、演练于一体的青城武术。如今，青城武术尤以玄门太极和剑术见长。2007年，青城武术被列入都江堰市非物质文化遗产，次年被列入成都市非物质文化遗产，于2009年成功申报为四川省非物质文化遗产。2021年，青城武术被列入国家级非物质文化遗产代表性项目名录。

口述人简介： 刘绥滨，男，1965年生，青城武术第三十六代传承人，四川省非物质文化遗产青城武术代表性传承人之一，中国武术七段，四川省旅游学校巴蜀武术养生学院院长，四川省道教协会常务理事，四川省武术文化研究会会长，川渝体育非遗创新发展联盟理事长。

青城武术上古传

青城武术的历史可追溯到上古时期，那时有两位远祖，一位是宁封子，另一位是容成公。他们是轩辕黄帝的两位师父。传说当时黄帝与蚩尤大战，起初双方势均力敌，难分胜负。随后，黄帝走遍了三山五岳，最后来到青城山拜了上述两位师父为师。据古籍《列仙传》记载，宁封子会龙跷飞腾术，是武术轻功的祖师爷。很多

人认为容成公只是个传说，但我认为不一定。理由是 20 世纪 70 年代长沙马王堆出土的汉简里有《容成公治气抟精之道》，足以证明历史上真有其人而非传说。轩辕黄帝跟着这两位师父学习武功，最后打败了蚩尤，统一了天下。所以后来轩辕黄帝就封宁封子为五岳真人，统领中华大地的三山五岳。

我们供奉的初祖是道教的创始人张道陵天师。他其实不是青城山人，是江苏丰县人，曾当过江州令。此人见多识广，90 多岁的时候还在四处寻找能够让他成仙得道的地方，最后他到了大邑县的鹤鸣山，创建了中国道教的第一个流派——天师正一派，并在青城山得到弘扬，这是我们（青城武术）的观点。

张道陵天师创建天师正一派以后，将当地原始巫教中的部分文化，如降妖伏魔融合到了道教体系中。如赵公元帅，他以前是烁罗鬼国的鬼王，被张天师降服了以后，变成了道教里的玄坛护法元帅。赵公元帅骑的是黑虎，拿的是铁鞭，而我们青城武术里面的黑虎拳、白虎鞭，就是纪念赵公元帅的。

我们青城武术里面还有对剑，就是雌雄剑，是纪念张天师的。“身佩日月雌雄剑，正一盟威百魅寒”说的正是张道陵天师。

随后，张天师的第三代传人迁徙到了江西的龙虎山，所以现在龙虎山是天师道的祖庭，但是历代的天师还是要到青城山拜祖朝宗。在青城山的天师洞有一个牌匾刻着“龙虎发基”四字，就是指龙虎山的发展基础是在青城山。

青城武术历代出的一些高人，都跟政治有关系。像魏晋时代天师道的首领范长生，曾协助“李将流民起义军”推翻了当时的皇帝，建立了成汉政权。还有北宋的王小波、李顺起义，在穿州破县，打了三年，最终建立了大蜀政权。这些都是写进中国历史书的。在明末清初，张献忠剿四川事件，也跟青城武术支持明朝有一定关系。最后，青城山也是难逃一劫，被张献忠的军队洗劫一空。

到了康熙八年，武当山道士陈清觉师兄弟三人游历到青城山，发现这是个好地方，于是就以青城山为中心，重新整合道教返回成都，最后把整个四川道教兴盛了起来。后来康熙皇帝还御赐了一个金匾，上书“丹台碧洞”，并赐封陈清觉为“碧洞真人”。青城山在现有的道教体系中叫作“全真龙门派 · 丹台碧洞宗”，就是陈清觉这一脉的开宗。全真派是一个大体系，分为七个派（龙门派、遇仙派、南无派、随山派、嵛山派、华山派、清静派），其中最大的派别是龙门派，龙门派下面是“丹台碧洞宗”。我在道教的这个体系里是第二十五代传人，在青城武术里我是第三十六代。全真派是从金元时期开始，而青城武术则是从汉代开始。

这些人都是青城武术的，至于他们属于哪一代的传人，这个问题我也不清楚，因为道家有一个说法叫“言祖不言师”，可以对外讲我的祖师是谁，但一般不对外讲自己的师父是谁。我的师父就是我们国家武协当年确定的青城武术唯一代表人物余国雄宗师。我师父授权我为青城武术第三十六代传承人，这是从张天师这条线传下来的，不是从容成公和宁封子那条线传下来的。因为容成公和宁封子那条线也不好算，中间隔了很长一段时间，最终不知道谁传给谁了。

拜从名师十余人

我父母是当年军队转业建设北大荒的时候，在绥滨县生的我，我刚出生时身体不好，生下来就在医院里住了整整一年，直到出院时症状控制了也没查清楚是什么病。后来，我外婆为了避免我哥的惨剧再次发生（注：由于当时生活环境较为恶劣，我的哥哥出生不久后就一直生病，一直待在医院里，不久之后就夭折了），毅然决然地把我带回了四川。6 岁的时候，我就开始跟着外公练武术，我外公是当年青城二十四侠之一周德山的徒弟，周德山先生是当年灌县国术馆的教导主任。

我记得我那个时候学的是青城武术分支的孙门，学的第一套拳是孙门里的单鞭拳。后来到了 20 世纪 70 年代，我父母都回来了，我就开始跟着我母亲练拳。我母亲以前也是灌县国术馆高级班毕业的，我记得她教我的第一套拳叫作四门拳，就是打四方的拳。学了这些以后，自己感觉身体都慢慢变好了。

我其实有十多个师父。最早我是跟着我外公和我母亲练，之后就开始到处拜师学艺。因为我外公与都江堰武术界人士都很熟悉。都江堰武术界有许多名师都是他的朋友。因此，我跟过很多老师学艺。我的师父里面大部分人都参加过抗日战争。譬如，我在黄林武术的师父宋德炤，就是我们《四川武术大全》里黄林武术传人的代表人物，也作为黄林武术的代表人物被录入《中国武术人名辞典》。他曾是抗日将军王铭章的部下，参加过著名的滕县保卫战。滕县保卫战失败以后，是他把王铭章先生的灵柩护送回四川新都的。他这个人比较保守，我记得那时跟着他学艺三年，黄林武术总共有三套拳，但是他只教了我其中一套，其他的拳却教了我很多，当时学得有点杂。一直到第十个年头，有一年我回去看他的时候，他才决定将黄林武术的另外两套拳教给我。宋师父对我强调说：“以前是传子不传女，传内不传外，我自己的儿子我都没有传，但是最后传给你了。”他是我学艺生涯中比较早的师父。

我的师父里还有一些是我外公的师兄弟，像龚海清老师、王裕康老师，我都跟着他们练过。我还有一个北派的师父叫祁玉祥，他是我们都江堰武术协会的第一任主席，1949 年前去打过金章（旧时成都武林打擂比赛的称谓），当过军队的教官，也做过保镖。那时候我特别崇拜他，后来经人介绍，我便拜他为师。但此事受到祁玉祥几个徒弟的反对，理由是说我的功夫不好。

当时，我参加过当地武协的培训班，跟着祁玉祥的一个徒弟学过艺。祁玉祥老师说功夫不好可以勤加练习，他认为我有内胆，即内在有胆量，认为我是能成大事的。最后他就不顾徒弟们的反对，最终收我为徒。

祁玉祥老师对四川武术的贡献突出，他是作为三元武术的代表人物被载入了《四川武术大全》一书，后来还被载入了《中国武术人名辞典》。此外，还有王植山老师，他原来是国民党潼蓬师管区的武术主任教官。

我一路拜师学艺，最后在上一代传承人余国雄老师门下学艺。

余国雄老师是四川富顺人，很小的时候父母就去世了，于是就流落江湖，跟着新津县的名医胡培伦学中医，后来又跟着峨眉武术拳师易占彪学习峨眉武术的南拳。

1933 年余国雄老师到我们灌县伏龙观，即现在的离堆公园，碰上我的师爷陈琳真人（陈琳真人，字遐仙，清末武举人，湖南湘潭人）舞剑打拳，后来就拜他为师了。陈琳真人是清末武举人，做过西康军的标统，后来同志军围攻成都时，他带了一标人马从西康驰援成都，要来救赵尔丰，结果走到邛崃时赵尔丰已经被杀，他觉得无力回天，就解散了兵马，自己到青城山出了家。他喜爱游历，又被称为“云游子”。

1933 年他收了我的师父以后，除了在青城山习练，也常带着我的师父到处游历。1936 年，他们师徒二人在剑门关分手。我师爷要求我师父还俗，我师父不愿意，要侍奉师爷终老山林。师爷就说：“道不断人宗嗣路，道不能断人传宗接代的路，你是家里的独子，你跟我只有三年的缘分，以后你得先回家娶妻生子。更何况此时日寇要侵我中华，先有国才有家，你应去从军报国。”

当时，武术界人士从军报国的一个捷径就是打擂台，所以我师父就去成都青羊宫打擂台，当时国民党的各个军种在成都擂台赛选拔人才。我师父一路过关斩将打到银章，还没打到总决赛的时候，就被国民党中央军的通讯团看上了，结果他去当了两个月教官，但没有机会上战场打仗。我师父投军的目的就是和日本人打仗，而不是当教官。他心里很烦闷。后来被贵州的黔军知道了，黔军 140 师就派了万学忠上尉，找到我师父问他愿不愿意参加黔军，告诉他黔军待遇没有中央军好，但是能马上去打仗。结果他当机立断，就不在中央军当教官，跟着黔军跑了。

台儿庄大战的时候，他就是黔军大刀队的总教练。黔军在台儿庄大战中只有他所在的 140 师参加了战斗，为重挫日军立下了汗马功劳，台儿庄大战纪念馆里面都还有他的资料。后来我师父又参加了徐州保卫战、长沙保卫战，最后受了重伤就回泸州纳溪了，然后娶妻生子，还当了义勇消防队队长，闲时还当过本地民团的武术教官，同时还行医看病。

后来，“文化大革命”中，打倒旧军官，我的大部分师父都被判了刑。但余国雄老师没有被判刑，只是被管制。因为他没有打过共产党，他是抗战没打完就回川了，在抗战期间他因受伤而瘫痪了，后来是通过练功才恢复过来的，我师父活了九十多岁。

我师父是四川泸州市政府认定的有名的老中医，四川省卫生厅还专门给他颁过奖，泸州市政府还专门发给他一本证书，感谢他为祖国的中医事业作出了贡献。因为他把中医的正骨八法又加了四法，变成了十二法。晚年他获得了武术的六段，还担任了泸州市武术协会的副主席，以及安福镇武术协会的副主席。20 世纪 80 年代国家体委开展全国武术挖掘整理运动，在整理和挖掘四川省的武术资料时，全国范围内突然出现了几十支青城武术，都说是青城山传承出来的。最后国家武协就委托四川省体委进行调查，最终只承认了四川的三支，并将这三支的代表人物周烈光、陈生一、余国雄写入了《四川武术大全》。

后来，从区县体委到市再到省，然后由省体委盖章统一上报到中国武协。中国武协委托当时的中华武术杂志（社）来审查，最后只留下我师父这一支，我师父余国雄就成了青城武术的唯一代表人物，被载入了《中国武术人名辞典》，这本书把中国上下五千年著名的武术人物都写进去了，所采用的资料均得到了国家体委的认可。

总的来说，我的师父有很多，他们大致可以分两类：一类是国民党国术教官体系的，包括中央军、黔军、川军、川南边防军、军统，还包括蒋介石的保镖。另一类是道教武术体系的，如 111 岁的蒋信平老道长（蒋信平，生于 1902 年，四川乐至县人，25 岁出家拜师学道，与青城山结缘 86 年，2013 年在青城山太清宫无疾羽化，享年 111 岁），我 15 岁的时候就是跟着他学的。

我并不是余国雄师父一开始就看中的传承人选。早在 1997 年我就开始跟余老师学习青城的玄门太极，在此之前，他也教过我小洪拳、八仙剑、二路红、青龙大刀等武术技艺。大概是他在那个时候还没发现我身上的特质，只是把我当成一般的徒弟去教罢了。

后来他为什么会关注我呢？这要从 1982 年《少林寺》电影播出的时候说起。当时全国都风行武术，那个时候我们都江堰武协有 400 个会员，但是到 1992 年就缩减到只有 22 个会员了。

当时我主要的任务有：第一，是认真练功；第二，是我在武术协会当秘书，是义工，不挣一分钱，经常还要倒贴钱。我就想帮当时的师父（祁玉祥）减轻一些负担，我是 1986 年跟他学习的，他 1988 年就去世了。

后来，我觉得我们国家其实不缺医生，但是缺真正弘扬武术的人。经过一番思想上的挣扎，我在 1993 年选择了停薪留职，1995 年尝试开武馆。停薪留职了就没啥钱，但是当时我的前妻不愿意我把钱拿去开武馆，于是我就出去做保镖。先是做保安部的主管，然后做大集团公司的保卫科长、行政监督办公室的主任，挣了些钱回来就开武馆。刚开始，我觉得开武馆应该没啥问题，但是我没想到，我不懂经营，所以开了一年武馆就成了负债经营。在此期间，我个人经历了离婚、生病，但这些都无法动摇我弘扬武术的决心。也许，余老师是看到了我对武术的痴迷，就开始关注我了。

余国雄师父的徒弟非常多，我是他中晚期的弟子。我觉得师父选中我有几个原因：第一，我对武术有一颗永不放弃的赤子之心，我是一个可以舍弃自己的仕途，甚至可以舍弃俗世间的一切，一心专研武术的人。第二，我虚心向学的态度，从师多年，从未有任何狂妄非分的想法和表现。第三，我念过大学、学过医。基于上述原因，他认为我能把这个青城武术做大做强，最后他就授权我成为青城武术第三十六代传承人，并把他的剑、印、衣、谱都传给了我。除了他自己签字盖章之外，还让他的八个徒弟都签字盖章，最后我就成了第三十六代传承人。

旧时四川有个说法，叫“郫县出打手，灌县出教官”，灌县的教官大部分进入了国民党的军警宪特系统，其中包括军统这个体系，也包括蒋介石保镖这个体系。1949 年后这批人，其中包括我一个老师杨文清，他是黄埔十期的学生，后成了将军，最后成了战犯。

20 世纪 80 年代，这批人被放出来，首先，这些人年龄偏大，记忆力开始衰退。其次，那时人们比较谨慎，其实，当时国家是不支持武术的。比如，你当老师教了某个人武术，而这个人干了坏事逃跑了，像这种情况是可以把老师抓到派出所关起来的。

实际上，现在从某种程度上，我们是在一个废墟上重造青城武术。为此，我们走访了中国很多地方。比如，我们把在陕西、江西、广东流传的青城武术收回来了，把泸州流传的青城武术也收回来了。当时，我们挨家挨户地上门拜访，恳请别人把这些资料还给我们，当时对方也是非常配合的。如余国雄老师最后到了泸州，泸州这一支青城武术的资料最后都回到了我们手中。再比如说江西省武术协会的副主席张修林老师，现在 80 多岁了，他当年跟陕西省人大一个副主任练过青城武术的五合功，这个人大副主任是跟着 1949 年前川军的一个士兵学的，最后张修林老师把这个拳谱资料写好寄给我了。

我们青城武术中有两支传到了四川的雅安。其中，一个叫绿林武术，一个叫南宫武术。绿林武术现在也是四川省级的非物质文化遗产，我到雅安时，当地的媒体报道介绍就是青城武术总传承人刘绥滨。说明虽然他们独立成拳种了，也有了自己的传承人，但是还是认我是总传承人，同时也把他们的资料无偿地提供给了我。

2001 年我在珠海参加“国际太极拳交流大会”的时候，碰上广东心意太极门的传承人黄国楠先生。他当年跟着青城山的抱一道长学了青城心意拳，但是这个拳有一个问题，它没有完整的套路，就只有些桩功、打法，在教学的时候不好教。后来他又学了杨式太极拳，并把青城的心意拳和杨式太极拳合在一起，自创了心意太极门。他也把他的资料交给了我们。

同时，我们也拍录像，因为我觉得再不拍的话可能再也没有机会了。比如说 20 世纪 80 年代我们全国武术挖掘与整理，我的师伯王裕康获得了全国武术最高的雄狮奖，他就把他手抄的资料全部都献给国家了。他是小时候身体不好学的武，学了近100套功夫，但到了80年代只记得其中的60套。随着年龄的增长，记忆力的衰退，现在他大概只记得10套了。他已于2019年去世，享年90岁，如果再不挖掘和整理，这些东西基本上就消失了。

轻灵飘逸青城拳

如果按当时四川省武协的认定，青城武术有三支。如果按照国家武协的认定，它就只有一支。但是，我觉得这个说法是局限的。我们练了这么多年，我认为青城武术是一个地域性拳种，就是以地域命的名。那么应该说，在这个地域里面，只要它不属于少林，不属于武当，不属于峨眉，那其他都应是属于青城武术这个体系的。

我认为这个体系里有三种子体系。一个是我们国家武协认定的道家这条线，就是从余国雄宗师这条线传下来的，我今天习练的“青城玄门太极二十四式”就是他这个体系传下来的。比如说有太极、有剑术这一类。

另一个是从南少林，佛家这个体系传下来的，这是在明末清初传进来的。《四川武术大全》把它单列为孙门，“孙”即孙悟空的孙。为什么我认为它是青城的呢？因为“孙门”出自郫县，而郫县就在我们青城旁边。去查孙门的源流，它在清代也是一模一样的，祖师爷都是这些人，后来有一支传到郫县，还有一支传到灌县都江堰。但是这两家打出来的拳完全不一样，郫县这一支还有少林的风格，非常硬。相比之下，我们这边就相对要巧一些。如“大连拳”，它就变成了一个小巧的打法，不是很大的动作，而是通过很小的动作打出来的力量。

还有一个就是侠家，是从绿林好汉这一支传下来的，叫绿林武术。侠家是号称“千里独行侠”刘忠这一支传下来的。刘忠刺杀清朝雍正皇帝失败以后，被大内高手追杀，他就跑到四川都江堰的赵公山，就是青城山的最高峰，占山为王。显然，这一支也应该是青城武术。侠家的金刀出鞘拳完全是实战型的，它没有花拳绣腿，完全是近身格斗。因为武术表演对侠家而言没有价值，它是强盗下山抢人的功夫，出招就是攻击人体要害的，所以我认为它是属于实战格斗型的。

就道家这一体系的技术风格和特点而言，它主要讲究轻灵飘逸。我师父认为，只要你打不出来“轻灵飘逸”这个风格，你就不是道家的。此外，你只要不长寿，也不是道家的。因为道家是追求长生不老的，如果你70岁就死了，那怎么能证明你是道家的呢？最后，就是“柔若婴儿，嫩如处子”，也就是说你身体要柔软，皮肤要像还没出嫁的女孩那么好，才算是融合了道家的功夫。

从外观动作上，青城太极跟我们常规太极之间的区别非常之大。比如说我们常规太极是讲虚领顶颈，是不能出现抬头或埋头的，你看我的动作里面就有抬头和埋头的动作。此外，常规太极讲沉肩坠肘，我却有抬肩抬肘这种动作。为什么会出现这种情况？我的师父不是反对这种虚领顶颈、沉肩坠肘，他认为这是修炼时最好的状态。但是如果你已经有肩周炎、颈椎病了，那是做不了这个动作的，或者即便是做了这个动作，也是医不好你的肩周炎、颈椎病的，只有做我的这个动作才会有利于缓解肩周炎、颈椎病。这是我们从外观上大概能看到的，和其他太极不一样的地方。

从内在来讲，它的区别就更大了。第一，我们有结印（注：结印最早源于中国夏代早期。即以二手十指之曲折屈伸来标识如来内证之本誓。密教最重其法，结印契须就师亲承禀受，而不为他人所见，且必用涂香），就是结手印，其他太极拳都不讲结印。很多人都说结印是佛教的，其实道教的历史要比佛教的历史更早、更远。我们觉得结印有很多种，一种是实印，我们实际能看得到。还有一种是虚印，你看不到我们做这个动作。我们道家讲的是虚实相生相和，虚实要结合。练太极讲究气感，青城太极就有这样一个优势，就是得气最快。你只要跟着我练，就会有气感，不用练半年一年，当天练当天就有。有些人手脚发冷容易生冻疮，西医的说法是微循环不好，中医的说法是气血不足。气不足就不能把血液推到最顶端，而我们能让气以最快速度将他的气血送达最顶端，找到感受，不生冻疮。第二，我们的涌动，其他太极拳里面并没有这个动作，我们十个手指不仅连通到我们的心脏，也连通到其他内脏，而内脏则决定一个人的生命。我们可以通过涌动牵拉来达到按摩内脏的效果，这个也是我们和其他太极不一样的地方。第三，练我们的太极要比练一般的太极要累、要痛，容易出现疼痛，这是因为我们有很多拉伸的动作，但坚持才有效果。道家有一种说法就是“筋长一寸，寿延十年”。这也是我们和其他太极明显不一致的地方。

我刚刚讲的结印、涌动、拉筋，尤其是结印，内在对应的就是疏通经络，对外就是连接天地万物，吸收天地能量，所以在我们的动作里面有很多仪式性的动作，如对天的、对地的、对人的。

青城太极原来是青城武术传承人历代单传的，传到我这一代，我就跟我师父讲，青城太极不是哪一位传承人的私有财产，既然是这么好的东西，应该是人类共有的，我希望把它推广出去。后来我师父就说，门规不能改，一代只能传一个人。但是他同意我把一小部分传出来，我们的青城太极有三路，他同意我把第一路三十六式传出来。

在 2003 年，人民体育音像出版社做了一个光盘名叫《中华武术展现工程》，里面的青城武术系列就有玄门太极，就是三十六式。后来我们在教三十六式时发现，很多人尤其是外国人，他们来只能跟我学 7 天，这么多招式记不住。于是我们就干脆把它简化成十八式。再往后，我教的企业家和政府公务员居多，他们大多没基础，十八式都学不了，我们就减到十三式、九式，最后减到现在的六式。

所谓六式，就是站六式，我们又叫它大六式。大六式其实有7个动作，我们是把起式和收式变成了一式这样来算的，如果起式和收式分开算就有7个动作，分别是起式、大开天门、关公捋须、双峰贯耳、野马分鬃、双插柳掌、收式。

反馈社会促健康

我是20多岁就帮着师父当助教教学生了，今年我50岁，差不多教了30年。我们的学生很多，分布在五十多个国家，在法国的学生就有2万人左右。据都江堰政府统计的数据，去年青城太极的习练人数达20万人。但是我的徒弟很少，就只有20多个。我认为徒弟和学生是有很大区别的。学生只要交了学费，跟着我学，就都是我的学生，学三天也是，学五天也是，学一年他还是学生，但不是徒弟。徒弟就不一样，徒弟是有责任来传承这个拳种，要为这个拳种的光大做贡献的。我收徒弟，一般要经过很长一段时间的考验，像都江堰南桥广场的青城太极辅导站的站长税国富和总教练唐湘凡，一个65岁，一个70岁，都是我的老徒弟，他们跟了我10多年，就成了我徒弟。总而言之，要想成为我的徒弟，必须通过人品和时间的考验，最后举行拜师仪式，才能结成师徒关系。

我觉得收徒弟最重要的是人品。如我收得最快的一个徒弟，是世界小姐玛丽亚·凯克（Matiatu Kargbo），她为全球120个国家领导人做过表演，是联合国确定的全球最具影响力的100名非洲人。1986年5月13日出生于塞拉利昂，在华发展的外籍女歌手、模特、演员。她在非洲收养了600多个孤儿。2008年汶川大地震的时候，她是第一个进入灾区的外国志愿者。她在这逗留了几个月，最后写了一本《都江堰日记》，后来拍卖拍了40多万元，她一分钱都没要，全部留给都江堰需要资助的儿童。我以往收徒是要看生辰八字的，她的我就没法看，她也不清楚自己的生辰八字，而且我也不知道中国和非洲的生辰八字及其时间段，对不对的上。

此外，拜师要有一个引荐人，要三代同堂一起见证。不管是我的老徒弟还是小徒弟，不管年纪比我大还是比我小，都要按照这个规矩来执行。拜师仪式一般是，首先要向祖师爷烧香，通灵禀报要收某人为徒弟。接着还要去烧纸，放到门外的水里，以前叫作上文书。然后再去向祖师爷磕头，烧香通灵。接下来就是引荐人引荐和担保，然后徒弟要跪下来向师父和师娘磕头，跪念拜师帖，接着师父在拜师帖上签字，同意徒弟拜入门下。最后徒弟与师父交换礼品，在场的所有人都要签字，见证此事。礼成以后，师父要带着徒弟向祖师爷烧香磕头，并一一介绍历代祖师爷。

然后让徒弟给师爷磕头，听师爷训话，给师父的平辈敬茶，听他们训话，也给他们送礼品，然后给师兄敬茶，师兄弟互相祝福。

我对徒弟的要求是，省内的徒弟必须一个月回来一次，省外的徒弟必须三个月回来一次，国外的徒弟一年必须回来一次，三次不到就要把他开除。对学生就没有这种要求。

在2003年《中华武术展现工程》的时候，我们青城武术做了9套武术，21盘光碟。在2008年中国奥委会的礼品《中华武藏》（由中国武术协会审定，国家武术研究院监制）中有专栏专门介绍青城太极。2009年，青城武术被列入了四川省级非物质文化遗产，我是四川省文化厅认定的代表性传承人。

青城太极三十六式在最初推向国际的时候，因为我的外语不好，讲不清楚，所以我在2014年时把它简化成十八式，做了一个中英文对照的光盘。这个光盘后来入选为当年中国道教文化节的礼品，被赠送给来自20个国家的2000名来宾。

从2000年至今，我们主推的就是太极。开始就从教太极、道家养生、教道家智慧等内容进行推广。迄今有80多个国家，近上百万人在练习青城太极。2011年，青城太极又载入了人民体育音像出版社出版的《中国太极拳大百科》。

从我开始做传承人以后的这10多年，我们第一次给武术做简化，由三十六式变成十八式，变成十三式，变成九式，变成六式，最后写成了中英文对照的书。同时，我们还开发了青城武术的服装、T恤衫、茶叶、茶杯、明信片、书签，还有养生酒。我们还协助青城武术小学成为成都市唯一非遗武术传承学校，这个学校已成为四川省在都江堰唯一的一所阳光体育示范学校。

现在，我们除了有自己开设的武馆，还有武术研究会、养生馆、养生会所，以及青城太极书画院和天谷文化传播公司。这个天谷公司和中影集团合作，筹办了成都第1届国际网络电影节。还有一个叫天谷智和文化传播有限公司，是针对企业家培训体系的。在四川我们有一个道城酒业公司，就是做我们的养生酒。在海南我们还有一个青城太极影视文化有限公司，今年我们可能还会投两部电影。所以现在这个青城武术，它不完全是教武术、教太极，而是向更广泛的领域发展。

现在，我自己的想法就是，我们希望在青城山和一些大企业合作，在青城山修建我们青城武术的总部。在这个总部里面，有青城武术的武术博物馆，还有一个青城武术的宗祠，要把历史上为青城武术做过贡献的人都供在里面，让青城武术的弟子千秋万代都能够了解他们的祖师爷在那个时代做过什么。因为我是青城武术的传承人，我想通过做这件事对我们青城派有一个交代。

青城武术在传播上非常有特色，我是这么认为的。首先，作为一个拳种要发展，如果说你离开了政府，离开了企业，离开了商业，你是走不动的。我们做的事情，都是在政府认可的范围内我们去参与。其次，我们青城武术在全世界推广的途径是与在各个国家健身气功会、武术协会、道教协会或者是国家队的负责人合作。再次，我们也通过一些报纸、电视、网络、杂志等媒体来传播青城武术。在网上可以查到很多关于青城武术的报道。但是大部分报道都不是我们做的，我们不搞过多宣传，你看到有关我们青城武术的宣传都是中国新华社、中国新闻社主动报道的。新媒体我们也有所涉及，如微博、微信、网站、手机客户端，在手机上就能下载我们的教学软件。不到青城山也可以跟着我学习青城武术。

另外我们还借助了很多平台，包括你去看网络孔子学院的官网，上面的太极就是我们青城太极。现在国家汉办资助英国的孔子学院正在做一本书叫作《太极养生汉语》，那里面的太极也是我们青城太极。

2015 年，由中国武协的《中华武术》杂志、北京体育局的《武魂 · 太极》杂志、湖北丹江口市委宣传部的《武当》杂志，还有“世界太极拳网”，联合在全球甄选“我最喜爱的中华太极人物”，全球 1100 万人投票 600 万张选票，选全球最受欢迎的中华太极人物 100 人，我入选其中。在这 100 人里又选了“最受欢迎的 30 人”，我也在其中。此外，我还当选了“太极推广国际优秀人物”，在云、贵、川三个省，我是唯一同时获得这三个奖项的人。2016 年，《武当》杂志评选了“传统武术的十大风云人物、领军人物、名师”，我入选了传统武术的十大领军人物。

访谈后记

两次与刘绥滨老师访谈，他都是穿着一袭黑色长袍，颇有仙风道骨之气。交谈时轻声细语，慢条斯理。一旦起身行拳，则眼光犀利，身手轻盈，道家仙气十足。

他告诉我们，从自己开始做传承人以后，主推青城太极。从教太极拳术、道家养生，到讲授道家智慧，尽力推广青城武术。同时，他说服余国雄师父将三套青城太极中的一套拳法拿出来，普惠众生。结合现代人的生活和学习方式，在不改变基本拳理的基础上，不断简化创新，由三十六式变成十八式，变成十三式，变成九式，变成六式，最后写成了中英文对照的书。迄今为止，有 80 多个国家，近上百万人在练习青城太极。

我们看到青城武术能有如今的发展，与刘绥滨老师的个人特质是分不开的。他不仅有开阔的眼界、创新的精神以及与人为善的处世之道等特质，更让人佩服的是他深知自身的传承职责，并积极付诸实践，为青城武术的传承、传播与发展尽心尽力。

研究团队与传承人刘绥滨工作照

江西城南龙灯代表性传承人史克滨口述实录

采访时间：2021年1月7日下午3—5点
采访地点：深圳市南山区深圳大学体育科学研究院（视频采访）
采访人：陈小蓉、陈荣杨

项目简介：城南龙灯是村民通过舞龙，祈求龙的保佑，以求得风调雨顺，五谷丰登。城南最早舞的龙以板凳龙为主。20世纪80年代后，由于经济发展，人口结构发生变化而改为现在的彩色布龙了。板凳龙是以家族为背景，每个有男丁的家庭都要提供相应数量的板凳用以在春节期间联结成长龙以体现家族的兴旺发达。现在的舞龙主要采用彩色布龙，渐渐褪去了家族的色彩，而成为人人都能参与的民俗活动。2008年，城南龙灯被列入江西省非物质文化遗产名录。

口述人简介：史克滨，1967年2月26日出生。自幼酷爱民间艺术，20世纪80年代跟随父亲学习龙灯制作技艺，多年来潜心研究地方灯彩文化特色，发掘整理先辈的灯彩文化，在先辈古朴粗犷的工艺基础上博采众长，勤于实践，最终形成自己独特的风格，并成立了“城南龙灯工作室”。其作品“城南龙灯”逐渐成为青云谱一块响亮的品牌，在南昌市历届春节大拜年活动中都是当之无愧的主角。

忆城南寻根问祖

据族谱记载，我们史家的祖先大概700年前从浙江省宁波市泗门镇一带迁徙过来。从浙江迁过来是因祖先长期在南昌做官。古代南昌物产丰富、地多且空旷，祖先在南昌城南村这边跑马圈地，把家安在城南村，退休之后就再没回过老家宁波，在这儿落根了。

我们城南村有三大家族，以史家为主，还有万家和聂家。这三大家族在我小时候就已经存在了，虽然后来陆陆续续有很多外姓的人进来，但主要还是这三大家族。聂家的族谱上还写道，最初聂家是我们史家的上门女婿，然后史家因为家族日益繁茂，就划了一块地给上门女婿，发展成了现在的聂家。另外，万家和史家之间也有宗族之间的关系。

城南村现在有很多村民小组，就史家而言，有新房村、老房村和南房村，在古代还有西房村。这些都是从史家分出去的，因为发展壮大了，原有的房子住不下这么多人，我们就盖新房子，围绕着祖宗居住的老房村周边进行扩建，在西边和南边分别进行扩建，在西边的叫西房村，在南边的叫南房村，我们村是新房村。后来西房村消失了，我听老一辈的人讲，可能那一家族发展得不大，就被其他的兄弟歧视，说这个家族人丁不兴旺，后来他们到外地做生意，便离开了这个地方。我们城南村的老房子，是祖先传承下来的木质结构的古建筑。土地改革时，其他的房子都几乎被分掉了，因为我的奶奶送我叔去当解放军，我们是军人家属，所以我们房子保住了。

溯城南龙灯之源

渐渐地，我们史氏家族就在这里发展起来了。同时，祖先还把老家（宁波）舞板凳龙的文化习俗带过来了。我们在过年闹元宵的时候，会舞板凳龙，最早的板凳龙是一个板凳上面放三个灯笼，用竹子扎的灯笼，然后里面装有蜡烛，板凳两头的中间位置各有一个孔，拿木棍（在中间）撑着，再把板凳接起来，就组成了很长的板凳龙。为什么舞板凳龙呢？是因为要祭拜祖先，展现家族的兴旺，祈求来年风调雨顺、五谷丰登。

我们祖宗把玩板凳龙的习俗带过来有700多年的历史了。在古代，舞龙之前是要焚香祭拜的，我们这里有一个寺庙，是祭祀我们祖先的祠堂，史氏宗祠里面有我们祖先的牌位。舞龙之前，要把他们的牌位请出来，放在龙头上，进行祭祀，然后再把板凳龙抬出去，在全村巡游。

舞龙一般在9点多钟的时候开始，祭拜以后，一整天都在外面巡游拜年，到晚上天黑，还要点蜡烛巡游。古代时，舞完龙之后，就要到河边上把板凳龙烧掉，叫送龙上天，寓意把美好的愿望送上天。我们现在不烧了，因为现在都是布做的，而且好看，以前是竹子做的，烧就烧了。后来因为“文革”，这种仪式就没保存下来。

舞板凳龙的时候，参加的人排起来有五六里远，前面的人看不到后面的人。每个有男丁的家庭都要提供相应数量的板凳，用以在舞龙出巡时联结成长龙，以体现家族的兴旺发达。因为我们史家村在本地是最大的一个家族，人口很多，所以我们家的板凳龙队伍也特别长。每年春节，我们村里面都要舞板凳龙，体现家族的凝聚力，不管你离家有多远，过年都要回家团聚，这样大家团聚起来以后，每个男丁都舞一条板凳龙，你所在村的板凳龙越多，说明你的家族越强盛，越兴旺。

我查了历史资料，在南昌市的《南昌县志》《南昌市府志》都有记载，记载说："南昌南边的郊区，每年春节都要舞板凳龙。"还有南龙诗歌，也记载了我们舞龙的这种历史习俗。我们村老一辈的人讲，古代时我们史家村很大，在本地是很发达的一个村庄，有几千号人。每年春节我们的板凳龙要舞到南昌市的德胜门去，因为在南昌市德胜门的一整条街，都是我们史家人在那里做生意，开酒馆、茶楼和各种的店铺（所以叫史家街）。我们春节就会把板凳龙舞到德胜门（史家街），去给我们家的族人拜年。从我们城南村到南昌市内的路程有 10 多里，一路锣鼓喧天，热闹非凡，年年如此。现在我们村没有舞板凳龙的风俗了。

听我父亲讲，1949 年左右好像还玩过一次，我父亲见过舞板凳龙舞到南昌市去了。后来"文化大革命"，将龙灯作为封建迷信，就砍掉了，从此传承基本上就断了。直到改革开放以后，80 年代初的时候，文化部门将中国龙作为文化生活又提了出来。当地的文化站找到我们村，听说我们以前有舞龙灯、采莲船（跳花灯）、挑（跳）花篮、唱戏等民俗活动，问我们能不能把以前的民俗活动重新做起来，让春节热闹起来，当时村里已经很多年没有进行这些民俗活动了，但确实存在这些传统。

创新工艺制龙灯

随后，我们开始在村里寻找还会做龙的老人，当时老一辈的人慢慢不会制作龙了，只找到了一位会做花圈的篾匠，请他帮我们扎了一条龙。用木头和竹子做骨架，用纸糊的，很重，舞起来很累，遇到刮风下雨的天气还很容易破损。平时出去表演舞龙的时候，必须有人跟着，一遇到刮风下雨就要随时补纸。

同时，考虑到传统的舞板凳龙影响力很大，场面太大，城南村又在南昌市郊区，舞板凳龙会导致交通堵塞，造成不好的影响。于是我们就改革，还是玩龙但不玩板凳龙了。于是村里负责人就找到我父亲，请他帮忙改进龙灯的制作工艺。

当时，我父亲是江西师大毕业的大学生，是村里少有的大学生，他毕业以后分配到一个学校当老师，平时在外面教书，春节才回村里来。他喜欢搞文艺活动，琴棋书画都还可以，村里的人都认为他是一个才子，就请他帮忙改进一下龙，把龙灯做得更轻巧、更好看。之前的龙灯太重了，要先钉一块木板做底，上面用很宽的竹子扎龙头，龙太长太重，有 50 多斤重，一个人舞的时候扛不动，舞两下就好累。我父亲就帮忙改进，把龙头改小一点，用竹篾（竹子板）替换木板，龙身全部用竹篾扎制，就更轻巧了。父亲按照九龙壁雕塑重新把龙头的形状改造了一下，以前做的龙头很重，不太在乎龙的外观形式。当时村里人舞龙只在乎整个活动的气势和氛围，主要看参与的人有多少，龙好不好看无所谓。

第二年过年的时候，我们把改进后的龙灯拿出来舞，就觉得这个龙很亮眼、很漂亮，比以前的龙精致了很多。

隔壁的杨家村，看到了我们的新龙十分喜爱，就找到我们城南村的人说："你们城南村史家的龙很好看，能不能帮我们也做一个。"我父亲一看别人找上门来了，那就帮忙做吧，但是材料要他们自己买来。那个时候，都是帮忙性质，别人买几斤肉，买几篮鸡蛋拿过来作为酬劳，就帮他们扎。他们自己有时候也会过来帮忙破破竹子什么的。

就这样一传十，十传百，传得人多了，找我父亲做的人也就多了，他就忙不过来了。在 20 世纪 80 年代，那个时候我父亲一个人扎，要一个月才能扎完一条龙。自己村里面舞龙的人提前 1~2 个月告知我父亲，让帮忙做龙，父亲才开始去买竹子，没事的时候才会破竹子，慢慢地扎，扎完了以后拿老式的脚踩缝纫机缝龙衣，之后才画龙鳞、贴龙头，最后再着色。

我接触舞龙和制作龙灯是在 20 世纪 80 年代，我那个时候十几岁，还在读书，平时我父亲在做龙，我就在旁边看热闹。后来，他因为数量太多做不过来，我就帮忙递一个老虎钳、递一个篾刀，然后他叫我帮忙破竹子，打下手。后来又要做太多龙，就帮他画龙鳞，一步步学，经过五六年的时间，就慢慢学会了这套工艺。

那个时候，别人家人都在看春晚，我们家却从来没看过春晚，天天加班，通宵做龙，因为初一赶着要，根本没有时间看春晚。最多把电视放得远远的，一边做事一边听，都在忙着做龙，我们连续几年都看不了春晚。

产业化制龙成功

记得 1994 年大年初一，我们给别人做了很多龙，我们把龙放在家里，就等别人来拿。有一批南昌市周边的村庄来了 10 来个人，开车到我们家，他们说："我打听到你们这里做的龙很好看，我们想你们帮我们做一条龙。"但我父亲说："都初一了，时间不够，做不出来了。"

那些人看见我家放在旁边有一条龙，便问我父亲："可不可以卖给我们？"

我父亲说："这是别人定做的，可能这一两天就要来拿了。"

这些年轻人便问我父亲："多少钱？我们翻倍给你钱，这条龙我们就拿走了。"

他们想直接来拿这条龙，但我父亲不给，还说："你给再多钱都不能给你，这个是别人预订的，人家过年就等这条龙。你来晚了，你只能明年早点来，你不能说你有钱就把别人做好的龙拿走，这是绝对不行的。”

第二年他们就提前过来预订制作龙灯了。这个事情过后，我就跟我父亲讲，我说：“你平时不多做一点，到过年的时候，别人找到你的时候，你根本来不及做。平时多做一些放在这里，等过年的时候，你就有现成的，也不用天天加班。”

我就说：“能不能提前做一点，我们过年的时候也可以开心看春晚，免得到年底的时候别人来催差。”

但是我父亲是传统的文人，他对这个很反感，他说：“如果提前做好了，那就不是给别人帮忙了，就是做生意了，你做好放在那里等别人来买，你是做生意，如果别人找我做，我帮他做，我是帮他，我是手艺人，别人请我做我才做，别人不请我，我就不做。”我父亲这种传统文人非常讨厌提前做好，拿来卖。

我就跟他谈判，我说：“如果你这样搞，想要龙灯的人会很麻烦。为了不让别人空手回去，同时我们多赚点钱有什么不好呢?”

那个时候，我每天白天上班，晚上骑自行车来帮他加班做龙。每天要骑 1 个小时的车，有时候晚上做通宵，有时候夜里 12 点还骑车回去，风里来雨里去的骑个自行车，路上来回 2 个小时。

我说：“我们买不起摩托车，那我自己做龙，赚一个摩托车可以吧。”

他说：“你自己赚自己买，那我就不管。”

过了年以后，我就拿我的工资去买材料，买了些竹子和布匹，开始陆陆续续去做，做一些龙放在那里。第二年春节的时候，我提前做好一批，别人看见有现成的，就直接买走了，效果就蛮好的，我不但赚到了摩托车，还有钱赚。

1995 年之后，我平时就请周边的邻居，三四个人到我家的院子里帮我做龙，给他们发工资，我父亲就在旁边指导。买材料、发工资，他什么都不管，就我自己负责。赚是我负责，亏也是我负责。就这样，我家变成了一个制作龙灯的作坊。但他还是要约束我，比如说：一年只允许我做 10 条龙或者 20 条龙，不准做多。他说：“做多了卖不出去怎么办?”但是，我们每年做的 20 来条龙，一到过年都被别人买走，每年都会有人来，一年比一年多。

直到我父亲去世以后，我就放开手脚了。父亲去世第二年，我自己也没那么多钱，就开始借钱、贷款，请了 4 个人。到年底，做了 100 条龙。离过年还有一两个月的时候，就发不出工资了，因为做的太多了，要买原材料、发工资，没钱了。帮忙的邻居们说：“你这做了一年了，一条龙都没卖出去，每个月还要花钱发工资、买材料，这两个月就不要发工资了，我们都是农民，田里都种了粮食的，不需要靠钱活命，这就是赚点手艺钱，等你卖掉龙再说。”我说：“没钱也得想办法。”我就去借钱，按月把工资发给了邻居。

到了春节的时候，这 100 条龙就卖掉了，压力虽然很大，但民间需求也很大，幸好市场潜力很大。从那以后，我们每年以 200～300 条的速度扩张，第二年做 400 条，然后做 800 条，做 1000 条，到现在我们一年做 1 万多条龙。

就这样，口口相传，一传十十传百就传出去了。每到春节，周边村子就会有人来找我买龙，我的作坊就慢慢地扩大，我把它做成了一个产业。现在我公司做的龙已经卖到了世界各地。

一炮打响城南龙

20 世纪 90 年代末，我办了内退，就没去上班了，专心制作龙。在 2000 年初的时候，我送了一条龙给赣州的在校大学生，让他们到学校里去玩，看看能不能在学校里把舞龙运动开展起来。结果，他们在学校校运会上把这个舞龙活动组织起来了。院长觉得这个龙蛮漂亮、蛮好玩的，便找到舞龙的学生，问："你们的龙是从哪里来的?"学生们说："是南昌一个做龙的人送给我们的。"

于是学校领导把我找过去，他问我："能不能多送点龙给我们，我们想把舞龙运动开展起来，如有舞龙比赛，好去参赛。"我说："可以，只要学校有需求，我都支持。"我又多送了一些给他们，就这样，他们在学校里面把舞龙运动开展起来了。

很多学校花钱买龙，舍不得训练，怕磨损，有了我这种不花钱的资源，学生们训练起来就比较舍得了，天天练天天练，破了我又送给他们，练得技术很好，就参加全国舞龙比赛，拿了冠军。在 2000 年的时候，当时是广东举办的舞龙比赛，《佛山日报》登出来："佛山狮称霸，江西龙成王。"说我们江西龙舞得很好，像龙王一样地拿了冠军，大家都觉得江西做的龙很好，就这样一炮打响。

目前，我们的龙主要销售还是国内市场，学校占 40%左右。因为全国各地的很多大学里的体育系中的民族传统武术项目都有舞龙队，国内的很多农村，像浙江、福建、湖南、湖北、安徽、山东、广东等地，每年春节都有这种传统风俗。现在公司有 50 个人，有做设计、营销、生产、管理等人员，我们形成了一个团队，有了自己的工厂。

创新续龙灯之魂

在龙灯行业，全国各地都有人会做，因为这是中国的传统文化，但是我们是最早做创新把龙改造成最方便运输的，所以我们做的龙传播得最广。现在世界各地只要有华人过年玩龙灯闹元宵，几乎就有我们制作的龙。

在结构上我们进行了可折叠创新。材料上经历了由纸变成了布、由布变成了竹子、由竹子变成了竹子加玻璃钢，再由玻璃钢变成了铝合金，直到现在用的塑料。在形状上，根据买家的要求制作各种特色龙，如有的人要草做的草龙，还有人要荷花形状的荷花龙，竹子形状的竹子龙，单独一个板凳做的龙，甚至有戴在头上的头盔龙（小朋友玩），各种各样很丰富。如彩带龙的创新，是新冠肺炎疫情促使它发展起来的。去年我就开始创新给小学、幼儿园的小朋友们玩的龙，方便在小学里面推广。但是疫情一来，我们就受影响了，整个行业都萧条了，过年大家都不准出门，就不能去拜年，大家就不买龙了。该怎么办呢？我们把大龙改良成一个人可以玩，还能健身的龙。对于这个新产品，我做了很多推广活动，我们搞了一个彩带龙比赛。彩带龙在家里可以一个人玩，也可以是一个群众性项目，不分年纪，适应性很强，我们把它作为一个群众体育项目往外推广。我们就这样慢慢一直在改，但是延续的还是龙文化，只是道具在不断改进，更适合现代人使用。

南昌市青云谱区的文化部门和宣传部门很支持我们，因为我们是青云谱区的文化品牌。当时也是文化部门建议我们去申报的非物质文化遗产。

2005 年，江西省体育局成立了龙狮协会，我是发起人之一，专门搞舞龙比赛。在龙狮协会成立之初，我们企业才刚刚成型，企业没什么资金，我的流动资金就 1 万块钱，我就把全部资金给了龙狮协会搞了江西省的第 1 届舞龙大赛。

我们租了一个宾馆的房间，作为江西省龙狮协会的办公室。我给他们买电脑，买设备，一起把龙狮协会建起来了。龙狮协会运作起来之后，我们就去联系各个大学的校长和体育系的老师或学生，邀请他们来参加龙狮协会。当时是由省体育局的群体处来支持这个项目，当时我是龙狮协会的常委，去年改选了，我现在是龙狮协会的副主席。

成立协会以后，舞龙项目就比较正规了，江西省每两年举办一次舞龙比赛，而且很多比赛我都有赞助。2009 年我还赞助“城南龙灯杯”学生舞龙大赛，是省级赛事，参赛的有各个市大中小学的学生，大概 20 支队伍参赛，我赞助了赛事所需的龙，还提供了 2 万块钱作为赛事经费。前几年，像江铃集团、江西铜业集团等很多企业和一些部队会参加龙狮大赛。

网络拓海外市场

舞龙作为一个纯正的民间体育项目，有很广阔的民间市场。每年春节的时候农村大多都会搞舞龙比赛，需要进行采购。在经营上，我们就是走市场，只有把这个产品做得更好、更方便运输才可以。我们很早就介入淘宝了，我们有自己的淘宝店，有自己的网站。

我们在2000年初的时候，建了一个城南龙灯的网站，进行推广城南龙灯、龙狮民间传统文化，当时用谷歌搜“龙灯”两个字，我们网站排在第一位。作用最大的是我们的网站，我从来没出过国，世界各地的人来买我们的龙，就是通过网络。很多华人华侨是在网上找到我们的。第一个买我们龙的海外华人发邮件给我说：“我在网上看到你们的龙，做得很好看，我们唐人街每年都会闹元宵，要搞庆典，都需要这种龙，但是在美国找不到会做龙的人，能不能给我们做一条寄到美国来?”于是我就做了一条给他寄过去了。当时，龙身的体积很大，因为龙都是用竹子扎筐子，杆子很长，拆不下来。所以要把这个龙运到美国很麻烦。我们找了一个很大的木箱，光运费花了8000元。但是在美国反响很好，他又发邮件说：“你这个龙做得很漂亮，很多人想要，但是运费太贵了，你能不能想办法把运费降下来，你能不能把体积缩小一点，这样，我们在国外的很多华人社团都会来买你这种龙。”

于是，我就天天去想办法，做了很多实验。我们还申请了很多专利，在龙的结构、骨架、材质方面做了很多改进，将龙改为可以折叠的。改进后的整条龙装在一个纸箱里，就可以运到国外去了，现在一条龙运到美国800元左右就够了。

2017年的时候，有2个乌兹别克斯坦客户慕名来到城南龙灯生产基地，连翻译都没带，就拿个手机翻译软件，根据网站的地址找到我们这里来了。他们国家有一个中国文化节，需要舞龙道具，便专程到这里来买，我们交流全靠翻译软件。

我们制作的龙销往的国家主要有美国、英国、法国、德国、东南亚、日本等20多个国家和地区，销往国外的数量每年在100~200条。

也有很多海外华人来我们厂里参观学习制龙。如有一个新加坡的华人社团，他们带舞龙队和新加坡云清中学学生到中国来考察龙灯怎么做，就把我们作为其中的一个点参观考察。还有韩国某个大学中文系的学生，每年有一二十个学生交换到江西师大来学中文，他们也会到我们厂里来参观考察，学习中国传统文化，看看这个中国龙是怎么做的。

我们在江西九江组织的国际龙狮大赛，台湾也有一批队伍来参加过舞龙比赛。比赛以后，他们到我们厂里来参观过，觉得我的龙很好。后来我去台湾旅游的时候，他们也带我去他们的学校，组织学生舞龙给我看，我们一起交流这个龙应该怎么样改进、怎么舞才更好看。

有一位捷克人，他发邮件给我，他说：“我们在网上看到你这个龙很漂亮，我们是捷克龙舟俱乐部的成员，我们很喜欢中国龙、中国元素和中国文化，能不能寄一条龙到捷克来?”于是，我们就寄了一条龙到捷克去。路上花了3个月的时间，最后到了捷克。他们说：“我们终于买到真正的中国龙了。”后来他们在欧洲各地巡演。

他们还把这个龙舞到埃及去了，发给我一张他们在埃及金字塔舞龙的照片，他说："你看，埃及的金字塔，中国的龙，两个古老的文化融合在一起，在埃及的金字塔边上舞中国龙，这个是我们捷克人做到的。"他们对舞龙好感兴趣、好喜欢。

访谈后记

通过视频采访的形式，在与传承人史克滨先生的交流中，他给我留下了两个方面的深刻印象，一是孜孜不倦的创新精神，他不断地根据现代社会不同群体开展舞龙活动的需要，在制龙的形状、材料、结构、重量、尺寸等各个方面进行创新，并获得了多项实用新型专利。二是他出色的经营能力和品牌塑造能力，从每年制作几条龙的小家庭作坊，发展到现在每年生产上万条龙的工厂，他的创业史为相关体育非遗项目的产业化发展，以及体育非遗文化品牌的塑造路径均提供了很好的借鉴。

河南苌家拳代表性传承人苌红军与苌丙军口述实录

采访时间：2015 年 4 月 9 日（第一次）；2019 年 4 月 1 日（第二次）

采访地点：河南省荥阳市王村镇后新庄传承人家中、新庄苌家拳祖庙

采访人：陈小蓉、金春霞、郭红卫、王楠

项目简介：苌家拳，又称苌门拳、苌家锤，是中国传统拳术之一，由原河南汜水县苌乃周（1724—1783 年）先生于清朝乾隆年间所创，迄今已有近三百年的历史。苌家拳注重练气养气，纵横开合之妙，均发前人所未发，集易理、医理、拳理之大成，融内气、外形、技法于一炉，具有很高的技击和养生价值。苌乃周自云："得吾道者，大可以返本还原，超脱飞升；小可以强筋健骨，祛病延年；至于御侮制敌，特其粗迹耳。"2008 年，苌家拳被列入国家级非物质文化遗产代表性项目名录。

口述人简介：苌红军，男，荥阳市王村镇后新庄村人，自幼随父苌新法习练苌家拳，为苌家拳第八代传人，非物质文化遗产苌家拳国家级代表性传承人，苌家拳研究会副会长。

苌丙军，男，苌家拳第八代传承人，与苌红军为亲兄弟，家中排行老五。

一、苌丙军口述

本是书香传世家

苌家拳起源于清乾隆年间，由苌氏第十二世孙苌乃周创立。苌乃周，字洛臣，号苌三，清雍正二年出生于一个书香世家。他的爷爷、爸爸、哥哥在清朝时候都是有功名的人，根据家谱记载，他的爷爷苌印昌在五十多岁时候考上举人，但没有去做官；他的父亲是苌仙湄，我曾在一个墓碑上看到苌仙湄还是个文林郎；苌乃周的

大哥苌仕周在山东蓬莱等地做过知县，他的《易经讲义》在清朝被收录进了《四库全书》。

让人意想不到的是书香世家的家庭背景没有决定苌乃周的个人性格特点，他从小就喜欢舞枪弄棒。他的哥哥为此还经常训斥他，想让他走上习文之路。然而，成人以后的苌乃周更加嗜武，以专一武道为乐，在学习闲时就整天练拳，以至于他的父亲也没有办法，只得在苌乃周结婚后，让他到后新庄去另立门户了。

另立门户的苌乃周就在我们现在这个地方的附近买下了地，盖起了自己的房子。日后的苌乃周又因为这宅子获得了一个新的称呼——“苌三宅”。说起“苌三宅”，这在汜水方圆多少里内都是为人所熟知的，而与之形成对照的是，倘若你现在跟别人问，知道苌乃周不？估计你得到的都是否定的答案，因为大家已经习惯了称他为“苌三宅”，而忘了他的本名。

苌乃周在另立门户后不久，就开始了自己的武术生涯，在历经多方面拜师求学后，最终在家乡汜水后新庄村创立了苌家拳。

博采众长融贯通

苌家拳的诞生带有很强的博采众长的特点，而造成这种结果的原因是苌乃周所处的地域和时代特征。由于汜水县这一片自古就有习武的风气，所以在苌乃周创编苌家拳之前，他有很多机会学习各种武术。

在他编著的《二十四棒谱序》里就清楚地写到他与四川梁道的故事。这个故事说：“乾隆二十一年九月九日，余与友人禹子鸿起饮酒赏菊，家童来禀，门外有义人求见。出问其所之，义人曰：‘天下访道’。请入室，以酒敬之。问其姓名，言姓梁名道，四川人也。谈文，无所不通；论武，精于枪捶。次晨，庭前演武，果为奇手。又将棒一舞，其中之三尖照到，老少随合，刚柔相济，阴阳相生，忽大忽小，忽长忽短，内气外形，贯通合一，宛转妙用，皆中法律。余一观之，快然悦于心，契于志，不禁喟然叹曰：‘此有道之棒也，愿学之！’复以谱志之。留义人十余日。义人辞，苦留，义人三辞。无奈，增路资而去。”

其后，随着苌乃周对于武术的热衷不断加深，其对武术的研究也越发深入，使得名气越来越大，也有更多人慕名过来交流。河南洛阳闫圣道就是其中一个，“余成童苦嗜武，读书之暇，他务未成，专以舞蹈为乐，虽先兄屡训，私爱终难自割，徒以传授无门，东支西吾，劳而罔功，深愧无成，后十年，遇河南洛阳县，闫圣道指点一二，颇觉进益”。这反映了创编苌家拳的经历。

正因为向这些人的求教学习与交流，我们在苌乃周创编的苌家拳中，既可以发现四川武术文化的特征，也可以发现洛阳的武术文化特征，还有本地的虎牢关张氏的拳法特征。

还有像二十四大战拳也是有故事的。资料记载，苌乃周小时候学了这个拳，他就一直都没有忘，等到他长大了后，又练了这个拳并按照自己的一些想法和理解又重新演绎创编了二十四大战拳。

苌乃周还学过猴拳等各种拳，然后在这些拳术基础上创立了二十四字拳，这二十四字拳对应二十四气。但是人们在学的时候，感觉二十四字拳有点拘执不化，这样就没法招徒弟了，于是他就将每一式又分成了八式，总共一百九十二式。

从这些简单的故事里，我们可以看出，苌乃周创编的苌家拳是在集各家之长的基础上融合自己风格，并充分结合实践发展出来的结果。

苌乃周旧闻故事（六则）

（一）神拳往事

以前农村里的人经常去县城里赶集，传说当年苌乃周所在村的一个人，在一次去汜水县赶集回来的路上，碰见了一个神秘的白胡子老人家。

那老人家问："你是哪儿的？"

"新庄的。"那村民回答道。

老人家说："那你捎点东西回去吧！"

"捎点啥？"那村民有点疑问地问道。

"你来。"老头有些神秘地讲。

然后那老头就给那人打了一套拳法。打完以后，让那人练练，结果那个人学会了。

老头接着说："你将这个东西捎回去给苌乃周，苌三宅。"

"中！"那村民点头说。

那人回来后，见到老三爷说："我去汜水赶集遇见一个人，他让我给你捎点东西"。

"捎了啥？"苌乃周问。

他把学来的拳给苌乃周打了一遍。

苌乃周看后也很快学会了，但此时旁边那个人已经把学到的都忘光了，再也不会了。这事就有些蹊跷了，所以后来大家都觉得这个拳有点神拳的意思。于是便有了这个神拳的传说，而且这个拳法到现在还在流传。

（二）大盗难盗

当年这里有个大盗叫王伦，他把自己的衣服压在石狮子下面了，他说："如果谁把这衣服取出来了，我就走，再也不抢这片地方的东西了"。

结果，苌乃周不但把他的衣服取了出来，还高高挂了起来，大盗一下就知道苌乃周的功夫水平了。

（三）功力断石阶

苌乃周一次去他亲戚秦家，秦家是个大户，有很多人，大家都听说苌乃周功夫了得但是没有见识过，有些人话语里就显示出了对于苌乃周武功的怀疑。结果，苌乃周就不动声色地走上亲戚家的楼梯石阶，看上去也没有很用力气，但是走一步一块石阶就断了，走到最后一个石阶，家里人叫起来："留一个台吧。"结果就最后的那个台阶没有断，其他都断了，而且最上面的方石板都酥了，说明他用了很深的内功，大家都很惊讶。现在这个被踩断的石阶还在，人们还可以看到。

（四）气贯金石

由于苌乃周的功夫好，有好多人来拜他做师父，但是小徒弟们很多也没见识过师父的功夫，对师父的"气贯金石"的功夫比较好奇。有一次，苌乃周就拿着一个水杯在青石板桌子上一放，那个青石圆桌就断成两块。当然，这只是个传说，现在没有实物可以证明了。

（五）功夫留一手

苌乃周有三个儿子，分别是苌其实、苌其天、苌其渊。其中苌其渊是学得最好的一个。老三爷去世以后，他的大徒弟柴如桂很骄傲，认为师父去世后，他就是最厉害的了。柴如桂来苌家的时候，就把枪丢进了房间，结果苌家的几个儿子都已经用轻功飞到墙上了。这个功夫是师父没有教过他的，他也意识到师父没有把所有功夫都教给他。

苌乃周有记载的徒弟在大江南北就有 14 人，其中多数都在河南，如开封、登封等地。现在发展不错的有开封的，还有新密的。以前练的人多的时候，还有人回来祭奠苌乃周，后来练的人少了，也就没什么人再来了。

（六）苌乃周画像故事

苌乃周的塑像是根据画像做的，这个画像也是非常传奇的，最原始的画像是很有故事的。当年苌乃周已经很出名了，于是汜水县的一个著名画师就跟苌乃周建议说要给他画个像，以后可以传于后世。苌乃周同意了，于是就把画师请进了家，结果这个画师画了一个月也没有把苌乃周的画像画出来。苌乃周于是非常生气地说："你走吧。"这个画师一出门，苌乃周就送出门外，坐在一个树墩上，然后眼光向上，真的很生气，这时画师扭头一看，说："咦！别动，就这，神气出来了。"困扰了画师一个多月的神气，在这一刻得到了解决，不一会儿，这张画就完成了。

二、苌红军口述

刚柔相济多章法

在拳法上，苌家拳与太极拳、少林拳两大拳种就很不一样，像太极拳的动作比较慢，少林拳刚的动作比较多，苌家拳则是刚柔相济、柔中带刚、刚中带柔、攻防一体，有退就有进，退就是进。

从细节上看，苌家拳的握拳方式与其他拳种也不一样，苌家拳握拳方式是四指握紧，大指掐住食指第三节横纹处，这用我们自己的说法叫"土冠四德"，握固其指团聚其气，击之不散，分之不开，合于"五行团聚之法"。

苌家拳的综合特点可以因此总结为：头如蜻蜓点水，拳似山羊抵头，腰如鸡鸣卷尾，脚似紫燕穿林，刚柔相济，柔中带刚，刚中带柔，柔过气，刚落点。

苌家拳有十几种套路，比较常见的有二十四字拳、上二十四势、下二十四势、中二十四势、引战拳、小罗汉、大罗汉、炮锤、青龙入海等。苌家拳涉及的器械有刀、单剑、双剑、三十六枪、四枪、八枪、双剑敌枪、单剑敌枪、对棒、七十二棒，还有猿猴棒等。总的来说，各个套路的总体特点都一样，只不过涉及的套路招式不同。

苌家拳创编的理论体系也非常齐全，像《中气论》《阴阳入扶论》《刚柔相济论》《过气论》《炼气论》《点气论》等都为其提供理论支撑。在一代又一代的传承中，我们也没有对老祖宗的拳法进行什么改变。就我个人而言，我总认为他的拳在创编那时就已经到了一定境界，以我们的水平还改变不了，倘若一变就失去了它本来的面目。苌家拳套路中的种种变化又是万变不离其宗的，因为苌家拳的每一式都离不了《中气论》，都是基于《中气论》理论上分出来的招式，因此我才会说这没法变。苌家拳中涉及的那些剑、棍，以及对练也是一代一代传承下来的。

一生勤苦为传承

我父亲苌山林从他十六七岁自洛阳师范学院毕业之后，就一直在荥阳一带从事中小学历史教学工作。但这并不是他唯一的身份，他同时也是苌家拳的第七代传人，为苌家拳的当代拳法传承与资料收集作出了非常重要的贡献。可惜老人家在 1991 年刚年满六十岁的时候就因过度劳累去世了。

父亲还在世的时候，跟我们说过很多关于苌家拳的故事，由他亲身经历的则更多。记得他跟我们说过，在“文革”中我们苌家拳的遭遇，以及遭遇之后对自己的改变。其中有一段说是“文革”那个时候正讲究“破四旧”，我爷爷当年为了防止我家保存的两大袋老拳谱被人抢去烧了，于是就把这些拳谱运到山里朋友家让朋友代为保管。爷爷的朋友就把这些拳谱放到红薯窖里了，说这样很安全。爷爷就安心把拳谱放在那儿，准备到“文革”结束再去取回来。后来爷爷心里一直挂念拳谱，没等到“文革”结束就要去取，结果朋友却说那个红薯窖被水淹塌了，那些拳谱都付之水淹了。爷爷为此非常痛心。

但经过这个事儿之后，我父亲就开始留心了。

父亲说，当初在外面流传的拳谱已经很多，他就看谁家有，咱也不要，就借来抄一抄。那段日子，他每天晚上都抄写，直到深夜两点才休息，然后到三四点又起来抄写，甚至在学校工作的时候也不忘这事，等到学校放学了他就在学校抄写，真的是呕心沥血。在那个时候，谁要跟着我父亲学拳，我父亲就会给他写画一套拳谱，像陈万里、陈万卿、史振江等徒弟都有。现如今最老的拳谱已经放起来了，我们看到的拳谱全都是我父亲当年抄画的。后来，他还把各种资料汇总，准备整理出书。他拿着资料到各地奔波，但因为家里非常穷，孩子又多，我们家实在担负不起出书要花的钱，以至于到现在，他准备的那些资料还在家放着呢。

在 20 世纪 70—80 年代，我们这里人人都练习苌家拳。每到傍晚，周边村庄的人们都会自发地聚集在练功房，相互切磋。练拳看拳成为当时人们的主要娱乐方式，练功房天天挤得满满的，一个人还没有表演完，另一个就开始登场。拳脚不精的，老婆都会骂他是“窝囊废”。后来，我父亲就想把他 1971 年整理出来的苌家拳老拳谱拿出来传承发扬，但是当时的社会环境不允许他随意授课，因为教拳需要一定的资质，同时也害怕学生学了拳会出去惹是生非，于是父亲便向省武协求助。

在 1982 年，我父亲举办的培训班获得了省武协的支持。记得那时父亲从郑州领回来一个写着“苌家拳辅导站”的锦旗，然后就宣布苌家拳辅导站正式成立了。在当年场地条件有限的情况下，我们将这个辅导站设在我们新庄子的一个院子里，在那里进行招生和教学工作。我父亲的辅导站一期能招四五十个学生，他从晚上六点半开始教学，一次教两个小时，然后由他们自己再单独训练半小时，一期训练两个月。

那会儿晚上吃完饭，在我家院子里站满了学拳的人，当时是学会了的人就出去练，谁不会了就继续教他们。在教的过程中，你这一式学不好，就不给你往下教，这一式你练好了，你再做下一式，以此循序渐进。因为当时那些学员都是附近村庄的人，其中也有个别学员可能是离这儿一二十里地的村庄跑来的，知道当时大家家庭条件都一般，父亲也没有收大家的学费。后来由于各种条件限制，在辅导站开了三期之后，我父亲就没有继续开这个辅导站了。可喜的是，由于我父亲教的三期学员中有五六个是学校的老师，在他们学成后就继续在学校里教学生。

除了附近的村民跟我父亲学拳外，其实我们兄弟五人的苌家拳也都是跟随我父亲学习的。从我六岁开始，我父亲就要求我跟他学拳。父亲对教我们学拳很认真负责，他督促我们不但早上练，晚上也同样练习，并规定晚上不学拳、不练拳就不可以出去玩。那时我们只好跟着他学一遍、练一遍，把拳式学好练好。兄弟几个一个比划一套拳法后才可以出去玩，有其他事才可以去办。也就是在这样的训练要求下，我们在今天才可以成为苌家拳第八代传人。

在 1983 年左右，郑州市武术协会专门成立了苌家拳研究会，我的父亲担任会长。与此同时，国家开始进行传统武术的挖掘整理工作，当时我父亲也参加了。在 1983 年第一次全国武术挖整、1986 年第二次武术挖整之后，父亲将我们苌家拳一部分拳谱献给了国家。我父亲还因此获得全国武术挖掘整理工作组颁的“雄狮奖”。除了捐献给国家的拳谱外，我父亲还整理出了一整套拳谱，起初是想出书的，结果后面发现出书要钱，而家里经济又拮据，所以这出书的事情就一直搁置了，那整套的拳谱也都放在了家里。

世世相传已八代

苌乃周过世后，其创造立的苌家拳由其子孙后代继续代代相传，在经历了第二代苌其渊、第三代苌廷扬、第四代苌连登、第五代苌群英、第六代苌合掌、第七代我父亲苌山林和我作为第八代传承人的传承后，苌家拳已有约 300 年历史。

苌家拳有择人的条例，像是在我父亲那时候传授徒弟，要求你的品行必须得过关，人品不行是不会教你的。到后来就没有这么多要求了，因为想往下传承，把这个条例框框都先放到一边，没有按这个来要求。我们现在招学生，只要你来，看你体格，只要你愿意学，咱就教你，咱是为了把咱国宝传下去而不让它失传。

现在我收的徒弟，他们一般都是农村的，没有出去工作的。在我们这里，外地人来，我也会教，教了以后他隔一段时间再来，让我看看他练得中不中。至于我们家里的弟子，像我的儿子、侄子们，他们是每天都得练习的。

苌乃周的后代也有对苌家拳进行发展和创新的，像苌其渊就在跟着他父亲苌乃周学习的基础上，在父亲的指导下创立了新式的枪锤棒，这是在家谱里记载的。但是苌家拳到我父亲一辈的时候，就没法谈创新了，因为我们的水平达不到前人的水平，前人已经研究得非常透彻，能把他们的东西传承下来，发扬光大就很不容易了。

现在要谈推广，只能从原来的招式套路中抽出一部分去练习推广。我们这代能够继承老祖宗的东西就只有百分之五六十，像上来起纵飞舞、底盘，这些现在都很难做了。当然，这些武术并不是没有了，而是没有人愿意下苦功夫去练了，下了苦功夫都是可以练出来的。就我而言，正儿八经收的徒弟也没有几个，收了的徒弟，他们过年会回来，继续学习，一过了年就又出去了，都出去抓经济去了。外国来学拳的人也有很多，像前几年从波兰、英国来的，也都来过几次，到了我们这儿，请你练练给他看看，他学一招一式就走了。

现在人的头脑都看钱呢，因为没钱就没法生活，农村的年轻人都出去了，那些回来的，有些还是上夜班的。总的来说，传承受到各种条件的限制，但即便有这些限制，我们也要想方设法去传承。尤其是城里学校放暑假的时候，我们要更努力去面向学校招生，去拉学生回来学，这是个机会。

我们日常的推广传承主要是往郑州、荥阳两地，目前荥阳已把苌家拳放在学校日程上了，在郑州巩义也是如此，都是由教体局安排进入校园传承。现在王村有七个小学、荥阳有两个小学都在传承苌家拳。

事实上，为了这个校园传承，我们每天都很累、很辛苦，但现在都说从娃娃抓起，让咱们的小孩知道咱们的苌家拳，才更有益于苌家拳的传承。我的三个儿子和侄子也都在学苌家拳，进校园传授时师资主要就是我们兄弟几个以及孩子们。大家为了传承我们的苌家拳，这么多年都是坚持公益教学，都没拿工资。值得欣慰的是，我们并不是单打独斗，我们的传承工作得到了许多人的关心，包括咱们郑州市刘老师也经常来找我，到我这里来，跟我探讨如何继续把苌家拳发扬光大。还有我父亲的徒弟万里、万卿等人，我们都经常在一起切磋苌家拳，大家都在为苌家拳的发展作贡献，目的就是把苌家拳发扬光大，传遍全国及全世界。

访谈后记

我们两次前往王村镇后新庄对苌家拳的传承人进行采访，一次在代表性传承人苌红军先生的家，一次在苌家祖庙。

苌家拳的传承具有鲜明的家族传承特色，苌家共有5个兄弟，每一次采访，五兄弟都会陆续到齐，围坐在一起或是插话补充，或是静静聆听，或是一人给我们展示一套拳法。可见，一家兄弟5人，将祖传的苌家拳视为家族珍宝，且重视苌家拳的传承与发展。

第二次采访时，传承人苌红军拿出苌家拳家族珍藏的拳谱说，父亲为五兄弟每个人亲自抄了一本拳谱，并在每本拳谱的第一页上，都写着同样的一句话：“继承祖先遗产，发扬更大光荣。”从父亲对每一个儿子的叮嘱中，我们能够看到在父辈与子辈的代际传递之间，两代传承人身上共同的责任与使命，以及苌家拳在家族中的生生不息。

研究团队与苌家拳传承人合影

河南心意六合拳代表性传承人吕延芝口述实录

采访时间：2017年3月24日上午

采访地点：河南省郑州市省体育局职工宿舍

采访人：陈小蓉、金春霞、崔家宝

项目简介：心意六合拳循天人合一、阴阳五行之理，以动静、虚实、进退、起落变化为形，集飞禽走兽搏击之态为意象，是我国传统文化的肢体表现形式之一。在练习过程中结合宗教信仰，具有修身养性、强身健体、祛病养生的功效。心意六合拳由于长期在回族内部流传，较少受外界形势变化的影响，比较完整地保留了本来面目，对研究回族宗教文化和武术文化具有重要参考价值，是我国古代武术的活化石。2008年，心意六合拳被列入国家级非物质文化遗产代表性项目名录。

口述人简介：吕延芝，女，国家武术高级教练，中国武术八段，国家级社会体育指导员，心意六合拳嫡亲传人，退休前任职于河南省武术运动管理中心，多次参加全国比赛并获得优异成绩，其编整的《心意六合拳》被选入中华武术文库，并任新编《少林拳规定套路》编辑组组长，曾应邀赴瑞士讲学。

教门武术代代传

心意六合拳是我国古老而著名的优秀拳术之一。有史料可考，心意六合拳产生于明末清初（1602—1680年），由山西省永济市尊村人姬际可（字龙峰）所创，距今约400年的历史。

心意六合拳是姬际可在熟读岳飞武穆拳谱后受到启发，结合自己的习武心得创立的一门武术，因长期在河南回族中传播，也被称为教门武术。心意六合拳的创立及传承谱系脉络清楚，经多代后辈传人的增补创新，现已成为国内外传播广、知名度高的拳种之一。

我自幼就跟随父亲练武，身为一个女孩子，我平时很注重练法，但是没有把很多时间用在研究本门心意六合拳的历史传承上。我从小听父亲讲的就是“心意六合拳乃岳武穆王之所创，是适合于五纲十二目统一全体之功用也”，虽然听不太懂，但父亲讲得多了，也就记住了。

明末清初，河南洛阳马学礼遇一隐士得授此拳，并传徒甚多，为河南心意六合拳的传承发展作出重大贡献。此后数百年该拳世代相传，形成了漯河心意六合拳和周口心意六合拳。

相传，当年第二代传人马学礼返回洛阳后，将此拳传授给了马三元和张志诚，让他们成了第三代传人。马三元是漯河临颍繁城回族镇人，虽英年早逝，但生前将功夫传授给繁城人孙河，孙河传授漯河舞阳县北舞渡人丁四，丁四又传授至吕金梁，吕金梁再传授至吕青魁，吕青魁又传授至我父亲吕瑞芳，形成一脉。张志诚传授于其外甥李政，李政是河南鲁山人，是第四代传人。后来李政传授其好友张聚，张聚是鲁山县山郎庙村人，是第五代传人；后来，张聚又传授其子张根、侄女婿买壮图、郏县人李海深，他们是第六代传人。

19 世纪后半叶，威震山陕、名播黄淮的心意六合拳第六代传人买壮图到周口经商，先后将心意六合拳传授给袁凤仪。此后，心意六合拳传入并落根周口。袁凤仪授徒尚学礼、杨殿卿、卢嵩高、宋国宾等，这一批皆为心意六合拳第八代传人。

由于心意拳长期处于封闭保守的状态，故有宁可失传不可乱传之说，所以数百年来的传承大都是单传。此拳虽名震海内外，但真正能学到此拳的人却很少。目前河南的主要传承地有漯河市、周口市、洛阳市、邓州市、许昌市襄城县、郑州市，且名家辈出。

我父亲是心意六合拳名家吕瑞芳（1908—1999 年），字风林，回族，河南漯河舞阳县北舞渡人。自幼酷爱武术，除继承家学外，又得到舅父丁兆祥的特意栽培，遂成了会同马式（马三元一脉）、买式（张志诚一脉）两支练法之传人，较为全面地继承了心意拳的内涵，查拳师承周口马忠启为其后来形成独特的演练风格奠定了基础。长年体悟理论、刻苦练功和教学积累，使他对心意拳的理解达到了常人难以企及的高度，为心意六合拳的继承和发展作出了重大贡献，是心意六合拳承前启后、继往开来的一代宗师，是成就“河南心意六合拳”的旗帜性人物。

父亲常说习武更主要是习文。良师、功夫、天资，更主要是良师和功夫两方面要走对，博采众长，不拘一格。心意、形意、查拳、八卦、太极融会贯通、得心应手，刚柔相济、轻灵敏捷，连环旋打赛白猿，体现了马三元的灵动、买先师的炸劲。父亲当年访临颍繁城马三元故乡时，在清真寺殿前坐在藤椅上边讲边比画，听当地老人讲，一发力椅子四脚下的方砖都震烂了，在场的人都很震惊。

心意六合拳在我们河南回族中被称为“教门拳”，本来不传外教，前辈都是在晚年才在至亲中择贤而授，所以传面极窄。吕瑞芳先生性格豁达，胸襟宽广，弟子中但凡人品可靠、正直上进者，不分回汉，均精心培养，尽授心意拳真谛。

20世纪80年代初期，教门内秘传一百余年的买壮图式心意四把捶经商丘一位爱好者长期登门求教，不辞辛苦请父亲耐心讲述，首次被整理成文字和图片资料在《武林》杂志上发表，引起武术界同人一致称赞。从此，我们常年在漯河、郑州、洛阳、商丘、驻马店等地义务教拳，为国家培养了大批武术人才，国外的武术爱好者也慕名前来求学。

通过心意六合拳本身的健身、防身功效，以及修身养性的特点，心意六合拳作为一项民间活动一直传承到今天，不仅拥有悠久的历史，还一直代代相传，这确实也是一件非常不容易的事情。

勤学苦练得真传

小时候我家住漯河市大新街160号，与清真寺一墙之隔，院子不大，一亩多点，草房几间，树有三十多棵，有一口井，有一块练武的专用场地，比地面高出三十多厘米，是被打磨过的，很平整。由于我父亲特别注重孩子们的锻炼，因此小时候我们兄妹五人跳绳、踢毽子、河里背沙、挖沙坑、练拳都在一起。至于后来具体我几岁开始学拳已经记不清了，只记得当时我的父亲带着我们，在那块练武的专用场地上天天练踢弹腿、四路查拳、剑六路短打对练，所以我们兄妹几人也都没敢偷懒，那时候也想偷懒，不敢，怕惹父亲不高兴。1953年，父亲参加省少数民族运动会，获省长吴之甫印章证书，从省里比赛回来响应号召对我们练习抓得更紧，久而久之，我们也就一直在努力训练了。

此后，我还经常在市里表演，父亲我俩对练那是真打，手都拍得麻木了。1973年，沈少三老师和练枪的队友丁功在省体育馆表演，他们枪递得好，打得顺手，体育馆像开了锅，三场表演都返场，重打第二回，这都是小时候父亲给打的底。后来我在省队练棍破双枪，我拿棍，两个男队友拿枪，打得热火朝天。我从20世纪60年代就开始接触六合拳。一开始的时候父亲的宗旨是“引导为主，兴趣为主”，后来等到我的认识与技术到达一定程度的时候，悟性也随之提高，随后就开始了我的专业之路。

1958年春节后，我和父亲到郑州参加比赛，当时年龄很小，非常想家，但是严厉的父亲说不行，必须参加比赛。我上场时不知道什么是紧张，平时练得表演出来就行，因为那时候这项运动更多的是一种表演项目，还没有精雕细刻，不像现在标准化和系统化。举手投足这些都已经贯穿到里面。

到了1958年秋季，体委通知我去北京：看到第一个名字就是你！其间有人告诉我回去好好练，准备去北京比，当时我想："咱能去北京?"到北京后，有领导到各队巡视，来人就让我练。当我从北京回来以后，1958年底家里有人支援西北，我们一家就搬去了青海西宁，那时候是初二上学期快放寒假了，很多学校都不收学生，我父亲向体育部门自荐，说道："我们会武术，以后你们举行啥活动我们都可以参加，并指着我说，她已经代表河南参加过全国武术比赛了。"由于人才的紧缺，哥哥和我都进了青海省体工队，父亲是教练兼队员。第二年我们仨就参加了北京全国武术学习班，并结识了很多武术前辈，尤其是常振芳老师，常老师对我的关心爱护我一直铭记在心。

1959年，我参加了中华人民共和国第1届全运会，我是一个普通家庭出身的人，而获得这么高的荣誉、这么多的机会，参加这么重大的比赛，我真的认为自己十分幸运。那时总有人找父亲谈话，后来《人民日报》《体育报》《光明日报》，以及河南和青海的媒体等都登了"吕氏三杰"的报道还有图片。国庆节上午运动员队伍通过天安门，毛主席高呼"运动员万岁"，那精气劲跟阅兵一样。

1960年后，也是困难的开始，当时各省运动队开始减员，我哥哥去了青海民族学院，而我自己作为种子队员留到体操队训练。第二次参加全国武术学习班，同时参加西安的全国武术比赛，甲组枪术受到教练和队友的夸赞。

1962年，我们一家又从青海西宁回到河南。回到河南之后，当时漯河市市长李光明派人到我家找我父亲，给他安排到体委工作。1964年第2届省运会时，我又代表漯河参加比赛，后来又加入了河南省参加第2届全运会的队伍中。

1964年我到了省队，1965年参加第2届全运会。印象最深的是国庆节晚上，天安门广场有武术巡回表演，河南队的棍破双枪大受欢迎，掌声雷动，群情激昂，比赛完以后又回到漯河。后来我进了工厂，又被招到武汉的文艺队属于总后第二生产管理局的乌兰牧骑文艺队，因不适应那里的生活方式，我也没有在武汉待很久，最终我还是想要练武术，唱歌只是一个爱好，所以我就离开了武汉。

离开武汉之后，我就结婚了，我丈夫条件也很好。丈夫叫单子学，小名宝增，河南篮坛名宿，省篮球队核心队员，勇猛顽强、不畏强手、灵活多变、有团队精神，擅运传、远投和篮板球，后担任河南男篮主教练，曾带领郑州市工商队两次获得全国大企业杯冠军，出访德国等。我们的第一个孩子叫单良，曾获得首届世界武术心意六合拳金奖，和次子单斌带领黄河科技学院武术队多次获得全国武术比赛一等奖。

在父亲的引导下，我的技能水平也日趋提高，1985年，我被调到省体委武术处做行政工作，正赶上武术挖整工作和父亲编整的《心意六合拳》获金狮奖，并入中华武术文库，父亲在1986年全国武术比赛又获金狮奖。

注重内修六合经

我认为心意六合拳的精髓不在于一招一式，心意六合拳经是其中的关键点。我还记得当年学习心意六合拳的时候，见到长者时觉得他们都很谦让、温和、尊重他人、彬彬有礼，一点也不像习武的。像李青山、马中山，穆洪斌、赵凤歧、庞金亭以及河北邢台的陈固安等前辈对我父亲也都非常尊重，我时常会回忆起那年武术节上，那些长者互相敬茶、就餐礼仪的情景，留下很深印象。

我也认为学习心意六合拳不只是从理论上学习无极论、太极论、五行论、形体合一论等，还需要自身的阴阳平衡，这也是健康必要条件。其次是人与人的平衡，一个人需是善良的、无欺的、知足感恩的为别人着想的，有怜悯之心、有敬畏之心。

关于心意六合拳的理论体系，我认为是“心在内，而理周乎物；物在外，而理具于心；意者，心之所发也”。这个理论体系被认为是上乘的，这一点从练习心意六合拳前辈的身体（状况）和岁数就可以反映出来，因为心意六合拳的练习者中高寿的人会比较多，真正达到六合就顺、不合不顺。

在谈到心意六合拳的特点时，我认识的很多朋友也都一致认为，心意六合拳关键在于“六合”。所谓“六合”，首先是“内三合”，心与意合、意与气合、气与地合，这种心的启蒙和灵感是无法界定的，这个由心而发的与天地相通是没法表达清楚的。而“意”就是一种意识，这种意识包括灵感、知识、师父传授等。心决定人的意识，意识决定了气，然后才有力。“外三合”是手与足合、肘与膝合、肩与胯合，就像体育助跑一样，通过重心的转移，将整个人的身体各部分合为一体。周身齐到方为真。

心意六合拳还有身法六势：鸡腿、龙身、熊背、虎抱头、鹰捉、雷声；还有身内八要法：心定神宁，神宁心安，心安清净，清净无物，无物气行，气行绝象，绝象觉明，觉明则神意贯通，而万象归根。总之，阴阳平衡，对立统一，宇宙万物的法则、定律要遵守不可违。天育物、地养物、人承物，人与自然、人与人、人与自我要和谐，健身养生平和为最终目的。

在学习心意六合拳的时候，我能够看出有些长者的境界，其实年轻人很少有看懂的，只有在有一定阅历时，才会发现其中的奥秘，表面上看是随心所欲没有招式，但是当其发力的时候，你会感觉到一种惊乍劲，让人难以想象。

我们心意六合拳传承人代代相传的是一种天人合一的意境，它已经不是单纯的一个动作或一个招式，而是融入了大自然的炉火纯青。也就是说，心意六合拳练到了极致，就没有一个定式了，而是无拘拳法而随心所欲。我觉得这也应该是所有练拳的武者所追求的最终目标。

创办学堂促传承

1999 年，我退休后萌发了传递一点自己习武心得给孩子们的想法，于是 2002 年便创办了心意六合拳文武学堂。刚开始时学生只有几十个人，条件非常艰苦，但依然取得过很好的成绩——2008 年参加全省传统项目锦标赛，拿了 13 个金牌。学堂在此后七年中培养了一批优秀人才。他们在各级武术比赛取得好成绩，有全国冠军、世界锦标赛冠军，也有考北京体育大学技术总分第一名，还有军人、大学老师、干部等，现在大家在不同的岗位努力工作着。

2017 年在河南省体育馆举办了纪念父亲 110 周年诞辰活动，来自北京、上海、广东、台湾，以及西北、东北等地的 40 多支代表队济济一堂，80 多岁的有 6 人，其中 4 人上场表演，鼓舞人心，场内充满祥和安宁的气氛。

传承路上并不轻松，我也带着一身的故事坚持过来了，这就是心意六合拳的精神之所在，正所谓："吃得苦中苦，只为传后人。"

谁说女子不如男

一般来说，很多人都会觉得传承人应当是一个男人。但是在由我作为心意六合拳的传承人这个问题上，我父亲是特别开明的，认为姑娘、儿子都是后代，没有传男不传女这一说。

我觉得武术首先是要跟对了老师，因为不同的老师练的风格是不一样的。其次需要努力下功夫。而我也是在不停地和自己斗争，不断突破自己和部分人的质疑，走到今天，也是非常不容易的，这也验证了那句话——谁说女子不如男。

在心意六合拳的传承中，我也付出了很多心血，把心意六合拳的理论贯穿到各个拳种上，融入动作本身。每一个动作的起落过程都和心意有关系，形成规范性、协调性，要求力量顺达。我认为，在教学中需要有一个对学生负责的态度。

当今时代，除了继承，我认为要使这个项目随着发展兼具观赏性。之前我组合的一些套路，相对契合时代需求，有利于发扬。

心意六合拳是源远流长、内外兼修的一项运动，我只是浩瀚星空中的一个小小星辰，但是我也会用尽每一份光芒，为心意六合拳的传承贡献出自己的力量。女子本弱，为母则刚，作为一个母亲，我会给孩子树立一个好的榜样，将世代相传的瑰宝延续下去。父亲常说天人合一，物我同然，自强不息，拳也道也，遵循这种精神意志，不辜负父辈和国家的培养。

访谈后记

吕延芝老师今年70多岁，个子很高，白净斯文，身上带有一种优雅的文人气质，不像一个习武之人，但她的确是不折不扣的练家子，从小她就与父亲一起习武，传承心意六合拳。在采访中，她流露出对父亲吕瑞芳老先生深深的怀念和崇敬，以及父亲对她的悉心培养与严格要求，尤其是在技艺传授中，没有“重男轻女”的思想，对她与哥哥们一视同仁。

吕延芝老师人生经历十分坎坷，但她一直致力于心意六合拳的传承，尤其是她退休以后，集齐一切人力、物力、财力到回民武校身上，培养青少年选手，并常年在漯河、郑州、洛阳、商丘、驻马店等地义务教拳，为国家培养了武术人才，我们为她尽心尽力传承心意六合拳的使命感所折服。

采访完后，我们说想请她录制展示一套心意六合拳，又担心她年事已高，有所顾忌。没有想到吕老师爽快答应，起身拿起剑，下楼为我们展示，一整套动作行云流水，轻盈洒脱，令人拍手称赞。

研究团队与传承人吕延芝合影、工作照

云南沙式武术代表性传承人沙俊杰与李斌口述实录

采访时间：2016年8月9日（第一次）；2020年10月13日（第二次）
采访地点：云南省昆明市沙国政武术馆
采访人：陈小蓉、张俊杰、徐立宏

项目简介：云南沙式武术是由我国著名武术家沙国政先生创立的武术拳种，是沙国政先生在继承了通背拳、形意拳、八卦掌、太极拳的基础上，集数门功夫于一身，经过总结整理、博采众长、发展创新，在内容和表现形式上进行了再创造、再提高，并经长期实践、广泛传承而逐步形成的具有沙氏独特风格特点的拳、械及其理论体系。2013年，沙氏武术被列入云南省第三批省级非物质文化遗产名录。

口述人简介：沙俊杰，1962年2月10日出生于云南省昆明市，中国武术八段，云南省非物质文化遗产沙式武术代表性传承人，现任云南省武术协会副主席、云南沙国政武术馆馆长，云南师范大学特聘教授，2019“点赞春城·我为昆明代言”非遗代言人，曾代表中国国家队参加第四届世界传统武术锦标赛，斩获形意拳对练和形意拳两枚金牌。沙俊杰合著有《太极拳之美》，参与执行主编《中国武术段位制系列教程》之《形意拳》《通臂拳》《八卦掌》并做教学光盘演示，参与主编《沙式通背拳》《沙国政武术经典套路》，拍摄了由国家体育总局武术研究院监制的中华武藏《沙国政武学系列》光碟39盘，指导监修由日本发行的《武林名门沙家武术大全》上下卷光碟，被列入由中国邮政发行的《华夏情 中国梦》武术纪念邮册；数次应邀出访德国、英国、日本等地进行教学、表演及交流活动；多次组织并带领云南沙国政武术馆代表队、全国市长杯云南代表队参加国际、国内武术大赛，培养和辅导的弟子及学生荣获金、银、铜各类奖牌二百余枚。

李斌，1967年9月13日出生于云南省昆明市，中国武术八段，云南省非物质文化遗产沙式武术代表性传承人，云南沙国政武术馆副馆长，云南师范大学特聘教授，2019“点赞春城·我为昆明代言”非遗代言人，曾代表中国国家队参加第四届世界传统武术锦标赛，斩获形意拳对练金牌。李斌参编中国武术段位制系列教程之《八卦掌》并做教学光盘演示，担任《沙式通背拳》《沙国政武术经典套路》部分套路的编委、执笔和示范，拍摄了由国家体育总局武术研究院监制的中华武藏《沙国政武学系列》光碟39盘，指导监修由日本发行的《武林名门沙家武术大全》上下卷光碟，被列入由中国邮政发行的《华夏情 中国梦》武术纪念邮册，数次应邀出访德国、英国、日本、泰国、新加坡、印度尼西亚等地进行教学、表演及交流活动；多次组织并带领云南沙国政武术馆代表队、全国市长杯云南代表队参加国际、国内武术大赛，培养和辅导的弟子及学生荣获金、银、铜各类奖牌百余枚。

一、传承人沙俊杰口述

德劭艺高沙国政

我的父亲沙国政是一位优秀的传统武术家。他师承数位武术名家，在刘智、刘光兴、修剑痴处学习通背拳，在翟树珍、王者政、孙禄堂处修习八卦掌。在继承数位名家武术精华的基础上，我父亲整理创编沙式太极剑二十四式、三十六式、六十四式，以及太极拳对练、形意鸡形拳、八卦狮形掌、八卦连环掌、八卦掌对练、子午鸳鸯钺对剑、通背健身益气功等。他博采众长，不断创新，一生最大的成就是形成了集通背拳、形意拳、八卦拳、太极拳于一身的沙式武术。沙式武术在保存传统功夫精华的同时，又适应了时代新的发展，极具个人特色。

父亲的一生跨越了清末、民国、中华人民共和国三个时期。他出生的时候正值国家民族危急存亡之际，西方列强对中国虎视眈眈，民不聊生。父亲幼年时家境贫穷，七岁时仍然上不起学，只跟过祖父附近的一个私塾先生半耕半读了一些四书五经。当地有一位拳师叫王业武，每天都会练一练手脚功夫。有一次父亲见了，看入了迷，托了一圈亲朋好友才让王业武最终答应让他先试学看看，这一学就是六年。

我父亲确实是习武的好料子，记得快、学得像，短短几个月就学会了一趟少林拳。师父认真教、学生认真学，很快地，我父亲的冲拳就有模有样、虎虎生威，踢腿时脚尖可以够到鼻尖。有一天，他天真地问师父，学了这趟功夫能够打几个人？王业武师父笑了，做了个金鸡独立的架势，说："孩子，你要有本事把师父弄倒，那真就有了点防身的本事，来吧。"一开始，我父亲小心翼翼地试探了几下，王业武纹丝不动。我父亲一咬牙，拼尽全力使出了一个扫堂腿，却如踢在铁柱上一般，险些踢伤了自己的腿。父亲“哎呀”一声，抱着脚坐在了地上。王业武急忙蹲下，搂住我父亲，又心疼又好笑地说：“你这个实心眼，就不会轻点试?”“轻了，我怕扫不倒师父。”王业武听了这话，觉得我父亲既实诚又有想法，肯吃苦又会动脑子，感到自己没看错人，从此教我父亲更尽心了，六年时间给父亲打下了坚实的武术基本功基础。

13 岁那年，由于生活所迫，我父亲忍痛拜辞师父王业武，到当地商号干杂工谋生。幸运的是，在这个时候，父亲遇到了他武术上的第二位良师——姜华亭。

姜华亭师父教徒要求极严，特别注重徒弟基本功，基本功不行就一直练，如果始终不行就只能走人。我父亲在他那里，学会了十路弹腿、太祖长拳和小虎燕等套路。有一次，我父亲跟姜华亭师父上街，突然遇到一条恶犬迎面扑来，姜华亭师父拉着父亲一闪身，并起二指闪电般地向恶犬的腰眼一点，凶神恶煞的狂犬瞬间瘫在地上，呜呜哀鸣、动弹不得。亲眼目睹这惊险场面的父亲对姜师父的手上功夫产生了浓厚兴趣。为了学会师父的这手功夫，他天天拧棒子、抓罐子、抓抛沙袋、插散物、用手指倒立等，这些都是又累又疼的功夫，每次父亲都会练到撑不住了瘫倒在地为止。随着功夫不断精进，我父亲从开始能用五指倒立，一直练到可以一指倒立的地步。有一次下大雨，水淹没了独木桥，父亲走到河边懒得卷裤脚，直接倒立着用手过了河，路人纷纷侧目，他因此得名“水上沙”。

眼见父亲的基本功打得很扎实，姜华亭师父很高兴，决心传授父亲一些实战技艺。一天，在练完拳以后，姜华亭师父没有让我父亲继续练倒立，而是交给他几个石子，让我父亲用石子全力砸他。父亲照做了，但一个石子也没有砸中师父。我父亲问：“师父，我怎么砸不着您呀?”姜华亭师父答道：“书谟，这是因为我盯着你的手，只要你手一动，我就知道你要砸石子，就准备好躲闪了。当然，要躲得开你砸过来的石子，除了眼快之外，步法和身法也要快。”从此以后，村民们惊奇地发现，我父亲早晚经常飞快地在山坡上冲上冲下，腿上还绑着沙袋，冲完坡又做蛙跳。村民有时又看到他在一堆石头上跳来跳去，还让附近的小伙伴拿火柴盒大的沙包砸他。刚开始他经常被扔过来的沙包打得鼻青脸肿，但后来被打中的次数越来越少，常常引得驻足观看的人声声喝彩：“这身手比猴子还灵活!”

在随姜华亭师父习武的这段时间，我父亲又拜师毕书裕，随他学完了四路奔打、六家艺、螳螂拳、夜战刀、五虎擒羊刀、纯阳剑、龙形剑等套路。毕书裕师父教我父亲枪法时，特别强调要练好枪术的基本功“拦、拿、扎”。有一天，毕书裕师父拿来两根竹竿，扔给我父亲一根，让我父亲拿竹竿当枪对着他心窝刺，父亲的竹竿刺向毕书裕师父的心窝时，毕书裕师父一闪身用手中的竹竿一拨，父亲手上的竹竿一下就被震飞了。毕书裕师父说：“这就是枪术中的‘拦’。你现在基础功夫不扎实，所以枪就拿不稳。”毕书裕师父就是用这样的方式教育我父亲，扎扎实实地把枪法传授给了我父亲。他教授的一趟梨花枪，成了父亲在师父那儿学得最慢最长的功夫。

在毕书裕师父之后，父亲又拜王者政为师学习八卦掌。王者政师父是董海川先辈的弟子王立德的弟子，擅长八卦连环掌、连环棍、连环剑、八仙剑等。他指力、臂力惊人，手指在墙上一戳就一个洞，一百多斤的大米袋，用小臂一挑，就飞落到一米多高的米跺上，还堆码得整整齐齐，江湖人称“山东大力士”。我父亲在他那里前后学了五年，技艺初成。父亲在王者政师父那里最大的收获是下盘功夫有了很大提高。王者政师父对我父亲说：“书谟，你个子不高，要战胜身高体壮的对手，必须从下盘功夫入手。”他每天用大杆子压在父亲的肩上，让父亲以低桩练八卦步；把一张八仙桌放在练功场，让父亲压低桩步穿出穿进；后来又用九根木桩布成九宫阵，教父亲用八卦步在其中快速穿行，手上还要做出各种攻防技击动作，这种练法叫“八卦闯九宫”。在王者政师父的严格教练下，父亲的下盘功夫突飞猛进，终至大成。在后来多次与人较艺及实战中，父亲凭借扎实的下盘功夫，以小打大、以低打高、以快打慢，战胜了很多名手，在武林名声大噪，人送“下盘沙”美誉。父亲 20 岁时，又拜通背名家刘光兴和“快手”刘智两位前辈为师，系统学习了通背拳、械、双钩、软鞭等，武艺更加精进。

父亲 23 岁那一年，合兴成商店倒闭，父亲失了业，后被介绍到天津英国租界福田洋行打工，每个月六元工资。商店的旺季集中在秋冬季节，闲时父亲坚持练武，并拜天津武术研究会“神枪”翟树珍为师。24 岁这一年，一天，我父亲刚从翟师父处练武回家，经过英法租界交界处，看到三个醉醺醺的英国兵正在调戏一名中国妇女。父亲肺都要气炸了，猛冲上去，一个右贯拳加一个左撞掌将其中一个打倒，转身又一个缠丝腿蹬倒另一名狞笑着的英兵，随后纵身一跃，左手托住搂抱着中国妇女那名英兵的下巴，右手扣住其后脑，一搬一挫，将其扭翻在地。从地上爬起来的三名英兵一看我父亲身材不高，嚎叫着摆出拳击架势围了上来。我父亲看受害的妇女还没有跑远，就左右腾挪，与三个英兵巧妙周旋起来，直到受害妇女跑得没有踪影了，才一拳打倒最弱的那个家伙，一个扫堂腿扫倒另一个，又腾空跃起，一腿踢中最后一名英兵的脑袋，然后撒腿就跑，三拐两转甩脱了三个英兵。

1930 年，我父亲的恩师王者政去朝鲜仁川开武馆传艺，捎信来让我父亲去帮忙，父亲便去了朝鲜，一边帮师父传授武艺，一边向师父继续学习。由于朝鲜当时已沦为日本帝国主义的殖民地，受日本帝国主义的奴化教育影响很深，日本人挑拨朝鲜人和华侨之间的矛盾，煽动朝鲜浪人任意杀害华侨。为保护华侨的生命和财产，1931 年，在王者政师父的号召下，我父亲成立了一支武术队，除暴安良，使得朝鲜浪人有所收敛，深得侨胞赞誉。但风暴从未停息，一个叫朴正强的朝鲜流氓杀害了一名保护当地华侨生命财产的武术家，并拿着这位武术家的长剑来王者政的武馆挑衅。这是父亲头一次近乎失去理智，他打折了朴正强的手脚，狠狠地教训了前来挑衅的朝鲜流氓。后来，朝鲜浪人连续六七天，都聚集一百来号人在华侨街的十字街口，有时出动上千人，企图寻衅滋事，但由于我父亲带着武术队日夜巡逻，防范严密，他们未能得逞。这一年的端午节前后，中国兵舰“海琛号”访问仁川，兵舰上也有武术队，父亲的队伍与他们联合献艺表演。这次的武术表演对朝鲜浪人起到一定的威慑作用。

但树欲静而风不止，一天，一个叫详马的日本宪兵领着几个浪人气势汹汹地来武馆挑衅。站在武馆门口的年轻人刚问了一句：“你们是什么人，来干什么?”就被详马一掌推到了一边。正在与师兄弟们练功的父亲迎上去问道：“请问你们有何贵干?”详马凶蛮地吼道：“你们统统滚回中国去!”说着从兵器架上抓起一把单刀就向我父亲扎来，父亲沉着地侧身让开刀锋，一把抓住刀把，往前一带，详马连忙收刀，父亲借详马后挣之力，欺身进步、借力打力，一个顺肩靠山式将详马顶得连连后退，一屁股坐在地上。父亲把刀夺在手中，顺势漂亮地画了一道圆弧，以高虚步亮掌右手持刀，静观虚实。详马爬起来，气急败坏地哇哇乱叫，转身从兵器架上抽出一杆长枪，一抖枪缨，“唰唰唰”地向我父亲面门、胸部、肚腹连扎三枪。我父亲趟开八卦步，刀随身转，一招青龙摆尾，将详马的攻势化解，紧接着一闪身，连进两步，缠头耳斩，刀锋向详马的脖颈斜劈下去。详马大惊，侧身欲闪，父亲却翻转刀背，用刀背最高峰处在详马左肩井穴轻轻一点，详马顿时全身一震，如受电击。这肩井穴乃足少阳胆经上的重要穴位，如受重击，详马必定半身麻木、难以动弹。但父亲手下留情，点到即止，目的是想教训详马一下，让他知难而退。但详马却误以为父亲力道不强是功夫未练到家，后退一大步，将枪一摆，妄想反击。父亲见势，逼进一步，一刀向详马迎面砍去。详马双手举枪招架，父亲却将刀顺枪杆一削。详马若不撒手，右手指必将被削掉，只得撒手弃枪，连连后退。父亲收刀驻足，气定神闲地逼视着详马。详马自知再无取胜可能，恶狠狠地抛下一句：“二十年后再会!”带着同伙狼狈离去。

经此一战，日本宪兵对我父亲恨之入骨，派出一队人马来武馆抓人。我父亲机警，早已避到三叔沙书训家中。日本宪兵循踪而至，还是没有抓到我父亲，就把我三叔沙书训的商店一把火烧光，转身又去抓师父王者政，好在王者政师父也避到朋友家躲过一劫。为避风头，父亲与王者政师父商量后，乔装改扮，回到了山东石岛老家。但日本宪兵仍然未停止对我父亲和王者政师父的追踪和迫害。1935 年，王者政师父最终惨死在日本宪兵的毒针之下，这是后话。

1931 年“九一八”事变前后，国民党当局扩充军队，强抽壮丁，有钱人家子弟不肯当兵受训，就每个月出 15 块钱，雇人代当壮丁受训。当时父亲失业在家，衣食无着，就受雇于福海乡乡长原道绪，去了石岛镇第七区公所和其他 35 名受雇壮丁集中在一起受训。在那里，父亲遇到了生命中最重要的引路人，中共党员孙季舟和腾郁斋。孙季舟当时的公开身份是石岛公安局巡长，腾郁斋是民团排长，他们担任教官，负责对我父亲他们的训练。由于父亲有正义感，武功又好，在群众中很有号召力，不久就受到孙季舟和腾郁斋的特别关注。他们经常与我父亲及其他几个壮丁拉家常，讲革命道理，还教他们唱进步歌曲。父亲和其他几位壮丁思想觉悟得到很大提高，孙季舟见时机成熟，在 1931 年冬季将我父亲、丛烈光、毕家喜、毕庶贵四人，发展成为光荣的共产党员，成立了荣城第一个地下党支部。

父亲在党组织的领导下，积极参与地下活动，多次完成递送情报和反特锄奸任务。他的能力使他迅速在胶东共产党地下活动中崭露头角，但也成为日本人和汉奸的眼中钉、肉中刺。一次，由于汉奸出卖，他被日本兵抓进了监狱。父亲趁看守疏忽之际用缩骨功挣脱绳子，和其他狱友一起逃出了监狱。这个时候，孙季舟受党组织指派，去东北参加义勇军工作。由于平时都是单线联系，加之走得仓促，父亲从此与党组织失去了联系。直到 50 多年后，父亲才与孙季舟重新联系上，这时父亲已于 1984 年 12 月重新入党了。

父亲与党组织失去联系后，辗转流落到了芜湖。在芜湖期间，父亲把在天津的师父姜容樵请到芜湖住了半年，跟着姜容樵继续学习太极、形意、八卦、迷踪、鞭剑、枪术等。原芜湖中国国术馆馆长唐粹亭利用姜容樵和我父亲都在芜湖的机会，写信给当时的中央国术馆馆长张之江，要求恢复开办芜湖分馆，张之江很快复信同意。芜湖国术馆复馆后，父亲被聘为武术教师，在这里教授了一段时间武术，并收了一批弟子。中华人民共和国成立后，这些人很多成为中华人民共和国武术事业的骨干力量，比较有名的有安徽省武术协会原副主席陈信煌，江西省武术协会委员、江西省太极拳协会副主席、九江工业建筑设计院高级工程师张修林等，他们都为中华人民共和国武术事业作出了重要贡献。

中华人民共和国成立后，武术和父亲都获得了新生，在旧社会饱尝颠沛流离、饥寒贫病 45 年，我父亲终于在 1958 年重新看到人生的希望。这一年云南省体委成立武术队，昆明市委书记郭少川是我们原来山东的老乡，他清楚地知道沙式武术的妙处，于是把父亲推荐给云南省体工队做教练，使他真正有了施展才华的广阔天地，也多亏领导像伯乐相马一样相中了我父亲这块宝藏。

在民间甄选队员时，父亲极其上心，挑来的好苗子都比较小，大的也就十二三岁，小的才八九岁。我父亲又当老师又当保姆，吃喝拉撒睡事事操心，为了以身作则，父亲每天很早就起来。学生们过早离开家庭进行集体生活，父亲极其重视他们的道德教育和培养，时常教育徒弟们“艺高德更高”，他跟徒弟们可谓是亦师亦父，我的师兄刘云发是向父亲磕头拜师的徒弟，我父亲同时收他为义子，有外人的时候叫老师，没外人的时候叫爸爸。“文革”的时候，父亲更是写信给刘云发：你快上来，为了通背拳不失传，我赶紧教给你，弟弟还小（我当时只有 4 岁），万一我有个三长两短，你就带弟弟。那时候我父亲带着我到宣威，想尽一切办法把所有东西都教给刘云发，那时候的刘云发也不过是在读高中的大娃娃。

“文革”时，我父亲被下放至昆明大板桥镇，我们唯一的糊口方式是父亲把山上的大树树根挑到集市上卖，换点盐和油带回家。由于没有时间练拳，他故意每次从山上下来都要挑两担，迫使自己来回往复于两担树根之间，空手折返的路上就可以不断练拳。在“文革”期间，父亲为给妻儿省下一份口粮，每天在食堂吃饭时，只吃素菜，把肉挑出来，用盐腌制好，每周末回家的时候，再让我母亲拿腌肉煮菜给我们吃。一开始我们没有房子住，是父亲收三个当地人做徒弟练功，对方借给了我们房子，我们才有容身之地。

1980 年，改革开放时期，中日双方从上至下都以向前看的姿态对待历史恩怨，中国武术代表团就是在这一背景下访问日本的。来到日本后，我父亲非常受欢迎，年近八旬的父亲长髯飘飘，手提长枪，一手梨花枪法出神入化，时而似蛟龙入海，时而似游龙戏凤，一气呵成，台上台下顿时掌声雷动。

多年来，父亲呕心沥血为国家培养了大量优秀武术运动员。他的学生先后有 1 人获亚运会太极拳冠军，40 人获全国武术冠军，55 人获亚军和季军。其中刘云发、许坤祥、苏自芳、胡宝林、吴云华、刘毅堂、贾文琴等，多次在国际、国内武术比赛中获得金牌。除了为祖国培养优秀运动员外，父亲在群众体育方面也非常上心，多年来，他为学校、部队、医院、公安部门、政府机关、厂矿企业、业余武术辅导站、老年体协等进行辅导或举办训练班，累计培训业余武术爱好者 8000 多人次。

晚年他定居昆明，对内家拳的内容进行融合创新，将孙禄堂、姜容樵、王者政、刘光兴、刘智、修剑痴等名家的形意、八卦、通背、太极等拳法精华有机融合，集百家之长，经过总结整理、去粗取精、去伪存真、长期打磨，最终形成了独具特色的沙式武术。2013 年，沙式武术被列为云南省非物质文化遗产。

我父亲的光辉一生，像一棵老松一样坚实扎根在传统武术的厚土中，不断吸收中华武术的文化营养，再言传身教，输送给徒子徒孙。我父亲的一生，就是奉献的一生，斯人已去，但他高尚的品格和音容笑貌永存吾辈心间，我们会为了父亲，为了中华武术的复兴而永远努力！

精武功夫薪火传

我们家一共有四个孩子，我是唯一的、最小的儿子。过去的武术传男不传女，所以尽管姐姐们也都在学，父亲还是更在意我的功夫。

上小学的时候，我体质很差，营养不良，长得还矮，同学们老叫我“小老头”。

我不是一开始就全心全意地练武的，七八岁那狗都嫌的年纪，趁父亲不注意我就会出去踢足球，但一旦被父亲抓住，那就是一顿“毒打”。父亲用一把戒尺打我，那把戒尺上用毛笔写着“你不练我就打”。对于不专心练武这件事，父亲从不手下留情，大姐看得直心疼，呜呜地哭，她总是照顾着我那经常被打烂的屁股。

尽管如此，生于武术世家，我也耳濡目染。我的学习速度甚至比父亲的大多数学生都要快，只要看几遍就能学个大概。十几岁的时候，我参加了在沈阳举行的第1届全国武术观摩交流大赛，那是我人生中第一个冠军。父亲看到我拿到冠军，他高兴得很，笑得合不拢嘴。

拿到了冠军后，我并没有如众人所料地进入我父亲所执教的云南省武术队，因为那时候运动队的待遇很好，我父亲怕别人说闲话，他决定“选贤避亲”。如果放到现在，这种能够传承直系亲属优良基因反倒是应该早些进队的。

1979年，这一年我17岁，年轻气盛的我无法克制住体内的热血，总是与人打架。父亲为了让我少惹事，到处托人给我找工作，最后我被安排进昆明金马寺服装厂，当了一名青年工人。从修纽扣到裁裤子什么活儿都干，有时要加班烫裤子，从晚上八点烫到第二天凌晨两三点，一个月差不多能拿几百元工资。

不上班的时候，我都在努力练拳。我一直把李小龙作为我的心中偶像，把父亲的徒弟从香港带来的李小龙杂志翻了一遍又一遍，每天看杂志学散打姿势。就这样，我在工厂待了四年，在一次与厂长的争执后，我负气出走，顶了我母亲的岗，在体委做了行政工作，这份工作让我有更多的时间来练武。

1992年8月1日，在父亲临终前，我们开设了沙国政武术馆，8月7日，我父亲仙逝。在此之后我开始收徒。

像父亲一样，我把人品作为收徒的第一衡量标准。为什么这么在意人品，因为通背拳早期它不叫通背拳，就叫强盗手，没有套路，全是散手，堪称打人如薅草，一点都不夸张。师父教你拳法就等于给了你武器，所以在徒弟当中，只有选择人品好的徒弟才能教。其余的要求也严格遵守我们沙门训诫，我们计划把沙门训诫做成中英文版的，因为外国徒弟越来越多了。

每年我跟妻子都会出国交流很多次，有很多外国学生从网上找到我们，希望我们能收他们为徒。当地的电视台、报社都来报道我的拜师盛况，外国弟子都一律遵从中国传统拜师敬茶、跪地、磕头的规矩，很多报纸都报道我这是长中国人志气。我们去的主要是德国、英国和日本三个国家，我们在国外教学的时候，学生基本上是外国人。我的徒弟们又以我的名号开设海外分馆，从哥廷根、伦敦到法兰克福，沙式武术遍地开花。

我最喜欢国外徒弟的一点，是他们始终对中国武术有着无限的求知欲。他们具有思考和钻研的精神，从不同的角度了解中国武术，他们请我告诉其武术每个招式中的道理，这是武术最核心的东西，是需要我们传承的。武术不光要练形，更重要的是要会用。光说不练是嘴把式，光练不说是傻把式，能说、能练、能用才是真把式。外国的学生除了善于思考，也肯努力。日本国家武术队的教练兼领队谷川大是我父亲的徒弟，他每年都来我家，直至我父亲去世之前，来了三十多年。我父亲教他动作都不用超过三遍，他就像复印机一样，模仿能力特别强。他每年还会带学生一起过来练。我最担心的也是这点，我们中国的学生总喜欢把武术当作一个老东西、假把式，如果我们再不认清武术的本质，不重视传承，那中国的很多东西都会轻易地流失到国外了。我们的学生老追求速成，但武术哪有速成，我父亲生前爱说："拳打千遍自然变。"你没有千遍万遍，这种变怎么可能就达到那种极致了，这是不可能的，肯定要有量在里边的。练功夫要反反复复练，你练得少的可能就忘了，练得多的，过多少年你都不可能忘记，因为它已经转换成你自己的东西了。

有很多外国徒弟成果不菲。我有一个英国的徒弟毕瑞德，随我们练习六合通背，他也在国外开设了自己的武馆，前后共有 300 多人在他的武馆跟他学习沙式武术。不仅如此，毕瑞德还在英国的各个学校做沙式武术展演，把整个沙式武术推向英国。他在 1995 年曾获得英国太极拳冠军、太极剑亚军，在 2012 年获得欧洲锦标赛沙式太极拳、沙式形意大连环和形意剑银牌。

在德国，我最出众的弟子是徐豪功。这个德国人说着一口流利的普通话，是德国商业银行的董事，也曾当过香港分行的行长。他在中国考了武术七段。每个星期天，他都会在公园里教二三十个中国人练习武术。2009 年，《中国武术段位制系列教程》首发，在世界读书日活动中，他担任我们的现场翻译，中、英、德语之间流利切换。有一次广东电视台采访徐豪功，问他为什么喜欢中国拳，他说因为中国的拳是聪明的拳，中国的武术是聪明的武术。

我的日本弟子落合建夫也很出色。2006 年，在昆明市武术运动会比赛中，他获得男子乙组传统拳第三名，2007 年全日本武术太极拳选手赛他获得第四名，2015 年、2016 年全日本武术太极拳选手赛连续两年获得冠军，2016 年 11 月被授予大阪府松原市政府颁发的"教育文化功劳将"称号。

日本人对于太极拳的态度，认真到了让人感动的地步。我父亲有一个日本徒弟，为了学习中国武术，特意上云南大学留学，一边上学一边练武术，勤勤恳恳地练了四年。他十九岁就到了我家，毕业以后也没有回国，跟着我们一起吃住，学习了十四年武术，俨然成了我们家的"老五"。"老五"在我父母生病的时候，每天练完拳，就跑到医院里面坐着，守着我父母，直到医院请他离开为止。他每天不管多累，睡前都要看书，他床边都是中国的书。"老五"对中国文化的痴迷远胜于我们大多数中国人，他回日本前，寄的行李大概有 300 公斤，里面有各种武术大辞典、书籍、雕刻的印章、篆刻等。

我的国内徒弟也不遑多让，最出色的一位是部队的一名正师职领导干部。他从小进入地区武术队练习沙式武术，高中毕业以后考入军校，在部队一直没有间断武术锻炼。他带过部队的侦察兵，为部队培养了上千名武术骨干，在全军军事比武中得过第一名。他首次把武术段位制考试引入军营，建立起系统完整的武术教学、训练、考评机制，对激发官兵习武热情、提高官兵素质、培育战斗精神起到了很好的作用。2015 年，他参加在湖南长沙举行的国家武术段位制考试，在 400 多名选手中脱颖而出，获得综合全能第一名，赢得了当年的金盾奖，就是我们通常说的“武状元”。

父亲是我一生的好老师。为什么我现在能教武术，为什么能让学生喜欢我，跟我练武术？关键是我能够做到在练武的过程中，让大家有笑声、有掌声，这是我父亲多年以来教给我的道理——教学相长。传统的武术老师信奉“宁教十手不舍一口，宁教一口不点一手”，我父亲不但教我十手还点十口。父亲说，教人也是个提高，在交流当中可以领会到一些新的东西。

对于太极拳，这些年我是边学边教边品。茶可以品、酒可以品，为什么太极拳不可以品呢？只有品太极才能享受太极，享受才能健康。太极外练四肢，内养五脏。我们要眼观太极美，耳听太极音，鼻闻太极味，口含太极理，身是太极形，要做到手到、脚到、眼到、气到、意到、用法到，方能真正体会到太极真谛。

二、传承人李斌口述

沙家儿媳擅文武

我与俊杰最初相遇时，我还是昆明师范学校的体育系学生。我挺有运动天赋的，跳远、跳马、跳伞等多项运动的成绩都在全省乃至全国名列前茅。我也是自幼习武，公公沙国政一直非常欣赏我扎实的武术基础。自此，我读大学期间，就跟着公公一起修习内家拳。结婚后，我跟公公都在一起练早功。每天早晨他一咳嗽我就立即起身，从不间断。那时候我还在小学教书，每天练完早功上班前，公公都会亲手给我热好牛奶鸡蛋。

我习武非常用心，常常记录习武的体会和笔记，钻研公公传授的武术技艺。公公曾对我说：“以后你就当俊杰的笔记本吧。我不能当俊杰一辈子笔记本，你可以帮俊杰当笔记本。”老人的话语间，充满了对我传承沙式武术的期许。

公公去世后，我不敢辜负老人家的厚望，一心扑在了沙式武术的传承与推广上，编教材、进校园、办培训等，做了大量的工作，一丝一毫都没有马虎过。俊杰曾经对人说，我妻子李斌就是为沙式武术而生的，这是对我所付出的最高评价和赞美。

旧时，中国传统功夫都讲究家族传承。到了现代，我们已经破除了过去的陈旧思想，让沙式武术的传承与推广适应当今社会的发展和市场的需求。我认为，武术套路极具观赏性，是一个前途不可限量的体育项目。我和丈夫沙俊杰也积极参与到段位制标准的制定工作中，促使中国传统武术能够更加规范化、国际化。段位制标准的制定是中国武术发展史上浓墨重彩的一笔，在中国武术有众多拳种的现实状况下，编出一个能够代表大多数拳种的、大家都认同的综合标准是非常必要的。"段位制"编委会最后选择了23个拳种来制定国际标准，其中我们沙式武术占了三种，俊杰是八卦拳、形意拳、通背拳三个拳种的执行总编，我参与了这三个拳种的国标编写和示范演练。

我们主要参与编辑出版中国武术段位制系列教程之《八卦掌》一书，其中的六个段位八卦掌标准示范动作，就是由我示范演练的。2009年在北京，我们的师兄，中国武术协会原秘书长康戈武先生把我们邀请到小汤山参与段位制标准编写，编写期间全封闭了十天。第一批参与段位制编写的专家大多都是武术九段的教授，因为我们有武术实战经验，我跟丈夫俊杰受邀请编写高段位的标准。一般情况下，五六个老师同时编写一个拳种，只有八卦掌，各个段位都是我们夫妻俩搞定。因为八卦掌对练是在圆里变化，是最难排、最难写的，走多了一步，方向就变了。我们从日头升起排到日落西山，排完俊杰整个人都晒糊了。

为了推进沙式武术进校园，在基础教育阶段，我保留传统武术的精华，适应国家的要求，编写了"沙式十二式"太极拳操，以大理的下关第四中学为试点学校，在学生课间操和课外活动中推广，希望取得一些经验后逐渐向全省乃至全国推广。

在高等教育方面，我们都以特聘教授的身份进入了云南师范大学，继续沙式武术的传承，我对师范大学武术学院寄予了高度期望，从师范大学出来的学生很大概率会继续从事教育工作。我想，我们多教授一个师范大学的体育学生，就相当于多种下一粒传播传统武术的种子。

这些年我和俊杰多次参加国际和全国武术比赛，获得多枚金牌。其中2010年在武当山举办的第4届世界传统武术锦标赛中，我和俊杰代表国家队参赛，分别获得形意拳、形意拳对练两枚金牌。1992年以来，我专职从事沙国政武术馆的管理及教学工作。

回首望去，沙式武术弟子已经遍地开花，沙式武术也愈加兴盛。这一切都离不开政府的大力支持和沙式武术弟子的勤恳努力。武术之根在于继承传统，武术之生命在于发展创新，武术之延续在于传承。继承和发扬沙式武术的重担、重任落在了吾辈肩上。我们一定会继承父亲遗志，与时俱进，让沙式武术这棵不老松永恒矗立在武术的百花之林中。

访谈后记

与沙俊杰和李斌夫妇的访谈氛围十分融洽，大家边喝茶边聊。沙俊杰老师话语不多，笑眯眯地望着妻子李斌连珠炮似地侃侃而谈。让我们感到意外的是夫妻俩对外国徒弟的由衷欣赏，从住在家中的日本弟子“老五”，再到英国弟子毕瑞德、德国徒弟徐豪功和日本弟子谷川大等，称赞他们对中国武术有着无限的求知欲，以及独立思考和钻研的精神。

我们从访谈中还感受到沙氏家人之间暖暖的温情。

沙俊杰回忆：在“文革”期间，父亲为给妻儿省下一份口粮，每天在食堂吃饭时，只吃素菜，把肉挑出来，用盐腌制好。每周末回家的时候，再让我母亲拿腌肉煮菜给我们吃……

李斌回忆道：“结婚后，每天练完早功上班前，公公（沙国政）都会亲手给我热好牛奶鸡蛋。”他曾对我说：“以后你就当俊杰的笔记本吧……”李斌感受到，老人的话语间充满了对自己传承沙式武术的期许。

访谈结束时，沙俊杰老师对我们说：“我妻子李斌就是为沙式武术而生的……”这是对妻子李斌几十年为沙式武术的付出最深情的赞美。让我们感受到家族每个成员在沙式武术代代延续中的作用。

注：中国武术七段、沙式武术第三代传人黄勇先生协助口述史料整理。

研究团队与传承人沙俊杰、李斌工作照

广东坂田永胜堂舞麒麟代表性传承人张志明口述实录

采访时间：2019 年 6 月 13 日下午

采访地点：广东省深圳市龙岗区坂田街道坂田村活动中心

采访人：陈小蓉、刘晓鸥、陈荣杨、郭育池

项目简介：坂田永胜堂麒麟队是根据“麒麟永远胜利”的意义而命名，自 1840 年创立以来，已有 180 余年的历史，近年来在广东省以及全国比赛中屡获奖项。坂田永胜堂舞麒麟在 2011 年被列入国家级非物质文化遗产扩展项目名录。舞麒麟不仅能强身健体，亦是凝聚族群力量的一种文化活动。此外，舞麒麟还对坂田地区客家文化的形成和凝聚起了积极的推动作用。每逢春节拜年、娶妻迎亲、新宅落成等喜庆活动，坂田永胜堂麒麟队便受邀前往表演舞麒麟。随着多年的不断出场表演，客家节日喜庆习俗的文化现象也逐渐深入到当地群众的文化生活中。舞麒麟也由原来单纯的节庆和民俗活动演变成群众业余文化活动和强身健体活动，并逐渐形成了坂田地域特色的民间文化。

口述人简介：张志明，男，永胜堂舞麒麟第十一代传人，自 11 岁开始学习武术和舞麒麟，其间参与众多比赛，使其拥有扎实的基本功，能在舞麒麟中将麒麟的喜、怒、乐、惊、醉、睡等形态活灵活现地展现出来。1997 年，张志明返回家乡（坂田）出资重组了永胜堂舞麒麟队，并自掏腰包扶持该队伍进行舞麒麟传承，对舞麒麟的传承几乎倾其所有。

先祖辗转迁徙路

按照我们家里长辈的说法，我们坂田姓张的祖辈近千年来一直都在迁徙。最初，

我们祖辈迁徙至广东韶关定居，后来又迁徙到了福建的上杭，并在那里繁衍了三代人，共繁育了 18 个儿子和 108 个孙子。当时的土地和粮食均十分紧缺，已经不能支撑我们继续在那生活。于是，我们的祖辈就在那时候开始迁徙至广东的五华、大田，在几年后，迁徙到了广东的梅州，不久后，又回到了广东的五华，我们的祖辈在这段时间里繁育了许多的儿孙。在此之后，他们再次迁徙至广东的惠阳，大概是沙田靠近惠东那一带。据我所知，关于我们祖辈迁徙的轨迹较好地流传至今，但关于我们祖辈与舞麒麟之间的传说故事则没被流传下来。

在到了惠阳后，我的祖先们又繁育了许多孩子，有些还在当地当了官，其中有一位先祖在为官时犯了错，按当时的规定，是要被判诛九族的。为了避免家族灭门，他带着族人逃命到惠阳的深山里生活。关于这点，后面有一段很重要的历史，对我们这些后辈的影响深远。当时我们小一辈去惠阳祭祖时都觉得奇怪，好奇我们的先祖为什么会选择在那么偏僻的地方生活，后来从父辈的口中才得知其中的缘由。

在惠阳深山里繁衍生息了一两代之后，我们的祖辈又迁徙到了广东东莞的凤岗上村，在那里繁育了一些后代。据说是因为当时后代的数量较多，当地资源无法满足生存的需要，后来又再次进行了迁徙，这次的迁徙分批去了两个目的地，其中一批人到了广东的坂田，另一批人则去了广东的石岩。大概在 20 世纪 80 年代，我们去东莞祭祖时正好遇见当时迁徙到石岩的那一批人的后代。

我们的先祖刚到坂田之时，这里已经有好几个姓氏的人在此定居，相对而言，我们的势力较为单薄，哪怕是这样，我们的先祖还是带着族人克服重重困难来到了这里。到坂田不久后，我们的先祖请风水先生在这里求了个风水宝地，算是正式落地生根了。在农耕时代，人们经常会为了争夺土地而发生冲突，通常都是人多的一方胜算较大。当时我们姓氏的人在坂田人数和势力都较为单薄，在争夺土地、水源等资源时自然输多赢少。赢的一方可以垄断某些稀缺的资源，如垄断水资源，导致你种田无水灌溉，自然就无法种出稻谷等粮食，没有了粮食，族人生存就成问题。家里的长辈也曾和我们诉说过以往的艰辛，说当年我们的族人在挑水做饭的时候，其他姓氏的人曾往水里加入动物的粪便。那时我们势力单薄无法与之抗衡，只能挑开动物的粪便，食用那些受污染的水。更令人咋舌的是，曾有一位先祖出去工作时，离奇地被人用蝗虫灌死了。这些屈辱、心酸的日子过了好些年。后来我们先祖的第五个儿子考上了状元，我们族人在当地的地位也逐渐得以提升。不过这位高中的先祖并没有选择去当官，而是去学习地理和风水。随后在他号召下，在坂田建起了我们的张氏祠堂。那个老祠堂在 20 世纪 70 年代的时候还在，到 2003 年的时候，我们发动大家捐钱，在原有老祠堂的基础上进行了扩建，也就是现在我们看到的祠堂。

现在，对于我们坂田姓张的人来说，清明祭祖时我们都得先去东莞，然后再回来坂田祭拜，这个做法一直延续至今，是在告诉我们的后辈不能忘本。我们的先祖教导我们，同一个姓氏一定要团结，这样才能生存。我们姓张的一族迁徙到坂田已经有 309 年的历史，并已成为坂田的第一大姓，目前拥有五百多名张姓的族人。按照我们的先辈和村里的规定，村里姓张的人数不会无限制的增长，村里姓张的人不能超过 700 人。这是因为我们客家人有丰富的迁徙经验，土地资源十分有限，人太多就住不下了，必须有人要迁走。关于我们族人的历史事件也说明了这点，如在 19 世纪 20 年代的时候，有一些张姓的族人迁到马来西亚定居。此外，在 20 世纪 70 年代时，坂田许多张姓的族人迁徙去了香港。

客家人独爱麒麟

大多数汉族人偏爱舞狮，而汉族中的客家人则钟爱舞麒麟。为什么客家人喜爱麒麟呢？其实并没有标准答案，很多说法也都只是传说。其中有一个传说，说是在很久以前，有个客家人在户外干活的时候，出现了一个关于麒麟的幻想，这个幻想让他看到了麒麟，并且看到有人结婚时候出现麒麟飞来送吉祥的事。后来，那个客家人由此创编了舞麒麟，并流传至今。

有人会好奇，为什么只有深圳、东莞一带的客家人舞麒麟，同样是客家人居多的梅县却不舞麒麟而舞狮子？对于这个问题，我也不清楚真正的缘由，我只知道舞麒麟从惠阳那边就开始了，你可以看到在惠州那边有很多人舞麒麟。倘若你看他也舞麒麟，那他大概就是客家人了。除此以外，也有不是客家人舞麒麟的，就在东莞塘厦那边，这种情况比较特殊。

现在舞麒麟这种习俗在马来西亚的客家人里也有，我本人就是西马（马来西亚半岛）四支舞麒麟队伍的技术顾问，技术顾问大概是师父的意思。我在西马时，东马（沙巴砂拉越）的人也经常发微信、打电话给我，让我去教他们。现在除了在马来西亚有舞麒麟，在香港也有很多人舞麒麟，我师父在香港有 7 支舞麒麟队伍，分布在 7 个（自然）村。香港这 7 个村的麒麟队的师傅大部分是我的师兄弟，他们大部分人都七十多岁，论舞麒麟的技术，还是我的更胜一筹，主要原因在于我跟师父学艺的时候年龄比较小，基本功比较扎实，他们很多人是二三十岁才开始学的。

传统的到家里舞麒麟的流程大概分为五部分：一是在门外拜拜；二是到家里的神位拜拜；三是去家里的灶头再拜拜；四是去主人的房间门口拜拜；五是退出来领红包。其中，拜灶头的意思就是主人家可以丰衣足食，拜祖位是拜神仙，拜主人房间门口则是为了驱邪。

村中人人舞麒麟

在旧社会，我们这个村是很偏僻落后的，大家都很穷，即便如此，还是有很多打劫、抢劫的事情发生。在1840年，我们村由一个绰号叫“鳌头泗”的师父组建了一支麒麟队。至于那个师父他的真名叫什么？我们都不知道，但是都知道他武术很厉害，而他当时会在坂田组建麒麟队的原因则是他在我们村娶了个媳妇，他业余时间会教他的小舅子练武和练习舞麒麟。这就是坂田舞麒麟的源起，“鳌头泗”也成为我们这边第一代传授舞麒麟技艺的人。

多年之后，我去马来西亚交流时，意外了解到了“鳌头泗”的更多信息。原来“鳌头泗”的真名叫陈雍达，是观澜樟坑径人，他死后葬在了马来西亚。一次机缘巧合，在那里我去拜谒过他的墓，也见过他的孙子，后来大家有保持电话联系。2010年，在我们被列入国家级非物质文化遗产名录的前一年，我找到陈雍达的孙子，在他那找到了陈雍达的相片，陈雍达的相片现在我们在麒麟馆就能看到。

由于历史久远，更早的那些传人的故事我都不了解，我只知道关于我师父刘兆光的一些故事。当年“鳌头泗”陈雍达在教了我们以后便去了马来西亚，那时坂田永胜堂舞麒麟第一代几个传人都是跟他学的。之后，永胜堂在坂田村代代相传，传到第六代的时候，主教练张朝良是个东莞人，所以他就回了东莞。

当舞麒麟传到20世纪60年代时，坂田无论男女老少几乎人人都会舞麒麟。大家都是白天种田，晚上从七点半开始学舞麒麟，一直学到九点多。我记得那时候我们是在晒谷场上练习，那时没有水泥铺装的地面，舞得一身是灰。那个时候也没有灯，但不影响大家在外面舞麒麟的兴致，条件好的时候打着两盏火水灯，大概可以亮20分钟。那时刚开始舞麒麟的时候就有20人，但是有些人学会了，又出去打工了没有回来，不过很快就会有新成员来学。也正是因为这样，我们村很多人都会舞麒麟。

在20世纪60年代到70年代的“文革”期间，舞麒麟等相关民俗活动也都停办了，有一些废旧的麒麟一旦被发现，也被他们烧了。由于当时我们还没有麒麟馆，我叔就把舞麒麟的东西都放在自己家里了，所以没有被红卫兵发现和毁掉。从“文革”后期开始，文娱活动和像舞麒麟一类的民俗活动慢慢不再被反对。那个时候大家都是种田的，业余时间也没有什么地方可去，县里文化馆的工作人员就出来搞宣传，组织唱歌跳舞，以至于后来整个惠阳地区每个村都有自己村的唱歌和跳舞的活动，其中整个宝安县就数我们坂田乡最热闹。可以说，整个宝安县在20世纪70年代，唱歌跳舞最厉害的就数我们坂田乡。我姐当年所在的生产队是最出名的，曾经作为代表去惠阳地区跳舞。那时候的惠阳地区管辖的范围有宝安、东莞、博罗等十几个县，这些我都记得很清楚，没有忘记。当时唱歌、跳舞、舞麒麟，宣传队活动很丰富。

当时，宝安县文化馆馆长张云辉是我们坂田村的老乡，因为他知道我们舞麒麟好，于是就向上级建议要保护麒麟文化，将麒麟文化推荐推广出去。后来，上面真的有了回应，舞麒麟又因此热闹了起来。那时由坂田永胜堂舞麒麟队、樟坑径麒麟队，以及邻村的麒麟队 3 支麒麟队进行每周三次的舞麒麟表演。那时候各方面的基础设施条件都很差，表演用的电都是用柴油机发的，只能供应六点半到十点。这个表演是表演给谁看呢？当时，观众都是由宝安县安排的四辆大巴车从现在的宝安区、南山区、龙华新区拉过来的，有些时候人更多，大概需要六辆车，都是各个公社的干部。对于那个时候的人来说，大老远过来的，坐车也不容易，地方政府部门承包一辆客车过来大概要花 50 元，在当年这个数目是一笔不小的开销。

少年习武坎坷路

我年少的时候有很光荣和高光的时刻，也有辛苦、委屈、坎坷的时候。

20 世纪 70 年代，那时我才 10 岁，还在坂田小学读书。因为我师父刘兆光的出现，我开始白天上课，晚上练武术、舞麒麟。说起与刘兆光师父结缘，这也是一段故事。那时还小的我在村里看到麒麟队在训练，看见麒麟带着神韵地尽情舞动，我也想上去摆弄几下子，于是我就拿起那个镲打了一下，不料被他们发现了，队伍的成员之一苏桂香当时摸起棍子就来驱赶我，意思是不让我碰舞麒麟的器械，怕我将其损坏。唯有我师父刘兆光看到我对这些东西感兴趣，就说："小朋友，我教你玩如何？"我很快就答应说"好！"随后他问道："好不好玩？开不开心？"我说："开心！"我和他的师徒情缘就这样开始了。我师父要求很严，要求练习的时候不能乱动，看你马步能坚持多长时间。那时候，在我们练习马步时，师父会在我们裤裆底下点燃一根香，只要坚持不住往下坐就会被香烫着，倘若你突然站起，他就拿棍子惩罚你。那时候真的很累，练习的时候流非常多的汗。也是从那时开始，师父慢慢就开始教我打拳了。

往后的很长一段时间，我都是白天上学，晚上就看我师父在哪里练习武术、舞麒麟，就跟着学。不久，我们那所学校组织坂田小学武术队，我被推荐为队长，带着同学一起练拳、打棍桩，还有那些刀刀枪枪的。这样的反复训练和教学，让我的武术功底又提升了许多。1973 年或 1974 年的时候，我代表布吉公社去宝安县等各个地方参加比赛，当中的优胜者又代表我们宝安县和惠阳地区，分别在惠阳和广州参加比赛，我都获得了不错的成绩。

当年我在省里参加的是广东省青少年武术比赛，为了能在惠阳地区参加这个比赛，我从宝安县坐大巴去了惠阳地区。那个时候这个大巴一天就一趟车，结果那一路把我给吐的呀，一路吐不停，直至目的地。到了惠阳地区后，我就住在了一所和二所，然后出来比赛表演。我们宝安县的和龙川县的一起比，谁赢谁就代表惠阳到省里参加比赛。最终我代表惠阳地区拿了个第二名。

在广东省拿了第二名之后，我们惠阳地区体育运动委员会余主任把我看中了，他觉得我爱好武术这个行当，想把我调到相关单位去。余主任则搭大巴车到深圳住了一晚，第二天又搭车到了坂田找到我，然后他就找到我们校长谈这个事情，结果我就被调到了县杂技团。几个月以后我离开了杂技团，后面就没有再去上学了。

我失学放了两年牛后，在深圳跟人学做建筑、挑灰砂、拆泥巴、拆浆等。这些工作做了两年，然后又回来到生产队那里做了两年管理仓库保管员的工作。虽然那个时候已经是 1979 年了，但是我们还是很穷。我们在坂田都没有饭吃，只能吃番薯，那时候真的是没有米饭吃的。即便我是管库房的，库房有很多稻谷，但是粮食收回来以后晾干就 200 斤一包交到布吉去了，我们叫作交公粮。为什么留不下一定比例呢？因为这边一亩就产五六百斤粮食，结果被我们乡府的那个领导一下子报上去一千多斤，搞到大家都没有吃的，都交公粮了，那个时候也不敢有反对的声音。

在 1978 年到 1979 年那两年，我们生产队好多人都被迫逃到香港去了，有几百人。我那个时候刚好 20 岁，一天我把仓库锁了起来，把钥匙交给了在布吉供销社工作的父亲，然后跟他说我要过香港去，我父亲当时还有些犹豫，说：“香港？香港不要去吧。”我的这个想法确实是我父亲计划之外的，他想的是让我的两个姐和两个弟过去。我说：“不行，我自己过香港。”

去香港那天，我们一下去了二十几个人，除了两个杨美村的，其他都是我们坂田村的。我们是早上出发的，先是骑了一个小时自行车到了深圳文化宫那边玩，下午又到那边吃了一顿饭。那时候吃一顿饭就要花一毛钱，但是要自己带米去，你给他半斤米他煮半斤米饭给你，再把猪肉捣在米饭里，要一毛钱，那时候很难吃到猪肉。

晚上五六点，快要过香港的时候，大家有了分歧，于是一群人就分成了两拨，有两个人跟了我过去。我们过了河，翻过了铁网就赶紧打电话联系在香港的家人。

那个时候我的大姐已经先到了香港，二姐也接着去了香港，也就是一个星期时间我们三姐弟都到齐了，然后就在那边被带去办了身份证，办了身份证就不会回来了，就在香港生活。那个时候去到香港我总共花了 4000 块钱。在 1979 年，4000 块钱好厉害的呦！这钱都是我姐为了把我送出来，从四处亲友借来的。

那个时候我的大舅、堂大舅也都在香港，他们是做蔬菜批发生意的，我就到那边卖菜。在 1986 年左右的时候，我就和我姐姐两个人合作开了个加工厂，那时候什么都做，接到生意就做，像手表、书都做过，但后来做亏了。1989 年我就以 2 万块钱为本金开始做运输了，往返内地和香港。

重返坂田闻旧音

我对于麒麟文化是喜欢、爱好的，我一生挚爱就是麒麟。我在20世纪70年代还在上学的时候就爱上了它，并且还凭借舞麒麟里的武术基础代表我们宝安县拿过奖，而那个奖让我非常自豪。我在外打拼多年之后，又重新燃起了我对舞麒麟的热情。

1997年香港回归，我在一次回到坂田老家的时候，再次听到了锣鼓镲的声音，原来是我师兄刘文光在教信用社的人学舞麒麟。后来我们坂田村也开始组织了，但没有钱了，办不下去了，这种情况自然不是我们想见到的。

因为舞麒麟确实是我的挚爱，后来我就没有再推脱了，之后就开始晚上过去参加训练了，这一训练就训练了好几年。现在统计下，从1998年到现在，我个人在麒麟队上投的钱超过一百万元，包括今年我又投了，只是现在不用投那么多了。有些时候出去表演，市局里出的钱太少，你给三千块钱能干嘛，都不够包个车，一部车可能要花一千多块钱，那些舞麒麟的人是有工作的，请假是要扣工资的。所以，我经常跟有关部门提出意见，让给多点。上一次我们去龙岗，三十多摄氏度的天气非常热，非物质文化遗产处把我们叫去表演，龙岗区的张局长和大家一起晒着，我很佩服她。

过年的时候，我还用自己的大货车拉着大家出去表演，当年公共频道还有拍过，打开车门大家都跑出来，然后大家又全部跑进去。而当年我一台车一天可以挣四五千块钱，但是为了舞麒麟表演，那一天我都不干运输了，全部开去帮表演，毕竟那个时候大家都没有车。

那个时候没有舞麒麟活动我就过去香港，如果有麒麟活动我就过来深圳坂田。所以，我没有给过我父亲钱，反而我往麒麟文化里投入了许多资金。某种意义上，我能够把坂田永胜堂舞麒麟带到国家级非物质文化遗产的这个高度，我要感谢我父亲，我传承舞麒麟是我父亲在支持，他从未反对过。

永胜堂舞麒麟用的麒麟头都是买别人做好的。东莞制作麒麟头的主要是清溪镇和石龙镇两个地方，两地所产的麒麟略有不同。我们现在主要用的麒麟头多是清溪高华制作的。东莞清溪麒麟是非常出名的，在他们自己看来，清溪的舞麒麟是比较聪明的，他们还常常说深圳的麒麟不行，可是我后面靠自己的实力，代表深圳麒麟在比赛中赢了东莞清溪麒麟。不光如此，他们还经常说我矮哥在外面参加比赛拿的名次是花钱买来的。我想：“我哪里有钱去买，我就靠我实力赢你的。”

好！你麒麟头不卖给我！那我就动脑筋了。我拿个样板去到东莞石龙镇让别人照着模子扎，结果人家扎出来了。然后，我就跟人家说，我就同他买了。

之后有一次我去清溪参加舞麒麟比赛，我对扎麒麟头的黄师父说："黄师父，我们深圳麒麟队你不卖麒麟头，我一样拿金奖赢了你们清溪，你一年不卖、两年不卖，你看我一样舞，一样参加各种比赛把你们清溪麒麟压下来。"

现在我们用的大多数麒麟头还是清溪高华的麒麟头，一般我们看到麒麟头上有写字的往往都是别人送的。对于麒麟队来说，麒麟头的消耗是很大的，因为麒麟头很容易烂掉，特别是像下雨天，被人叫去表演，这个纸做的麒麟头就很容易坏掉。再有就是像在家里表演，倘若白天还好，如果晚上房间比较暗，舞起来的时候很容易就碰到家里的线，就容易拉坏麒麟头。一个麒麟头买下来很贵，用起来也很容易坏，所以，做麒麟头也是很挣钱的。高华的一个徒弟教会了一个人扎这个麒麟头，现在他一个人一年扎的麒麟头可以卖出去一百万元。你可以想象下，一年我手上就可以卖出去三十多个麒麟头，包括马来西亚，算一算真是一笔不小的数目。

我这个人比较好胜，我觉得舞麒麟一定要赢，也比较喜欢用激励的方式去敦促我的徒弟和队友们。我们麒麟队全年的训练时长，较整个广东省的麒麟队来说算是非常多的。如深圳龙岗那边有一支队伍今年这半年时间就表演了两三场，但是我们却已经练习了三十多场了。当我派我的徒弟出去比赛，我都会给他们排版好，并跟他们说："你怎样都不能做错，因为做错就得扣分，你都得做好。辛苦，表演完后我会拿钱给你，比如 500 块钱。但是，如果你没有拿到奖，那 500 块钱就没有了。"

由于训练有素，我们也经常有机会被邀请去参加各种表演。在 20 世纪 90 年代，我们舞麒麟去一个村是一路舞过去的，如果有村民想让我们进他家里舞就叫，后来逐渐变成了打电话请我们了。如今，他们一般邀请麒麟队都会直接给我打电话。我也比较直接，觉得时间可以，就再谈好价钱，讲清楚没有钱我们是不去的，因为我们租个车要 1000 块钱，我们队员请假要扣工资。

现在价格通常是 1 万块钱，我们去 20 个人，这样每人能分 500 块，我自己是一分钱不要的。这一万块钱如果留在麒麟队，队员拿不到钱，他就会不来了。这个很现实，有钱他就来，没有钱他就不会来。

在 2004 年的时候，一天我接到深圳市通知说是龙狮麒麟比赛，后来那场比赛我输了，但为什么我输了呢？因为是在龙岗比赛，有些评委就偏向当地的一队，把第一名给了他。我对这个很不服气，凭什么我舞得比他好，我拿第二，他拿第一？后来我就跑去跟那个领导说："从今开始，我代表深圳参加各种舞麒麟比赛一定都拿金奖。"在那个时候我就敢这样说，而那个时候我们刚搬进现在的麒麟馆，除了人，很多东西都没有。

2008 年我们参加了在惠州举办的广东省第 2 届麒麟舞大赛。在得到第 2 届麒麟舞大赛的通知后，我们就开始排练了，在编排的时候就进行了创新。俗话"一山不容二虎”，就是说两只老虎在一起就会打架。所以，我们就弄了两只麒麟打架的表演，后来我们请来了舞台编排的老师过来做指导，我们一起商量对表演做了精心的调整设计。最后，就在 2008 年我们第一次参加在惠州小金口的广东省第 2 届麒麟舞大赛中就获得了全场最高分，实现了当初的誓言。

拿到这个第一名后，我非常高兴，回来后就准备摆桌庆祝。我就在那外面摆了 180 张桌子，但是我也没有那么多钱，怎么办？我没有钱但是我会动脑呀！

我跟杀猪的说：“我没有钱，你给我 10 头猪。”

我跟卖咸菜的说：“我没有钱，你给我 300 斤咸菜，我吃完饭再还给你，行不行？”

他们当然说“行”，因为大家都知道我，也都知道舞麒麟的开支是我花出去，且麒麟队本身没有钱。通过这样的前期准备，我就开始真正筹钱了。我们募集了 40 万元捐款。我们前面花了 20 多万元，除掉后还剩 10 多万元就够我们开支几年了。就这样，开支不够就我们自己来了。

从 1998 年到 2004 年，每年我至少都要投入 7 万元的费用到舞麒麟，平时花费都不少，都没有钱给我老父亲。同时，为了把重组的麒麟队弄好，打造一支训练有素的队伍，我也经常会骂人，但是也得跟他们说好话，跟他们说师父骂人不对，但是师父也是希望你们能够拿更多奖，真正学习到舞麒麟的文化，有时候就会请他们吃饭、吃宵夜。现在我们坂田村全是客家人，有居民 800 多人，其中姓张的就有 500 多人，而我们麒麟队在我重组的时候总共有 20 人，发展到现在最多的时候有 48 人。

汇集天下麒麟来

之前我在我们村有一个自己的农庄，名叫“矮哥农庄”，现在已经被铲平准备盖楼了。早先的时候，我没事就会在那边种菜、养鸡、养鸭，种菜也不使用农药，当然我做这些也不是用来卖的，时常是用来招待一些朋友。后来，这个农庄所在的地方被坂田信义嘉御山项目的老板李贤义收了，当时我同意的条件之一是要求他要出资 200 万元给我，搞个麒麟王争霸赛，就在 2017 年。我跟他说，他若是不同意，这个地方就不会给他。

他确实想要那块地，出了 200 万元让我们办这次活动。被邀请的麒麟队总共有 28 支，其中 26 支来自国内，2 支来自马来西亚，他们过来是因为我在马来西亚那边做师父。

传承麒麟文化是我的愿望。不管是电视台采访我，还是报社记者采访我，我都是跟他们说：“我希望在自己家门口搞一场全国舞麒麟争霸赛。”本来我最初想做全广东省的比赛，后来想直接做全国的。我找到广东省相关领导，又找到河南省相关领导，跟他们确定有舞麒麟，又问他要电话联系当地的麒麟队，再跟他们确定过来的条件：吃、住、行保险全包，再给两三万块钱。最终我们邀请了他们过来，如邀请河南兰考的麒麟队过来，他们的吃住行一分钱都没有让他们出，都被我们安排好了，像这样一支队伍要花掉几万块钱。这次大会办得非常成功。

在香港，我的师兄弟组织了大概 7 队舞麒麟，到明年十周年，我们就准备去，但是因为我们这个活动一开展参加人数就超过 500 人，所以需要提前申报。

多法并举守原真

在最近这十几年间，我几乎没有做其他工作，都是将心思放在舞麒麟上了。现在无论是传统舞麒麟传承，还是校园传承，我都有在做。

在传统舞麒麟的传承方面，我现在依旧在找合适的徒弟。我对于招徒弟不在乎他到底是哪里人，但最好是户口在坂田、房子在坂田的，这样我就能放心教了，但倘若你来自五湖四海，你愿意学，我也一样会教。而对于未来的项目传承人，我现在心里也有个答案，他就是我们麒麟队的队长、我的侄子张子贤。他比较年轻，才三十多岁，从十多年前一直舞到现在，经验相当丰富。

在校园传承方面，我从七年前就开始了。我最先是将舞麒麟带进了坂田小学，在那里进行校园传承。在坂田小学进行舞麒麟传承的日子，在下午四点多钟的课外活动时间，我会亲自传授舞麒麟技艺给那些报名学习舞麒麟的孩子们，这样做既不影响学生正常的学习，也保证孩子接触学习到的是正宗的舞麒麟。通过这些年的坚持和努力，我带的这些孩子现在已经在各类舞麒麟比赛中夺得了 2 个金奖、1 个银奖、1 个铜奖的好成绩。当然，除了成绩之外，我也有一些新的、更深的思考，其中，很重要的一点就是校园传承的可持续性问题。我跟那些老师说，这些孩子在这里就读到六年级就走了，这个麒麟队就散掉了，就像我小孩去了香港，想让他们日后舞麒麟，估计他们也会忘记了，但是倘若我教会了你们这些老师，由这些老师再教学生，这种方式可能是最好的。现在，坂田小学的操作就是三年级、四年级的学生开始学舞麒麟，学到六年级毕业。我们即将正式开始的校园传承项目所在的坂田实验学校条件更好，他们是九年一贯制的学校，学生可以从小学三年级开始学习，一直学到九年级，这七年的时间足够那些感兴趣的孩子学得非常好了。

无论是传统传承，还是校园传承，我都坚守基本传统。几年前，我的一次经历就让我印象非常深刻。那是 2011 年，深圳市侨务办公室让我和几名麒麟队的队员一起去马来西亚交流。交流期间，我们去了当地学校教他们舞麒麟，帮他们改进一下他们舞麒麟。结果我看到的是，他们的舞麒麟与我们的舞麒麟是不一样的，整个就是乱来的。他们是在没有师父指导下自己创造出来的，或者是看着别人的视频照着做的。这与我们的很不一样，我们是一路走来的传统，对于很多东西是不能随意改的。

我身为传承人也很为传承的事情烦恼，现在我们本地的小孩子都是只喜欢上网，而且各个小孩子家里都有钱，他们觉得舞麒麟太辛苦，都不愿吃这个苦。我们客家人的传统都是结婚后，男人出去打工，老婆在家带小孩。虽然这种局面在生产队的时候被打破了，要求全部人都干活，家里有老人家的就把小孩交给家里的老人家带，没有老人家带的就把小孩背出去继续干农活，收稻谷、插秧都得这样。我想老一辈的人可以这样拼，年青一代的也一定可以继承这种优良的传统，继续奋斗。只有大家都有这种艰苦奋斗的精神，舞麒麟的美好祝愿才会真正实现，舞麒麟才能真正地被发扬光大。

访谈后记

我们是在位于坂田村活动广场的麒麟馆对传承人张志明先生进行采访的。这个小小的麒麟馆由他一手创建。馆中的墙上、地上、椅子上甚至房梁上，处处都摆（挂）满了设计精妙、颜色亮丽的麒麟头，有刚制作好的，也有古老陈旧的。

传承人张志明先生个子很矮，人称“矮哥”，早年的辛苦生活造就了他今日的坚韧气质，眉宇间满是自信，说起话来声若洪钟，具有侠义风范。在港深两地奔波多年后，他的人生经历丰富，颇具传奇色彩。

近 20 年来，他对于自己从小酷爱的舞麒麟投入了大量的财力和心血，为准备申报非物质文化遗产的材料，追溯坂田舞麒麟的文脉，他不远千里到马来西亚四处寻找，将早年漂洋过海的祖师爷画像请回中国。

随着张志明先生和队友多年的不断努力，舞麒麟回归到坂田民众生活中，由原来单纯的节庆和民俗活动演变成群众业余文化活动和强身健体活动，逐渐形成了坂田地域特色的民间文化。每逢村里春节拜年、娶妻迎亲、新宅落成等喜庆活动，张志明带领的坂田永胜堂麒麟队都会受邀前往表演舞麒麟。

环视着麒麟馆四周挂满的各种各样的锦旗和奖状，我们相信，几代坂田客家人期待的永胜堂舞麒麟的未来将会越来越好。

采访团队与传承人张志明合影

香港大坑舞火龙代表性传承人陈德辉口述实录

采访时间：2016年8月8日

采访地点：香港铜锣湾大坑村大坑坊众福利会

采访人：陈小蓉、朱维萍、周月媛

项目简介：大坑舞火龙是香港最富有特色的传统习俗之一，是集花灯、打击乐、民俗、体育于一体的客家民俗活动，至今已传承140多年。火龙造型和舞龙技术具有传统舞龙习俗中“南龙”的风格特点，火龙全长约70米，在夜晚，由点燃的香支组成的火龙显得尤为壮观。每年中秋节，自农历八月十四晚开始，铜锣湾大坑地区连续三天晚上举行盛大的舞火龙活动，是香港中秋节期间最有影响力的民俗活动之一。2011年，大坑舞火龙被列入国家级非物质文化遗产代表性项目名录。2019年6月，中秋节（大坑舞火龙）获国家文化和旅游部列入国家级非遗代表性项目优秀保护实践案例。

口述人简介：陈德辉，男，1946年12月出生，香港湾仔区铜锣湾大坑人，祖籍广东惠阳，幼年时开始参与舞火龙相关仪式，在十四五岁时开始正式参与舞龙，并于1973年成为大坑舞火龙总指挥至今。

为驱瘟疫舞火龙

大坑舞火龙始创于1880年，已经有140多年的历史了。在火龙创立之前，我们大坑区是一个客家的农村，村里面全部都是客家人。那时候村里的人不是很多，但生活都是很艰苦的，村民多数是从事耕种和打石工作的。什么是打石呢？就是那个用来造楼的麻石，起初很大块，在石矿那里采下来以后就将它砸烂到很小，小到可以穿过手指缝。

就在这平淡艰辛的生活里，突然有一次台风过后，有条大蟒蛇进了村里，后被我们的村民合力打死了。然后，大家就找个箩，把蛇绑好了摆在村口那个石头那里，准备送去铜锣湾警署。谁知，第二日早上这些村民起床经过那个箩，却发现蛇的尸体不翼而飞了。在这之后，村子就爆发了不知道什么病毒，也就是瘟疫了，无数的青少年因此死去。村民为此非常恐惧，惶惶不可终日。

后来就有个前辈，也是当地的村干部，他告诉村民说菩萨有报梦给他，并说扎一条怎样的东西就可以解决这场瘟疫。后来，在这个前辈与村民具体叙述了菩萨报梦内容后，他们就扎制成了今时今日的这种龙。他们将这条龙全身都插满了点燃的长寿香，然后举着这条龙绕着整个村子的所有道路和街巷去舞，并在舞的同时燃放鞭炮。就这样，一时间整个村落都弥漫着硫黄炸药与长寿香的烟雾。等到大家舞完之后，村里的瘟疫就奇迹般地慢慢解除了，青年们获得了平安。

鉴于当年那个前辈被报梦的日子在中秋节前，而整个龙做出来也正是在八月十五前后，所以后来祖辈们就将每年的舞龙纪念定在了农历八月十四至十六的晚上，并传承百余年。而在这百余年间，也唯独在“二战”时日本占领香港的那三年零八个月中的三个中秋停办。在其他年份，尽管大家早年比较穷，穷到舞龙人都是光膀子，没衣服穿，直到 20 世纪 60 年代的时候才有了舞龙的文化衫穿，但这项习俗都没有间断过。

幸得师父倾囊授

作为生在大坑的客家人，加上我父亲年轻时候就是舞火龙龙头的，所以我很小的时候就开始接触舞火龙活动。记得我在五六岁的时候，就是作为舞花灯参与到舞火龙中，等到我 14 岁的时候，我就真正参与到舞火龙龙身了。那时候我们经常会被邀请去做舞火龙的表演，像市政局、运动大会、大擂台等都邀请过。时至今日，我家里都还保留有我 15 岁参加舞火龙活动时候的照片。

从一个小孩子成长到如今成为传承人，这期间也肯定少不了师父的教诲。关于舞火龙，我有很多位师父，但这其中最主要的是黄年山和赖华福两位老师父了。由于我喜欢舞火龙，年轻的时候我就经常跟着他们，也就被他们教会了许多东西，这使我进步非常快，从舞龙身到舞龙尾，再到舞龙珠，在 1971 年时候，我就已经成长为舞火龙的一名指挥了，并在 1973 年成为总指挥，一直到现在。记得在 1993 年还是在 1994 年的时候，当时我的两个师父都差不多 80 岁了，他们跟我说他们自己年纪大了，需要把一些更细节的东西给传授下去。于是，他们就将那些关于舞火龙的开光仪式等细节都用客家话教给了我。

能申报成为国家级非物质文化遗产代表性项目，大坑舞火龙也经历了好几年的时间。大概是在 2008 年的时候，中央政府有让香港特区政府申报非物质文化遗产代表性项目，后面我们就去了北京，并由当时文化部的一个官员与一个叫廖迪生的教授拿着我们的申报材料去做了申请。之后2009年，我们再度申报，并且已经准备好了相关的文字、图片等资料。2011年，大坑舞火龙正式列入第三批国家级非物质文化遗产代表性项目名录。再之后就是2013年，原文化部副部长董伟来到香港，并在香港中央图书馆为我们颁发了一个证书和一个纪念奖章，这一下就让舞火龙火红全城了。

因为我懂得制作火龙、舞火龙，以及编排火龙工作，所以后来我也拿到了国家级非物质文化遗产大坑舞火龙项目代表性传承人的身份。

一年一度舞火龙

大坑舞火龙在每年中秋节进行，自农历八月十四起连续舞龙三个晚上。农历八月十四戌时（19:00），附近的百姓就会到莲花宫观音庙为火龙举行开光仪式，并将由我作为总指挥用传统的客家话主持整个拜神仪式。这个仪式首先是在莲花宫参拜观音娘娘，然后祝愿观音娘娘保佑老少平安、丁财两旺，接着参与舞火龙的健儿也在庙内上香。随后在未插上长寿香的龙头骨架上进行开光点睛、簪花、挂红、插青等仪式，为火龙增添生气。在这里，“簪花”表达的意思是花开富贵，“挂红”表达的意思是鸿运当头，“插青”插的是柚子叶，表达的意思是长命百岁。完成上述两个部分后，接着就是洒圣水，意思是帮龙洗澡，圣水洒过就百无禁忌了。

开光仪式后，19:30至20:00开始插香。我们会将龙带到表演巡地的安庶庇街上，先由百姓们烧香，然后将这上万支烧好的香插到龙身上面，插好后就请嘉宾来剪彩，剪完彩后就开始起龙仪式。

起龙后，按照我们的习俗，我们会沿顺时针方向舞过浣纱街、京街、新村街、铜锣湾道等大小街道。当舞火龙走完大坑所有街道之后，大约在21:00更换香火支，再来到浣沙街上拔掉这些残香，换上点燃好的新香，然后在此一直表演至22:30结束。

第二天晚上，火龙在安庶庇街插香，插香后举行火龙盛会开幕仪式，接着在大坑举行比第一天更加丰富的火龙巡游活动。21:00更换龙香后在浣纱街进行花式表演，如打龙饼、左右翻腾等。待表演至22:30后，火龙继续巡游至维多利亚公园，参加彩灯会的市民赏火龙活动，并为香港市民和游客表演，一直表演到23:30结束。

第三天晚上的活动前半部分和第二天相仿，但第三天最后一项活动叫“游大运”。火龙在大坑的街道沿逆时针方向舞一周，最后完成表演后，大约在22:30舞到铜锣湾海边举行“龙归天”仪式。火龙的龙头面向渡口的海面，前面摆置宝帛和龙饼，火龙重新插香并举行参拜仪式，感谢上天庇佑来年大坑舞火龙能够顺利举行。然后，将龙、花灯和头牌等一起投进避风塘海底，称为“龙归沧海”，意味着将所有不吉利的东西一起带走，这时时间是23:30—24:00。由于香港特区政府不允许物品污染海水或影响船只航行，所以，仪式结束后会有船只打捞上述物品并将其焚化，称为“龙归天”仪式。

这三晚中，舞火龙表演项目也有很多，像双珠戏火龙、彩灯火龙结团圆、火龙过桥、火龙缠双柱、喜结龙团等；舞珠表演有双捆珠、地堂珠、双插花等。彩灯火龙结团圆就是指花灯和火龙的表演项目，莲花灯、云灯、头牌等，上了台，云灯进入场地后须沿顺时针方向走，外面就是莲花灯，莲花灯沿逆时针方向行走，与云灯相对而行。火龙来了之后，须沿顺时针方向包住莲花灯和云灯一起转动。其中，花灯和火龙一起团团转动，称为“彩灯火龙结团圆”。此外，左翻腾、右翻腾就是“龙马精神”的意思。

全村出动为舞龙

我们舞火龙的时候，参与的人大约有300人，但不全是我们大坑村的人，里面还有街坊，也有搬了出去别的地方又回来的人，男女老幼都有，年老的人回来的目的就是聚旧了。

按我们本地的传统习俗，这项活动是不需要怎样组织的，大家都比较积极。对于搬出去的人，如当年住在这里，后来被拆迁搬去新界的，倘若活动前他有打电话回来，那我们就会算他一个了，或者他留下了地址，我们在活动前也会给他邮寄信息，告诉他我们几时开会、几时彩排、几时训练。对于新搬来的人，我们认为，他们既然搬来大坑，那就成了大坑居民的一分子了，希望他们的青少年出来参与这个历史悠久的文化活动，为了增添节日的气氛，我们会有人去给他们派信，或者通过邮政给他们寄信，告诉他们我们的活动的开会、训练、彩排等时间，他们则可以拿着身份证前来登记参加。

对于大多数人来说，他们都是愿意参加舞火龙的，除非他是新来的不懂。等他看一年后就会觉得：“哇，原来这么有意思的！”那他就会过来积极参与了。事实上，现在很多外国人来了这里住，也会参与其中的。

一般来说，十四五岁小孩子过来舞火龙了，那他只能舞龙身，而等到他舞到大概二十岁的时候，就可以教他舞龙珠了。在他们舞龙珠的时候，我们会看他们的身材灵活性如何，了解他有没有兴趣去舞龙尾、舞龙珠，进而确定要不要他们明年去舞龙尾或继续舞龙珠。但在这个阶段不会让他舞龙头，这个是绝对不行的，原因在于龙头很重，差不多六七十斤，还有十几把约 1200 支点燃的香在上面，很危险。

所以，在他们没到那个年龄段时，顶多让他们拿一下，让他们知道这个龙头是很重的。作为一名成年男子，起码要等到他二十八九岁，身体大概都成熟了之后，这时候舞龙头才能举得起来，舞的时间相对比较久，不然舞几步就得换人。

一晚的舞火龙通常会持续两个半至三个小时，是很辛苦的，所以我们采用轮流的方式来舞。这样一来，我们动用的人手就会比较多了，像人数最多的龙身我们是分为 31 支竹，每支竹由 4~5 人轮流舞，这样累计下来就一百多人了，龙头每舞动 8~10 步就要替换一次，安排 35~40 人轮流舞，龙珠有 30 人轮流舞，龙尾有 30 人轮流舞，锣鼓音乐有 32~33 人负责。另外，需要整晚都要举着的旗子要 4~6 人，头牌二牌五六人，云灯及星灯 26 人，莲花灯 24~26 人。在整个过程中，龙珠、龙头、龙身、龙尾都还会有一个组长，由他负责插香。最后，加上教练和指挥，就有三百多人了，也就可以完成三天所有的演出了。

除了上述的三百多个工作人员外，还有十几二十个在演出前去帮忙煲龙茶给舞火龙的人喝的人。在以前我们是煲粥的，要给几百人煲粥，这量不是开玩笑的，十几家帮忙用以前煮猪食的那种大锅用柴草烧火煮。以前的说法是“舞完就食粥”，叫作“送龙粥”，现在就没有这样的东西了。现在变成了龙饼，在每次舞火龙起龙的时候进行龙饼派发，派发的对象是街坊邻居。另外，现在还有会分香，称为“分龙香”，很多人特别喜欢龙头香，浣纱街换香的时候拔下的香就会分给街坊和观众。龙香拿回去后，再点燃插回神台，供奉先人、地主，因为他们相信龙香会给自己和家人带来平安吉祥。

我们对参与舞火龙是有相关要求的。倘若想舞火龙的人不是大坑村的人，我们通常是不让他参与的，除非是他认识我们这里的人带他来参与的，我们才会视情况才让他参与。再有就是我们规定女孩是不可以参与舞火龙的，并且这事放在以前会更加严格，女孩连庙都不给进。现在我们已经开放许多了，女孩已经可以进庙了，为什么呢？因为现在是新时代了，需要开放。

现在很多新闻记者，包括电台、电视台的记者很多都是女性，他们都会来进行采访，这时候你不给人家进去是不行的。这些采访单位也很多，如中国中央电视台、中国台湾的综视，还有新西兰、英国、法国等国家的都有来，像法国过来采访的，知道我不会法语，还给我配翻译呢。再有就是现在有很多女性的官员，而我们的活动也是要邀请官员过来参加的，就好像香港中联办的官员有好多都是女士。与之相关联的，如在仪式中的插花、挂红、插叶、绑丝带等活动，现在都对女性开放了。

相对于部分内容对女性开放，舞火龙最重要的舞龙部分我们是完全坚持传统的，坚持不能给女孩子舞。为了这份坚持，我也经常被骂：“那些小女孩十几岁，你有没有搞错啊？不给她们舞龙。”我在这个时候都是装作没看到，我们也有很多的“纠察”会赶她们走。

在三十几年前，一个日本学生来这里跟我说，让我给他机会舞龙，我明确说了不给，他便跟着到了舞龙那晚，还掏出三千块想贿赂我让他舞十分钟。这种事我肯定是不会答应的。

继往开来有传人

对于舞火龙的传承，我们的习俗是一代传一代。当初的前辈是怎么选到我的呢？一方面，是因为我以前会跟着他们开光、拜神，我就站在他们的隔壁，对相关程序比较熟悉；另一方面，是因为我对舞火龙相关事情比较积极。在舞龙之前后，我们有很多工作要做，前前后后需要我们拿出十几天时间去做。特别是在舞完龙以后，大家都已经很累了，我最多休息 2~3 天就继续过来帮忙做这边的相关工作，所以可能也因此引起了前辈们的关注，于是他们会愿意将舞火龙传授给我，包括怎样教人舞火龙，入庙、装龙、起龙等具体仪式要说的话，全部用客家话教了我。

我也有心去找传承人，找不找得到人？我觉得是能找到的，但是很难找。首先，这个人要专心服务舞火龙，去参与做这个工作；其次，这个人聪不聪明也很重要，因为他是要做一个领导；最后，这个人既要敢说话，又不会怕别人，要守住原则，说一就是一、二就是二，而不受任何人影响，就算是家里人都不可以。

为了实现这些，我自己作为传承人有些时候也会说话很大声、很凶，因为管着这么多人，倘若一个人要求这样，另一个人要求那样，那我怎么搞啊？所以，我就坚持我的宗旨，就是不管你是谁，就算你是我家人也好，也都是要公平公正的，如他们拜门生、派饼的时候不排队，就不会给他们。站在这个位置只有镇得住场才行，切不能人家说说你，你就随便来，这样营运是会很难的。尽管我们会得罪很多人，毕竟别人的要求我们不会都满足，但你却因此树立起威信，在执行舞火龙的时候，才会有人服从你，不会出现你转左、他转右的情形。

说到这个传承人的问题，其实即使现在没有国家级非物质文化遗产大坑舞火龙项目代表性传承人的概念，我们的习俗也是会一代传一代的。现在这个舞火龙传到了我这里，也同样有两个人跟着我，我做仪式都会有人跟着，大家都是讲客家话，我也都会教他们仪式的相关内容。因为这个舞火龙是我们客家人发明传承下来的，是我们的习俗，所以我们需要找到客家人来传承它，倘若找到的合适的人不是客家人，但他足够努力地去做事，又很有这方面的天分，有领导才能，我们就教他说客家话，来传承这项习俗。为什么一定要教他说客家话呢？因为我们的仪式要求全部讲客家话，除了开光、洒圣水、点睛、起龙等环节都要讲之外，向神明祈求保佑我们舞火龙的健儿壮士们身壮力健的时候，在“送龙进海”讲保佑我们全香港居民身体健康的时候都要用客家话说。

舞火龙这么多年传承下来，只在细节上有些变化，而在整个过程与仪式上大体上都没有变化。第一个细节变化在于不放鞭炮了。以前在浣沙街上没放那些铁马围栏的时候，很多人会冲进去看表演，但是现在放了铁马围栏拦着表演场地不让那些人冲进去了，为了管制人流也顺便把放鞭炮禁止了，因为人多太危险。第二个变化在于舞火龙的人穿衣服了。以前大家都是从事体力劳动的，都很有力气，大家舞火龙的时候都是光着膀子、穿着青胶鞋，到 20 世纪 60 年代的时候才穿上文化衫舞。我记得我父亲年轻时候舞龙更加辛酸，那时候大家哪有钱买双布鞋啊，直接穿双凉鞋或者草鞋就舞了。

制龙且需寻龙草

为了筹备舞火龙活动，我们需要在适当的时间去扎龙。这条龙的龙头里面是藤架做的，需要我们买藤枝回来用火烧制并将其弯曲成一个龙头的形态，包括龙角、龙耳、龙身、龙鼻等都是这样做的。等到做完藤架后就需要用龙草来填充它了，以前在香港就可以找到很多的“米仔草”“珍珠草”作为龙草，但现在由于香港建了太多楼，这些草很多就没有了，我们为此找得都很辛苦。现在我们用的龙草是在 1994 年的时候开始从内地置办的，因为那时候我们有认识新华社的人，大家彼此都非常熟悉，也经常交往，这其中我们就有认识一个科长，是一名姓何的女士，我跟她聊天，说如果有一天我们在香港找不到草，那有什么渠道可以去国内置办些草呢？其后，她真的在 1994 年找我了，说我们可以去国内找草了，因为这些草从内地运到香港过关需要审批，她写信给我们证明。得到这个消息后，我们就选择了广东东莞到处找草了。最初，很多人不认识这是什么草，但是我认识呀，那我就到处走，找辆车搭载我们到处去找。

制造好藤架后，草如果是湿的话，就要拿去晒，待晒干之后再去扎。扎龙头的那些草讲究一点，要师傅挑出来一些好点的，挑那些骨很细的。虽然那些草的骨本身都已经很细了，但是我们还要挑最细、最嫩的，因为这样才最好看。将草都扎上藤架后，就扎成整个龙头，此时要给它“剪发”（将多余的部分剪掉），整个龙身也都是要“剪发”的。

舞火龙用的龙珠现在是用柚子做的，这是沿用前辈老人家使用柚子的习俗，但其实没有什么特别的寓意。你也可以用其他可以插香的东西替代，如你也可以使用木瓜，但是木瓜要插香，插两下就软了，也没法转动。那既然我们选择了柚子，在选的时候对柚子就有一定的要求了。当初我们选柚子做龙珠的材料时就有闹出一些笑话，因为在香港这边我们选择的余地比较小，所以就去了深圳东门市场去选，那里的柚子很多，都是任我们挑选的。当时挑选的是沙田柚，老板就告诉我们他家的沙田柚又甜、水又多，且皮很薄，但事实上我们的要求恰恰是相反的，我们不要柚子太大，也不要太甜，最主要是干水和皮厚。那些人用奇异的眼光看着我们，好像在说："这几个傻子，拿着个蛇皮袋，买几十个柚子，还要买些差的。"对我们而言，柚子干水和皮厚意味着插进去的香容易被吸住而不会很容易就掉，倘若柚子水太多、皮太薄，香就容易在转动龙珠的时候因为松掉而飞出来。

广聚人气利传承

我们能够做到现在这么成功，得益于政府和社会各界的支持。为了办好活动，我们成立了一个工作组专门从事相关工作，叫统筹组，组里有街坊，也有我们会的人。我刚才说过我们都是一代传一代的，那为什么有这么多人在那里，还越搞越多人呢？这里就要提到政府了，因为香港旅游发展局有帮我们拍照片和短片，这些照片和短片吸引游客来香港旅游，进而使舞火龙受到更多人关注。

早年间，在香港启德机场，游客一下飞机就可以收到一个宣传单，里面有个信封介绍去哪里买什么，哪里有什么表演等，我们舞火龙就在推荐表中。最近几年就更加厉害了，香港旅游发展局邀请了一个澳洲的华人明星来跟我学习舞龙珠，这之后许多传媒都有对我进行相关采访，后来因为这个明星吸引了许多人过来。

在日常，我们也积极配合政府工作。2003 年"非典"的时候，世界各地很少有人敢来香港，也很少人消费。于是在中秋我们舞完大坑舞火龙三晚后，又应香港特区政府邀请去维多利亚公园继续舞了三晚，帮助政府推动振兴旅游经济。

现如今我们都有去联系很多文化组织，一年下来也会有很多学生来，特别是中学、大学的。大家都来这里做采访、做功课，有些是学历史的，有些是学文化的，这样下来，一年里面我们要招呼的人也挺多的。

访谈后记

我们在香港铜锣湾大坑村大坑坊众福利会的活动室对陈德辉先生进行了采访，活动室墙面上挂满了舞火龙的照片。陈先生介绍，大坑舞火龙的发展得到了国家的重视，香港特区政府也十分支持和关心，在香港旅游发展局的文化推广和大坑坊众福利会的领导下得到了很好的发展。大坑舞火龙是社区的文化黏合剂，它很好地起到了促进邻里交往的社会作用。街坊邻里的热心参与使大坑舞火龙聚集了广泛的人气。大坑舞火龙作为大坑居民的集体回忆，体现出大坑居民的集体感和归属感，是对传统文化的传承和延续。作为社会基层单位，社区的发展事关社会经济发展和人们生活的质量。大坑舞火龙是基于共同地域发展起来的民俗文化，它能够促进社区文化的建设，为社区新移民消除了身份的焦虑，形成了社区共同体意识。大坑舞火龙为民俗文化嵌入社区文化建设提供了良好的实践经验，也为体育非遗传承和发展提供了新颖的思路。

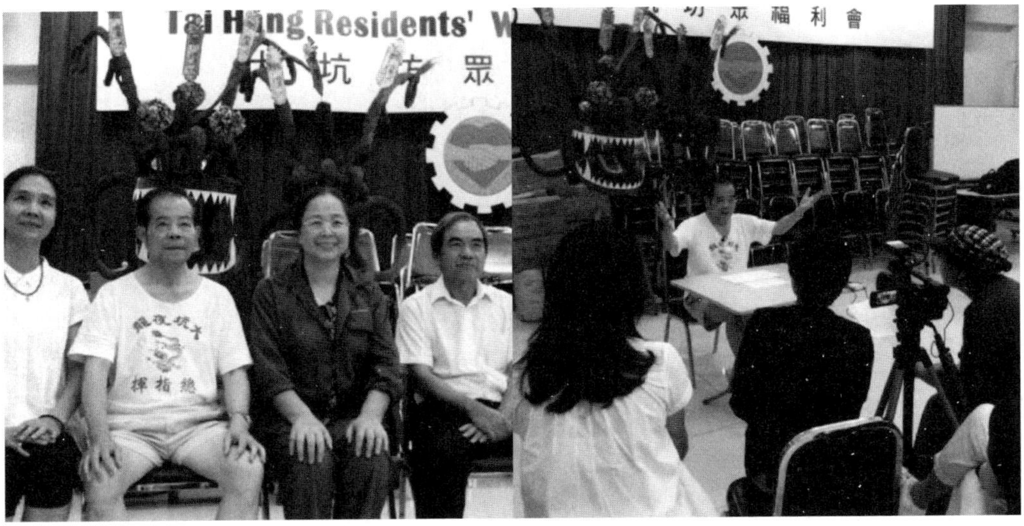

研究团队与传承人陈德辉合影、工作照

云南石林彝族摔跤代表性传承人毕有恒等人口述实录

采访时间：2016 年 8 月 20 日（第一次）；2020 年 10 月 12 日（第二次）
采访地点：云南省昆明市石林彝族自治县长湖镇阿着底村
采访人：张俊杰、陈小蓉、徐立宏

项目简介：石林彝族撒尼人摔跤有着悠久的历史，是彝族撒尼人传统文化的重要组成部分，它有着丰富的文化内涵，也是撒尼人特殊的文化符号。石林是全国著名的“摔跤之乡”，石林彝族摔跤既是一项极具对抗性的竞技运动，又是一种祭祀神灵的传统活动。在农历六月二十四的火把节、冬月的密枝节等彝族传统节日里，人们用最好的美味食品、动听的歌声、欢快的舞蹈、显示力量的竞技来奉献给神灵，以求得神灵保佑风调雨顺、牛羊兴旺、人畜平安。同时摔跤也作为一种传统体育运动，在石林彝族民间长期存在和发展。此外，在跤场上获胜的男子通常会成为许多女子心仪的对象，它有着促进人与人之间交流与交往的功能，在各种民间习俗娱乐中，摔跤活动也是必不可少的活动之一。2011 年，彝族摔跤被列入国家级非物质文化遗产代表性项目名录。

口述人简介：毕有恒，男，1948 年出生于云南省昆明市石林彝族自治县鹿阜街道清水塘村委会尾博邑村五社，国家级非物质文化遗产彝族摔跤项目代表性传承人。1978 年至 2000 年，他在各级各类摔跤比赛中获奖无数，先后被国家体育总局、教育部、云南省体委、昆明市民委、昆明市体委授予各种荣誉奖项达 14 项，其中 1978 年 11 月被云南省体委授予“二等功”荣誉；1980 年 4 月，被云南省体委授予“一级运动员”称号；2000 年 12 月，被国家体育总局、教育部授予“全国青少年体育工作先进工作者”称号。

黄毕兴，男，1973 年生，石林彝族自治县长湖镇维则村人，曾在甘肃省体育工作一大队担任自由式摔跤运动员。现任石林彝族自治县长湖镇中心小学彝族摔跤传承保护基地摔跤教练员。国家级非物质文化遗产项目“彝族摔跤”云南省级代表性传承人。黄毕兴六岁跟随外公学习彝族摔跤，其外公曾经是当地寨子有名的彝族摔跤能手，经常出场比赛，技术娴熟、经验丰富。黄毕兴退役后，他选择回到家乡当了一名普通的小学体育教师，希望为石林彝族摔跤培养出更多的继承者。石林彝族摔跤在黄毕兴的带领和传承下，由家传逐渐转变为师传，“非遗进校园”活动开展后，众多彝族孩子开始参与了这项古老的民族竞技运动。黄毕兴个人曾在1995—1996年蝉联了全国青年自由式摔跤锦标赛52公斤级的冠军，1995年2月参加外蒙古国际希望杯摔跤赛中取得了54公斤级第二名。

毕宏英，毕有恒之女，石林彝族摔跤市级非遗传承人。

一、毕有恒口述

彝族摔跤源自然

在我们石林众多彝族支系中，撒尼人占多数，特征也较为明显，至今仍保留着独特的民族风俗。撒尼人自称“尼”，他称“撒尼”“撒尼泼”，多是落蒙部落后裔。

要说这彝族摔跤的历史，其实我也只是知道个大概。传说过去彝族没有摔跤这种活动，但是先祖们为了生存需要上山打猎，当他们抓到野兽的时候，倘若野兽还是活的，这些野兽就会为了活命而张嘴咬人，还会用爪子抓人。在这一点上，很明显嘴和爪子都是人类的弱项，尤其是面对大型野兽时。如若我们面对野兽撒开手，那我们人类就陷入被动了。后来，祖辈们就不断琢磨，发现往往把野兽摔一个大跤才能制伏它，从那以后，祖辈就慢慢有了摔跤技巧的学习。

在我们石林的彝乡，还流传着一个关于摔跤由来的传说。很久很久以前，有一户叫磨枣的彝族兄弟三人在放羊时，看见羊群膘肥体壮，心里非常高兴，就一个搂着一个的腰和脖子在地上打滚，一个放羊的老人以为他们打架，忙来劝解。老人说，趁着高兴劲，你们比比谁的力气大，背脊着地为输，三次两胜为赢，三兄弟于是就摔起跤来。这一传说从侧面反映出我们石林彝族摔跤与先民的生产娱乐活动有关。

后来，人们的摔跤技术伴随历练的时间慢慢进步了，人们在摔跤中不断地设想出现危险时的情形，如野兽是怎么来的，人是怎么抓住它的，如先用手抓住对方，随即就摁在地上，再进行反关节操作等。当取得了进步以后，两个人在摔跤时还可以不断地相互学习，反反复复训练就提高了我们的摔跤技术水平。

摔跤之仪式规则

我们石林县每个村每年都会举办摔跤比赛，但是时间不固定。有的村庄是在夏天，更多的村庄会选择在过年之后的正月进行比赛。每个村举办摔跤比赛之前都会先进行一个流传了多代人的神圣的仪式——拜山神庙。

摔跤比赛前，村民们抬着红布去供山神庙，以祈求山神庙可以保佑整个村子风调雨顺，牛羊兴旺，人畜平安。供完山神庙之后，村民们又一路敲锣打鼓、放鞭炮将红布迎到摔跤场，进行摔跤比赛。这里面就包含了浓厚的祭祀意义。对于彝族人民来说，山神庙与火神的意义十分相似，大家都是对其极为崇拜和尊重的。

回到摔跤场，先由村寨里的毕摩（专伺祭祀活动的主持人）和长老领头，人们跟随，用长杆抬着“挂红”的红布绕场一周，然后再烧香祭拜，最后年轻人围着挂红的长杆跳起敬神舞蹈。直到仪式结束后，便开始进行摔跤比赛或舞狮子和斗牛等各项体育活动。

在摔跤比赛之前，先由裁判做一个简短的仪式，仪式结束后，选手脱下上衣，上身裸露，下穿短裤，蹲在场边，意思是向裁判请求开赛。裁判则热情地迎上前去，将选手扶起，绕场一周，并且用彝语高喊：“勇士们，来吧！莫错过这个大好时机……”然后，一个个应战者先后出场。

以前的摔跤比赛规则是三局两胜，被摔倒的人双肩必须要落地才算输。比赛的赛制非常灵活，其中有一个抽签环节，选手在迎接挑战时，不想迎战也可以选择不接受挑战，但是选手的成绩还保留着，直到他输了比赛才算结束。最大规模时，会有三四百人参加比赛，摔跤比赛不分年龄、不分体重、不计时。比赛最晚能进行到太阳落山，由于没有电灯，天黑了只能结束。

鸣土炮三声表示当天的比赛停止。裁判员报出自己所负责的摔跤手中摔倒对手最多者的姓名。连胜九名不同对手者名列第一，叫“挂大红”。摔倒八人者第二，以此类推，摔倒三个对手者排在最后。至于摔倒两个对手者，当他再次输给对方时，裁判员给他一块红布再退场，这叫“给布”，不叫“挂红”。

比赛结束后，会在跤场举行“挂红”仪式。摔倒三人以上的运动员由一位裁判员携手绕场一周。挂红者走到跤台前止步，裁判员将披在运动员身上的红布取下，折好后交给优胜者，然后互相告别退场。

当时参加摔跤的选手都会有纪念奖品，奖品是一块几厘米宽的红布，比赛的前三名会获得剩下的所有红布，第一名的红布最长，大概有 20 米，第二名、第三名逐次递减。这个红布奖品对于参加摔跤比赛的人来说是十分荣耀珍贵的。在群众性的比赛中，一天内挂红者往往有四五十人，当优胜者在场内挂红时，青年男女观众会欢跳大三弦祝贺。

少年摔跤战四方

我小时候很害羞，比较顽皮，我最喜欢的娱乐活动就是与人摔跤。我平时会让姐夫带我去摔跤，在学校的课间休息也会找别人摔跤，摔跤的时候常常会把裤子撕破，在村里也会找比自己个子大的人挑战摔跤。我不爱读书，读到13岁就没读了，之后就在家务农。

我的爷爷当年是村里最厉害的摔跤选手。我总向我爷爷请教摔跤的方法，因为我爷爷年轻时个子很高，体重有90公斤，力气非常大，但就是技术不高，但指导那时候的我是绰绰有余的。爷爷告诉我怎么抱腿，怎么拱背，教了我很多技巧。我那时年龄不大，个子也小，经常跑去其他村子里去学习摔跤。那时候没有车，也没有鞋，我穿着短裤，光着脚走十几里路去别的村找人摔跤，摔倒了爬起来再继续摔。就这样，那时我基本每天要摔三至四次跤。

1962年，我14岁就参加了石林县的比赛。当时是云南省摔跤队来石林选拔人才，选拔赛之前就举办了一场连续两天的群众性摔跤比赛。那是我第一次参赛，我走路去参加比赛，上场后一连摔倒了三个人，赢得了两三米的红布。我回来的时候天都已经黑了，记得父亲正在松明火下用竹篾编织簸箕和背篓，我就告诉爸爸："我摔跤拿奖了！"他听闻后非常高兴，还详细问了我是怎么摔倒别人的细节。

那时，我一般采用跪姿来摔别人，对手退我就反攻。很多人摔跤的时候注意力集中在上半身，没有注意下面的动作，我的注意力一直在下边。我认为，站的时候体力消耗比较大，跪着可以休息，等对手有动作了我再反攻。我可以从后面抱住把他翻过来。因为我个子小，比较灵活，转身比较快，我的身子翻到他上边去，就可以把他摔倒。总的来说，我反攻的技术比进攻的技术好。这也是我最主要的技术特点——抱腿夹勾。我就是靠假动作趁别人不注意往下面抱腿，手脚配合，把对方摔倒。后来，在全国比赛的时候我也是使用这个战术。

1965年，我17岁参加云南省摔跤运动会，我报了65公斤级的比赛。这次比赛有弥勒县、石林县、元阳县、泸西县四个县进行比赛。我在教育科组队训练了几天之后，走了60多公里去弥勒县的乱泥村参加比赛。这是我第一次参加古典式摔跤比赛，但是古典式不能抱腿。最终我输给了两个人，赢了五个人，取得了第三名。我输给的两个人是专业队的。比赛回来之后，周边村子的人都议论说尾博邑村出了一个"小力气"，这个小孩摔跤摔得好（一般情况下，摔跤摔得好的成年人被称为

“大力气”，小孩称为“小力气”）。

1968 年，在弥勒县可邑村举行了一场群众性比赛。其中有个选手叫罗光福，是省体委很厉害的专业运动员，而我只是一个农民，两个人身份悬殊。我最后赢了罗光福，从此，我就比较出名了。小有名气以后，很多人只要听说我要去比赛，即使是农活很忙，他们都要放下农活陪我一起走路，去看我比赛。有时，参加比赛的地点很远，没有汽车就只能走路，一走就是两三天，途经的村民人家都会热情接待我，让我在他家住宿。当时，村与村之间经常举行比赛，在其中一次比赛中，有一个村的人采取了车轮战，消耗我的体力，最有实力的人最后才出来和我比赛。石林县周边村子有一个专业运动员名叫普德光，他的名声比我大，他宣称他要是赢不了我，他就不去昆明的体工队，他就不结婚，但是他最后还是输给我了。

1966 年到 1976 年“文化大革命”期间，因为经济跟不上，村里人的温饱都成问题，导致全村的摔跤活动组织不起来。

1978 年 4 月，省体工队恢复招收运动员，教练通知我去集训，我就去了。这次招了十几个运动员，当时我已经 31 岁了，是体工队里年龄最大的。当时，我已经在村里当了生产队队长，平时摔跤比较少。第一天训练早上，由于长时间没有锻炼，运动强度太大，体能跟不上，所以在准备活动中我就吐了，后来才慢慢地缓过来。

1978 年 9 月，我代表云南省参加在新疆举办的全国比赛。我报了 68 公斤级的比赛，但我体重有 80 公斤。为了参加比赛，我坚持少吃多运动，最终练瘦了 10 多公斤，最后拿了第三名。当时的水平跟现在国际式摔跤不一样，国际式摔跤没有系腰带，自由式随便拿什么地方都可以，但不能揪头发、不能蒙着嘴。我就运用抱腿这一技术把对手摔倒了。1979 年，我参加了在徐州举办的比赛，我报了 74 公斤级的比赛。最后，我在比赛拿到了第二名。但是我从来没有参加过少数民族的摔跤比赛。

1983 年后，周边村子开始恢复群众性比赛。但是现在民间性的村与村之间的摔跤比赛比较少，没有以前的多，每年火把节和大型节日会举行摔跤比赛，算下来每年能举行四五次摔跤比赛。

启蒙后继人才

1982 年，回到石林县以后，我在体委当行政干部，兼职担任体校的教练，但保持着公务员身份，履行公务员职务。我白天在体委上班（体委当时只有 3 个人，负责全县体育工作），利用早晚的休息时间训练业余体校队员，每天六点起床训练到七点或者七点半，晚上七点半训练到九点才休息，请了老师在吃饭后辅导队员的文化。我每年的暑假、寒假都会举行集训，都是我一个人当教练，已经坚持十多年了。

我的主要任务就是把县里业余体校的优秀学生输送到昆明市体校，送到省体委的比较少。我属于小学启蒙教练，送到昆明市体校的队员前前后后有三四百人。其中最优秀的学生——杨玉高，1990年参加在日本举行的世界青年摔跤锦标赛中获得自由式摔跤52公斤级第五名，并在全国锦标赛和冠军赛中多次获得冠军，他先后与师妹李雪华荣获国际级运动健将称号。我的诸多学生中，达到国级运动健将的有徐继华（现任云南省摔跤队总教练）、曾文光、毕永学、金华林、毕红荣等。其他在省、市、县获奖的学生也达上百人。

我一直工作到54岁，退休后回家干农活种地、上山打猎、养蜜蜂。我现在也可以管理组织自己村里面的群众摔跤比赛，但是对于外村的比赛，只能当观众，不上战场。

如今，我仍在和三个徒弟高志明、赵红英、毕宏英一起为传承彝族摔跤技艺，为彝乡培养摔跤后继人才奉献着自己的力量。

二、黄毕兴口述

创新规则促推动

彝族摔跤本身作为一项国家级非物质文化遗产代表性项目，我们在推动其发展过程中是做过一些创新和改变的，即对于传统技术和比赛规则的改进。这些改进的目的在于适应现在市场发展和夯实群众基础的需要，让百姓能够看得懂我们的摔跤比赛，能够理解摔跤比赛的规则。同时，在进行这些改进与创新的时候，我们也都坚守了自己的原则，依旧保留了我们彝族摔跤的核心内容。如“三跤两胜制”是判断胜负的规则，深系红蓝腰带也是我们彝族摔跤的核心，是我们的民族传统，这是不能变的。另外，在场地方面，彝族摔跤必须是在室外，这也是我们彝族摔跤的一个特点，也是我们坚持的一个原则。

那么，我们又做了哪些改进呢？第一个改进是比赛时间。由于我们传统的彝族摔跤在比赛规则里并没有关于时间的规定，这样比赛过程就会很长，导致观众可能要看很长时间才能见到胜负，这样就使彝族摔跤的观赏性变弱。为此，我们将比赛时间改为10分钟一节，并沿用传统的三跤两胜和系腰带的规则。另外，如果在10分钟之内出现了平局，我们将加时1分钟，这一分钟采用一跤双肩落地定胜负的方式。倘若在这1分钟加时中仍然出现平局，那就再加时1分钟，在这1分钟里，我们以一跤三点落地定输赢。如果这样依旧还没有达到三点落地判断输赢的情况，我们就采用称体重的方式来判断胜负。

第二个改进是跤手体重级别。传统的彝族摔跤比赛是不分级别、不称体重的。如今，我们按级别参加比赛，但在具体做法上并没有像国际跤级别划分那样细。我们彝族摔跤只划分两个级别，这样的结果是同一级别的体重差距也会很悬殊，但这种悬殊在同一级别比赛中，我们只有在平局并经过两轮加时仍旧无果的时候才会使用，即哪一方的体重更轻则算胜。

除了上述两种改革外，我们彝族摔跤和国际跤还是有一定区别的。这种区别在于国际摔跤采用的是一种打分制计分法，而彝族摔跤则是不实行打分制；还有就是国际摔跤从后面抱着对方身体滚一次是得分，双肩着地了也不算输，而彝族摔跤就不能做抱腰滚了，因为谁先双肩着地就算先输一跤。

地域文化不可缺

摔跤在我们彝族传统文化中是不可缺少的内容，其文化底蕴也非常深厚。每年我们石林县火把节都会把彝族摔跤作为最重要的传统运动项目，不仅政府要组织这项运动，民间也会组织这项比赛。虽然我们也经常不定期地进行摔跤比赛，但是最高级别的彝族摔跤比赛还是在火把节举行。

作为一项传统文化底蕴深厚，并且有观赏性的运动项目，要想进一步发展彝族摔跤，使其更具有市场影响力与文化价值，我主要是看重两点，一点是彝族摔跤在我们本地区的市场影响力极大，几乎是所有的群众必须看的；另一点是彝族摔跤与石林本地的彝族文化可以进行深度融合，这样就可以实现扩大宣传影响的目的。

对于进行彝族摔跤比赛项目运作而言，其中的有利条件是运动员和老百姓喜欢并乐于参与和观赏这个项目，但与之相对应，也存在着一些困难，特别是资金问题。从运作赛事的角度来说，首先是要筹资建场地，到了后期政府方面会有一些资金支持，但在此之前，从场地建设到运动员培训等方面就存在资金上的短板。从项目的长远发展考虑，资金问题直接关联比赛运作、运动员培训、奖金设置等诸多环节，所以资金链是绝对不能断的。为了资金的事情，我做了大量的工作。

全国赛事拓影响

石林县摔跤协会会长昂金宏补充道：“从我们摔跤协会赛事组织的角度看，我发现了两个情况。第一个情况是参与彝族摔跤的人员，基本都是我们云南省各个体校的学生，这些学生在体校里已经专门学习过摔跤。因为在我们石林县、弥勒市、泸西县、师宗县等地都有摔跤的民俗，其中以石林更为集中一些。第二个情况是当地民众中也有很多彝族摔跤的爱好者参赛，尤其是在我们石林县和弥勒市较多，这些摔跤爱好者从小就学习过摔跤的技能，而且非常喜欢摔跤。在我们石林本地，很多民众平时也会自约或由村子组织摔跤活动。在这些自发活动中，大家彼此有了摔跤技术上的相互交流，这也是一个互教互学的好方法。”

从我们摔跤协会的角度来说，我们首先需要把摔跤场地建好，这是组织比赛的前提条件。我们同时还要考虑对运动员和普通青少年的分类培训计划，以这种方式提高彝族摔跤的参与人数和扩大提高训练水平的路径。

从提升彝族摔跤文化影响力的角度来说，我们首先考虑的是如何将每年火把节上的彝族摔跤品牌做得更好一些。今年我们的赛事设置方向是面向全国邀请职业运动员参加。我的计划一是邀请职业摔跤运动员参加我们的非遗摔跤项目，让他们了解我们彝族摔跤文化的底蕴；二是让我们本地爱好摔跤的青少年运动员近距离观看与接触全国摔跤技术水平最高的赛事。我想通过这样的方式来提升我们青少年对这个项目的认识度。

同时，由于我们是面向全国职业运动员的赛事，这对于石林县乃至昆明市也是一次很好的对外宣传窗口，影响力也比较大。全国许多地方的职业运动员都会来参加比赛，北京、浙江、云南、新疆、河北、河南、山东等地的职业运动员都报名参加，还有来自新西兰和伊朗的运动员报名参加本赛事。所以，综合来说，我们的这个赛事还是具有较大影响力的，这项活动有助于加强对我们本地传统文化的宣传，也对本地青少年积极参与彝族摔跤运动有很大的促进作用。

三、毕宏英口述

我小时候跟着爸爸学摔跤，因为从小性格比较男性化，我经常跟表哥、表弟他们玩摔跤。周末到山上或草坪上放牛，我就会和哥哥们摔跤玩。

那时，我们村寨每年的四五月春耕生产的时候要用牛粪，家家户户都把干牛粪全部打碎掉，准备拉到地里施肥。每家门口干牛粪铺的面积比较大，在上面摔跤不疼，我们就喜欢在上面摔跤。晚上有月亮的时候，我们村的小孩就会跑到粪堆上摔跤玩。

我长大一点后，爸爸教我怎么摔跤，教我抱腿的技巧，那个时候我还没有参加过比赛，就只是一直玩摔跤。然后，我爸就把我送去体委训练。因为我 13 岁的时候，省体委还没有女子摔跤队，他就把我送到举重队里了。我在举重队里只待了两个星期就待不下去了，觉得举重太单一了，没什么激情，比较枯燥、无趣。后来我就跑回家了，回家以后不太好意思再去学校读初一了，就一直在家里面。

后来，有一个人把羊放到我家的田里，吃我们家的庄稼，故意欺负我们家没有儿子。为了争一口气，1988 年我又去了省体工队，但还是没有女子摔跤队，我就进了柔道队里。

石林经常举办火把节，每年都会举办一个女子摔跤比赛。我就参加比赛，那个时候摔跤的女子比较少，我第一次参加比赛就拿了第一名。那个时候比赛也不分级别，直接抽签报名，我一般参加的都是民间的比赛。

后来，省体工队有了女子摔跤队，我就想转过去，但是柔道队这边不放人。我的柔道最好成绩是全国第四名，没有拿过前三，觉得有点遗憾。我没有机会专业练摔跤，也就只是小的时候，爸爸在家里教教我。

我的教练是李钊，我当时直接进入体工队也没有任何基础，体工队只有田径队、足球队，他们特别注重素质。我一直在体工队待了 10 年，从 1988 年到 1998 年，这个期间，只要在不影响全国比赛的情况下，我都会参加石林、泸西、弥勒周边县上在周末举办的群众传统项目的摔跤比赛。因为经常跟其他人交流切磋，所以我慢慢就会摔跤了。

过去那个时代还比较保守，很忌讳女孩子把肚子露出来，觉得女孩子露肚子不文明，所以不太允许女孩子摔跤。但是，村子里女孩还是喜欢摔跤。大约在 1975 年，才开始有女子摔跤这个项目。

1983—1984 年，我们各个村子都恢复了传统，举行摔跤比赛。但是女子不可以上跤场，也不可以进山神庙里烧香的地方，只可以观看比赛。

1998 年从省队退役回来以后，我一开始分在石林县旅游管理局。退役时，我本来可以分配在昆明，我说："不行，我要回去。我爸我妈都在石林，我是家里最大的孩子，我还是要回去照顾他们。"而且，我也舍不得丢掉摔跤这一项目，还是想回来好好地学一学，把这个项目传承下去。回来石林以后，县长和我说："你爸的年龄已经五十岁出头了，你要接你爸的班，我给你一个到县民族小学当教练的名额，你就专门传承你爸的这一项目。"

于是，我去县民族小学当教练，校长非常支持。我们早上出操，白天上课，晚上训练。我们民族小学一直是柔道、摔跤市级的示范传承点。我们每年都有暑假、寒假的集训，全县学生都可以来学。

我们小学每年有几个从体育专业技能方面招生的名额，每年约 20 个指标。现在，我校常年有 80~90 人来集训，选几个好苗子进校以后就训练。他们从四年级开始练，因为一年级到三年级的学生年龄比较小，摔跤、柔道需要滚翻，比较容易受伤。我现在有 68 个学生，分别教授摔跤和柔道两个项目。每年这些学生都会参加市级比赛的古典式、自由式摔跤比赛。在每年的火把节，我将他们按年龄、级别，分配出去参加摔跤比赛，基本上只要是年龄合适、体重合适的学生都参加比赛。

访谈后记

课题组前后两次前往阿诗玛的故乡，分别采访了国家级非物质文化遗产彝族摔跤项目的3个代表性传承人。第一次采访毕有恒和黄毕兴，第二次是毕有恒和毕宏英。

三个人分别从不同的角度讲述了当地彝族摔跤的古老历史、摔跤仪式、摔跤技术与规则，以及目前彝族摔跤的赛事举办和非遗进校园等，让我们对这古老的少数民族项目有了较为全面的认识。尤其是毕有恒先生小时候赤着脚、背着干粮走十几里山路，一个村庄接一个寨子地去寻找摔跤对手；春耕前村里的孩子们在自家晒的干牛粪堆上练习摔跤；以及小有名气的毕有恒走几天的山路去参加比赛，身后簇拥着一群粉丝共同前往，这些场景真实、生动、鲜活，极具画面感。从中我们确确实实地感受到摔跤深受彝族同胞的喜爱，是当地民众生活中不可缺少的组成部分。

研究团队与传承人毕有恒、毕宏英合影

重庆荣昌缠丝拳代表性传承人蒋远武口述实录

采访时间： 2017 年 2 月 6 日
采访地点： 重庆荣昌区武术协会办公室
采访人： 陈小蓉

项目简介： 缠丝拳有缠丝、蚕丝、蚕闭、残字门等不同称谓。缠丝拳在传承发展的过程中，形成了独特的拳法体系，主要包括练步、连铲、十八拦、十二时辰、肘桩、平桩、总桩、小连桩、遁龙桩、滚龙桩等拳法套路，螺旋缠绕、起挂巴拿、贴身短打、以柔克刚、寸劲猝发等拳法特征，以及正骨疗伤、养身延年等修炼方法。作为一个历史悠久的中华武术拳种，缠丝拳必有其独到之处，才能够在历史洪流中得以存续。2009 年，缠丝拳被评为了重庆市第二批市级非物质文化遗产项目，也是整个重庆第一个被评为非物质文化遗产的武术拳种。

口述人简介： 蒋远武，重庆荣昌人，八岁拜师学习缠丝拳，现任荣昌区武术协会名誉主席、荣昌区缠丝拳协会名誉会长、缠丝拳艺研究会名誉会长，曾担任荣昌县县委书记。其整理修订的《缠门打经》，系统地阐述了缠丝拳的历史沿革、武术思想和技艺套路。作为重庆市级非物质文化遗产荣昌缠丝拳代表性传承人，蒋远武正致力于缠丝拳的传承和发展。

起源道教龙门派

缠丝拳的历史非常丰富，底蕴也是非常深厚的。缠丝拳的古拳谱《缠门打经》中记载，缠丝拳起源于终南山全真道龙门派，于清雍正年间，从江西传入巴蜀，属外来拳种，其根不在四川。因此，缠丝拳系道教承袭龙门。缠丝拳的历史最早可以追溯到北宋时期，当时的宋先祖师叫邱文结，他的弟子赵道坚、宋道安留着一个邱文结的四十字谱，后来康熙帝又留下来一个六十字谱，所以在历史上可查的就有一个邱文结和《邱祖百字谱》。古拳谱《缠门打经》（手抄本）记载："圣先祖师邱文结。仙母杨老太君原系燕国人氏，大辽不义，刀兵四起，人马纷纷，天启元年，尽行逃散，后至山东省登州府栖霞县兵都村，邱家靖立站，离城四十里，点察杨老太君所生一子邱得锡。太君所生三子长启明，号长临；二启蒙，号长春；三启秀，号长寿；大仙姑玉兰，二仙姑兰英。绍兴七年，合家男女一十七口，原非升留与后代徒赵宋二人：赵道坚中贞翊玄应真人，宋道安元明普崇德真人……"

有关资料显示，当年张三丰也曾在终南山修道四年，四年过后，他到了武当，创建了武当太极，开辟了一派新天地。这在关于缠丝拳的历史沿革当中很有代表性，而且这些代表人物都非常具有传奇色彩。

缠丝拳历史悠久，风格独特，而且传承量很大。我自八岁开始习武，接触的第一个武术拳种就是缠丝拳，也很喜欢缠丝拳。我个人感觉，包括我们很多行家都认为缠丝拳是我们国家非常优秀的一个民间拳种。

传承清晰拓四海

在张献忠剿四川的时候，四川的人口剧减，以至于到了人烟稀少、白昼有野兽出入县城的境地。后来的四川经历了几次移民，如湖南、湖北、广西、广东、福建等地的人都陆续迁徙到了四川，历史上称作"湖广填四川"。移民带来的人口流动也带动了包括武术文化在内的文化流动，那个时期包括缠丝拳、洪拳、少林、太极、僧门等武术都开始传入了巴渝大地。

最早把缠丝拳带入巴渝大地的人是江西人王一川，号川一，武林流传以称"黄益川""黄一川"居多，我们把他称为缠丝拳的蒙师。他在清代雍正年间入川，访师拜友、传授拳艺，途中传湖北汉口长春馆肖如玉、川中传泸城灵官祠廖福圣，徒弟杨为善得真口诀。杨为善传缠丝拳及功法、器械于四川昌州一带的大足县、荣昌县等地，后来形成缠门；同时传三十六闭手及功法、器械于广安县、华蓥山等地，后来形成缠闭门。目前，缠丝拳主要在重庆、四川、贵州、云南、江西等地传衍，尤其在重庆市荣昌、大足等区更是兴旺，历代高手辈出。缠丝拳传承脉络清晰，上承全真道龙门派，下传历代宗师名家，他们博采众长，续缠门宗风，诸公的徒子徒孙遍及五湖四海。而王一川最有代表性的弟子便是杨为善、廖福圣宗师。

后来，杨为善跟随王一川祖师到了湖北的长春馆。历史上长春馆也就是长春栈，在那里可以学道术、拳术、炼丹、药功等一系列的东西。之后杨为善又跟随王师走南闯北多年，到了四川、云南、贵州、江西、广东、福建、广西等很多地方，访师拜友，传授武艺。

到了清咸丰年间，杨为善就在昌州（历史上昌州包括荣昌、大足、永川等地）的濑溪河畔定居下来了。从此，杨为善就把缠丝拳的种子播撒在了巴渝大地的濑溪河畔，还精心挑选了一批弟子来传承缠丝拳。因为杨为善的两眉为白色，于是又被当地人称为“杨白毛”，这个称呼很形象也很有个性。

在杨为善亲授的第一批缠丝拳弟子当中，游学忠、游学谦、刘礼文都是具有代表性的人物。据记载，杨为善仙逝之后，弟子刘礼文将他安葬于重庆鹅岭公园。之后游学忠、游学谦、刘礼文又将缠丝拳继续传承了下去，传徒龙嗣顺，号龙麟洲。龙嗣顺传授的弟子较多，其中何五堂就是一位具有代表性的传人。何五堂有个儿子叫何峻山，还有陈姓外孙，都把缠丝拳学得很好，最后成了新一代的传承人。再往后，缠丝拳又传给了姚玉堂、周吉祥、郑三吉等几个具有代表性的人物。其中，姚玉堂个头不大，善于打鱼，是一个非常精明的人，他的拳也学得非常好，在濑溪河畔非常具有影响力。他在濑溪河畔的路孔镇，将缠丝拳传授给了蔡德泉、于天沛，另有周吉祥传唐新知等人。这些传人中最具代表性的也是他们三人。为啥说他们最有代表性呢？因为这三个人一是学得比较好，二是传承得很好，三是影响比较大，他们的弟子遍布大江南北。于天沛是我的师父，而蔡德泉、唐新知是我的师叔。在他们那一代人的努力下，可以说把缠丝拳的血脉真正地传承积淀下来，又经过几十年的传承之后，缠丝拳的文化底蕴和武术精髓深深地扎根在了我们昌州大地、濑溪河畔，所以说这个影响是很大的。

缠丝拳发展到今天，可以说在我们荣昌地区，参练的人最多、习武的人最广、对外影响最大的拳种，那就是缠丝拳。为什么它的影响这么大呢？根据我们的调查资料和现实情况来看，首先因为它是一个优秀的传统项目。

正如我前面讲的，王一川身边的几个得意弟子中，杨为善是与我们最有直接关系的，我们这一支的传承脉络是很清晰的，从王一川、杨为善、游学忠、游学谦、龙嗣顺，到后来的何五堂、何竣山、姚玉堂、于天沛，跟着一路下来。每一个传承人，尤其是王一川进入巴渝大地之后一代代的传承，非常值得去挖掘。因为每一代的传承都很有故事，也都很有背景，而且在历史上都是弘扬正气的。过去人们讲杀富济贫，我们现在说的是传递一种正能量，这些都是我们中华传统的一种延续。

这种延续的过程也得到了地方政府重视，而且民间对此很认可，因为武术在传承过程当中，没有什么不利于社会的东西，都是作为一种正能量在传承。所以我们觉得缠丝拳不仅是一种优秀的民间传统武术，而且是对中华文化的传承与传播，而且我觉得这种传承的过程很精彩。

在这些传承人中，几乎每个人背后都有一些故事，我们的那本书上都有记载。比如说，关于传承过程中怎样提升、丰富拳术这个问题，我们的师公姚玉堂一生在巴蜀武林鲜逢对手，然而，在与四川富顺县地躺拳名家刘青云切磋中，姚公拳腿争锋，刘师地滚蛟龙，最终，二人打了个平局，互生敬佩之意。姚玉堂深感各拳种皆有所长，缠丝拳要出类拔萃，必须走继承和创新相结合的道路，完善下盘功夫。于是，姚玉堂以缠丝拳结合地躺拳创编出第九路滚龙桩。再比如说，我们的师父于天沛，他原来是习练洪拳的，练洪拳的时候他还没学缠丝拳，后来在武友交流的过程中，才对缠丝拳有所了解，最后经人介绍认识了姚玉堂，以后一比较，认识到了缠丝拳的长处。一个武术拳种的产生，说明一定有它的独到之处，不管是洪拳、缠丝拳、僧门拳，还是其他拳，有了这种独到之处才能够立一个拳种，才能在历史发展中延续，并为后人所接受。

缠丝拳里特色多

缠丝拳作为一个历史悠久的中华武术拳种，必有其独到之处，才能够在历史洪流中得以存续。它吸纳了内家拳的精髓，又吸纳了众多外家拳的优点。正所谓“六路断打要有路，八步缠丝要有步”，它内含太极的阴柔，外显少林的阳刚，把内家拳和外家拳融合在一起，刚柔相济，内外兼容，形成了一个风格独特的拳种。它的主要套路包括姚玉堂支脉九路套路、周吉祥支脉六路短打套路，以及郑三吉支脉龙门缠丝转缠八路套路；主要功法包括丁八步桩、高马步桩、螺旋步走转功、螺旋掌指功、缠丝劲等；主要器械有缠丝七星剑、缠丝追风剑、鸳鸯短剑、子午单刀、子午棍、缠丝棍等。荣昌缠丝拳的主要特点是起挂巴拿、螺旋缠绕、贴身短打、以柔克刚、借力打力、寸劲猝发、攻防兼顾，其三大技法为上盘鸳鸯手、中盘鸳鸯肘及下盘鸳鸯腿，从而构成一套完整的攻防体系。

那缠丝拳有什么独到之处让它能够延续至今，而且还保持了这么强的生命力呢？缠丝拳目前是重庆市级非遗项目，下一步争取申报为国家级非遗项目。这是因为它的历史悠久，文化底蕴深厚，同时还具有几个大的特点。第一，连贯性。缠丝拳打起来犹如行云流水，连绵不绝，它的套路有连贯性，把内家拳和外家拳的诸多因素融合在一起，形成了一个风格独特的拳种。就总体而言，缠丝拳应归属于内家拳，而且应用缠丝劲的功法比较多。第二，轻盈性和灵活性。缠丝拳不是一种呆板的拳种，它轻盈、灵活，身眼手步法协调，它的步法并不是很大步，非常特殊，它是一种丁不丁、八不八的步法，因此转身换步的时候特别灵活。第三，适合贴身短打。缠丝拳善于贴身短打，而且发力不像长拳，缠丝拳发力用的是寸劲，在贴身短打的时候是先收再放，起挂、巴拿、缠绕、封闭、铲踏、滚断、杀高，这是缠丝拳的一大特色。第四，刚柔结合。缠丝拳变化多端却很朴实，没有什么多余的动作，每个动作都有用，但不只是一个用处，而是有很多个用处，一个动作可以变若干个动作，变化多端，刚柔相济。

从整个套路来说，缠丝拳表现出来的是既有上中下的组合，又有快、慢、轻、重，行云流水的套路，还有变化多端的手法，如果将套路进行整合则有更多的讲究。从具体动作来看，缠丝拳的上中下几个组合表现为：上盘功夫以两个鸳鸯手为特点，把上面管得很多，长短阴阳；中盘功夫以两个鸳鸯肘为特点，专门有个套路，就是肘桩，通过最大的力度把正门堵住，很有杀伤力；下盘功夫则有两个鸳鸯腿，缠丝拳的腿和长拳的腿不一样，长拳喜欢用高腿、边腿，但是鸳鸯腿喜欢用中低腿，即破—剪—杀，所以从保护自身来讲，缠丝拳应该是很好的一种拳种，在保护自身过程中，它的攻击性又特别强，可谓攻防兼备。

另外，还可以从手法和技法上看缠丝拳的几个特点。第一是缠绕封闭特点，缠丝拳很擅长“缠”，又有一定的象形，中心是缠绕封闭，有单缠也有双缠，有正反缠，还有螺旋缠绕，有很多不同的手法。螺旋缠绕也有与其他拳法不一样的地方，就是始终是两只手缠着、封闭着对手，让对手不能出手、无法脱身，这是缠丝拳的一大竞技特点。如果在此基础上再加上起、挂、巴、拿、发，那变化就出来了，这是它的第二特点。缠丝拳这些技法特点都很清晰，有些动作可以说是“前手上人身，后手不留停”，“手是两扇门”，左引右发、上引下进等。这集中反映了缠丝拳的竞技功能，也是缠丝拳历经几百至上千年历史洗涤，特别是近几百年的生存和传承过程中所积聚吸收的精华的体现。

根据对有关资料的收集和研究，缠丝拳最初的形成和我们的生活相关，因为人的第一本能是保护自己，所以这个拳种在发展过程中，吸纳了众多拳种的一些长处和一些动物的动作。在民间，缠丝拳有好几种缠法，如春蚕吐丝，一根细细的蚕丝能够形成一个茧，既能够保护自己，还能够传宗接代，有一种奥妙在里面，这是一种说法。然后，人在对抗过程中，始终不是你要怎么样，而是对方要怎么样，所以你既要能够保护自己，还要能够制伏对方。所以说，在人与人的对抗过程中，如果我们身材很高大，那可以靠力靠武，如果在我们身材很矮小，或者说身材单薄的情况下，那我们就要靠速度和技巧取胜。

我个人感觉武术还有几个东西很重要。第一，要考虑武德。历史上长期都在讲习武要有武德，学了武术之后既要保护自己与家人，还要保卫国家和民族。小到家庭，大到国家、民族，如果有人学了武术去干坏事，我们就不允许，我们就不倡导，所以说武德是第一位。第二，要懂得武学。这就是要研究武术的历史，懂得武术的基础理论，知道武术产生的背景和这么做的道理，不仅要会做武术动作，还要有一些资料及书籍，要有理论上的说服力，即俗话说的讲道理，只有这样加以规范的武术，最后才能够传承。第三，要理解武术。我个人理解武，是一种力，即力的象征；术，是一种巧，是一个技术。把力和巧结合起来，再加上熟练和速度，这就是完整的武术技击了。

缠丝拳历史悠久，经历了上千年历史的演变，尤其经过这三四百年风雨的洗礼后，形成了一个风格独特的拳种。我们民间的武术有很多，拳种也有很多，它们相互交融在一起，加上师父传承的功夫与学生自身融合的功夫不一样，所以就形成了风格各异的一些表现形式。从我师父的传授结合我个人对缠丝拳的理解，我有几点感悟，缠丝拳的上身部分善于用两个鸳鸯手，也称左右鸳鸯手，又称为长短手，起挂、巴拿和缠绕封闭比较多。此外，缠丝拳的手上功夫有长短阴阳，前后手照应，上盘以鸳鸯手为主的，中盘就是两个鸳鸯肘，不光是两个肘，手上巴拿动作也很多，所以每个动作都是有用处的，叫组合两个鸳鸯肘。缠丝拳的下盘功夫就是善用鸳鸯腿，所以鸳鸯腿一挂一曲一带，一破一腿，对方的腿一来，这时出鸳鸯腿一顶，他的那一条腿就完了，所以两个鸳鸯腿是很灵活的。缠丝拳的上中下三盘功夫出来之后，就形成了一套完整的攻防体系。

除了套路以外，缠丝拳还有经络、穴位、接骨斗榫的一整套药方，以及养生功法。此外，缠丝拳还有一些代表性的器械，如七星剑、三拦棍等。总之，缠丝拳是一个集内外家功法、拳术套路、经络、养生及器械之大成的武术拳种。

传承有道不乱传

在中国古代，道家信守“道不乱讲，技不乱传”，缠门也有“千两黄金不卖道”的师训。道门新收弟子三年参访考察不合格者，或习武时间不足三年者均不能列入门墙。拜师礼仪承载着亲情、伦理，以及学徒与师父的理想，通过拜师传统明确师徒关系和相互责任，使传承更加完整。名师可遇不可求，师徒关系更是一种缘分。徒弟拜师之后，不可违法乱纪，要尊敬师长，谨记师训，尊师是重道的具体表现。“德高为师，身正为范”，师父的职责是授业、解惑、传道，重在培养缠门传人。为人师表，更要有师德，受人尊崇的武学前辈、历代缠丝拳名师都是德高望重之人。

从武术角度来讲，拜师是很有讲究的一件事。第一，从伦理角度来讲，拜师是讲辈分的，拜师早的为师兄，哪怕你八十岁了，今天才拜师，而他是前些年拜的师，他的身份就不一样。这不是以年龄大小来排，而是以拜师早晚来排的次序。第二，拜师讲究武德，尤其是有影响力的拳种，要更好地传承，就必须注重武德。强身健体也好，走正道也好，为社会做好事、做有意义的事也好，必须要有武德、要尊师、要重孝，如果不尊师，不讲孝道，甚至连父母都不认的人，是不能收为徒弟的。在社会上臭名昭著、影响不好的人，也是不能收为徒弟的。所以自古以来，武林里收徒是有选择的。第三，学到武术之后你能不能传承这个东西，这也是有讲究的。

传统的收徒也有讲究，首先，忠、孝、德，这是很重要的东西。其次，要考虑到社会的影响怎么样，只有少数人还不行，还要突出师门，要维持师门的正面形象，传承它的精华。最后，拜师的时候要写拜师帖，并进行拜师仪式。

在拜师的具体细节方面，一个人想学缠丝拳要拜师，首先要有个介绍人。介绍人要明确这个人愿意学而且可以学，就跟现在的担保人一样，介绍人也有责任，要了解你推荐的人怎么样，是什么情况。然后就是前面提到的拜师帖和拜师仪式。这个拜师帖大概分两个部分：第一，我要拜某某为师，为什么要拜师，要学习什么东西；第二，拜完师之后我该怎么做，要做到哪些。这些都要讲出来，相当于一个承诺。举行拜师仪式是由一个主持人，还有同门的长辈一起作为见证人来进行见证的，拜师者需要当着众人向师父磕头，而且要宣读你的拜师帖，讲出自己的承诺，长辈们还要跟你提要求等，这就是一个相对传统的礼仪。

拜师之后，你如果做得不好，将会受到同门长辈的约束或谴责；如果你做得好，就会受到夸奖。当然，不一定所有的学生都被称为传承人，如我们办培训班，如武术进入校园，它是一种普及性质的活动，也是传承的一种启蒙。

我对传承人的理解有三点：第一，要有师承关系，有影响力、有威望，拜同门中造诣较深的人为师，学习和承袭拳技拳艺；第二，能把拳术的套路、理论基础、历史沿革、风格特征、主要器械等说清楚，能从理论上和实际功法上比较完整地将其表述和展示出来；第三，传承人除了通晓大部分技艺之外，对于整个拳种的基本情况都要全面了解，不是说学了几个套路就可以当传承人的。

对于传承人，我觉得也要分等级：第一种是初级传承人，传承一些基本的东西，也就是起个步；第二种是中级传承人，即掌握了一定的拳艺基础和技能技巧；第三种是资深传承人，在拳技、拳艺方面，在一个地区有影响力、凝聚力、号召力和组织能力，在武术理论方面要有完整的理解，在武术套路、器械功法等方面要有全面的了解和掌握。

现在和过去不一样，传承就要有传承的规矩，现在传承有很多的方式，比如说武术进校园，我们培训学校的体育老师，通过体育老师传承给学生，这也是一个启蒙式传承形式，但主要是为了启蒙和普及，为学生今后进一步学习武术打下基础，激发他们的热情和爱好。如果发现有好苗子而且他确实有这个天赋或兴趣，那就进一步深入到下一个层面去，最后进入终极状态，即有人专门负责传授与培养。

在实际生活中，能够真正成为德艺双馨、热衷且擅长本项目、有影响力的传承人的，的确很少见。如果大家都叫传承人的话，那就不叫传承了。所谓传承，不仅是个人学习武术，而且还是一种社会责任，要对自身负责，对历史负责，还要对未来负责。除此之外，这不仅是对自己的拳种负责，还是对中国传统文化的延续负责，只有做到这些才是真正的传承人。当然，这是我个人的一些理解，不一定正确，但是我觉得非遗传承应该倡导这些东西。

传承缠丝见成效

荣昌缠丝拳是荣昌地区乃至中华民族的珍贵传统武术资源，2009 年成为重庆市首个武术类非物质文化遗产项目，并获得政府的支持和保护，广大缠丝拳爱好者闻讯欢欣鼓舞。同年，为了提升荣昌缠丝拳的知名度，推进缠丝拳的传承与推广，扩大对外交流，县文体局组建并成立了“荣昌县缠丝拳协会”。协会成立后，组队在各种武术赛事中摘金夺银，取得众多优异成绩，同时还利用媒体加大了宣传力度，于 2011 年对缠丝拳核定服务项目以及核定使用商品进行了商标注册，使荣昌缠丝拳备受武林同道的注目。2012 年，荣昌县缠丝拳艺研究会成立。协会组织不断发展壮大，习练缠丝拳的人员逐步增多，组织参加了不少国际、国内赛事，获得不少殊荣。这一切要归功于各级政府及主管部门、缠丝拳协会以及缠丝拳爱好者的互相合作、积极配合。如今中华传统武术发展呈现中兴之象，为缠丝拳的传习者、爱好者提供了学习的机遇及传承和展示的平台。如此看来，未来缠丝拳的健康可持续发展该是应有之义。

我与武术也颇有缘分，因为我小时候身体不是很好，比较单薄。我的父亲和我的师父原来是一个单位的，我八岁的时候，我父亲就把我叫到我师父面前拜师，并开始学习缠丝拳。从此我就与缠丝拳结下了不解之缘，这一练就练了五十多年。后来为了学到更多的知识，了解更多的拳种，在学缠丝拳的基础上，我又学了简化太极拳和杨氏太极，还在重庆武术馆参加了专业培训班，系统地学习了黑虎拳、少林拳、八极拳、八卦拳，又拜赖师傅为师，学习少林洪拳，以及大刀、单刀、双剑、花枪等器械。

我在 20 世纪 60 年代的时候，开始跟随师父于天沛学缠丝拳。师父身材高大，是一个习武之人，他最初学洪拳学得很好。后来他就跟师公姚玉堂学了缠丝拳，之后师父也传授了很多徒弟。

那时的县城乡镇赶集，三天一场。每隔三天，我师父都要来我家里吃晚饭，晚上住在我们那儿传授拳法。那些师兄、师弟们都喜欢到我这儿来，所以我们聚到一起交流和探讨的时间就比较多。由于师父收了很多徒弟也很忙，师父不来的时候，他的那些徒弟就跟着我，师父也跟他的徒弟们讲：“你们以后就多跟着蒋远武，我叫他帮忙带你们。”后来我就帮着师父传授一些，也相互学习一些，记得当时我代教的弟子可能有三四十个。后来在 20 世纪 70 年代末、80 年代初的时候，我也收了几位弟子。说来很有意思，我当时的大徒弟现在已经七十多岁了，比我年龄还大。

后来，我到了县工会工作，举办了一些太极拳和其他拳种的普及活动。1985 年，我参加了四川省的武术遗产整理发掘工作，来了一批专家，他们先去了大足县，后来到荣昌，考察过不少拳师，认为缠丝拳不错。当专家听了我的介绍并进行交流，看了我展示的套路后，他们纷纷拍案叫好，说今天终于找对人了，这才是真正的缠丝拳。缠丝拳确实是一个很好的拳种，需要把它收集和整理出来，我也提供了与此有关的 12 套资料，还因此获得了一个省里发的贡献证书。后来我又参加了技术录像，还获得了一等奖。

1989 年，《四川武术大全》出版了，缠丝拳正式载入其中。再后来我就从政，当了地方的主要领导之后，精力上的不足导致记忆中的很多武术套路都忘记了，毕竟要以工作为主，但是对于习武和练武这一块，我始终有一种不解的情缘在里面，所以我一直很有兴趣，如长拳、少林洪拳等，还有大刀、单刀、剑、枪、棍，等等。但是我最喜爱的还是缠丝拳。

我感觉缠丝拳它最大的特点是适合男女老少习练，适用面比较广。从政之后，我虽然参加类似的武术活动相对少一些，但也代表荣昌参加过市一级的武术比赛。我们荣昌的武术协会成立得很早，我也曾担任过第三届荣昌武协主席，现在是荣昌武协的名誉主席，大家给了我这么个荣誉。现在我又担任了缠丝拳协会和缠丝拳艺研究会的名誉会长，可见我和缠丝拳的缘分真的不浅。

小城习拳万人计

目前我们荣昌正在创建全国的武术之乡，是我向地方党委和政府提出创建全国武术之乡的建议方案，政府很重视。我也在助推这项创建工作，还担任了创建活动的总顾问。之所以会有创建全国武术之乡的想法，是因为我们荣昌除了有缠丝拳外，还有小洪拳、苏家拳两项重庆市级非物质文化遗产项目。综合来说，我们全县、区练武的人是比较多的，而且这些武术都不局限于个人传授，也有一系列的组织传授。我们有武术协会以及对应的武术分会，如缠丝拳协会和五个缠丝拳分会。同时，我们还开设有武馆，有正规的培训机构，创建全国武术之乡的基础条件比较好。

由于要创建全国武术之乡，这些年我们在逐步加大对缠丝拳的宣传，我们的地方党委特别重视，体育主管部门也特别关注和支持，武协组织的作用发挥得很好，活动也很多，参与面也很广，现在我们荣昌习练缠丝拳的人数已经可以用万人计了(不含学校)。但我感觉宣传力度还需要加强。

我们也参加了市一级和国家级的很多赛事，在国际与国内，我们缠丝拳都获得了很多金牌、银牌、铜牌及其他的一些奖牌。

这些年，缠丝拳进机关、校园、企业、社区的活动都非常多，我们去年还举办了一个规模宏大的万人武术展演，效果也很好。

就我个人来说，自从我从政工作以后，关于缠丝拳的很多事情都不便投入很多精力，自从我退下来之后，花了一些时间，也投入不少精力去关心、支持荣昌武术产业的发展，凡是武术方面的重要会议和重大赛事，我都尽量参加，也提出了一些有建设性的意见和建议。2016 年，我还参加了湖北武当山第 5 届武当国际演武大会，那次有 3000 多人参会。当时是我们体育主管部门的领导带队，我们去了 8 人就拿了 4 枚金牌，还有一些银牌、铜牌。我还被大会组委会评选为传统武术的优秀传承人，同时获得了武林百杰的荣誉证书，被评为了武术名家，缠丝拳也作为一个拳种被载入了武当收藏馆。

这一切让我们体会到，尽管我们缠丝拳在重庆、四川一带影响力比较大，但是这种影响力放到全国、放到国际上还是很小的，说明知晓缠丝拳的人还不是很多。因此，要使缠丝拳发扬光大、代代相传，还需要我们去争取政府部门的支持，帮助我们组织好缠丝拳这一块的工作，待条件成熟时，还可以组建一个研究院，积极挖掘、整理、总结、推广。我相信，在我们地方党委政府的领导和武协的组织下，在广大武术爱好者的积极参与和支持下，缠丝拳这个优秀拳种，一定能够传承下去，我们对此也充满信心。

与此同时，我们也逐渐意识到，随着历史的演变与发展，为了更好地传承缠丝拳，我们需要在整理和挖掘的基础上逐步制定相应的标准，通过这些标准来规范大家的行为，然后更好地进行传承。我们要想把过去传统的东西保存下来，就要将保存手段加以标准化、规范化，这样就更有利于传承。我们只有把过去和现在的传承方式结合起来，才能真正把这个博大精深的传统文化、武术国粹发扬光大。

访谈后记

在荣昌区武术协会办公室，我对蒋远武进行了采访。蒋老师个头不高，但干练利落，思路清晰，口才很好，不愧曾经担任过荣昌县县委书记。

在采访过程中，他条理清晰地为我们讲述了荣昌缠丝拳的前世今生，回顾了缠丝拳一代宗师姚玉堂、周吉祥、郑三吉在荣昌传播缠丝拳时并驾齐驱、各具特色，使缠丝拳的风格各异，也谈到荣昌缠丝拳近代名师蔡德泉、于天沛、唐新知、杨吉山、胡顺武、李金顺、林琰等，在弘扬地方武术瑰宝方面功不可没。近几十年，缠丝拳传承群体辛勤耕耘拳坛，广收门徒，传授缠丝拳艺，培养了大批优秀传人，桃李满天下，使缠丝拳在武林百花园中独树一帜。

蒋老师同时也谈到自己从小习武，对缠丝拳的痴迷与热爱。蒋老师任职县委书记期间，对荣昌缠丝拳的传承和发展起到了不可替代的作用。他特别谈到，如今，传统武术呈中兴之象，适逢历史上发展的盛世，这为荣昌缠丝拳爱好者提供了良好的学习机遇和展示平台。

陈小蓉与传承人蒋远武合影

香港太极梅花螳螂拳代表性传承人危凤池口述实录

采访时间：2018 年 4 月 11 日

采访地点：香港九龙弥敦道嘉禾大厦香港中国国术龙狮总会

采访人：陈小蓉、袁进业、崔家宝、左逸帆

项目简介：螳螂门古老拳谱《可使有勇》（梁学香著于清道光年间）中记载："昔者王朗老师，作为分身八肘，乱接、秘手，但论虚实刚柔，其妙无敌。"《螳螂拳谱十八家拳祖姓名》中提到王朗的《螳螂总敌》，也就是说在道光年间，武术界已公认王朗为螳螂门祖师。2014 年，太极梅花螳螂拳被列入香港非物质文化遗产清单。

口述人简介：危凤池，1953 年于广州出生，十岁开始习武，习武五十多年，曾练习多种拳术，年轻时亲赴山东拜郝家太极梅花螳螂拳第三代传人郝斌为师，郝斌师父有感于其诚意，尽将武功传授。危凤池先在广州传播太极梅花螳螂拳，后赴香港传承推广。2002 年，危凤池创立了香港太极梅花螳螂拳总会，一直担任主席至今。此外，他还担任多个海内外武术团体的顾问、教练以及香港中国国术龙狮总会执行委员、裁判班导师。

螳螂拳源自山东

据我考证，这个螳螂拳到现在有三百多年历史，传说是明末清初的一个名叫王朗的反清义士所创，但王朗的身世到现在都是一个谜，武术界也有很多版本的传说。其中一个说法就是，王朗是一位被清朝官府追杀的反清复明义士，而且青岛崂山华严寺的第二代方丈于七就是王朗的化名。

此外，螳螂拳起源于烟台还是青岛也有争议，因为崂山属于青岛，王朗反清复

明，后来兵败崂山，从海上逃走，而华严寺就在海边的山上，我为此还专门去过几次华严寺考察这段历史。据说他当时是坐船逃走的，他从水路到了华严寺，削发为僧，还毁了容，清兵追到也没法辨认出他了。

传说这个于七和尚就是王朗，因为于七号“又一子”，“于”字下面加一横变成王，而“子”就是男子的意思。换言之，男子也就是郎，而郎则为朗的谐音，所以民间武林人士认为于七就是王朗。当然，这只是一个传说而已。

我认为螳螂拳的产生和形成，应该是一个长期演化的历史过程，不是一两天就能形成的，也就是说一个拳种的产生可能经历过很多曲折，也承载着很多的传说故事。

关于王朗创立螳螂拳，然后又传给升宵道人，以及王朗和方丈于七是不是同一个人，武术界很多人都是有不同说法和意见的。但我认为一个武术拳种的形成和发展的历史都应该有依据可证明，我曾读过一本日本人写的《螳螂拳大要》，作者将螳螂拳的创立引申到清末的义和团运动。当时义和团也叫“拳勇”，山东是义和团的发源地之一，他们打着“扶清灭洋”的旗号专门对抗外国人。在义和团运动兴起的过程中，各种武术功夫融为一体，而螳螂拳讲究十八家法，即以“太祖长拳为首，韩通通背为母”综合而成。当时写这本书的日本人认为在义和团运动中，各地“拳勇”综合各种武术创立了一种拳术，名叫“螳螂拳”。当然，这也只是其中一个说法。

三代单传螳螂拳

再说我们郝家门吧，从王朗创立螳螂拳之后的一百多年，事实上存在着一个历史上的空白，有些说不清楚，如按我们郝家的说法，第一代是从李秉霄算起的。

李秉霄生活的年代应该是清朝乾隆年间，是山东烟台莱阳赤山史家河人。传说李秉霄的祖上也是做官的，他曾救过一个江洋大盗，这个大盗感谢他的救命之恩便教了他一套功夫。这个传说来自《莱阳县志》，具体那个大盗叫什么名字，犯了什么罪，怎么入狱的也没有交代，据说这个大盗就是王朗的传人。

王朗创立螳螂拳，后来传给升宵道人的说法，其实都是传说，而且各家螳螂拳传承的讲法都不一样。按我们这一家的说法，有关螳螂拳传承就没有提到过其他人，也没有王朗将螳螂拳直接传给李秉霄这回事。尽管各家都知道王朗创立螳螂拳这个传说，但怎么传给了狱中的大盗，都没有记载。

李秉霄学得螳螂拳法后，并没有什么作为，也没有发扬光大的事迹。后来李秉霄将螳螂拳传给了一个叫赵珠的人，赵珠是一个精通武功的人，身材并不高大，这是螳螂拳的第二代。据记载，早期螳螂拳那几代都是单传的，李秉霄传给了赵珠，那赵珠传给了梁学香。自梁学香开始，螳螂拳就逐渐有了名气，梁学香收了好几个徒弟，比较出名的叫姜化龙，还有他的儿子梁敬川和我师父的爷爷郝宏，此外还有几个师兄弟，如孙元昌等。其中最为出名的是姜化龙和我们郝家门的郝宏。在近现代武术的圈子里，螳螂拳第三代传人梁学香是公认的螳螂拳传播者。在梁学香之前，无论是第一代传人李秉霄，还是第二代传人赵珠都是单传的，从梁学香开始，打破了单传的规矩，开始广为传播螳螂拳。

虽然我们的螳螂拳只有一百多年的历史，但自第一代李秉霄起，我们郝家门螳螂拳的传承谱系是清楚的。当时的螳螂拳门人不多，也没有分什么流派，我们当时就叫作梅花螳螂拳。梅花螳螂拳发展到现在，就有了一些地域上的区别，如现在的香港梅花螳螂拳、广州梅花螳螂拳和山东梅花螳螂拳，虽然大家都是梅花螳螂拳，但本门内的人认真去看，还是能发现相互之间有一些区别。

但是在梁学香时期，螳螂拳并没有分流派，那为什么后来又分成梅花螳螂拳、太极螳螂拳、太极梅花螳螂拳呢?

据说，到了我师父的爷爷郝宏那一代，包括姜化龙、梁敬川、孙元昌所学的螳螂拳前面都是没加字的，而最早叫梅花螳螂拳的应该是郝宏。郝宏根据一套叫“梅花拦截”的拳法，就称“吾乃梅花螳螂拳也”，为了区别当时已经出现了的“七星螳螂拳”，于是就产生了梅花螳螂拳的名字。

当梅花螳螂拳的名字出来之后，江湖上又出现了梅花螳螂拳是否正统的议论。对此，姜化龙、宋子德等人为了表示他们是正统的螳螂拳，便根据太极阴阳、刚柔相济的说法，认为太极是最原始的武术之道，觉得这才是最正统的，所以将螳螂拳改名为太极螳螂拳。按照山东以前的说法，梅花螳螂拳与太极螳螂拳，两者是共同的，都是源自梁学香。

后来为什么又改名为太极梅花螳螂拳呢?梅花螳螂拳和太极螳螂拳在各自发展的过程中虽然有所区别，但这些区别不大而且还各有其道理，加上大家都是同门师兄弟，觉得梅花螳螂拳有梅花螳螂拳的长处，太极螳螂拳有太极螳螂拳的长处，两者合而为一有利于螳螂拳的发扬光大。

再后来，就由郝宏的次子，也就是我师公郝恒禄（螳螂拳第五代）在 1926 年写了《太极梅花螳螂拳论》，从而确定了太极梅花螳螂拳这个名称。也就是说，从 1926 年开始，郝家门螳螂拳正式定名为太极梅花螳螂拳或梅花太极螳螂拳了。

螳螂拳第四代传人郝宏有六个儿子，六个儿子各有所长，我们师公郝恒禄（第五代传人）排第二，他既修佛又信道，道号云谷子，他所创的两套剑法，一套是道教名字，一套是佛教名字。道教的一套剑法叫八仙剑，佛教的一套剑法叫达摩剑。

过去，我们郝家门是一个大流派，达摩剑和八仙剑也只是郝家门才有的剑法，现在发展到其他流派也有练这两套剑法，因为螳螂拳现在是一个很大的拳种了，我们和其他流派也都要互相学习交流。

严格地说，螳螂剑不是纯粹的双手剑，而是包括了单手与双手剑，共有十二单和十二双，它们相互是有区分的。以前的螳螂拳没有一个完整的器械体系，所以各家都是各自发展，七星有七星的发展，六合有六合的发展，太极螳螂有太极螳螂的发展，梅花螳螂有梅花螳螂的发展。各个流派根据自己的特点，去创出自己的器械。螳螂拳所有的器械、剑都是根据螳螂拳的攻防意识创立的，是符合整个螳螂拳的体系的。

当年我们师公郝恒禄创双手剑，在祖传的剑术基础上吸收其他的剑法，这才创造出螳螂剑。螳螂剑的特点和其他流派是不一样的，剑比较硬和重，而且长于其他流派的剑。同时，螳螂剑与其他流派的运用也不一样，其他流派的剑用单手就可以耍，但我们螳螂剑必须要用腰，而且还要用身法步法去带动剑。螳螂剑基本是拿住中线的，所以技击性很强，很实用，与其他花巧的剑法有所不同。

螳螂剑的特点在历史中曾有过证明，当时中央国术馆的李景林听闻郝恒禄的剑法很厉害，就来与他比武，结果打成了平手。由于大家都识英雄重英雄，彼此也都点到为止，各自击中了对方一下。为此，李景林当时还写了一副对联赠送给我师公："未见古来千侠士，方知今世一剑友。"最后成就了一段佳话。

后来也是由于这件事，李景林介绍了郝恒禄去上海教拳，一起同行的还有王子平。我还记得有一年出了一本武术杂志，其中有一篇文章是上海的同门投稿的，我看到杂志上有张照片，就是郝恒禄在那里教剑。照片显示他们当年教剑都是用竹剑，剑头包着布，里面装有粉末，当时就是看大家身上有多少粉点就代表中了多少剑，说明当时练剑很注重实战。

据记载，师公郝恒禄还曾在吴佩孚手下当过国术教官，时间应该是 1919 年左右，旧时，教官教军队都是用于实战的，不是拿来看或拿来表演的，讲的是应用，所以我们的螳螂剑经过证实确实是很实用的剑。当然，螳螂剑法中也吸收了其他很多优秀的剑法。

郝家门人遍南北

到了我师父郝斌（螳螂拳第六代）的时候，螳螂拳可以说是开花结果了，门中各个体系已经有很多人了。其中仅郝家门，在我师公那一代已经有六兄弟了，而且各个兄弟都有传人。看世系表可知，我师公的很多弟子都成才了。

我师父郝斌学的是祖传的螳螂拳，除了跟他父亲郝恒禄学习外，他祖父郝宏也教过他。当年我们师公有时候去东北、上海等地教拳和交流，也曾带郝斌向纪春亭学习研究螳螂拳。

我记得师父跟我讲过，他跟纪春亭深造过螳螂摘要拳。所谓摘要拳，是指从螳螂门众多套路中摘出重要的技击方法而创编的套路，也是本门的中枢与精华。旧时，各位螳螂拳名家的武术造诣都很高，彼此之间相互尊重，英雄相惜，因此我们师公经常受到他们邀请，便带着我师父去东北、上海等地教学传艺，我师父也就是在那段时间跟纪春亭深造螳螂摘要拳。现在有人拿这个说事，我倒觉得无所谓，因为回顾历史，任何武术发展都不是关起门来练拳就能办到的，而是在与其他流派的交流学习中不断进步的。如六段摘要拳，这在梁学香时代的螳螂拳是没有的，那时只有九十秘手。后来到了姜化龙时代，这个九十秘手才融合了拳中精要的东西，创立了三百六十手，并在此基础上汇编成六段，最后才成就了六段摘要拳。况且郝斌和纪春亭以前根本就是同门师兄弟，说到底都是梁学香体系出来的，有什么不可以互相学习、取长补短的呢？

我师公创编的螳螂剑，就成为现在双手剑的雏形了。在此之前是没有双手剑的，大部分动作都是出自达摩剑或八仙剑，包括现在你看其他流派的螳螂剑也能看出来，什么“犀牛展背”“转堂剑”等动作，都是可以找到出处的。直到现在各个流派发展都是不一样的，有穿林剑、八步连环剑，诸如此类很多的剑，但最早的螳螂剑就是在 20 世纪 20 年代出现的。我认为像我师公那样虚心学习别人之长，取长补短，推陈出新，应该是武林进步的好事。

由于我师父和纪春亭的关系，吸收了他们的东西，所以我们的螳螂与东北那边的螳螂有所不同。东北那边的螳螂保留了我们师公的拳法，几乎是原汁原味，一成不变，也糅合了当地的风格。我认为要从科学的角度看待问题，武术要想进步就必须吸取别人的长处，问题在于你如何利用别人的长处来取长补短。当弄懂了这个道理之后，再回头来看我师父教的东西与我师公当年在东北教的有些不一样，我觉得是可以接受的。

当年，郝恒禄另一个很出名的徒弟叫曹德坤，曹德坤是在东北哈尔滨那边活动的，所以东北那边的螳螂拳很多是以郝家门为主，从曹德坤算起，至今也有一百多年的历史了。曹德坤应该是山东人，旧时闯关东，很多山东人、河北人都去了东北。以前讲穷文富武，没钱是学不到功夫的。旧时，郝家也是比较富有的，在东北开过车行，也开过武馆，后来武馆就传给了曹德坤，所以一百年前就有“德坤武馆”。最近哈尔滨也正在搞纪念活动，主题就是螳螂拳北传百年历史。

艰难北上学拳艺

20 世纪 80 年代，广州刮起了一阵学武热潮，我最记得的是那时和学生们看电视剧《大侠霍元甲》，便互相将对方的名字改为剧中的“花名”，一群同学打来打去觉得很好玩，后来就是《少林寺》，那时候全国各地掀起了一阵练武热潮。直到今天，我跟广州的徒弟还维系着这一份感情，这份感情不仅是师徒的感情，更多是和朋友一起练武的感情，那时候大家练武都是重感情的。

当时我们练武和现在不同，用今天的眼光来看会觉得十分夸张，那时练武是大家围成一个圈，每个人上场打一套拳，大家轮流上场展演拳术，如同旧时江湖卖艺一般。那时候没有城管，也没有人来赶你走开，我们在广州的海珠广场吸引了很多人来观看练武，如果一套拳打得好，周围观众就掌声不绝。由于当时没有什么娱乐节目，只要一看到有人练武，还有刀枪剑棍，大家都会拥上来围观鼓掌。应该说那时候练武的人是很过瘾的，别人也是用崇拜大侠的眼光来看你，这样也就促成了一种练武的风气。

我家世居广州，当时我们十几岁就开始学习武术功夫了。那时候是碰上什么就学什么，如梅花螳螂拳、七星螳螂拳、少林拳、鹰爪拳、翻子拳、太极拳，我们都学了个七七八八。这有点像小孩子接受教育的时候，也是什么课程都要学习，随着年龄增长，慢慢地才开始学专科一样。我们学武术也是走的这条路，开始的时候只是一个好奇心，什么功夫都想去接触一下，后来才慢慢地将兴趣固定在某一种拳术上。我也是这样，一开始对各种拳术都有兴趣，随着年纪长大，后来才对螳螂拳情有独钟。

为什么呢？当然是因为逐步了解了自己的身体条件和兴趣爱好，我觉得自己的身材偏瘦，身法步法都比较适合螳螂拳。那种虎背熊腰，一看就是“练武之人”的身材，可能就适合练南拳。我从小就瘦瘦的，总被那些有肌肉的孩子欺负，所以就想到学习功夫来自卫还击。那时我读小学六年级，电视机还没有普及，课余时间除了自己找些东西来玩，没有别的娱乐，只好去练功夫，练功夫就是娱乐了。那时候我们天天跑去练功夫，早上去流花湖，晚上去烈士陵园或海珠广场，基本上全广州市都被我们跑遍了。

当时和我一起练功夫的还有关晓文和梁焯忠，因为我的一个小学同学和关晓文是朋友，所以我也就认识他了。自小我们就一起练功夫，我们去哪里练功，你知道吗？广州西华路有个旱桥，过了桥就是广雅中学，每天早上我们几个人就在那练功夫，那时候哪有什么沙包啊，就是踢那些桥墩来练腿功。那时候我们都觉得硬功很厉害，像什么劈砖、劈铁、劈石头，让别人一看就害怕，我们就一味练这些东西。

上中学后，我和关晓文成了同学，我和他是在第七十八中学读书的，这个中学是郊区中学，在白云区太和镇，现在有地铁去那里很方便，可当年哪有什么地铁啊。我们那时候都是骑自行车上学的，骑几个小时才能到学校，也是挺凄凉的。那时候上学读书一个月才能回家一次，回一次家就带一瓶豆瓣猪肉渣酱回学校吃一个月，吃饭时就舀一点酱来下饭，当时经济条件就是这样子了。

当年我们什么拳都学，其中还有迷踪拳，记得还是黑龙江的一个叫杨太行的教练过来教的，就在海珠区河边，当时练了一段时间，现在全都忘了，只记得有“二路短打”，还有穿袖的手法，但都忘光了。后来，吴英华到广州教太极拳，我们也跟着学，当时我们已经跟广州“四王”之一的“高佬王”练吴式太极拳，玩太极推手。

在整个学武的过程中，我为什么会对山东梅花螳螂拳有兴趣呢？那是因为当时有一本广州的武林杂志，我们从杂志上读了一篇关于梅花螳螂拳的报道，里面有个师父叫郝斌，他的事迹吸引了我们，于是我们就打算去山东拜师学艺，正好关晓文的父亲与广州市的领导认识，于是就通过广州市体委写了一封介绍信，介绍我们去山东烟台体委学习梅花螳螂拳。当时我们被安排在山东烟台的体育馆里学拳，并拜了郝斌做师父。

从 1981 年到我们师父 1984 年离世的这三年里，我们每年都去山东学拳。回想起当年去山东学拳就凄凉了，那时坐火车是没有卧铺的，每一次去都很辛苦，很多时候连座位都没有，就算偶尔有一个座位，当时的人也没有现在这么文明，对面坐的人脱了鞋，脚就这么直接伸过来了。我记得当时广州去烟台是 33 个小时，或站或坐 33 个小时的火车，每一次去都是这么辛苦。

学功夫需要师资、天赋和勤奋，缺一不可。虽然当时我们有好的师父，但还要有天赋才行，有天赋的人学得快。我年轻时的记性很好，师父演练一遍，我基本上就能记住他的动作，这就是记忆力强的好处。没办法，去一次烟台一千多公里，你不尽力学习怎么行？那时候又没有录像机，最多就拍几张照片来加深印象，同时也没有时间来画人物动作图示，只能全神贯注记住师父教的动作。

师父教我们也很认真，教一个招式教到你会为止，才教下一招。开始时我们三个人一人学习一套，如我学拦截，你学梅花路，他就学小翻车。回来之后三个人互相学习，然后再让师父教一次，先记住套路，再演练动作。不然郝家门有几十套拳法，你怎么记住啊？

我觉得这样学习是对的，但功夫是要练的，不是说你记住了套路就是会功夫了。我印象最深的是师父的一句话：“手把手你带不走。”当时我们都不理解，我都学会你的套路了，怎么会带不走呢？后来经过几十年的修炼才知道，只学习功夫的确是带不走的，一定要通过几十年的练习才能练好功夫。如同样的手法为什么别人能运用出来，你就运用不出来呢？简单一句话就是功夫未到家嘛，这就讲到功力的层次了。我也是教过裁判的，第一阶段是初学的形法阶段，身手眼腿步，讲究的是规不规范；第二阶段是对于拳法的理解和运用；第三阶段是功力的增进。如谁都会打一拳，但你这一拳有多少杀伤力呢？你打了多少牛的力出去呢？能穿透多少东西呢？

我当时一个小时就能把一套拳学完，但学得好不好是另一回事了，只是说我学得比较快而已，所以也有很多同门质疑，这么短时间你怎么能学到这么多东西？对此我也承认，当时是没有真正掌握到东西，因为我当时来去山东都是十多天，这也是当时的条件所限，我既要工作又要学拳，所以当年也只是学习了一个架子，并未真正学到拳理拳法。但几十年来，我坚持不断地找师叔师伯们学习与探讨，和山东那边师兄弟的交流从未断过，再加上自己的感悟和理解，慢慢地就把东西学过来了。

我也经常跟师兄弟说，你就当我是水平最差的那一个吧，甚至大家认为整个郝家门我是最差的那个人也无所谓，我也坦然接受，但是师徒关系是不能改变的。如果有人不承认我是师父的徒弟，那是不行的，我跟师父这么多年的通信，每一封信师父都是盖了章的。

当时“文化大革命”刚结束，广州只有两家武术夜校，一家叫岭南武术夜校，是当时广东省武术协会副主席邓锦涛和他儿子邓镇江搞的；另一家叫大塘武术夜校，我在这所夜校任教。当时我是持有合格证书的教练，因为没有教练证书是不能开夜校的。我从山东回来后，除了负责教初级长拳一、二、三路之外，我就全力推广太极梅花螳螂拳，并在夜校专门开设了太极梅花螳螂拳班。我还有一张 1982 年 12 月和武术班部分同学的集体照。

我在夜校里教了两三年太极梅花螳螂拳，当时我和梁焯忠在大塘，关晓文和霍明森就在荔湾体育场和第三十一中学。我们以前和霍明森是称兄道弟的，都互相交流功夫。那时候大家都年轻，你教我，我教你，但彼此没有师徒关系，只是朋友兄弟关系。关晓文是广州武术集训队的教练，他培养了很多运动员，输送到了省体委，记得当年有个叫林永盛的学生还拿到全国冠军。

从 1982 年到 1985 年的教拳生涯中发生了很多趣事。

当时习武成风，很多人找上门来要跟我学武，常常一进门就问：师父，你这功夫能不能打？我先来和你试试看。然后摆出个架子就要动手。我想这哪里是来拜师学艺的，分明就是打上门来想扬名立万的。那时候几乎每天都要碰上好几次这样的事，真让人哭笑不得。当时我就想，如果我天天都要这样跟别人打，那还了得，我岂不要累死？况且比武较量，弄不好就是伤筋断骨，我岂不是要天天送人去医院接骨？

无奈之中，我想出了一个办法，那就是说服不了那就吓唬吧，办法就是硬气功劈砖。我们从小就死练掌功劈砖，运气在手，“啪”的一下，一劈就断。如果是没练过的人，一掌下去，结果只会是砖没断而手肿如面包，而且毛细血管大量破裂还会造成手掌大面积瘀青。对于很多没练过的人来说，手掌劈砖是不行的。不行了是吧？你不行那就我来吧，顺手拎起两匹砖，举手一劈就断。然后再问打上门那人：“还打不打？我这一掌下去你的肋骨可能就保不住了哦！”

有一个成语叫作“望而生畏”，每天这么多人上门找我来比武，我能打得了多少个？我又不能打伤他，所以只能用这种简单的功法去应对。凡是上门来要试手比武的，就先让他劈砖头，然后我一劈就断，让他看见就害怕，就不敢跟我打了。

当然也有些人不服气，还是坚持要试手的，那就试吧。不过我还是点到即止，尽量不要伤人筋骨。因为当时体委有规定的，你教学可以但是不能伤人，练武也要按照“发展体育运动，增强人民体质”的宗旨口号去做。

当时是“文革”结束后的初期，武术运动刚刚恢复，上级也没有完整规范的管理制度，我记得首先是必须拿到教练证才有教武术的资格。其次是无论什么拳种出身，都必须经过体委的专业培训才能上岗，专业培训内容就是初级长拳、五步拳和整套腿功这一些基础东西，必须把这些东西全都学会。

广州是全中国恢复散打赛的第一个城市，记得第一届散打赛就叫作广州散手赛。当时的广州也是全国走在改革开放最前沿的城市之一，全国都不敢“吃螃蟹”搞散打比赛，只有广州敢为天下先。

记得第一场散打赛就在广州荔湾体育场。当时的赛事规则是跟香港学的，香港从 20 世纪 70 年代起就去东南亚到处打散打赛，赛事规则比较完善，举办经验比较丰富。后来广州又参考了泰拳等赛事规则。我们当时参赛最实用的招数是“翻车轱辘”，这在当时是不犯规的，现在就属于犯规动作。翻车拳的特点是长打短靠、刚发、柔化、劈下翻上、顺逆缠丝等。当时，如果你能打“小翻车拳”，你在擂台已经很威风、很厉害了。所以当时我教了徒弟很多“翻车轱辘”的手法，一来就劈，全部劈在肘关节，接着挑打窝肚捶，效果很好。

多次北上拜同门

说一下我的工作经历和学拳的关系吧。

当年我也是回城知青，1971 年上山下乡，我就回到了自己的老家花都乡下，到了 1976 年招工就回到城市。回来之后先是做了几年建筑工人，当时我也算聪明，也自学了一些大学课程。

有一天在广州市荔湾区大坦尾工地干活，碰上需要技术人员来放图纸、钉模板，然后铁工才能扎铁，才能浇注混凝土。大家等了很久，技术人员还没来，当时我就不信了，因为技术人员也是“文革”过来的，都是只读了六年小学，然后中学那几年什么都没学，很多技术人员也都是靠自学成才的，水平嘛，比我这个建筑工人也高不了多少。于是我就对大家说：“别等了，让我来试试。”我便拿着图纸在工地上“放大样”，实际上也就是通过弹线，做出整个金字架的模型。整个设计最关键之处就是底下的那个横梁要提高两厘米，这个技巧我也懂，这就叫预应力。

为什么我对武术的理解那么透彻，原因就是和力学有关。人体也是讲力学的，人体是一个架子，力量怎么传递？接力要怎么接？如果你接力的时候手腕的角度不对，那么手腕骨就会断掉。如果手腕的接力角度正确，力量会传到肩，肩又可以传到腰，腰又可以传到脚。建筑也是一样的道理，如果那个横梁没有提高两厘米，接力就会中断。

后来，技术人员到现场一看就说，没有技术人员来“放大样”，这个“放大样”是谁做的？我说是我做的。他就问我是不是建筑学院毕业的，我说我没有读过大学，我是自学的。哈哈，他说他发现了我这个人才。

后来技术组的工程师就说，你明天去公司总部报道吧。于是我就被正式调到了生产技术科，跟一个师傅做工程预算结算。干这个活也需要会看图纸，那时候在总部工作什么都要懂一点，不像现在的部门分工那么细。那时候我们公司属于广州供销社，我们负责建筑公司方面的工程。常常一个电话打过来说，哪里需要建什么，我们就要去哪里查看、量地、画图纸、报建、施工，从头到尾都是一个人管完。其中，工程包括造价多少，钢筋、木材、水泥、混凝土用量多少，人工多少，工期多久，做完了验收结算还要负责催收尾款。我干了几年，成天忙得昏天黑地，累得半死。后来我又被调去供销社做生意，经常去外地出差，跑很多地方，负责推销商品货物和签合同之类。

1985 年至 1986 年的两年里，我没在学校教拳了，专职上班工作了。这也是我的优势，由于经常出公差，让我有大把的机会去山东。除了做生意，我还可以在山东各地拜访同门，这样就有利于我学拳了。当时，虽然我师父已经不在了，但很多同门师叔伯还在，通过拜访他们，我也就对以前学到的武技进行了再巩固。我记得最清楚的就是姜沂师叔了，只要我上门求教，他都认真地指点我，如抹眉手怎么抹眉，又怎么运用，等等。这些指点都是很精妙的东西，对我领悟武术的关键与精髓起到了画龙点睛的作用。我经过前辈们的指点，加深了领悟与理解，更全面地提高了自己的水平。

后来到了 1987 年至 1988 年，我想要申请去香港发展，但单位不放人。其实这也不难理解，只要一个人能干，单位是不会轻易放你走的，没办法我只能辞职不干了。

后来我和别人在广州沙园的电池厂旁边开了一家餐厅，叫作兴华茶餐厅。由于我对餐饮业不懂，隔行如隔山，唯一的倚仗就是我的徒弟炒菜比较厉害而已。除了对外招呼客人，我还要从头学习核算经营成本、原材料的进出成本、房租及税务，等等。虽然对这些经营核算知识我还能慢慢学，但厨房里的那一套我还是搞不懂，所以餐厅一直没有盈利。这时我才领悟到人生在世，原来行行都是有学问的。

有一天，餐厅发生了意外。由于我徒弟在厨房泵气时操作不当，导致煤气罐爆炸，冰箱飞出的碎片又把他的脸割了一个大口子，然后又全身着火了，好在伙计们一拥而上帮他把火盖灭了，送医院后诊断也没什么大碍。但这个事情给我的心理压力很大，如果再发生一次意外事故的话，我可真的承担不起了。

同时，我和餐厅的合伙人也有些矛盾，他是负责后勤买菜的，结果买回来的菜比市场价还贵。他自己还开了个蔬菜摊档，同时又和我搭档开这个餐厅，所以进货就从他自己的摊档高价卖给餐厅。面对这种情况我心里也很窝火，最后我就放弃了餐饮生意，把餐厅全都给了他，据说他后来也发财了，但当时我为了一口气，习武之人大都豪气，不愿意与人争执，所以说不做就不做了。

国际活动展拳艺

1990年，我去香港的申请终于批下来了。一开始在香港发展我们太极梅花螳螂拳十分困难，主要原因就是缺少人脉，所以我就随便做些事情，这段时间我也没教拳，只是自己研修习练。

到了1999年有了一个机会，当时有一个马来西亚的武术比赛邀请我去参加。主办方说香港也有很多人来参加，不如你跟香港国术总会一起来吧。当时我不知道这个比赛是三合一的。什么叫三合一呢？就是传统武术、竞赛套路、龙狮比赛三项共同参赛。1999年也是马来西亚的旅游年，所以当地政府资助了这个大型比赛活动。这样我就跟香港国术总会一起去了马来西亚。在飞机上有人问我是不是玩新式武术的，因为当时武术联会也有几十人同去，所以他们以为我是武联的。我说我不是，我是练传统武术的，是太极梅花螳螂拳。

当时的香港人都没听说过太极梅花螳螂拳，只知道有赵竹溪的太极螳螂，其实也就是烟台的梅花螳螂，还知道有鲍光英的梅花螳螂，鲍光英的徒孙严孝良也只是在香港开医馆以行医为主。除此之外，还有代表上海精武会罗光玉体系的七星螳螂，这个影响比较大。当时的香港就只有这几家的螳螂拳。

到了马来西亚之后，我在武术比赛大会上作了表演，主办方还录了像。这也是我到香港之后的第一次公开表演，表演之后下了场，别人就对我说："你的螳螂拳和香港的螳螂拳不同，别具一格，跟七星螳螂和太极螳螂有不同打法。”我便跟他们解释了，我们的源流是什么，风格特点是什么……

1999 年从马来西亚回来之后，有人对我说：“你既不是武联的，也不是精武会的，为什么不参加我们国术总会呢?”我说：“我也想加入，但无人引荐……”然后我就顺理成章入会了。

国术总会是香港特区政府资助的机构，也是中国香港体育协会暨奥林匹克委员会（以下简称港协暨奥委会）的成员。很多人对香港的武术管理架构不甚了解，其实香港对武术团体的管理是很宽松的，只要有 3 个人就可以注册一个团体了。反过来如果不注册才是犯法的，超过 8 个人而不注册，警察就可以说是非法集会了，所以一定要注册。这个叫作社团注册，由香港警务处管理，还有一种就是商业注册，是经营公司做生意的。我们国术总会也是商业注册，所以总会赚了钱还要报税。

香港很多武术团体都是父辈打下江山，传给后辈继承的，但我是白手起家的，我把太极梅花螳螂拳带到了香港并从零开始，是我在香港立了这个旗子出来，从而证明这个流派的存在。当时国术总会对我的帮助很大，而有没有一个机构帮助与推广，效果是相差很远的。

螳螂名家聚一堂

2006 年，香港中国国术总会改名为香港中国国术龙狮总会。2007 年，我在国术龙狮总会协助之下举办赛事，由国术龙狮总会提供场地，提供裁判，这些事情如果单靠我是忙不过来的。因为首先要解决场地才能开始筹备赛事，而国术龙狮总会是港协暨奥委会成员，它可以租用体育馆。筹备了一两年，赛事也不是那么容易搞的。2007 年内地部分地区还没有开放自由行，这些地方每一个参赛人员来港都要我出具介绍信和邀请信。

现在回想起来当时工作量的确很大，要给每一个人发一封邀请信，邀请他来香港参加香港首届国际螳螂拳比赛，你想想那是多大的工作量。而且那时还没有手机也没有微信，每天就守着一台传真机传来传去完成这个工作。当时就是凭着一颗心，怎么说呢，当时的心态很奇怪，举办这样的大赛活动不是为了赚钱，而是为了弘扬螳螂拳。因为我看到螳螂拳有这么多年的历史，但是一直都没人办过这种活动，而且 2007 年的时候连国际武术节都没有举办过，只有国术总会和武联举办过世界赛。我也不知道为什么自己当时有这样的信心去办赛，其实这也不是讲信心，而是自己的一个心愿。当年我师父教我们功夫，我那时就隐约有了一种责任感，要发扬光大螳螂拳。师父教给了我这么多东西，我也要继承师父的遗志，将螳螂拳传承下去，我相信我师父也有这样的心愿和希望，因为他生前一直跟我们说要如何把螳螂拳发扬光大起来。想起这些，我就告诫自己，无论怎样，我都要咬紧牙关将这场国际赛事办好。

当时整个大赛筹备组都很忙，特别是最后一周，大家累得几乎都要举手投降了。连我的徒弟们都没有办法了，如有很多比赛项目改来改去，最后都对不上。由于当时没有经验，快到赛事开始了，受邀来港参赛的人还有说不能来，或者说要修改项目的，搞得比赛程序难以协调。

记得当时说要出版一本赛事特刊，一开始我说要让报社来办，徒弟们又坚持说由他们自己来办，结果到了最后几天，定稿版本还出不来。印刷厂说，我们还不定稿就印不了了。我当时急得都想拍桌子骂人了，为了这些事情几乎和徒弟翻脸了。

虽然那时候真的很艰难，但今天回想起来又觉得挺欣慰的，因为这个赛事已经成为经典，我也没想到会取得那么大的成功。为什么呢？你看山东办过那么多螳螂拳赛事活动，但并不是所有螳螂拳的门人都去参加的，你参加我就不参加，我参加你就不参加，由于他们之间都有一点矛盾，结果总是锣齐鼓不齐的。但偏偏我举办的那次赛事，所有螳螂拳的门人基本上都到场并参赛了。其中，大陆各省和台湾的太极螳螂、七星螳螂、梅花螳螂、六合螳螂，以及东南亚、日本、韩国、美国、加拿大的螳螂拳团体无一缺席，竟然将这场赛事办成了一个世界性的螳螂拳盛会。

当我站在开幕式的主席台上时，心情十分舒畅。我是一个螳螂拳的爱好者，有传承的责任和推广的责任，要做好这件事情，我才觉得问心无愧，才对得起自己的师父，对得起整个流派。

多年以后，每当我看到当年的比赛视频，就觉得开心，当时的小朋友现在都长大了，多少代人传承的螳螂拳现在也广为人知了，也在全世界发扬光大了，这是多么让人高兴的事啊！

当年的这些视频我也分享出来了，视频中从小孩到老拳师各组别好手精彩纷呈，各具鲜明的风格特点，这些视频已经成为螳螂门的资料库了。但我要声明的是，各流派不要以自己的眼光去评价别人的东西，人家的特点可能就是这样的，那你就欣赏嘛，你为什么要去批评别人呢？我不是为了说谁好谁不好，只是为了弘扬螳螂拳。

对于 2007 年的首届国际螳螂拳比赛，香港的武术界很惊讶，他们从来没有见过这么多的螳螂拳流派，通过这次比赛才知道原来螳螂拳是这么的丰富，让他们大开眼界。

但是这个赛事后来也产生了一些矛盾，什么矛盾呢？当时参加比赛的一些师傅跟我聊天说："你搞了这么多螳螂拳出来，有的人螳螂拳打得很好，有的人螳螂拳打得更好，放在一起这么一比较就影响到某些流派及某些人的地位了。"我说："这不过是商业上的矛盾，和螳螂拳的发展无关。螳螂拳要传承要发展，故步自封是武术界的最大弊病，只有引入比赛这种竞争机制，螳螂拳才会推陈出新，发扬光大。”

囫囵整体劲发力

太极梅花螳螂拳以囫囵劲为主，讲求黏、听、顺、化、缠、抖等劲路。拳势阴阳分明，刚柔相济，虚实相辅。动作轨道旋转弧形，而技击手法精密，招式连发，手无单行，招法一环扣一环，环环相绕，招招相扣，恰似朵朵梅花，瓣瓣相连，非常精悍壮观，故称“梅花螳螂”。身形步法灵活如猿猴，手足曲伸如钢似棉，双手如螳臂，模拟螳螂格斗之法，运用勾、搂、采、挂、崩、圈、劈、挫、挑、截、斩等螳螂拳技。梅花螳螂拳的梅花，就是手不单行，无论是三连环五连环，还是三花手五花手，只要一触手就是“啪啪啪”地打，一个节奏一个节奏地打，如同朵朵梅花相连。

郝家门几兄弟教出来的风格有些不一样，各具特点。螳螂拳要的并不是纯刚无柔，我们螳螂拳都是八刚十二柔，讲究的是刚柔兼并。其特点是动作速度快、灵活。螳螂拳有个很有名的猿猴步，你看那个猴子多灵活，你一打它，它就不知道躲到哪里去了，反正你是看不见了。猿猴步的步法非常灵活，结合螳螂手法非常犀利，动作快，它属于北方的短打拳。

北方通常流行长拳，人们练的也大都是长拳。长拳讲究的是大开大合、劲力迅猛，充分发挥臂长腿长的优势，放长而击远，所以长拳打出的手是伸直的，这样出手就可以很长了。但螳螂拳不是这样，它讲究的是手不离肘，步法也是这样，一出手，后手就跟上去，前手一上，后手就上，短距离快速击出。螳螂拳最特别的是它的发力方法，当年我师父经常说我们“劲口不对”，那时候我不明白什么是“劲口”，我明明打的这个套路没错呀，打出来可以啊。现在练了这么多年，我才发现什么是“劲口不对”。螳螂拳的劲叫囫囵劲，就是囫囵吞枣的那个囫囵。你把枣子吞下，“嘭”的一声，你再把枣子噎下去，又是“嘭”的一声，瞬间劲力在全身爆发。当然这是夸张的说法，现在的说法就是整体劲，通常发力是不需要距离的，“嘭”的一声，我一发力就把你推出去了。

前几年有个酒楼的老板，那天我们去吃夜宵，他的夫人说：“能不能教我的儿子？”我问：“他过去练什么？”她说她儿子练泰拳，还说她儿子天天去练泰拳，一天要练多少个小时，准备打金腰带的。我说：“这么厉害？”于是我就对她儿子说：“好，你伸直手，打我这里，你发力打我。”

这要怎么打？他肯定要发力才能打，要拉开距离来伸直他的手，他才能发力，如果一开始他的手就伸直接触着我身体，他就不懂怎么发力了。

显然，他并不懂“接触型”发力。那么就让我来，我把手伸直搭到他身上，

“嘭”的一声发劲，就把他“嘭”倒在地上。当时他就叫了起来：“哇，你怎么发的力？”

这就是螳螂拳的整体劲，你看它的发力动作，只要搭到手，碰到你就能发力，但是这种发力很难练，一般没十年八年的功夫出不来。所以很多人看不出来，说这功夫怎么看上去就能随便打，随便扔出去。因为螳螂拳里面的整体力，它发劲很巧妙，顺势借力，随手化力，全无定法，这都是螳螂拳的打法。

再如出手点睛抢中门。我用的点睛手，一出手就点睛，就插你眼睛。人都有本能反应，你肯定要躲的，对吧？你一躲我就接回手抢中线了。这就叫出手点睛抢中门，也就是中线理论。多年来，各流派都在讲中线理论，中线理论就是距离短，我占了重要的位置，我在中线随便一个角度一变就能变出。所谓出手点睛抢中门就是攻其必救，我插你眼你不能不去救，你躲开也好，你用手架也好，起码我瓦解了你的进攻。如果你不救，我就一个手插你，那个手还插你，你就没有时间进攻我了。

还有就是螳螂拳的短兵相接打法，如我引你出手，你若接手，那你就有麻烦了。你去看螳螂，真螳螂的手上是有倒刺的，我们螳螂拳称为粘黏，粘黏就是粘住你、黏住你的意思。换言之，粘黏就是真螳螂手上那个倒刺，只要我一粘黏住你，你就跑不了，我就可以打你了。当然了，这都是最简单的一些特点而已，实际上螳螂拳的内容是很丰富的。

以前香港的武馆大多是白天做跌打生意，晚上就在天台上练功夫，逢年过节还会出去表演舞龙舞狮。天台武馆是香港地区特有的形式，但是随着时代的发展和变迁，天台武馆一家一家地关闭，这一独特的武术文化形式也逐渐消失了。

代代传承困难多

我觉得在武术传承与保护的问题上，内地要比香港好很多，因为内地有政府的大力支持，还有非物质文化遗产保护政策。当然，这个要用一分为二的方法去看，如内地有螳螂拳的规定套路，那些视频我也看过，搞得支离破碎、面目全非，感觉挺凄凉的，心想传统文化搞成这样，都不是传统的东西了。又比如太极拳凌空转体然后单脚落地，这还是太极拳吗？这是成了太极拳嫁接体操了吧？而在香港和海外，虽然传统武术仍保持了原汁原味，但在传承与保护上却没得到政府的太多支持，而是任其自生自灭，只能依靠民间的传承人自己去苦苦挣扎求存。甚至政府都没有专门的部门去负责武术管理，在香港只有一个港协暨奥委会，它是一个半官方机构，不负责资金，只是负责指导下面的体育总会。也就是说，它认为你有这个专业的资格，它就承认你有这个专业地位而已。香港特区政府有个部门叫康乐及文化事务署，它就为港协暨奥委会提供的符合专业资格的团体提供一些资助。所以香港特区政府官方承认的武术社团只有两个，一个是香港中国国术龙狮总会（传统武术龙狮运动），另一个是香港武术联会（新式竞赛套路）。

香港特区政府的资助仅限于赛事组织，如每年香港中国国术龙狮总会的赛事就是政府资助的。但问题就是香港特区政府的资助到不了某个具体拳种这一层面。在香港，传统武术拳种都是这样生存的，开一个跌打医馆来传承武术，只不过白天行医，夜晚教拳，只有这样才能维持武术的传承。如果不是这样的话，专门开个武馆来传承武术，你知道香港的房租有多贵吗？香港特区政府决不会专门划一个场地给你练武（除了专业的香港武术队）。在内地就不同了，起码有学校的推广，有学校的操场，政府还有各种设施提供给武术团体。

应该说香港的武术传承相对来说是比较艰难的，你看过《功夫传奇》吧？那里面也讲到了香港的天台武馆的招牌都要拆了。香港的传统武术想要维持下去是一件很不容易的事，就拿我们来说，如果国术龙狮总会有活动表演的机会，如功夫阁表演、体育节、大型活动等，我们都会去参加。这些表演虽然能提高知名度，但没有经济收益。传统武术拳种既要生活，还要发扬，一旦没有了经济收益，那就成了一个天大的难题。

当然，也有些拳种发展得风生水起。这是一个很矛盾的现象，有一些拳法是很值钱的，出外坐在飞机上都有人找上来要拜师学艺，但也有些拳法就算去义务教学，也没人愿意学。这其中有拳法本身的问题、师父的问题、教学水平的问题、影视作品的宣传等各种原因。

以我自己为例，我也不保守，教徒水平也不像别的师父一样，让徒弟学了十年八年也不知道学到了些什么东西。我觉得想要去找一个合适的传承人是很难的，用一句很老土的话来说，就是需要缘分，一切都是随缘。如果你收了一个好徒弟，他很珍惜你教的东西，那你就算是烧高香了。在这个过程中你有什么利益呢？没有啊，只是自己的一个责任心罢了。我就是这么想的，自己将功夫传承下去就行了，起码螳螂拳不会在我这一代断了，我就心安理得了。如果传承在我这里变成了一代不如一代那也不行，别人怎么去想我管不着，但我决不能眼睁睁地看到传承了多少代的螳螂拳在我们这一代人走向衰败。

时代变了，尤其是现代社会有太多东西冲击这一代年轻人了，他们有很多业余爱好可以选择，未必会去专心练武，不像我们以前的年代，除了练功夫就是练功夫，我们当时没有别的嗜好。

正因如此，我们这一辈习武之人才要拿出更多的热情和更大的耐心，去认真引导和培育年轻的一代人，只有他们才能把我们的传统文化传承下去，也只有他们才能使传统武术的根须发扬光大。

访谈后记

为了这次采访，我们来到位于香港九龙弥敦道嘉禾大厦的香港中国国术龙狮总会。在这里，我们拜访了香港太极梅花螳螂拳传承人危凤池先生。我们很欣慰地看到，香港在生活节奏越来越快，现代化发展迅速的同时，还仍然非常重视传统文化。从近代时期和中华人民共和国成立初期，内地大量的武术传承人移民香港，到20世纪五六十年代香港武术的进一步发展，再到如今传统武术在香港这个多元文化并存的国际大城市中占有一席之地，可以说传统武术在一定程度上充当了香港经济快速发展时代的精神文化寄托。

尤其让我们耳目一新的是香港中国国术龙狮总会的管理理念和组织能力，总会聚集了香港本地三十多个武术门派传承人，每年年末，总会都将制订第二年在九龙公园的武术公益展演计划，每个拳种都会被固定安排在某个星期日举办本门武术传承和展演活动一天，各拳种一年正好轮流一次。此举措不仅促进了各个武术拳种的传承活动持续开展，也吸引了香港市民、青少年学生和外国观光客的参与和互动，扩大了中国传统武术文化的传播。

我们看到，在香港中国国术龙狮总会的努力下，中华传统武术不仅没有在激荡的文化浪潮中黯然失色，反而在多元文化并存的国际大都会中保留了自身的文化个性，这足以说明中华传统武术是极具生命力的优秀传统文化。

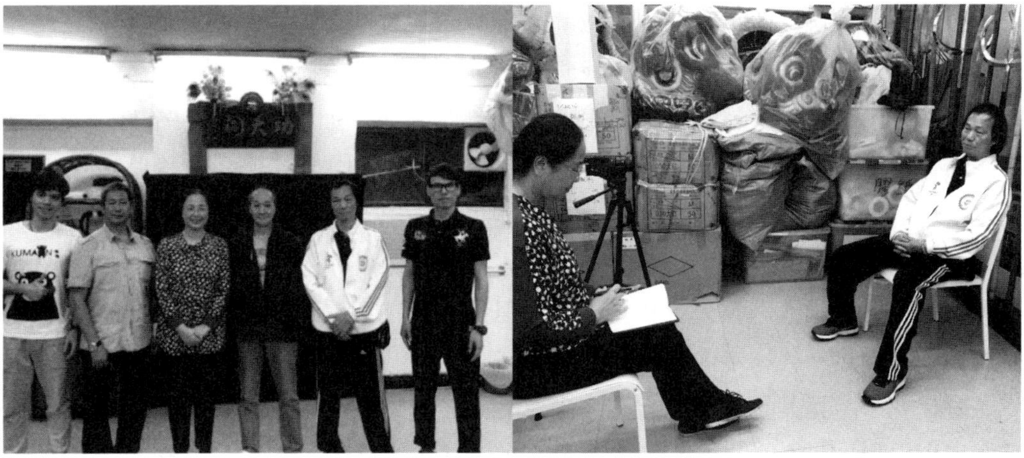

研究团队与传承人危凤池合影、工作照

河北卢氏太极拳代表性传承人
卢奎镇与卢尚奇口述实录

采访时间： 2018 年 6 月 21 日（第一次）；2020 年 10 月 29 日（第二次）
采访地点： 河北广平县卢董村卢鸣金故居采访卢奎镇、深圳市南山区深圳大学视频采访卢尚奇
采访人： 陈小蓉、左逸帆、刘晓鸥、陈荣杨

项目简介： 卢氏太极拳包含卢氏太极拳论，太极大架，太极小架，多种散手、推手和器械，有单练、对练、动功、静功之分。套路有 108 式，以及 36 式、24 式、18 式等简化套路，对练有定步、活步推手、大捋大靠及多种卢氏独有的散手对练、桩功。器械有卢氏太极大枪、卢氏太极双刀、卢氏太极连五刀，卢氏六合枪、卢氏太极剑、卢氏太极春秋大刀等。卢氏太极拳拳理清晰，结构完整，独树一帜，原汁、原味、原生态，有宝贵的解读研究价值。

口述人简介： 卢奎镇，男，河北省广平县人，出生于卢氏太极世家，一代宗师卢鸣金之曾孙，其父卢进才为卢氏太极拳第三代后期传承人，其现任卢氏太极拳协会会长，是卢氏太极拳的第四代传人。2005 年，获聘邯郸市太极拳运动促进会副会长。

卢尚奇，男，河北省广平县人，1977 年 12 月出生于卢氏太极世家，一代宗师卢鸣金之玄孙，自幼随祖父卢进才（卢氏太极拳第三代传承人）、伯父卢奎恩（卢氏太极拳第四代传承人）等多位前辈习练家传拳艺，并熟练掌握各种兵器、套路、推手、散打等技击方法。卢尚奇颇得真传、功力深厚、技法精湛，是卢氏太极拳第五代传承人。现任河北省邯郸市卢氏太极拳研究会会长、卢氏太极国际文化股份有限公司总经理、中国卢氏太极研究院副院长、国际卢氏太极有限责任公司（白俄罗斯）创始人，创立国际卢氏太极俱乐部、国际卢氏太极演出团。

一、卢奎镇口述

“拳界神人” 卢鸣金

洪武年间，我们卢氏一世祖卢三省迁居至河北广平，至今已600多年，经过长期奋发图强、辛勤创业，家业逐渐兴旺，且非常注重文化道德教育，家设文学、武学、医学，习文练武成其功名者不乏其人，数代皆是名门望族。

我太爷卢鸣金1830年出生于广平县卢董村，很小的时候就开始学文，文化底蕴非常深。他自幼跟随其祖父卢钦若、叔父卢景阑等前辈学文、学医、习武，深得真传，并拜本村太极名家利先生为师习练太极拳。旧时，学武都很不容易，要给师父扫地、打水和种地。利先生看中了我太爷学武心切和踏实用心，认为他明白了学武不易、需要非常刻苦的道理。后来，因为有文化、悟性非常好，再加上有名师利先生的指点，我太爷武功进步神速，最后达到了出神入化的境界。

功夫大成后，他遍访中原各地武林高手，博采众家之长，大胆创新，结合自家功夫，创立了自己的太极拳。其内外功夫皆修炼至高深莫测之境界，德高望重，桃李满天下，被尊为一代宗师。太爷卢鸣金有“拳界神人”（卢老警）之称，他的生平事迹在广平县新、老县志中均有记载。

他撰书的古《拳谱》《枪谱》更是别具特点，“拳式”与《水浒传》中一百单八将的名字巧妙对应，《枪谱》中“枪势”解，则以“西江月”“捣练子”“浣溪沙”“如梦令”等古词牌格式注释，充分彰显出卢氏太极前辈文武双修的深厚文化底蕴。

1900年宗师卢鸣金逝世后，众多门生于1913年立碑纪念。上书“大教师卢鸣金字警众府君之墓”，该碑确系武术界先辈较早原碑之一，现存于广平县城南卢氏太极广场，被作为重点文物加以保护。1986年，古《拳谱》、碑文代表河北省赴北京参加“全国武术挖掘整理成果”展。

1986年全国武术挖掘整理的时候，国家组织河北省武协和河北高校的专家、教授专程从石家庄到广平县进行考察、调研、挖掘整理，其间发现了卢氏太极拳。后来又进一步发现这个拳种不但普及面比较广，弟子众多，并且没有经过现代武术的改编和修订，完全是原汁原味的原生态武术。参与调研的专家们觉得这个拳种非常珍贵，并且在十五世祖卢鸣金这一代开始打破门规对外收徒，独树一帜。专家们研究之后，一致认定卢鸣金是卢氏太极拳发展史上标志性的宗师和丰碑，专家组正式将这一拳种定名为卢氏太极拳。

卢氏太极拳武术理论体系跟其他拳种不一样的地方就在于讲究实际，其手法巧妙、步伐灵活，提升功夫比较快，并且这个拳的架子大，强调练武人的底盘功夫，架子一定要下沉。卢鸣金在自己数十年习武过程中善于总结，再加上祖辈传下来的一些理论基础和自己的实践经验，最后总结整理成书册，他的书册都是用毛笔认真写的，非常工整，一直流传至今。

代代传承有章法

我们卢氏太极的传承谱系十分清晰。卢克顺是卢鸣金长子，自幼随祖父、父亲等前辈习练家传拳艺，深得真传。他持之以恒，潜心研悟，功德双修，对本门拳艺系统理论、技法、秘要等精通纯熟，一生桃李众多，名扬四方、德高望重，是卢氏太极拳第二代传承人，为卢氏太极拳的发展做出了重大贡献。

卢克志是卢鸣金次子，自幼学习家传拳艺，颇得真传。数十年持之以恒，刻苦研练，对家传拳艺之理论内涵、体用技法造诣精深，一生门徒众多，亦为卢氏太极拳的发展做出了重大贡献。

卢进才是卢鸣金之孙，自幼随祖父、父亲等前辈练习家传拳艺，功夫深厚，技法精湛，秉承先辈之志，数十年习拳练功从无间断，潜心研究整理本门的拳理拳法，坚持功德双修，教拳艺、教做人，认真承传本门拳艺的传统风格，将卢氏太极拳之攻防技法，祛病健身、开发智能、修心养性的深奥法理融贯一体。其一生桃李众多，威名远扬，是第三代传承人，为卢氏太极拳的发展做出了重大贡献。卢进才逝世后，众门生立碑纪念，上书“大教师卢先生进才府君之墓”，该碑现存于广平县城南卢董村南卢氏墓地。

卢奎恩是卢鸣金之曾孙，自幼随祖父、伯父、父亲等前辈习练家传拳艺，七十余年持之以恒，太极拳内外功夫造诣已达炉火纯青之境界。本人品行端正、宅心仁厚、淡泊名利，始终坚持义务、精诚传拳育人，桃李众多，佳誉四方，现为卢氏太极拳承前启后的第四代传承人。

我们卢氏太极拳的传承，也经历了很多曲折坎坷，发展也受到很大影响，其中有好多宝贵的资料和一些真功夫都失传了。我父亲是卢氏太极拳第三代传承人，他把整个拳术功法都传承了下来，正是由于他一直坚持传承下来的决心，才使这门太极武术没有断代。

祖辈们有一句话说：“忙时种田，闲时练拳。”太爷宗师卢鸣金定下来的规矩是“拜师收徒，拒不收费”。一代代的师徒传承关系一直延续到现在，称得上源远流长了。如果拜师收徒要收钱，彼此就变成了金钱关系，你给我钱，我教给你拳，那咱俩一旦两清，也就没这个情义了。

我们卢氏太极有一个祖宗传下来的规矩，就是师徒传承纯属一种道德、一种情义。卢氏太极收徒教拳不但不收费，远道的徒弟来了还要管饭，包括周边县市。每年正月初五，常常就有上百人来拜年，一直延续到现在。

说起拜师收徒，我们卢氏太极拳是有讲究的。对于武道而言，门规是一件很关键、很严肃的大事，拜师收徒也是一件非常严肃的事情。卢氏太极拳有明文门规："不忠不孝者不传、心地不善者不传、品行不端者不传、争强斗勇者不传、好吃懒做者不传、攀贵贪财看不起穷人者不传。"收徒要讲究武德，有一句话说得好："千两黄金不卖道，十字街头送故交。"这个意思就是如果你人品不行，哪怕你给我一千两黄金，我也不教给你；如果这个人的人品好，哪怕是在十字街头偶遇，我也可以教给你。实际上就是为了保持这个队伍的纯洁性，品质不好的、无义不孝的、地痞恶霸的，任你关系找得再多，也不会传艺给你。只要你人品端正、孝敬父母、忠诚老实，我一定会认真传艺给你。

少小习拳掌精华

我八岁的时候全国到处都在"破四旧，立四新"，当时也把传统武术列为"四旧"，形势非常紧张，所以家里人都是偷着练武不出门。我父亲对我的要求很严格，一直都是要求我早上 5 点多起床，白天去上学，晚上练武至 12 点。

当时，我家生活贫困，经常吃不饱，饿着肚子练武是常事。有时练到半夜了，我饿得没劲，就是想吃点家里的红馒头、红窝头，都还吃不上。即便在当年那个环境下，我也一直坚持练拳并养成了习惯，并一直延续到现在。

我今年 60 岁了，身体非常好，不用吃药打针，也没有一点毛病，应该说这都得益于长年习练卢氏太极拳。我家这个卢氏太极拳从技击上、医疗保健上，都有它的独到之处，都有它的特色。其中最大特点可以用三句话来概括，就是"重实战、擅技击、益养生"。还有一个特点是架子低，也就是讲腰盘功夫扎实，手法巧妙，步伐灵活，神似游龙，臂如藤鞭。

卢氏太极拳的手法比较巧妙，步伐比较灵活，长功快不出偏，架子大起大伏。有些初学者不适应，一开始感觉到腿部不舒服，实际上这是过渡时期，一周以后就好了。

2012 年 1 月卢氏太极拳被河北省人民政府评定为省级非物质文化遗产，目前广平县委、县政府发文要求在全县推广学习卢氏太极拳，包括河北师范大学外国语学院、邯郸大学，以及河北广平县的各个学校、机关、社区和医院都在开展卢氏太极拳的学习和晨练活动。

我及弟子上百人，一年四季不间断地习练，卢氏太极拳的发展趋势还是非常好的。这一切得益于国家对非遗的重视与扶持政策，近几年国家对传统文化非常重视，进行了大量的扶持与帮助。面对大好的机会与形势，我们一定要把这个祖辈传下来的传统文化瑰宝继续传承下去，为国家、为社会、为人类多做贡献。

二、卢尚奇口述

自幼习武得真传

我自幼深受卢氏太极拳的熏陶。5~6 岁时，祖父卢进才的弟子们每天吃过晚饭后，便会集中到我家的院子里学习卢氏太极拳。直到 20 世纪 80 年代初期，受李小龙电影的影响，“武术热”开始了，越来越多的年轻人学习武术，最多的时候，一天有上百号人来我家院子里一起练习，练到凌晨一点都习以为常。我祖父也让我跟着大家一起比画。

随着不断长大，我初步掌握了各种兵器、套路、推手、散打等技击方法后，祖父才对我所学进行校正，并传授拳理。再后来，我还跟随伯父卢奎恩学习卢氏太极拳，并在 18 岁就开始参加比赛。

1997 年 9 月 16 日，我在中国・邯郸国际太极拳联谊会的套路表演中获得一等奖。这是我第一次参加大型比赛。1998 年 10 月 16 日，我参加了中国・国际太极拳联谊会，来自澳大利亚、德国、日本、泰国、美国、英国、新加坡等 30 多个国家的 138 位外宾和国内 24 个省份、83 个团体的 878 位代表以及各界朋友参加了那次盛会。

为了增加观赏性和实战技击性，还原武术本质，大会组委会还特设了“首届国际太极拳散手擂台赛”，几百名世界各地的青年武术高手先进行太极推手比赛，推手赛的前六名才具备资格参加散手擂台赛。当时擂台赛是赤手空拳，没有拳套，只有护裆，参赛选手在一米多高的擂台上进行比赛，选手们可以施展各种技法，除了禁击部位，其他的部位都可以打。

当时的散手擂台赛相当于现在的散打，唯一的区别在于当时的散手赛不戴拳套，因此受伤的可能性很大，存在骨折、鼻梁骨断裂、腰部受伤等风险。我接连击败来自各地的多名选手，进入决赛。而决赛的对手是河南连续多届的推手赛擂主选手，经过一番苦战，最终我代表卢氏太极拳获得了“首届国际太极拳散手擂台赛”的冠军。

2000 年 10 月 19 日，我再次参加第 7 届中国・邯郸国际太极拳联谊会，来自澳大利亚、德国、日本、美国、法国、英国、新加坡、泰国等13个国家的157位外宾和国内23个省、市、自治区86个代表队713名代表参加了大会。在最受关注的国际太极拳散手擂台赛上，我再次进入决赛，决赛对手是江苏省徐州武校的总教练，不仅会太极还获得过散打和摔跤等比赛的多项冠军。对方出手狠辣，招招奔要害，在经过试探和防御后，我迅速出脚扫向对方下盘，对方没有躲过这一击，腿骨骨折，输掉了比赛。

2003年，我成立了河北省邯郸·卢氏太极研究会并亲自担任会长，每年定期搞卢氏太极拳的交流会。2005年中国·邯郸国际太极拳联谊会评委授予我“太极名家”名号；2006年我被邯郸市体育局授予高级教练称号。

2009年开始，我协助伯父、叔父整理、编辑、出版《卢氏太极拳》一书；2011年被中国武术协会评定为中国武术段位制考评员并获得资格证书。

走出国门谋发展

作为传承人，我深知自己肩负重担，我发现卢氏太极拳与其他太极拳比较起来相对保守，起步较晚，要发扬光大实属不易。但我经常参加比赛，见得也多了，便想着要让卢氏太极拳走出去，颠覆传统的推广模式，在推广这件事上我亲力亲为，做到了有情怀，有担当。

2012年6月10日，在我和邯郸市人民政府外事与侨务办公室涉外经济文化处（礼宾处）处长侯斌辉的共同努力下，促成了白俄罗斯国立文化大学校长鲍里斯·斯维特洛夫先生到广平县参观访问。他被博大精深的卢氏太极拳吸引，并当场签署了合作协议。中方向白俄罗斯大学常年派驻太极教练，学校方面则提供生活、教学等相关条件。回国后不久，鲍里斯·斯维特洛夫担任了白俄罗斯文化部部长，派遣太极拳教练去白俄罗斯这件事就先搁置了。

直到2013年11月，我祭拜完祖师卢鸣金，只身一人来到了位于7000多公里以外的白俄罗斯首都明斯克。初到异国他乡，可谓举步维艰，我面临着语言不通、举目无亲、天寒地冻、饮食风俗迥异等诸多困难。

我首先解决了语言不通的问题，找到了一位中国的留学生，聘请他作为翻译。刚到明斯克，因为事先准备好了卢氏太极拳的俄语版资料，我便带着翻译一起去各健身俱乐部寻求职位，最终在多个健身俱乐部同时担任教练。

卢氏太极拳初来乍到，作为一种新的拳种，一种新的文化，在当地并不被认可，为了能够推广卢氏太极拳，我决定在前期进行免费教学，让白俄罗斯的学员感受到卢氏太极拳的魅力，给他们带来健康，才能吸引来更多的人来了解卢氏太极拳。

接下来却又面临着一个困难，白俄罗斯人的身材与中国人不一样，想要弘扬卢氏太极拳，就必须推陈出新。针对白俄罗斯人身材高而卢氏太极架势较低的特点，我开创性地推出了“卢氏太极 9 式”“卢氏太极 18 式”“卢氏太极 36 式”三路拳架。这三路拳架既保留了卢氏太极拳的精华，又最大限度地匹配了当地人的身体状况。

2014 年 2 月 15 日，白俄罗斯国立大学共和国孔子学院聘我为太极拳教师。卢氏太极拳在经历了几百年传承和发扬后，正式走出国门。正是因为有了孔子学院这个平台，双方合作招了更多的学员，从此卢氏太极拳在白俄罗斯的影响力一步步地扩大了。

例如，43 岁的女学员欧丽歌因为车祸，腰部外伤手术后在床上躺了一年左右，无法正常行走，感觉人生无望，特别消极，后来无意间看到孔子学院发的卢氏太极拳的消息，便尝试来学习。从模仿简单的动作开始，坚持练习卢氏太极拳几个月后，她不仅行走正常，腰椎的问题也明显好转了。她觉得卢氏太极拳非常神奇，还曾询问孔子学院的刘院长：“卢尚奇老师是不是来自西藏？”刘院长反问道：“你为什么会这么觉得呢？”欧丽歌答道：“一般神秘的功夫不是都源于西藏吗？”后来，越来越多患有腰椎病、颈椎病的人来学习卢氏太极拳，随着时间的推移，卢氏太极拳在白俄罗斯得到了很大的认可，我的武术课人数最多时达到上千人。授拳之余，我还到白俄罗斯国立大学学习俄语，并通过多种途径宣传中国卢氏太极拳。

为了更进一步推广中国传统文化，2014 年我和河北少杨生物科技有限公司董事长郑红先后成立了卢氏太极国际文化股份有限公司（中国），国际卢氏太极有限责任公司（白俄罗斯）、中国卢氏太极研究院（中国香港），形成了以中国传统武术教学及推广，中国传统服饰、茶叶、国瓷、丝绸等高品质服务及商品为主的运营体系，并已逐步开展太极会馆、餐饮、投资、养生会所等高端业务，未来将形成系列文化品牌体系，业务范围将辐射至教育、服装、互联网、养生、化妆品、餐饮等众多领域。

同年 4 月 24 日，白俄罗斯文化部部长鲍里斯・斯维特洛夫先生在自己的办公室亲切接见了我，并对我为中白文化交流、中白友谊做出的贡献表示衷心的感谢。付出总有回报，卢氏太极拳在白俄罗斯越来越受欢迎。2014 年是中国孔子学院成立 10 周年，为了感谢我为孔子学院做出的贡献，孔子学院拍摄了大型纪录片，对我进行采访报道并永久性保存在国家汉办。

白俄罗斯国立大学共和国孔子学院中方院长刘素玲博士也决定邀请卢氏太极代表团卢奎恩、卢奎镇、郑红、翟金录、杜春林、吴延军、赵凤山、侯斌辉、卢利彬、王新成等卢氏太极拳传人到白俄罗斯巡演。

当年 9 月 22 日到 30 日，我们卢氏太极代表团一行先后在白俄罗斯戈梅利、维杰布斯克、明斯克、哥罗德诺 4 个城市，白俄罗斯国立大学、白俄罗斯国立经济大学、戈梅利国立大学、哥罗德诺国立大学、明斯克 23 中学、维杰布斯克 44 中学巡回演出。9 月 27 日，孔子学院十周年庆典在明斯克白俄罗斯宾馆举行，金碧辉煌、高朋满座。白俄罗斯文化部、教育部、体育部的官员和慕名前来的观众见证了卢氏太极拳的奇妙。太极拳、太极春秋大刀、太极剑、硬气功等表演把观众引入幻境。为了表彰卢氏太极拳的贡献，白俄罗斯国立大学共和国孔子学院外方院长还向代表团颁发了荣誉证书。

白俄罗斯各大电视台媒体对我们卢氏太极代表团的采访报道，在白俄罗斯掀起了一股中国卢氏太极风！而随后不久，中国驻白俄罗斯大使馆的夏光远秘书长也亲切地接见了我，并对我促进中白两国的文化交流予以肯定，表态大使馆将大力协助卢氏太极拳在白俄罗斯发展。

2014 年 10 月 1 日，中国驻白俄罗斯大使馆在明斯克市北京饭店隆重举行国庆 65 周年招待会，白俄罗斯政府副总理托济克与我亲切交谈并合影留念。12 月 13 日，应中国大使馆邀请，我和公司员工参加了国际妇女年度慈善义卖活动，20 多家驻白外交使团参加，我和教练们的一场场精彩中国功夫表演，受到了各国外交使团的称赞并纷纷合影留念。之后我还应白俄罗斯国立体育大学校长邀请到该学校传授卢氏太极拳。

此后，又收到了白俄罗斯多所大学、中学、小学等校长让我们进驻教学的邀请。同时，我还带领国际卢氏太极股份有限公司员工对白俄罗斯首都明斯克各所孤儿院进行慰问演出，赠送孩子们礼品，义务传授中国功夫。

2015 年 1 月 16 日，白俄罗斯卢氏太极会馆立项。这是一座以中国武术、泰拳、MMA、自由搏击、巴西柔术、中医养生、茶道、中国商品为主的综合会馆。2 月 10 日，中国驻白俄罗斯大使馆邀请我带领公司员工和白俄罗斯弟子参加了中国年·欢乐春节首次走进白俄罗斯活动，我和白俄罗斯弟子带来了精彩演出，包括卢氏太极 36 式、春秋大刀、连五刀等节目，还带来了卢氏太极国际文化股份有限公司旗下获得国家专利的五行八卦罐茶、中医养生产品、丝绸、太极服饰、旗袍等产品进行展出，活动期间受到了中国驻白俄罗斯大使馆崔启明大使的亲切慰问，对我为中白两国的文化交流做出的贡献予以肯定，并合影留念。

4 月 19 日，在习近平主席访问白俄罗斯前期，白俄罗斯国家电视台拍摄中白友谊大型纪录片，对我进行专访。新华社驻白俄罗斯陈俊峰主任与中央电视台记者采访白俄罗斯总统卢卡申科时，把我主编、清华大学出版的中俄双语版《卢氏太极三十六式》一书赠给总统。陈俊峰主任还给卢卡申科总统介绍了中国太极拳文化与卢氏太极在白俄的发展，以期切合中白人文交流的主题。卢卡申科总统笑着说："这个我们就比不了。"

国际交流促传播

2016 年 6 月开始，受到国家各大顶尖赛事《勇士的荣耀》《武林风》《大成武艺 MMA 综合格斗职业联赛》《尚武拳皇》等邀请，我亲自带领弟子和俱乐部旗下拳王选手参加比赛，实现了卢氏太极与中国武术搏击术的嫁接。俱乐部的弟子与旗下选手先后取得过十多次冠军。

同年 12 月 15 日，应中国对外友好协会和文化部邀请，卢氏太极国际文化股份有限公司董事长郑红、卢氏太极第四代传承人卢奎镇、邯郸人民政府外事与侨务办公室涉外经济文化处（礼宾处）处长侯斌辉和我参加了哈萨克斯坦与中国建交 25 周年宴会。

12 月 16 日，我们参加了“为和平付诸行活动”，有来自 40 多个国家的驻华使节参加了本次活动，驻华使节们被卢氏太极传人的精彩演出所吸引。掌声、惊叹声、叫好声不绝于耳。

12 月 22 日，河北师范大学外国语学院聘请我到校教外籍留学生卢氏太极拳。河北师范大学外国语学院每年有成百上千名来自几十个国家的留学生，此举进一步促进了卢氏太极拳的宣传推广。

2018 年，为了增进中国与印度尼西亚的文化交流，促进当地民众对太极文化的了解，应印度尼西亚文化部门玛拉拿达基督教大学孔子学院和八华学院之邀请，中国广平卢氏太极代表团一行包括郑红、卢奎镇、武建民、马素敏和我于 9 月 18 日至 10 月 1 日在雅加达、印度尼西亚丹格朗八华学院、万隆玛拉拿达基督教大学、万隆播种（BPK）学校新城校区和万隆校区、巴达拉朗 RAMAYANA 广场、万隆 LANDMARK 社区进行了巡演与教学。活动期间，万隆太极名家、青龙太极组负责人黄宣梁先生、郭建坤先生与卢氏太极拳传承人做了深入而充分的切磋交流。

2018 年，卢氏太极国际文化股份有限公司与河北体育学院建立了合作关系。12 月，应中国驻俄罗斯使馆文化中心邀请、受河北省文化和旅游厅委派，卢氏太极代表团赴俄罗斯莫斯科文化中心和圣彼得堡文化交流并与圣彼得堡武术协会签约。

2019 年 1 月，卢氏太极中国梦、太极情、传统文化万里行被河北省体育局评定为河北省 8 个示范项目之一。

2020 年 9 月 7 日，应央视《星光大道》栏目组邀请，卢氏太极第四代传承人卢奎恩、卢奎镇，第五代传承人卢尚奇，第六代弟子王涛赴北京表演卢氏太极拳。

随着卢氏太极国际文化股份有限公司的成立，卢氏太极品牌化、全球化的运作和推广，卢氏太极在国内外的知名度得到了很大的提升，其跨越式的发展得到了当地政府的支持，卢氏太极被作为广平走向国际的文化名片。政府先后投资几个亿，在广平县修建了 12.8 公里的太极迎宾大道，两侧分布着卢鸣金宗师的雕塑和一百零八招式的雕塑，同时还在东侧修建了人工湖——鸣金湖，来纪念卢鸣金老先生。

广平县还修建了卢氏太极国际文化共享中心，占地 50 亩左右，用来承办国际赛事和全国各地的交流赛，同时，扩建了卢鸣金宗师墓地，由原先的十几亩地扩建到现在 50 亩左右，还修建了卢氏太极练武厅、卢氏太极文化广场、文化典故的展碑等一系列场馆和设施。县政府还有计划将卢董村打造成太极小镇，目前，已经开始承办一些小型赛事和研讨会，待发展成熟之后，将进一步举办大型赛事。

我们公司分工非常明确，有专业的教练团队、专业的营销团队，分别负责国外市场和国内市场，但是单单教拳是不行的，一定要有完善的产业化体系。中医的养生产品，卢氏太极的茶艺、服装等都要发展起来，这样才有利于卢氏太极文化的推广，同时要申请一些专利，现在公司的专利有几十项。

武医结合，从卢氏一世祖开始，家族中就盛行文学、武学、医学，如出现脱臼等武伤时，就可以直接在家正骨治疗。在公司成立之后，针对中医养生这一块，在白俄罗斯成立了中医养生会馆，其中推拿、按摩、针灸等项目慢慢被大众接受。

文化是一个国家、一个民族的灵魂，文化兴则国运兴，文化强则民族强，没有高度的文化自信，就没有中华民族的伟大复兴。文化强国，文化自信，文化走出去，我们卢氏太极人要积极承担社会责任，将中国的传统文化推向世界，造福世人，继续为促进世界文化的交流做出贡献。

访谈后记

此次采访行程丰富，在郑红女士的全程陪同下，我们一行先来到卢氏太极国际文化股份有限公司，由郑红董事长介绍了卢氏太极如何通过孔子学院走向海外传承与传播，如何通过与白俄罗斯文化部门合作，进入其大学进行卢氏太极的传播，以及品牌化、全球化的运作和推广，参观了公司围绕卢氏太极文化开发的系列文化创意产品，产品包罗万象，尤其是武医结合开发的产品，经济适用，受众面广，不禁深深为其创新精神折服。

随后，我们前往位于广平县的卢鸣金故居进行传承人采访。进入广平县后，我们的车子沿着太极迎宾大道行驶，道路又宽又直，两侧卢鸣金宗师的雕塑和太极雕塑正在修建中，远处的人工湖——鸣金湖已显初型。由郑红女士的详细介绍得知县政府的整体规划和资金投入，由衷感叹广平县政府对本地文化遗产的支持力度，以及传承人如何充分利用政府和社会的多种资源开展传承活动。

研究团队与传承人卢尚奇合影、工作照

澳门鱼行醉龙节传承人卢国明与何健侠口述实录

采访时间：2018 年 9 月 3 日

采访地点：澳门提督马路南益工业大厦 11 楼澳门鲜鱼行总会

采访人：陈小蓉、崔家宝、左逸帆

项目简介：舞醉龙是盛行于澳门的一种民间传统节日活动，至今已有二百多年历史。早年香山县的鱼贩移居澳门时，即把舞醉龙风俗带至澳门。每年农历四月初八，即佛诞节，澳门都要举行盛大的舞醉龙活动，现已成为当地具有浓厚中华文化色彩的民间传统风俗活动。舞醉龙游行开始，健儿们便闻鼓声而大口饮酒，一起舞动手中的木制龙头、龙身、龙尾，借酒意醺然之际，动作豪迈，大步前行。此时，澳门之地，万人空巷，场面壮观。舞醉龙活动风格独特，深受当地居民及游客欢迎，2011 年被列入国家级非物质文化遗产名录。

口述人简介：卢国明，男，澳门醉龙教练，澳门武术总会理事会理事，澳门东方武术学会成员。

何健侠，男，澳门武术总会龙狮瑞兽活动推广组组员，澳门鸿威文娱体育会成员。

澳门醉龙香山始

我们舞的澳门醉龙起源于广东香山县，旧时的香山县就是现在的广东中山、珠海一带。那时候，每个乡镇对舞龙的叫法各不相同，大部分乡镇叫它为柴龙。我们在探索澳门醉龙的历史渊源时也发现了不少来自香山县的记载，如《香山县志》中有关于舞柴龙的文字记载：“四月八日浮屠浴佛，诸神庙雕饰木龙，细民金鼓旗帜，醉舞中衢，以逐疫。”

通俗地讲，香山县的舞柴龙和我们现在的澳门舞醉龙大致一样，都以游行为主要形式进行表演。表演者用木棍、木棒等工具盘活龙身，配合传统的节庆音乐、婚嫁音乐开展舞龙活动。当然，澳门醉龙和香山县柴龙也存在一定的差异，主要体现在我们澳门醉龙的表演者在舞龙前需饮酒，趁着醉意游行表演。同时，舞龙对表演者的武术、舞蹈功底有一定的要求，这也和我们澳门本地的习俗有关。

一两百年前，香山县舞柴龙传入澳门。当时澳门社会不安定，为强身健体也为自我保护，澳门本地居民都喜爱练武，很多中国内地的百姓移民至此，各地的武术技艺、套路就被融合进舞醉龙中，因此表演者需有一定的武术功底才可以驾驭舞醉龙。舞醉龙还融合了一定的舞蹈动作，按照习俗，表演者在舞龙前需祭拜饮酒，喝醉酒后走路游街是不好看的，因此人们在舞龙的基础上编排了舞蹈的步伐，与武术动作相配合，让舞龙的动作更符合规矩、更美观。可以说，香山县舞柴龙传到澳门后，经过百余年的演变，与澳门当地的民俗相融合，最终孕育成为现在我们看到的澳门醉龙。

澳门本地居民多从事渔业，认为舞龙可隐喻风调雨顺，渔产丰收，因此舞龙马上就在澳门流行起来，虽然打鱼的穷苦人家多，但从事渔业的鱼行人相对有钱，每逢过节就会准备饭菜派发给贫苦百姓，称为龙船头饭，寓意孩子吃下后健康成长，成龙成凤，久而久之，龙船头饭与舞龙一起作为传统保留至今。

每次游街舞龙前，舞龙表演队都会摆香、摆酒，表演者们需饮酒后才会游街舞龙，这也是我们与其他舞龙项目最大的区别。别的舞龙项目是不喝酒的，而我们舞醉龙必须要喝酒，据说这与两则醉龙的传说故事有关。

其中一则传说：古时，南粤为蛮荒之地，山岚瘴气，四时不散，毒虫猛兽，四处出没。传说某一日，一位和尚喝醉了酒，在山林乱闯，遇到一条大蟒蛇。和尚出醉拳将大蛇杖毙，并截为三段，其蛇血流入溪水之中。和尚继而高擎死蟒挥舞，此时却有奇迹出现，蛇血流渗所至，长出了一种小灌木，名为栾樨树。乡民舀溪水配一枝栾樨叶饮用，竟然百病全消，用以煮饭，儿童健康，老少平安，遂将此大蟒喻为神龙之后，每年届此，族人都聚会庆祝，并舞三截龙以谢神龙之恩。为仿效和尚当日舞蟒之雄姿，舞龙者皆要灌酒至酩酊，方为虔诚。自此之后，当地每年皆有舞醉龙之习俗，并伴以煮龙船头饭，以祈除百病，疫病消除，乡民安康。平时更以栾樨叶做成栾樨饼，作为应节小吃，以图大吉大利。

另一则传说则由《岭南风俗录》记载：相传数百年前，广东香山县有一条小河，名叫“龙塘孖树坑”。有一年的农历四月初八，不知从哪儿来了一个和尚，到小河边洗澡。他刚脱衣服，一条大蟒蛇便闯了出来，直向他奔去，那和尚拔出宝刀，将蛇斩成几截，丢在河里，把整条河都染红了。这时正好来了一个老渔翁，他刚喝过酒，还带着七分醉意，看到河里那几截浮游不定的蛇头和蛇尾，觉得很有意思，便醉意朦胧地把它拾起来，并手舞足蹈地跳起舞来。说来也怪，这条大蟒蛇居然死而复生，变成了一条神龙，卷起一阵清风，腾空飞去。那剩下的几截蛇身，被水推到岸边，不久便长成了几棵小树。这几棵小树长得很快，三天就长了五尺高，三个月就长成了一棵绿叶婆娑的大树。更为奇怪的是，到了第二年四月初八前后，这几棵树还发出了一阵阵奇特的香气。这一年夏天，香山县瘟疫流行，遍请名医，广采良药，都不奏效，死了很多人。那时河边住着一户穷苦人家，请不起医，也买不起药，闻到岸边那些树的阵阵奇香，便去摘了一把树叶，捣烂冲糖水喝了，顿觉精神爽利，病也好了。于是大家纷纷采用，那树也奇怪，居然采之不尽。它帮助人们避过了一场灾难，被人们称为栾樨树。以后但凡有个头疼脑热，人们也喜欢冲碗栾樨糖水喝。特别是农历四月初八“浴佛节”前后，家家都用栾樨叶做成饼食，参拜神佛，一则报答神龙救命之恩，二则可祛病延年。每逢农历四月初八那天，人们还跳醉龙舞，来纪念那个有意义的日子。

美酒微醺舞神龙

依据澳门民俗，我们在舞醉龙表演开始前，需先进行祭祀仪式，一般由庙宇法师主持，由龙队负责人或地方士绅、官宦主礼。在每年四月初八早上吉时，舞醉龙的表演者、当地领导及市民群众们都会在澳门三街会馆，也就是关帝古庙前隆重举行第一个仪式——开光点睛。

之后进行的仪式主要环节包括：第一，宣布典礼开始并鸣炮；第二，全体肃静并恭请点睛者也就是贵宾就座；第三，通过锣鼓钹打礼鼓等奏乐；第四，进行上香、献花、献酒（包括初献酒、再献酒、三献酒）等行献祭；第五，祈福众神、恭读疏文；第六，恭请点睛者执笔点睛；第七，焚化金银财帛；第八，宣布礼成并鸣礼炮，即宣布醉龙表演开始。

舞醉龙，顾名思义，“醉”是根本，也是最大特色。我们在舞醉龙前，都会自灌米酒，半醒半醉时游街舞龙，配合事先准备好的武术套路和舞蹈步伐，自然引起观众们的喝彩叫好。

巡游时，我们在游行队伍中手握龙角舞动龙身，队伍旁则有数名大汉手拿酒坛“虎视眈眈”，一见舞者稍为清醒，就立刻上前灌饮或洒酒，务必使舞者保持高度兴奋的状态，被灌者在饮酒后再度投入，翩翩起舞。在整个巡游大约 10 个小时的活动中，我们每个舞者要饮 10 多斤米酒，酒量惊人。当然，有人说 20 世纪 50 年代的人舞醉龙，是没有带酒壶灌酒的，酒都是放在香案上的，在拜神时，舞者自己取，现在才改进成用酒壶给舞龙者灌酒。酒量因人而异。

舞醉龙的套路阵式：舞龙只有龙头和龙尾，龙身则是靠观众想象和补充，可长可短。“龙身”是上翻还是下滚，均留有大量的空间给围观者去想象。舞醉龙没有明文规定的套路，由于舞龙者均有武术功底，常将所学武术步伐与姿态融入舞醉龙之中，只要龙头龙尾互相配合、互相默契就行。

表演时整个舞龙队伍前进的路线是蛇行型，表演者们密切配合，保持整个龙身队伍的自然与平衡。例如，龙头的舞者单脚蹬高金鸡独立时，龙尾的舞者就蹲下坐低；当龙头的舞者向右前方高举龙头时，龙尾的舞者就从左后方插上；当龙头的舞者向左旋转龙首时，龙尾的舞者则自然地向右转动龙尾。

除了舞步动作的配合外，舞者的眼神也极为重要，类似于戏曲表演中的“关目”。表演时舞龙者的眼神始终跟着龙头而去，时不时伴有翻滚等精彩动作，加上米酒四喷，在阳光映照下显得出神入化，想达到上述的表演效果，表演者必须具备一定的武术功底和表演基础。

我们学习舞醉龙时，首先要练习“腰”和“马”。顾名思义，“腰”是指腰力，“马”是扎马步，这些都涉及表演者的基本功，只有腰腹力量好、马步扎得稳，醉龙才能舞得生动、演得精彩。

基本功练扎实后，表演者就可以开始步法方面的学习和排练了，步法十分丰富，包括醉步、麒麟步、七星步等；步型有马步、弓步、虚步、骑龙步。舞醉龙主要有两种步法：第一种表演者像踩在云端游行表演一般，脚步虚浮，实中有虚，虚中有实，通过变化多端的脚步表现出舞醉龙的“醉”；第二种是舞龙头者特定的步法，表演者的右手与左手控制住龙头，时而像大鹏展翅似的张开，呈对角线一高一低，时而单腿独立，如同神仙飞天一般，通过张弛有度的脚步表现出舞醉龙的“舞”。学习步法后，表演者还需掌握龙头龙尾的配合以及多条醉龙之间的配合。初学舞龙时，通常先学舞龙尾，再习舞龙头，最后练配合。

我们在舞醉龙时通常九龙一齐巡游，也就是多条醉龙同时表演，龙头和龙尾以及各条醉龙之间的配合极其重要，往往直接影响舞醉龙的表演效果。有了夯实的腰腿基本功、娴熟的脚步步法和默契的团队配合，舞醉龙表演自然生动形象、精彩绝伦。有时龙尾跟随龙头而动，又有时龙头逐龙尾而游，高低、左右、前后、上下，讲究连贯、和谐。有了腰和腿的功架，加上这两种步法的熟悉，龙头和龙尾互相呼应。因为是醉态，舞醉龙时表演者可以自由发挥、随性而动，摆脱了固定的表演套路，创造出更加优美刚健的姿态，往往赢得一片叫好。

在选表演器械时，为了兼顾器械的置办成本、外形美观和耐用程度，我们多选用木质的器械和道具。在材料方面，木龙的制作我们会选择质地坚硬的木材，如樟木、檀香木、金丝楠木、坤甸木、红木等。制作木龙的龙角时，我们在原有的工艺基础上，采用了线条更优美生动的鹿角代替木制龙角，看起来更加生动形象。装饰方面，制作成型后我们还会在木龙上雕刻图案，图案大多是各个年代的特色绘画，如明代的“猪嘴龙”、清代的“鹿角龙”，既精美又富含文化底蕴。

木龙的装饰美化除精美的雕刻外，还会安插金箔或金纸刻成花叶状的装饰物，每逢庙宇供奉或游行表演，都会金光闪闪、赏心悦目，以示舞龙者的“神心”。在彩绘方面，龙身多涂上色彩鲜明的染料，主要以红色、蓝色、黄色和白色为主色调，附上黑色染料点睛，舞动起来栩栩如生。另外，醉龙舞还需要用到酒埕，以及鱼行鼓、锣、钹、鼓槌、锣槌等伴奏道具。

抗日筹款显气节

澳门醉龙由澳门本地的鱼行人创建，距今已有百余年历史，但这百余年来的发展并非一帆风顺，而是充满了艰辛和曲折。相传，1937 年日本侵华，澳门鱼行的爱国人士纷纷游街义卖，将义卖所获连本带利捐助给抗日救灾会。

那时候，从事鱼行的商贩大多没有什么文化，就请鱼行的账房先生写义卖的标语，并巧用粤语的谐音、一字多义和暗喻等手法，讽刺日本侵略者。就这样，义卖期间红红绿绿的标语挂满街市，好不热闹。如“不畏横行蟹”，以“蟹”讽刺日本侵略者；“七七大明虾”，通过“虾”和“吓”的谐音，暗指七七事变是日寇明目张胆欺负中国人的侵略行径；“中华大胜利”，通过“利”与“脷”的谐音，以及“龙”和“挞沙鱼”的同义，预示邪不胜正。

当时，鱼行人除义卖捐助外，还会定期举办舞醉龙的游街表演，表达对日寇的控诉和抗日必胜的信心，游街的开销也是靠同业募捐而来的。

抗日战争后期，受战乱影响，义卖捐助活动停摆，澳门醉龙也随之被迫停舞。抗日战争胜利后，澳门舞醉龙重上街头，庆贺这来之不易的胜利。然而好景不长，1949 年澳门舞醉龙又一次被迫停止，直至 1959 年才得以恢复。在 1959 年之前那段时间，澳门鱼行面临的形势比较严峻，行内人心如一盘散沙。究其原因，鱼栏主和鱼贩子毕竟不是同一阶层，各有各的政治取向和打算。当时在公海上有持枪海盗截劫渔船；在岸上又有流氓分子骚扰鱼台，“声大夹恶”，拿了鱼不付钱；还有黑社会霸占码头，收保护费，甚至踢人入会；还有恶霸恃势凌人，被称为“街市皇帝”，动辄加租、处罚并伤人。鱼贩被逼，曾集体到澳门市政府请愿静坐，以求政府出面解决。

面对以上困境，澳门鲜鱼市贩职工联合会骨干分子商议，为团结同行，重舞醉龙。鲜鱼市贩在四月初四开筹备会，初五募捐，鱼栏最后也响应参与。到了初七，组织好了醉龙、醒狮和功夫表演，但却过不了澳门政府那一关。因当时有治安条例规定，凡 13 人聚在一起可被视为非法集会，可被检控。于是鲜鱼市贩派出代表向澳门总督请求特许巡避。代表们指出，以前的葡国节日活动曾经邀请过舞醉龙助兴，澳督府也有官员确认有这一事实。最后，在原定四月初八上午 11 时醉龙开光前的 10 时 45 分才获特许，于是舞醉龙又重新活跃起来了。可惜后来好景不长，在 1966 年受内地“文革”“破四旧”的影响，澳门舞醉龙又一次被迫停舞。直至 1981 年才重出江湖，一直舞到今天，并且越舞越兴旺。

1981 年，澳门市政府将四月初八称为“团结日”，并将醉龙醒狮作为团结日的会演主题。那一年，澳门的鱼行市贩们也把舞醉龙带回了它的故乡广东中山市。那一天，中山市万人空巷、盛况空前，百姓居民纷纷前来观赏舞醉龙表演，唤醒了当地不少民众的回忆。

多年来，每逢四月初八，澳门鱼行市贩都会巡游舞醉龙，其间鱼栏主和鱼贩也有过几次合作，终于在 1991 年成立澳门鲜鱼行总会。之后，总会团队不断壮大，致力于鱼行行业的管理，也负责舞醉龙巡游活动的组织。醉龙一舞，人心趋向，以前各自学功夫为了防身的武术爱好者，这时又聚在一起，那些平日欺负鱼贩的“街市皇帝”亦望风而逃。

目前，舞醉龙的传承谱系大致可分为师父谱系和家传谱系两种。无论哪种方式，所有曾参与其中的团体与个人，多年来均一直致力于这项民间活动的传承与发展。

耳濡目染习功夫

我小的时候澳门还很荒凉，大家基本以生产塑胶花、爆竹，制衣，从事渔业等为生，日子过得比较贫苦，我们小孩子连拖鞋都没有，更别提娱乐游戏了。那时我哥哥在一家鱼行做书记员，我平日没事便跑到鱼行跟师父们学拳。那时的师父什么都会，包括强身健体的拳法、医用疗养的手段、比赛切磋的套路乃至舞龙舞狮的身法。我在跟师父们学习的过程中，整日耳濡目染，不知不觉略有小成。再后来，我投身于传统武术的钻研，1998 年曾代表澳门参加亚洲武术赛，获铜牌；在黄山论剑世界赛获武榜眼等。

现在我们班子招有 100 名学员，配有 4 名教练，其中两人负责武术教学，另外两人负责舞龙舞狮训练，我两者都会，从事管理统筹的工作，两方面都会涉及。这些年澳门逐渐发展为著名的旅游城市，慕名而来的游客络绎不绝，极具中国传统特色的舞醉龙表演更是受到国内外游客的青睐。

十几年前开展舞醉龙教学时，教练工资和场馆费用等支出均由鱼行承担。近几年随着舞醉龙项目成为旅游观光的亮点项目，特区政府给予我们一定优惠政策和资金扶持。然而，舞醉龙项目虽然受欢迎，得到了特区政府资助，但是愿意学艺并从事这一行业的年轻人并不多，澳门舞醉龙表演也因此面临着一定的传承困境。

影响年轻人从事舞醉龙表演工作的最主要原因有两点。

其一，缺乏官方的荣誉认证，澳门舞醉龙属于非奥运会项目，受重视的程度远低于跆拳道、网球等热门青少年体育培训项目，也没有相关比赛，无法认证一级、二级运动员，参与的孩子自然比其他体育项目少。在过去，舞醉龙的表演每年只有一次，没有商演活动，孩子们学艺没有演出空间，没有擂台比赛，能获得的荣誉感大打折扣，现在舞醉龙被评为非物质文化遗产，演出活动逐渐增多，表演空间的问题才有所改观，但问题的核心仍是舞醉龙项目的被重视程度不够。

其二，广大群众对项目本身的误解，顾名思义，舞醉龙项目会涉及饮酒，家长就会疑惑怎么可以培养孩子喝酒呢？这不是教坏小孩子吗？舞醉龙项目进校园的工作也因同样的理由举步维艰。实际上，喝酒只是舞醉龙的一个传统表现形式，现在大多数表演是不喝酒的，这是广大群众因舞醉龙的名字和表演形式对项目产生的误解。接下来我们会积极开展工作，到各中小学校园普及舞醉龙相关基础知识，澄清饮酒舞龙的误会，以排除家长们的后顾之忧，吸引更多孩子和年轻人前来学艺与表演。

访谈后记

澳门舞醉龙源自广东中山的传统项目，渔民移民将其传到了澳门，以舞醉龙的形式传达了对家乡的思念，表达了对家乡中山的文化认同。如今每年农历四月初八，澳门鲜鱼行总会均依例在三街会馆举行醉龙开光点睛仪式，祈求风调雨顺、国泰民安。随后，舞醉龙队伍便穿梭于澳门的大街小巷。现在这一风俗已成为独具特色的澳门民间盛事，尤其被国内外游客所乐道。我们是在澳门的龙狮总会采访的二位传承人，他们既是运动员，又是教练员，还是管理员，尽管二位都有自己的生意要做，但仍然每周都定时定点带领队员训练，靠众人出资，用集体的力量完成每一次活动。通过对传承人的采访，我们意识到澳门舞醉龙不仅是具有美感的传统运动，还有这背后的艰辛发展历史和舞醉龙人的爱国情怀，澳门舞醉龙面向未来的传承之路亦值得我们深思求索。

研究团队与传承人卢国明、何健侠工作照

天津回族重刀武术传承人曹仕杰口述实录

采访时间：2017年7月21日下午
采访地点：天津红桥区
采访人：陈小蓉、刘欣、崔家宝

项目简介：回族重刀武术原名“曹门大刀”“曹氏大刀”，是由津门著名回族武术名家曹克明先生继承其父“回族大侠”曹金藻阿訇的遗志，在本门刀、礅、抱石、拳、铲等功夫基础上，独创的“曹门刀式”，现已流传五代。回族重刀武术刚柔相济，动静结合，集力量与技巧于一体，将刀舞起，动如风，静如松，提刀千斤重，舞刀鸿毛轻，刀飞钢环响，刀落寂无声。回族重刀武术具有独特的民族文化特色，是中华武术宝库中一颗闪亮的明珠。2006年，回族重刀武术被列入国家级非物质文化遗产名录。

口述人简介：曹仕杰，男，回族，天津人，1967年出生，2019年去世。曹仕杰自6岁随父习武，掌握全部曹氏家传绝学，带徒直至去世。曹仕杰重视重刀武术的传承，曾长期带领“天津回族大刀队”训练和比赛。他在继承祖传武术的基础上，创造出“蜻蜓点水、釜底抽薪、旱地拔葱、翻江倒海、单提炉”等新招式，在各类武术比赛中屡次获奖。曹仕杰是回族重刀武术项目国家级非物质文化遗产代表性传承人。

曹门大刀代代传

据资料记载，历朝历代都将重刀格杀列为武举考试科目，也是录取武状元的必考科目。明清两代武举考试的重刀重量在128~140斤，而且考核者只有在弓刀石、马步箭项目之后完成重刀动作方可及格。

明朝初期，我家曹氏先祖追随燕王朱棣，组建了一支名为“靖南军”的军队，军中大部分都是穆斯林，也是使用重刀作为军中兵器。后来燕王扫北之时，麾下的靖南军一路披荆斩棘，杀蒙古兵无数。1403 年，因平定天下有功，燕王朱棣把河北省东王五乡五百顷地赐给我们曹氏家族，曹氏先祖在那里始建了一个曹家庄。

1404 年，天津设卫，一部分曹氏族人迁徙到天津大直沽定居，同时把重刀武术也带来了。两代之后，我们家族迁至天津市红桥区西北角大丰路一带，建立了清真大寺，我们曹氏一族十六代世袭清真寺掌教。在掌教的领导下，全寺的回族人除了礼拜以外的空闲时间就习练重刀武术。当时的回族重刀武术仅限于在曹氏家族中秘密传承，外界知情者较少。

到了我祖太爷曹万林、曹万兴那时候，他们创立了“津门曹家大刀”武术，并传于族人曹秉善、曹维善、曹宝善、曹明善、曹宜善、曹积善等人，还试着到外面教不是曹氏家族的弟子。到曹秉善这一代就开始开设武馆收徒教重刀，那时候有五六十位弟子。我太爷爷曹金藻在其父亲曹秉善严格要求下自幼习武，并拜沧州马万顺为师，经过多年的练习，掌握了北派少林的长拳、桩功、密宗艺等拳术。在多年的习武过程中，他博采众长，独创了“七十二式连环套拳谱”。

民国初年，作为回族重刀武术第三代传人的曹金藻废止了“津门曹家大刀”不外传的族规，面向大众公开传授武术，创办了天津市唯一的回族武馆“市隐国术社”，其含义就是隐藏、不张扬，习武强身、保家卫国。曹金藻与大刀王五、霍元甲都交情深厚，并与霍元甲有着相似的经历，当时被尊称为“回汉双侠”。曹金藻身高 1.83 米，霍元甲一手可抓起 400 斤的麻袋，他力气比霍元甲还大，一手可以捏碎一个核桃。那年，塘沽举办擂台，有洋人扬言打遍中国无敌手。曹金藻听闻，毅然去塘沽打擂，结果上了擂台后，三招就把对方打败了，被天津民众称为“津门大侠”。

当初有个叫元文会的恶霸，还跟日本人勾结，叫曹金藻给他的徒弟们指点武术，曹金藻没去，然后元文会又下帖子扬言说：“你不去我就派刺客谋杀你。”过了几天，曹金藻早上五点钟去清真寺做礼拜时，从小路上跳出来一个刺客，他用两三招就把刺客制伏了，刺客求饶说要把祖传的宝剑送给他，曹金藻说：“收你这剑，脏了我的手!”随手就把剑掰折了，然后给了刺客一些盘缠，让他离开了天津。

1933 年，长城抗战，第二十九军抗日，曹金藻去第二十九军教他们习练大刀，因为这是爱国的部队，所以他才去教。中华人民共和国成立后，曹金藻把我们家的弹腿武术和八极、拳击、中国式摔跤都融到一起，创立了一套独门招式，但现在只有“津门曹家大刀”传承了下来。

我爷爷曹克明是回族重刀武术的承前启后者，是回族重刀武术第四代传人。“文革”结束后，从 1976 年开始，大刀队又被爷爷重新组建起来，他带着一帮小孩练，那时候我还小，也一起压压腿，比较简单的动作我也跟着做，大了以后我也跟着一起练习。1978 年，我爷爷曹克明以“弘扬武术、强身爱国”为宗旨，在“市隐国术社”的基础上组建了“天津市回族大刀花样举重队”。他继承曹金藻的演练风格，根据社会环境的改变和人们精神文化不断上升的需求，带领回族重刀武术队外出参加表演，向更大范围的民众展示回族重刀武术。例如，去北京龙潭庙会、地坛庙会、第6届“世界精武大会”开幕式现场表演等。

我父亲曹大正则不光学重刀，连我太爷爷的武术都掌握了。他早年毕业于天津美院，是天津建筑设计院的工程师，搞楼房设计，还在天津电影院画广告画，是既会画画，又会摄影，还会武术的，但他去世比较早，1995年就去世了。

我和兄弟曹仕伟自幼在爷爷曹克明、父亲曹大正的指导下习拳练功。我是从25岁开始接手做曹门的传承人的，那时刚好是1991年第4届全国少数民族传统体育运动会，我们大刀队代表天津去南宁参加比赛，我爷爷说他的岁数太大了，这么远的路，带队怕身体不行了，就放手让我作了曹门的传承人。后来，整个服装、配乐等我都要自己来搞，爷爷都没参与，就有时候会来给我们教教新奇的动作。我们找了个舞美设计，把配乐都弄好了，结果一炮打响，当时天津去了6支队参加民运会，唯一的金牌被我们大刀队给拿回来了。

曹氏回族重刀武术传承发展至今，代代有名手，在津门体坛独树一帜。天津的回族重刀武术对习练者的道德品质特别重视，有这样的传规：“忤逆不孝不传、逞能欺人不传、爱财如命不传、酒色之徒不传。”

不断改良为传承

回族重刀武术常用器械有重刀、抱石、石锁和石礅四种，既是训练器械，又是表演器械，其中以重刀和抱石为代表。

重刀又称大刀，是我国古代长兵器的一种。重刀由刀头、刀身、刀背、刀环、护手、刀把和刀樽组成，材质为生铁。重刀刀身的两侧有油漆彩绘的走龙各一条，刀背有铁环，铁环上系有红缨。老式的重刀整体上寓意一条龙，分为龙头、龙身和龙尾三部分，由一块完整的生铁打造成。刀背上铁环代表重刀的重量，铁环数量越多，表示重刀的重量越大。

回族重刀武术内容丰富且具有民族特色。在表演形式上，吸收了历史上武举考试中的“弓、刀、石、马、步、箭”等课目技艺，苦练礅子、石锁、抱石等，并将其中之技巧，糅进重刀表演的一招一式之中。回族重刀武术所用之刀又重又长，长度2.4~2.8米不等，重则140~180斤不等。

回族重刀武术共有26个技术动作、10种技术套路。回族重刀武术中的“曹门刀式”招式多样，系统全面，主要有插、背、拧、云、撇、水磨、腰串、狮子披红、乌龙摆尾、雪花盖项、比摆荷叶、掌中花、叠罗汉等招式。由于演练器械沉重，回族重刀武术套路有短小精悍的特点，其动作数量为 4~7 个，演练时间在 24~48 秒。根据运动和表现形式，回族重刀武术技术动作可分为旋转类动作、抛接类动作、推举类动作和造型类动作四类。

抱石为四周光滑润亮、中间开成葫芦形孔洞的长方形举重物，材质为大青石或汉白玉。根据抱石重量级别的差异，中间葫芦形的孔洞有的中空，有的没有中空。由于抱石的重量较大，故能表演的动作较少，目前仅有拉抽屉、左右立碑和亮玉三个动作。

石锁为中间有抓手的长方形举重器械，材质多为大青石。运用石锁可以进行握力、腕力、臂力及腰、腿部力量的训练。主要练习方法分为举法、掷法和接法。其中，举法包括抓举和摆举；掷法包括正掷、反掷、挎掷和背掷；接法包括手接、指接、肘接、肩接、头接等。根据石锁的重量，练习者的表演项目有所差异，重量较小的石锁以扔高、接高、扔荷叶、单花、双花等花色动作为主，20 公斤以上的大石锁以练力量为主。

石礅又叫“双石片”，是类似于杠铃的举重器械。石礅的两侧为石片，材质多为青石，中间为木质杆。运用石礅可以进行臂部、腰部等部位的力量练习。重刀的基本功的是练石礅子，需要人体各个关节的协调合作，只有长年累积，才能掌握重刀这一连串的武术动作。

由于没有合适的器械存放场所，我的那些“宝贝”几次被盗。有一次，一把 105 公斤重的大刀和十几个石锁、石礅被人盗走。我几乎把天津的废品收购站跑遍了，最后在郊区的一个废品收购站找到了大刀的刀把儿。

现在的重刀有所改变，只有 2.4 米、2.5 米、2.7 米和 2.8 米这 4 种长度，重量也只有 140~160 斤，普通人拿起来仍然费力。但是给孩子们和初学者练习的是很薄的大刀，刀柄是木制的，十几斤重，便于他们练习。

有人问，那为什么还要保持这样重量和长度呢？因为重刀是传承了上千年的古老遗产，我们要继承下来，那就要展示出这种具有代表性的民族传统兵器的风采。

我们现在已经对重刀进行了一系列创新，在颜色上刷成了金刀，在材料上用厚钢板气焊、切割出来，在动作技术上创编了骑马观花、釜底抽薪、天王托塔、乌龙摆尾、蜻蜓点水等新的动作。这些都是在祖辈的基础上研究创新的，不能老是那些旧套路。

除了器械上的创新之外，表演服装上也采用了真丝云织边带坎肩，而且针对不同的地域文化，我们也会设计不同的服装效果。如去西北地区就模仿兵马俑的服装，一上场就是战场铁器碰撞的声音，给人一种金戈铁马的艺术效果。

除了对服装、道具及配乐方面进行创新外，我们在训练上也取得了很好的成绩，在连续五届全国少数民族运动会上，我们一共获得了三枚金牌与两枚银牌。

基于这些改变和成绩，2006 年，我们回族重刀武术被批准列入第一批国家级非物质文化遗产。可以说，我们现在已经把回族重刀武术发展成为天津民俗的一个品牌。2006 年，中央电视台十频道《百科探秘》栏目先后三次赴天津，对天津回族重刀武术进行了为期 12 天的跟踪拍摄；2015 年我还与弟子们一起参加了《传承者》节目的录制。

克服困难续传承

我们曹家每一代传人都有收徒授业，从我太爷当年开设的武馆直至他 1966 年“文革”期间去世，他共收了五六十名弟子，这种传承精神一直延续至今。现在我们曹氏家族累计已经有四五百名徒弟了。

但在我 25 岁接手的时候就剩几十个了，不少徒弟没能坚持练下来，有的怕吃苦就练不了，有的孩子身体素质不好，反正到最后能剩下来的有二三十个就不错了。我们训练经费十分紧张，训练时有扭伤、骨折到医院都是自费，一受伤，到骨科医院看一场就得花好几千元，这个费用都是我自己出，也害怕受伤，不好跟家长交代。

目前，回族重刀武术习练者以回族男性为主，呈现出老龄化的特点。我们回族大刀习练年限较长，大部分习练者都是因为喜爱自愿参加练习和演出。回族重刀武术习练者每周练习频次较低，每次练习持续时间较短，以重刀、石礅、集体造型技术动作为主要练习内容。

现今全国范围内能够掌握天津回族重刀武术的不足 60 人，经常习练者不足 20 人。前些年，我们这儿拆迁，弟子们也没能搬到一块儿去，大家住得非常分散，河东河西哪都有，再聚集到一块就太难了，从河东到我这儿要一个多小时，从那以后人就越来越少。我现在的工作主要是带孩子们训练。

2018 年 9 月，在有关部门的牵头下，我开始给红桥区佳春里小学的学生们教授重刀，每周一次，发现了不少好苗子。前不久来了几个新队员，我天天就在那儿调教着，每天都得训练。很多时候人凑不齐，我不管来多少都要陪着练，唯一的担心就是怕给孩子练一身伤。所以，创新动作时，我必须自己亲身去体验而不能让孩子体验，待我自己掌握熟练后，才能教给孩子们。

我的女儿曹宁现在是第七代传人，自幼就跟我习武，经常随我一起参加各种表演。她基本掌握了重刀武术的套路和习练方法，是迄今为止唯一的一位女性继承人。

访谈后记

采访曹仕杰先生时，他给我们的印象是爽朗、壮实，对家族先辈们传下来的回族大刀武术十分热爱。采访在一间小小的居民住宅中进行，里面堆满了大刀和表演道具，由于没有专门的练习场地，许多石质练习器材都散放在过道和走廊上。尽管他对回族大刀的传承现状忧心忡忡，但仍然在努力坚持。

2019 年，突然听闻曹仕杰先生去世的消息，感到十分震惊的同时心中也充满疑虑，如此强壮的汉子，如此热爱自己事业的继承人，怎么就骤然撒手人间？回族大刀的传承将会如何进行？

编撰本书时，我们联系上了曹仕杰先生的女儿曹宁，我们欣慰地了解到，曹宁义不容辞地继承了父亲的事业，她在父亲创建的传承学校的学生中，挑选了几个小学生，收为第八代弟子，年龄最小的只有 9 岁，她尽心尽力地培养训练他们。并且，她继承父亲的遗愿，从服装音乐到舞台编排都进行了创新，加入了多种元素，融现代文化和传统文化风格为一体，呈现的舞台效果受到好评。今年，曹宁带队参加了第 11 届少数民族传统体育运动会并荣获金牌。目前，曹宁已经成为回族重刀武术天津市级代表性传承人。

研究团队与传承人曹仕杰工作照

辽宁功力门代表性传承人刘幼贞口述实录

采访时间：2020年12月17日
采访地点：深圳市南山区深圳大学体育科学研究院
采访人：陈小蓉、陈荣杨、田资（视频采访）

项目简介：功力门武术历史悠久，近代功力门武术首创于王绛云，后经“霸州李”李茂春与其女李文贞的传承与发展，现已成为中国传统武术的重要组成部分。功力门典型套路太极十三剑以斩、抹、崩、剁、扎、刺、撩、豁、掠、钻、扑、提、云十三个运用为基本动作，内容丰富，锻炼比较全面，整个套路共有姿势动作130个，组织结构细密、紧凑，手眼身法步的配合恰当，动作合乎起伏转折的要求。演练过程中，缩、小、棉、软、巧的风格特点表现得尤为突出。功力门武术内外相随，形神合一，功力相成，集健身、防身之术为一体，具有重要的实用价值。2020年，功力门被列入辽宁省非物质文化遗产名录。

口述人简介：刘幼贞，1940年生于河北霸县，现居沈阳，功力门第四代传承人，我国第一批中国武术队队员李文贞的弟子。因高超的武艺被招到辽宁省武术队担任教练，所训练的队员在国际和国内的各类武术比赛中获得金牌30余枚。1996年，刘幼贞获国家体委颁发的“中华人民共和国体育工作贡献奖章”。她被评为“中华武林百杰”，获“中国武术九段”段位，还被评为“国家武术高级教练”“武术国家级裁判员”和“辽宁省武术协会顾问”。

河北霸州李茂春

说到我们功力门就要提到王绛云，清末，山东人士王绛云在沂州参加义和团，经义和团名师传授学得拳术和刀剑诸器械，长于功力。清光绪二十六年（1900年）

王绛云随义和团，进入天津助“红灯照”，为拳场的师兄。义和团运动失败后，王绛云在河北霸州安家，从此隐姓埋名。后人尊王绛云为近代功力门的创始人。后来遇到李茂春，便将全部功力门武术传给了功力门武术的第二代传人李茂春。

我师爷李茂春是河北霸州人，是家里的独苗，幼时体弱多病，父母就把他送到了霸县村边的一个庙里，对里面老和尚说：“我这孩子身体不好，把他送到这儿来伺候您老吧，让他带发修行。”于是就有了李发这个小名，法号“李法”。李茂春朴实善良，在修行的时候经常打扫院子，有时吃斋饭的人来迟了，他就把自己的饭分一半给吃斋的人。他就这样平时跟着老和尚简单地习武练功，过着平静的生活。当时，在他的心里已经埋下了武术的种子。

一天晚上，李茂春跟着老师父到院子里活动筋骨，看到场院里有个黑点。于是他就趴在墙边朝那黑点看去，那个人就是王绛云。王绛云发现了他，说：“朋友你下来吧，我就是岁数大了睡不着，晚上出来活动活动筋骨。”就这样，李茂春就与王绛云相识了。

李茂春知道王绛云会功夫，但是不知道王绛云到底是个什么身份。当年文安县发大水，好多人来这边避难，李茂春一直以为王绛云也是来这避难的难民。直到有一天他到井边打水，看到王绛云把装满了水的两个桶，头也不低地举起来直接放在了肩上。李茂春看到这架扁担的姿势和这满满的两桶水，他就觉得王绛云不是一般人。可是他当时什么也没问，只是默默地关注着。过了几日，王绛云离开这个地方，到别的场院去锻炼去了。

当时李茂春很想和王绛云学功夫，一直都没好意思去拜师求艺，直到突然发现王绛云不见了。于是，李茂春就到处找他，找了两天后，终于到另外一个场院找到了王绛云，他依然还是趴在墙边看王绛云练武。王绛云早就发现了他，第二天他说：“朋友你下来吧，别趴在墙上了。”于是李茂春就直奔王绛云的身旁磕头拜师。王绛云也默默观察了他好几日，觉得李茂春心地善良，热爱武术，坚持习武，就有了收徒的念头。

王绛云说：“你一个一个场院跟我到现在，看你也是一个喜欢练武的人，那我就收了你这个徒弟。”就这样，李茂春开始和王绛云学功夫，王绛云就把功力门的武功传给了李茂春。经过王绛云的精心传授，李茂春掌握了很多奇功绝技。后来周游全国，在武术界得了个“霸州李”的名号。

一天，李茂春收到了家里的来信，信里讲：“母亲病重，赶紧回家一趟。”知道家里母亲情况不好，他急忙就赶回了家，回到家后见母亲躺在床上。他来到母亲身边，母亲嘱咐他：“你也不小了，不能一直当和尚了，你要还俗啊，跟着父亲生活，帮你父亲干活。另外你要娶妻生子，要给老李家留下后代！”没过多久，李茂春母亲去世了，他遵从母亲的嘱咐还了俗，还俗以后依然和王绛云练武。直到有一天王绛云由于身份的原因离开天津了，于是李茂春就去了北京、上海，周游全国以寻求更好的武艺。

李茂春在北京天桥，一天，有位叫恒泰的人来找他，见他不在，就留了张纸条："月亮过城墙的时候，咱俩北海见。"李茂春是个不失约的人，时候到了就去应约了。到了之后，恒泰要和他切磋一番，于是他在地上画了个圈说："咱两个人交流武艺，谁也别伤到谁，就在这个圈里头切磋，如果说谁先出了圈了，就算谁输。"于是两人就比试起来，刚搭手没几招，李茂春说："恒师傅是练太极的吧？"恒泰惊讶道："不愧是霸州李！"两人切磋了很久，直到最后都没有分出胜负。

恒泰很佩服李茂春，觉得李茂春功夫很深，于是就和李茂春结为兄弟。之后两人就互相学习功夫。当时老一辈的武术家都是互相学习，把各自拳种的功夫改良融入自己的拳种里发扬。于是恒泰交给李茂春一套"十三路太极"，经过李茂春的编创，就有了《太极十三剑》。李茂春也教给他一套地躺刀，还有一套九节鞭。虽然，后来李茂春把太极十三剑的完整套路和技巧都写了下来，但在"文革"期间，其女儿因为怕被这些图画牵连，就把那些东西都烧了，以至于很多珍贵的原件已经无处寻找了。

过了不久，李茂春就和恒泰分手了，李茂春从北京到了上海，在上海的时候，他教了不少徒弟。在上海那段日子，李茂春和一个美国大力士在一个团里演出，李茂春为人仗义，把所有上座的时间都分给了这个美国大力士，大力士觉得李茂春人很好。于是就组织邀请他们去国外表演，当时李茂春召集了徒弟 20 名左右，到 20 多个国家表演中国武术。

1915 年前后，李茂春先后三次来到辽宁，在沈阳、大连等地教授功力门武艺。在沈阳教授的徒弟有李守贵、李守玉、李振明等；在大连教授的徒弟有王子章、邓根立、赵培起等。

在回乡路过南京的时候，还遇见了这样一件事。李茂春看见一个地主家少爷欺负一个女子，想要强迫她成为妻子。那个女子不依，又哭又喊，李茂春看不过就去教训了那个"恶霸"少爷，救下了这名女子，这名女子对他感谢万分。第二天，这家少爷的父亲就带着礼物和一群人来邀请李茂春，想要请李茂春到他的府上教他家少爷练武，李茂春一口回绝了："我不能教你儿子，你儿子这个人品质不好，所以我不教。"

三代传人李文贞

功力门武术第三代传人是李茂春的长女李文贞，也就是我师父，她 4 岁开始，就随着父亲练武。我师父李文贞武艺精湛，刀枪剑戟、长短兵器无所不通，继承了我师爷李茂春的全部武功。父亲去世后，16 岁的李文贞靠着刚烈坚忍的性格和过硬的功夫养活了全家人。

中华人民共和国成立后，她的武功受到党和国家领导人的高度重视。1953 年时，李文贞在首届全国民族体育表演及竞赛大会上获特等奖。当时作为特邀代表，被周恩来总理邀请到北京中南海怀仁堂，为毛主席等党和国家领导人做汇报表演。1955 年，又被邀请到北京，为党和国家领导人表演武术。

李文贞是中华人民共和国第一批国家武术队队员。周总理曾语重心长地嘱咐她："武术是中国的瑰宝，你可以写本书，使你的武术技艺后继有人。"于是师父就把周总理的话深深地记在了心里。1957 年，她出版了专著《太极十三剑》。1959 年，她参加了第 1 届全国运动会，获得了单项、全能等三个冠军。此后师父又相继获得过数十次全国武术比赛冠军。

我师父对待徒弟也是一丝不苟。在教徒弟武术时非常严格，不只是教技术，更重要的是教徒弟如何做人。记得她常说："要牢牢记住，学艺先学礼，习武先习德；尊师敬长是首位，谦虚谨慎来做人，能容人处且容人，要和各个拳种搞好团结。要记住，天下把式（武术）是一家。既然是一家，就要家和万事兴，要多学其他拳种的优点、长处，弥补自己的不足才能进步……"师父李文贞对我如母亲一般的关爱和教诲，在我的人生中更是体现得淋漓尽致。

四代传人刘幼贞

我是河北霸州人，我父亲刘树鹏年轻的时候，就和我师爷李茂春（霸州李）练习功力门的拳、械和掌法。直到两个人都成了家，我父亲也是一直跟着我师爷习武。

从我记事开始，就知道有位大姑（李文贞）。小时候我一直以为她是亲姑姑，后来才知道是师姑。由于我们两家走得特别近，我大姑家在天津，我家在胜芳镇，离得不远，大姑时常会到我家来住上几天。在我的记忆里，母亲经常在油灯下面给大姑纳鞋底，做练功鞋。

由于我的父亲非常爱好武术，所以希望我也能去学。因此，在我很小的时候，父亲就教我简单的武术动作，弓步冲拳、马步架打、压腿、踢腿等。在我 7 岁那年，大姑来到我家，见到我正在练功，就和我父亲说："让孩子跟我练吧，我看这孩子是练武的材料。"我父亲当时非常高兴地就同意了，从此以后，我就跟着大姑开始习武。大姑是我的老师，但是我从来没有叫过老师，一直是叫大姑。

记得那年我 8 岁，到了上学的年纪。每年寒暑假的时候，就会到天津的二舅家去住，到了天津，几乎每天都去找大姑练功。等到了开学后我离开天津，大姑就到我家里，晚上带着我练武。

大姑在生活上对我特别照顾，每次练功前都要给我准备好一杯水，让我练功后喝，但是在练功上特别严。在练太极十三剑时，最难的技术是“燕子穿林双剑探海式”。她要求我一个动作不过，就要重练。当时是十组也就是一百招。即使到了最后的一招一式做错了，也要从头开始。大姑在技术训练方面一丝不苟，既对我严格要求，又对我有耐心的教导，对每一个动作都要求到位，如“扣腿平衡”蹲的腿和扣的腿要达到水平线。大姑当时要求我脚下干净利索、稳定，冬天的时候在地上泼水冻冰，让我在冰上练动作，我一边练，大姑一边喊“五指要抓地”。就是这样严格的训练，使我以后在整套动作演练的时候才能做得标准美观，这也体现出了功力门动作扎实、规范、干净利索、舒展大方的特点。

大姑后来对我说过：“幼贞，我李文贞练单剑飞虎拳，你练功力门的双剑六家式拳。”我说：“为什么？”大姑说：“因为咱们两个如果都是一样的，因为我是你师父，别人会一直认为我李文贞是第一，你刘幼贞就是第二，所以你练双剑，双剑练好了别人就会说，你看李文贞单剑这么厉害，她小徒弟双剑也不错。”所以我在双剑上下功夫，我练剑的时候都是拿着镐把练，一开始拿着大头练小头，后来是拿着小头练大头，这样来练手腕功夫，当时大姑要求严格，两个手臂不许弯。就是这样的严格要求影响着后来的我，也为我在省队当教练带学生时一丝不苟的精神打下了基础。

加入大连杂技团

要讲起我的武术生涯，就不得不提大连杂技团。我师爷有三个徒孙在大连杂技团，有一次巡回公演来到天津，这三个徒孙跟我是平辈人，一个是邓福财，一个是张星显，一个是江源福。他们在抗美援朝战争的时候都去过朝鲜，给志愿军战士们慰问表演，后来战争结束了，杂技团就组织进行了全国公演，到天津演出的时候，三人就去拜访了他们的师姑李文贞。

李文贞是第一批国家武术队队员，当时国家队刚解散，大连杂技团就到家里邀请她加入大连杂技团。刚开始她不想去，说：“我不参加这个团，这就是跑马戏的，我可不去，我武术的功底在那地方发挥不出来。”他们三人就解释道：“现在不叫跑马戏的，我们杂技团里专门有演武术的节目，您的武艺绝对能发挥出来。”就这样三说两说，我大姑就加入了杂技团。大姑去的时候我也非要跟着，那年我 15 岁，初中刚毕业，便随大姑去了大连杂技团。

在杂技团的时候，大姑也对我非常严格，有时候大姑跟我说：“幼贞，我出去一趟办点事，你自己好好练。”实际上大姑没走，而是躲在了一个我看不到的角落悄悄地看着我练，过了一阵大姑出来了，问我，“你哪只脚不得劲（别扭）？”我说：“我这左脚不得劲。”“那是你脚站错了，不应该放到那。”我说：“唉？你怎么知道的？”“我根本就没走，一直看着你呢。”也是因为我一不撒谎，二训练不偷懒，所以大姑才非常喜欢我，一心一意地教我练功。

全国比赛一等奖

1957 年，我和大姑一起赴京参加了由国家体委举办的全国武术讲评大会。大姑和我都获得了一等奖。当时，不分男女老少，都在一起比赛，一等奖的第一名是我大姑，第二名是上海的胡玉祥，比我大五岁，第三名是我。如果按照现在的录取方式，我大姑是成年女子组第一名，胡玉祥是成年男子组第一名，我就是青少年女子组第一名。

记得当时比赛地点是北京北海体育场，露天比赛，比赛场上铺着两块地毯。当时我练的是“功力门”的燕子穿林双剑。快要上场时，温敬铭老师从裁判席走到我跟前，指着场地说：“孩子看见没有，场地中间有条缝，要注意脚下别被绊倒，你练得再好如果绊倒了也就没有成绩了，那就太可惜了……”我练完以后，温老师的夫人刘玉华老师，捧着我的脸说：“你练得真好。”我至今记得他们二位，一位提醒我，一位鼓励我，他们高尚的武德让我至今难忘。

当年我给很多国家领导人表演过武术。这些首长们给我感觉就是非常的和气，没有那种当官的架子，和平常百姓都是一样的。十几岁，能给这些老一辈的国家领导表演，也是我人生中很荣幸的一件事。

习各家功夫所长

向邢大爷学抖大枪：在我 14 岁的时候，我父亲带我去天津邢连科大爷的拳房学抖大杆子（也叫大枪）。那根大杆子的后把有碗口那么粗，一丈多长。那时，邢大爷已经 80 多岁了，可拿起大杆子一抖，整个大杆子全在动，像蛇一样。当时那大杆子我还拿不动，练得很吃力，大爷对我说：“幼贞，只有把大枪练活了，练花枪才好看，拦、拿、扎枪都要用腰劲，大枪练好了以后就轻巧了。”我到现在都记着邢大爷对我的指导，怎么练、练什么、什么地方用劲，毫无保留地教我。我在教学生的时候就是按这个方法，很多行家看了以后都说这法子好。

向张文广老师学查拳：1974 年，全国武术比赛在陕西西安举行。北京体育学院（现在的北京体育大学）的张文广教授是总裁判长。我当时是辽宁武术队的教练。我和张老师说："我想跟您学查拳。"张老师说："好，你住哪个房间，咱们五点半起床练，起不来我叫你。"记得那天，因工作太多，很晚才入睡。第二天早上五点半，我没有起来，张老师敲我窗户叫："幼贞啊，你该起床了，五点半了。"起床后，我在张老师面前行了个 90°的鞠躬礼，说："张老师，对不起，我起来晚了。"张老师说："没关系，我知道你们当教练的不容易，练吧。"张老师一个动作一个动作地做示范带我练，教得非常认真。我学完整套后，就练给张老师看，他老人家鼓励我："幼贞啊，你的基本功真好，扎实、规范……"

向徐文忠老师学枪法：1958 年我在上海跟徐文忠老师学双匕首进枪。徐老师从 1945 年至 1957 年任英武武术团团长兼教练，门生极众，颇有成就者有邵善康、金莲芳及其女儿徐淑珍等。他教学严谨、崇尚武德。他亲自带我练，让我拿双匕首，他拿枪。那时，徐老师快六十岁了，不顾疲劳地陪我练，直到我学会。现在想起徐老师的认真劲，我仍记忆犹新，非常感动敬佩。

向沙国政前辈学八卦掌：沙国政老师是云南省武术队的教练，每次全国比赛时，我们都能见面。有一次，我跟沙老师讲："沙老师，我想跟你学八卦掌。"沙老师说："行，咱们中午不比赛时，我教你。"沙老师比赛很忙，他牺牲休息时间教我，我很受感动。学会后，我整套练给沙老师看，他鼓励我说："你的步法很好，你的身法也好，你的基本功真好，你练得不错。"老师教得非常认真，我非常感谢他。

向王庆斋老师学青萍剑：沈阳的王庆斋老师是练螳螂拳的，但他老人家的青萍剑也练得好。他经常到我们训练馆来看训练。有一次，我对老先生说："王老师，我想跟您学青萍剑。"王老师很高兴地答应了。他说："我抽中午休息时间来教你，好吗?""太好了!"那时我已是辽宁省武术队教练，他知道我上午、下午都得训练学生，没有时间学，只有利用中午休息时间学。他老人家每天中午来教我，我很感动，我就精心地学练!

我之所以有今天，一方面，得益于我老师李文贞的培养和教育，另一方面，也是这些老前辈们给予我的帮助。他们德艺双馨的风范给我深刻影响，让我永生难忘!

苦乐的教练生涯

1972 年我调到辽宁省武术队担任武术教练。那时候，男队女队都是我一个人带，1978 年左右才分开，之后我只带女队。想起当教练员的时光，我真是一把辛酸泪，但还是坚持了下来。结婚之后，不是我爱人"拉练"（到农村劳动），就是我到干校

(也是在农村劳动)，再就是两个人都在农村接受贫下中农“再教育”。我们连家都没有。在农村劳动时，今天住这家，明天也许就换了一家，真可谓“四海为家”。

1972 年，我们调回沈阳，这才有了自己的家——一个 9 家共用一个厨房的 9 平方米的小窝儿。这年的 12 月进入冬训，每到冬训前，我们辽宁省武术队都要到各市体校选一批新苗子参加集训。我当时怀孕已三个月，行动越来越不方便，组织上就让我留在家里培训小队员。

20 多名队员中，年龄最大的 14 岁，最小的只有 11 岁。既要教授他们武术技术，又要管理他们的生活、学习等，既当老师又当爹妈，每天与他们在一起摸爬滚打。训练没多久，我就先兆流产，需要休息。可队内只有我一名教练。这些小队员基本上都是外市的，年龄又小，万一出点儿什么事，我怎么向组织和家长交代?!

因此，我一面吃药保胎，一面照顾小队员们训练，自认为凭借自己良好的身体素质，可以渡过难关！可是身不由己，事态发展越来越严重。大夫警告说：“如果不卧床休息，胎儿很危险，即便孩子保住了，也可能是个发育不健全的婴儿。”听后，我十分害怕。我和我爱人都 30 多岁了，真的失去孩子或是像大夫讲的，孩子是个低能儿，那也是一件非常痛苦的事。可这 20 多个队员不能“放羊”，一定要管。矛盾啊！我和爱人考虑再三，最后决定孩子要保，队员也要管！跟大夫商量后，我每天在训练馆的长凳上躺着，这样既能指导队员训练，又能打点滴，也算是“卧床”了。最后孩子保住了，而且是一个健康的男孩；组织上交给我的任务也完成了，小队员没有出现任何问题。

学子的优异成绩

1981 年，组织上让我重新组队，在辽宁全省范围内选了一批小队员，准备第 7 届全运会比赛。由于队员年龄小（胡玲、何英是最大的，当时才 9 岁。后来陆续来的张少艺、刘清华、于森、康艳、代劲、张坤等也不过 12 岁），家又基本上都是外地的，即或在周日、过年、过节，我们都在训练。大年三十上午也得训练，大年初一下午也得训练!

孩子们回不去家，我也就不能回家。后来我和爱人商量决定：周日、年、节训练后，把孩子们带回家。这样，我既可以回家干干活，又可以照顾这些小队员。小队员们来家时，我爱人就事先把自己的工作安排好，在家和她们下跳棋、打扑克、猜谜语，有时还带她们到公园去玩。同时，我爱人还借此机会检查她们的作业，教她们写楷书，给她们请英语老师。小队员的家长知道后，都很高兴。

多年的辛勤劳动终于换来了丰收的硕果。这批小队员从 1985 年开始，就在全国少年武术比赛中获得6枚金牌，除此之外还有银牌及前三名。大会共设18枚金牌，辽宁队荣获金牌总数的1/3。辽宁电视台体育部采访我们后，还制作了专题报道《这里孕育着希望》，表扬了我们这批小队员。这个专题录像在省内及全国多次播放。

1990年，张少艺获全国武术锦标赛两项单项冠军及女子全能冠军，刘清华获传统拳冠军，于森获自选拳冠军。1991年，张少艺又获第1届世界武术锦标赛自选拳、剑、枪三个单项冠军及女子全能冠军。1993年，刘清华获第2届世界武术锦标赛女子剑术冠军，后来她交流到北京武术队。第8届全国运动会武术比赛中刘清华获得两枚金牌，北京与辽宁各一枚金牌。这枚金牌也是辽宁武术史上的第一枚全运会武术比赛金牌。在1991年，由胡玲、张少艺、于森、代劲、康艳、刘清华组成的辽宁女子武术队获得全国武术锦标赛甲级队女子团体冠军、集体基本功冠军。1995年我被评为全国“中华武林百杰”，1996年被国家体委授予“中华人民共和国体育工作贡献”奖章和证书。

于子淇是我第一个磕头拜师的徒弟，也是唯一一个。于子淇出生在大连的武术世家，爸爸是全国武术散打冠军，妈妈是太极高手，他从小就受到父母的熏陶，三岁开始习武。当时要拜我为师，我开始是不同意的，就一再推脱掉了。直到后来武术圈的朋友和我说：“人家这么诚心拜师，再推脱就有点不近人情了。”这样，我就同意了，当时我每个月去大连十天，专门教他武术，这个孩子身体素质好，但是如果没有人好好教导的话，将来会走歪路。

五六年如一日，我都会从沈阳到大连专门教于子淇练武，我把自己会的东西都毫无保留地教给了他。如今他考上了浙江大学，校长见了他就说：“这孩子一看就是经过正规训练的。”

我对于子淇也是相当严格，因为严师才能出高徒，也是我小时候大姑对我的严要求感染着我。一次去香港比赛，训练中这孩子练习踢腿的时候，不小心踢到了旁边的器具上，经检查是轻微骨裂，一度想放弃比赛。当时我就狠下了心对他说：“这点小伤算什么！”虽然我也是很心疼他，但是我也坚持，这孩子也有毅力，他就忍着疼痛完成了比赛，并且拿到了套路比赛的第一名，还获得了“最佳运动员”的称号。我的不断坚持，加上这孩子的毅力，使得这孩子取得了如今的成绩。

功力门五代传人

现在功力门武术传到了第五代。第五代传人赵开是我的儿子，从小就跟着我练习功力门武术。

这孩子出生的时候，我们家虽然很不宽裕，很苦也很累，但心里总是甜滋滋的，我爱人每天都端着一盆尿布到外面去晾挂，嘴里还唱着小曲…… 我们那个年代，女同志产假是56天，我是在第56天上的班，我儿子也是这天送到托儿所的。我每天早上5点前去上班，5点半准时带队员出早操。家里所有的事都是孩子他爸包了，包括孩子。可苦了我爱人！早晨起来给孩子洗脸，换洗尿布，等等，再用小推车把孩子送到托儿所，要走大约40分钟，赶在7点半前送到。为了孩子，他整天急匆匆的，一年半没吃过早饭。

这孩子小时候也受过不少苦，按国家规定，周岁内的孩子，上午10点、下午3点是母亲给孩子送（喂）奶的时间。可这训练正忙，我经常忘记给孩子送奶，经常是阿姨把孩子抱到训练馆让我喂。阿姨批评我："有你这样当妈的吗？孩子饿得哭都没劲了。总是饿肚子，时间久了胃会出毛病的！"说真的，孩子是自己身上掉下来的肉，我能不心痛吗？实在没有办法，孩子在四个月时就断了母乳！断奶后，孩子拼命哭。为了改变吃奶的习惯，我故意饿着孩子，直到他饿得如狼似虎地抢奶瓶。每看到这种情景，我就黯然落泪。

现在我儿子赵开在沈阳音乐学院当体育老师，是一名副教授。中国武术六段、辽宁省武术协会委员、散打国家级裁判员。

晚年不忘功力门

1995年我就退休了，如今我已经80多岁了，但我依然尽自己的一份力量在传播功力门的功夫，致力于武术运动的传承。2013年8月27日，我老师（大姑）写了一个证明给我，上面写着："我功力门第三代传承人李文贞把功力门传承人传给第四代传人刘幼贞，刘幼贞为第四代功力门传承人。"最近，我搬到这个新小区生活，在小区里，一直有个活动班，我每天都去教太极十三剑。我想把我会的东西都教出去、传下去，无论是理论上的也好，还是功夫、套路也好，我都愿意教出去，我可不想把这些东西带到棺材里去。

几十年来，我大姑和我培养了大批的专业武术人才，我们一直都是尽心尽责地去教功力门的武术，对功力门一直保持着崇敬的态度，我们也从来没做过给功力门丢脸、丢人的事。我们在技术上没丢过人、在做人上也没丢过脸。首先，我在1957年就获得过全国比赛的一等奖。我的学生们世界冠军、全国冠军，单项冠军、全能冠军、集体冠军也都拿过。现在全国70多岁以上的教练员、裁判员一提到当年辽宁武术的这批孩子啊，还都赞不绝口，都说她们动作规范、标准、大气、优美，基本功扎实。在武术圈子里，能获得这样的评价也是相当不容易了。其次，到现在我的学生们还时不时地来我家看看我，跟我聊聊当今的武术现状和发展，她们还不忘我这个老师，还一直十分尊重我这个老师，这也是让我非常欣慰的。

这些年虽然我们培养了大批的武术人才，但全面掌握功力门武术体系的人才却很少。现在我大姑李文贞已经去世，我也年事已高，功力门武术的弟子大都忙于各自岗位的工作，能沉下心来继续系统地学习功力门武术的年轻人少之又少，功力门武术正处于青黄不接的濒危状态，对功力门武术的传承与保护工作现在看来也是迫在眉睫。

访谈后记

对辽宁功力门代表性传承人刘幼贞女士的采访可谓是一波三折，一直拖到2019年年底，未曾想到突如其来的新冠肺炎疫情又阻止了我们前往沈阳的行程。但刘幼贞老师的丰富人生经历的确让我们不忍心放弃对她的采访。于是，在沈阳体育学院姜娟教授支持下，研究生田资同学前往刘幼贞老师家，配合我们共同完成了本次采访工作。

与刘幼贞老师虽然没有面对面地坐在一起，但现代化的视频交流工具，使得我们一见如故，交流顺畅。80岁的老人家思路清晰，记忆力很好，如数家珍般将自己的人生故事娓娓道来，她和师父李文贞如亲人般的感情，以及她为训练而舍家抛子、尽心尽力培养运动员的付出都让我们为之动容。

甘肃永登硬狮子舞代表性传承人冯德培口述实录

采访时间：2013年7月28日、2017年7月16日
采访地点：甘肃永登县城关镇南街村
采访人：陈小蓉、王铮、张俊杰、崔家宝、李波、朱虹

项目简介：永登是中原汉族与其他中亚民族文化的交融之地，是东西方文化的重要汇集地，永登留有众多古代遗风和西亚习俗。因此，历史悠久的永登硬狮子中也处处透着异域的特色。其中引狮人白眉毛、高鼻子、红胡子和尖帽子的独特胡人装扮就颇具异国风情。与我们常见的舞狮表演相比较，永登硬狮子体型高大威武，整个狮子重量极大，舞狮者需要有强壮的臂力与耐力才能舞动硬狮。其表演起来威猛、凶悍，给人以极强的视觉冲击，是我国西北地区舞狮表演的独特代表之一。2011年，永登硬狮子舞被列入甘肃省非物质文化遗产名录。

口述人简介：冯德培，男，1948年出生，五六岁便开始习武，早晚练武，干活之余就练拳。冯德培有家传四套拳法，分别为：九龙环子拳、太祖上殿、海底捞月和燕青单拳。同时冯德培还习得刀枪棍剑，如捂手棍、九龙排子棍、水仙排子棍、扑刀和单刀等。扎实的武术功底也为冯德培舞硬狮子打下了坚实的基础，若从冯德培的太爷爷算起，到冯德培这一代已是永登硬狮的第四代了。

永登舞狮源明代

永登地处古丝绸之路要道，这里保存有一座建于明代的寺庙，名叫海德寺。寺里的塑像及壁画上都有这个狮子形象。

后来，我自己查找资料，通过永登文化馆及各种渠道，把永登狮子的来历及后来的发展都整理出来了。根据查找的资料及线索，最后证实了国内的硬狮子最早出

现在明朝，永登狮子来源于印度。

有关永登硬狮子的来历，要从民国说起。我们这地方叫南门，回族比较多（都是从青海过来的），汉族相对少些，当时习武风气很盛，武林高手都是自行收徒传艺，无武术组织。曾有个姓马的回民阿訇和一个叫谭珍的汉民都是武林高手，他们结伴卖艺，一路经过武威、张掖、酒泉、金塔等地方，最终到达新疆。在这期间，他们每到一个地方，都要和当地政府部门签字盖章，证明他们来过。到了新疆之后，两人看到一个很大的贸易市场，其中就有舞狮、耍杂技的，他们商量好，回来的时候就买了两个狮子头，各背一个，回到永登。可见这个永登硬狮子确实来之不易。

西北有个回族军阀马步青，他把新疆买来的狮子头放到我们永登南门上。再后来大家就照着这两个狮子头又做了两个永登狮子头。现在这两个狮子头就保存在永登武馆。

马步青爱好武术，虽然永登练武的人多，但马步青发现永登人练武都是胡乱练的，没有人进行组织，也没有练武的场地，政府也不管。于是马步青就到了政府，要求进行有组织性的练武。

政府的人说："这练武之事谁敢组织，这些人要是组织起来了，那是要造反的，我们不能组织。"

当时马步青就说了："你要是组织得好，他就不会造反，你要是把他们教育得好，那就不会出事。"政府的人就说："你要觉得好呢，你就去组织。"

于是马步青就把这些练武的人都组织起来了。在他一声令下，周围乡镇练武的人都来学习了，马步青就选拔了一些人，开始教他们练舞狮。之后，马步青在永登办了一个小学，还办了国术馆，当时我的父亲就是国术馆的武术教练（《永登县志》有记载）。

九斤狮子十斤头

说起永登硬狮子，在永登当地就有"九斤狮子十斤头"的说法。过去永登硬狮子的主要制作材料是用泥土，最重的狮子头是 48 斤，狮子整个下来有 200 斤，因而对舞狮者的力量有着严格的要求。

目前，永登硬狮子的制作材料有所改进，但永登硬狮子的整体重量还是不可小觑，我们永登狮子是硬狮子，它的身子和南狮不一样，南狮身子是软的，可以上桌子，看起来特别灵活有趣。硬狮子特别笨重，狮子体积大，特别有力量的人才能玩，没力气的人别说把硬狮子舞起来，可能根本就举不起来。

永登硬狮子是两个人玩。首先舞狮人要把杠铃等力量器械都练好，这叫打熬力气，练好以后才能拿狮子头来练。舞狮子包含三个动作、三个套路，而且是两个人舞狮，一个人领狮。舞狮子的时候，一个狮子也行，两个狮子也行。如他们要求出两个人舞狮，我们就出两个人，若要求我们出一个舞狮我们就出一个人。

永登硬狮子的表演会伴随着震天的鞭炮声入场，随后鼓、锣、钹等演奏乐器也会一起奏响，所有的舞狮动作都要随着铿锵有力的乐器节奏完成。在永登硬狮子的表演中，都会有一位头戴尖角帽，挂有红胡须，身着胡人服饰，手拿绣球的引狮人与硬狮子共舞，所以引狮人是整个表演中非常重要的角色。

引狮人要具有一定的武术功底，要用各种招式挥舞绣球，一会藏其身左，一会藏其身右，引诱狮子做出各种寻找和抢夺绣球的动作，还要在整个表演中不停地与狮子互动。引狮人与狮子的各种互动表演，把狮子的各种心态及神情展现得栩栩如生，颇具神韵。

永登硬狮子的整个表演过程并非是即兴发挥或随意走动的，而是在整个表演过程中贯穿了八卦图形来引导舞狮走位。

我们花了十年的时间绘制舞狮行走路线的八卦阵型图，把前辈们对舞狮从古至今流传下来的精髓用图示的方式还原出来。在表演开始时，狮子入场要先从八卦的西北艮位沿场地外围舞转一圈，这一圈代表着八卦内的360度周天，即周天人破八卦，其狮子头必须始终正对着场地中心。之后再从起点进场，左右各行数步后，向正东方向两拜首，要在场中表演“两皮煞”，这其中代表了八卦的阴阳两相。随后再表演“三多”，即象征着天地人三合。接下来就是跑八门，即八卦的“乾、坤、坎、离、巽、震、艮、兑”八个方位，其中正四门即东西南北四个方位。我们假设一个场景，比如说你所在的地方是主席台，我们面朝主席台开始玩狮子，这四门都玩要一次，舞狮的人还是面向你们，这个就叫作正四门。还有斜四门，斜四门为东北、西北、东南、西南四个方位。但这个八卦图是先天八卦，不是后天八卦。如果按照先天八卦的图示来玩狮子，则是逆着来，舞狮结束后，舞狮人是背对主席台的。整个舞狮的表演时间因场地的大小而不一，在小场地表演舞狮全程一般需要5~6分钟，大场地则需要10分钟左右。

表演中，狮子还要做出腾、卧、跃、扑等各种动作，在这些动作中意蕴着天地人的三合，通过狮子在八卦图中的舞动达到拜天、拜地、拜人的效果，从而表达出了对狮子辟邪、祛灾、降福、图吉的原始信仰与图腾崇拜。

硬狮子舞基本上还是采用传统的这种套路，即两翼代表的是阴阳，也就是天与地，狮子从两边过来，随便去玩，这是一个最大的项目。往后就是“三多”，这是我们的土话，所谓“三多”就是天时、地利、人和，玩的是这三项。再下来就是“四门”，四门说的就是春夏秋冬，玩的就是这个套路。实际表演中，有些人会提出要求：“你给我玩三多”，或者“你给我玩四门”，我们也会按照他们的要求来表演。

舞狮也是有原则的，比如要按照八卦方位来转圈，舞狮人不能胡乱转圈，因为懂的人就知道这个原则，所以舞狮人不能糊弄人。再一个就是我们有针对性地改进了舞狮的一些武术动作。过去的舞狮都是一些简单的武术套路，比如通过一些简单的武术动作来引导狮子往这边跑或往那边跑。现在我们都增加了一些高难度的武术动作，以提高舞狮的观赏性。

吉祥寓意续传承

通常过年的时候，我们会闹社火、耍狮子，以此作为辞旧迎新的祭祀活动。按照传统习俗，舞狮子会让来年大丰收。我们还会到县委、县政府门口去舞狮给亲朋好友拜年。耍社火、舞狮子，已经成了永登的一个民间习俗。

在永登，我们每年正月初六开始舞狮子，因为那个时候大家都准备开始春耕，舞狮子在农村有风调雨顺、增产丰收的寓意。现在方圆 30 里地的人都舞狮子，比如永登县城周围的何家营、通远、杨家滩、大同等村镇，每个村每个镇都是有组织地进行舞狮子，舞狮人有 300 多人。

在 1962 年，我是见过舞狮子的。那时的舞狮和现在不太一样，动作也比较死板，在现在看来就是没有观赏性。通过多年的发展，现在的舞狮越来越好看，越来越灵活。

从我太爷爷那一辈算起，到我这一代已是永登硬狮子的第四代了。我的太爷爷、爷爷和父亲都是练武之人，由于受到家族习武之风的影响，我和哥哥们五六岁就开始习武，早晚练武，干活之余就练拳。我是最小的，当时，老人说，我们就在跟前听。后来因为“文革”，就没人进行这项活动了。直到 20 世纪 70 年代末、80 年代初又开始。

我父亲在永登武馆负责管理舞狮子，他对如何舞狮有一整套的条条框框，一直传承着原来的舞狮玩法。自舞狮传到我父亲之后，父亲就教他的徒弟及我们弟兄六人在家里练武术，也让附近那些爱好武术的人都来练，闲的时候就在家里练习舞狮子。现在坚持舞狮子的就只剩我们一家了，政府的支持力度也不够，所以传承起来也比较困难。为了不让人们把舞狮子忘掉，我们就把自己的孩子全部发动起来，自己参加，致力于把这个活动推出去。现在好多人都在问：“你要是也不玩狮子了，今后这一片就没有人玩狮子了”。

20 多年来，我就自己做，现在就有一支硬狮子舞的武术队，舞狮的动作一直延用老方子。我们自己练，自己表演，自己掏钱雇人、培养人。

由于舞硬狮子本身难度大，所以我们收徒时需要先观察他适不适合学，是不是干这块的料，如果真的不行，我们也不能要。有些孩子特别机灵，看他的样子就能学好，我们才要。收徒后，这些孩子需要从最基础的开始练习，即踢腿、劈叉和最基础的套路。我们这儿最传统的习武套路就是硬狮子舞，此外我们也有老师教一些国家套路。到目前为止，我们有六十几个学生，就专门学这个引狮子和舞狮子。在平时，先教习与培训学生们的各种武术基本功，我的孙子孙女也在其中，但说实话，现在喜爱舞狮的年轻人越来越少了。

访谈后记

我们曾经两次去冯德培先生家的传习所进行采访，第一次去时老先生身体健朗，声音洪亮，思路清楚。他把我们引进小小的永登硬狮子展示室，里面挂满了各种狮头、照片、奖状和器材实物。巨大的狮头挂在墙上非常醒目，他自豪地说，这些狮头和狮身都是他自己亲手制作的。他还把巨大的硬狮子从楼上抬下来，给我们展示狮子的制作结构和材料，并进行展演。

然而，几年后，我们再次去看望他和补充资料时，老先生的身体每况愈下，说话口齿不清，走路颤颤巍巍，我们的沟通和交流已经十分困难了，希望再次访谈和多补充详细材料的任务只能在他大女儿的帮助下进行了……

冯先生只有四个女儿，现在永登硬狮子舞的传承任务主要由大女儿冯建香一家承担，在缺乏政府支持的情况下，人力、物力、财力都极度匮乏，传承工作显得力不从心。随着年轻人离乡求学或务工，每年的非遗展示活动开展也受到影响。目前，全靠传承人的大女儿和女婿苦苦支撑。采访中，冯建香女士多次忧心忡忡地表明，希望有关部门重视永登硬狮子舞的传承现状，加大扶持力度，不要让珍贵的文化遗产消失。可见，随着代表性传承人冯德培先生年事已高，后继乏人的永登硬狮子舞传承走向了艰难的历史拐点，亟须得到相关部门的关注和帮扶。

陈小蓉与传承人冯德培合影

内蒙古布鲁代表性传承人白东升口述实录

采访时间： 2017 年 7 月 13 日

采访地点： 内蒙古呼伦贝尔市海拉尔区鄂温克宾馆

采访人： 陈小蓉、王伟平、崔家宝、苏楠、刘晓鸥、胡天弄

项目简介： 布鲁，也称作“面其嘎”，蒙古语中为投掷棍棒的意思，布鲁形似镰刀，是投掷类比赛中所用的一种投掷工具。这种形似镰刀的投掷工具是蒙古族人民在漫长的游牧狩猎文化中所发明的，在日常的狩猎生活中，蒙古人都会随身携带布鲁以猎取野兽。随着社会的发展与进步，如今布鲁已经逐渐脱离了其在狩猎文化中的重要地位。目前，布鲁主要集中分布在内蒙古自治区通辽市库伦旗一带，并广泛流传于内蒙古自治区的呼伦贝尔盟、兴安盟、赤峰市、通辽市等地，并成为蒙古族人民在闲暇时的一种竞技娱乐运动。2014 年，布鲁被列入国家级非物质文化遗产名录。

口述人简介： 白东升，男，蒙古族，副教授，现任呼和浩特民族学院体育学院党总支书记。曾以布鲁为参赛项目多次参加全国及自治区少数民族运动会，并取得优异成绩。现为蒙古族传统体育项目布鲁传承人，布鲁运动的推广人，布鲁项目地方标准的主持人。

草原利器传千年

“布鲁”在蒙古语中是投掷棍棒的意思，与标枪、手榴弹一类的运动技术动作一样，主要是以投掷为主。迄今为止，布鲁这项运动已经有 1300 多年的历史。在蒙古民族生产、狩猎或者其他生活情景中，都会有使用到这项技术，甚至曾作为轻装备武器在战争中使用。

蒙古族是成吉思汗的后代，当年蒙古族战士西征的时候都会将布鲁随身携带，因为它可以在马上击打出去，分为离手和不离手两种类型。据说，当时西方军队装

备的都是非常厚实的铠甲，当弓箭射不透或马刀砍不破的时候，蒙古族骑兵就用布鲁敲击敌人的头部，通过马背上的支撑以及锤击的力量，给敌人造成杀伤，因此我们也称布鲁为一种冷兵器时代作战时的轻装备武器。随着社会生产力的提高，布鲁也就逐渐淡出了人们的视野，尤其是当热兵器出来之后，弓箭和布鲁都逐渐演变成为民间体育竞赛及娱乐表演的器具。

布鲁可分为传统布鲁和现代布鲁两种形式。其中，传统布鲁主要分布及流行于内蒙古的通辽和赤峰等盟市，以及吉林的前郭、辽宁的阜新等地，尤其是在通辽的库伦旗三家子一带开展得比较好。

布鲁属于一种民间活动，就像巴西的小孩七八岁就踢足球一样，这些地方的孩子从小就是喜欢投掷布鲁、打布鲁。他们往往不用柴刀或镰刀去打柴，而是用布鲁去打。对此，当地人解释说："一般枯萎的树杈用布鲁一打，整个就都掉下来了，这样用布鲁打柴的方式，既锻炼了身体，又增添了经济收入，可谓一举两得。"

在内蒙古的东部地区，如通辽地区库伦旗，布鲁在民间特别盛行。尤其是库伦旗宋氏家族的布鲁技术在民国时期就非常有名，拥有好几代的家族传承。当时的布鲁主要是用于狩猎，这是一种非常经济的狩猎方式，如果用猎枪的话，子弹的成本费用比较高。此外，每当庆祝丰收或举办体育竞赛活动时，当地都会将投掷布鲁比赛作为民间活动的一个重要项目。

草原传说觅久远

关于布鲁的起源，在草原上流传着这样一个传说。据说过去有一个蒙古武士善打布鲁，王爷的公主便喜欢上了他，但由于门不当户不对，遭到了王爷的极力反对。后来在布鲁比赛中，这个武士拿了很多冠军，但王爷仍然极力阻止这门亲事，最后派人将这个武士害死了。听到这个消息后，公主非常难过，最终也郁郁而终。后来人们为了纪念这一段凄美的爱情，便将布鲁运动传承至今。

另一个传说是在元朝的时候，人们对布鲁的重视程度非常高，家里要有七把布鲁才有资格托人去大户人家说亲。同时，嫁女儿的人家也会为能嫁给有七把布鲁的人而感到非常自豪。当时，拥有七把布鲁就是武士能达到的最高境界，相当于皇帝身边的带刀护卫。

还有传说在薛仁贵去东征西讨的时候，用的是黄金铸造的布鲁，可见唐代时期布鲁已经有了很高的地位。

除此之外，据说布鲁还有辟邪的民间寓意，狩猎的蒙古族人经常会把布鲁和枪支挂在家里小孩够不着的地方，人们对布鲁这个武器是非常崇敬的，认为将布鲁挂起来可以镇宅辟邪。

由此可见，布鲁发展的历史悠久，源远流长，在无数代人的流传过程中，也伴随着很多的民间传说和故事。布鲁在当地人的心目中，不仅是身份地位的象征，还是择偶的标准，更是门户辟邪的器具。换言之，布鲁贯穿在蒙古族人民生活的点点滴滴之中。

布鲁分为掷准和掷远两种，如今在内蒙古自治区的各级各类的“那达慕”或在民族传统体育运动会上都属于正式竞技项目。在竞技比赛中，第一代掷远布鲁的场地宽 100 米，长 200 米，布鲁按其重量分为 500 克和 700 克两种。后来为了限制滑翔距离，布鲁重量变成了今天的 700 克。但是 700 克的布鲁毕竟还是具有滑翔的性能，它和飞机的机翼是一样的，下面是扁平的，上面是呈圆弧形的。根据空气动力学原理，越是顶风滑翔得就越快，如果布鲁为 500 克的话，滑翔距离可以达到 160 ~ 170 米，现在 700 克的布鲁也快要达到 150 米了。第二代掷远布鲁，由于布鲁形状进行了改良，所以滑翔性能就大打折扣，500 克的布鲁，投掷距离一般不超过 100 米。

原始的布鲁就是要击中目标，类似于现在的掷准游戏，主要用于狩猎，或是在比赛中掷中标志物，或是去打树梢子，当然也可进行掷远比赛。现在布鲁制作有了统一的标准，而在以前是根据自己的喜好制作而成。

在现代布鲁掷准比赛中设置 3 个距离，分别为 15 米、20 米、30 米。如果设置 15 米距离，直接击中标靶得 3 分，间接击中标靶得 2 分；如果设置 20 米距离，直接击中标靶得 4 分，间接击中标靶得 3 分；如果设置 30 米距离，直接击中标靶得 5 分，间接击中标靶得 4 分。将这三个距离的分值累积起来，就是最终的比赛成绩。

后来为了增加掷准难度，民运会规定职业布鲁选手掷击中间的标靶，或任意指定某一个标靶进行掷击，而且只能掷击打倒一个标靶。但是这些比赛规则并不固定，而是可以根据比赛需要进行改动。如可以规定全部一次性击倒的得 10 分，把三个间接击倒的得 8 分，击倒两个的得 6 分，击倒一个的得 2 分。区分直接和间接的标准就是看布鲁有无接触到地面而击中标靶，凡不接触地面而直接击中标靶，就叫直接，反之则是间接。

在民间，布鲁的比赛方式则会根据民众自己的喜好，如庆祝丰收时，会举办家族式或村落式的布鲁比赛活动。最简单的比赛方式为用布鲁去打杆子、树枝、高粱穗，击中的越多奖品就越多，胜利者也会引以为傲。这种民间活动一般都是分组比赛，还有一些活动就是用布鲁打猎物，谁打得多谁就是赢家。

布鲁这项运动，在竞技场上争高下，是民族精神的体现，而在民间，则是当地民俗传统的仪式，是将家庭与村落紧紧联系在一起的纽带。

力量技巧男儿爱

在布鲁项目的传承中，就性别而言，一般是男孩比女孩玩得多，因为毕竟是一个以力量为主的运动。同时，布鲁源于狩猎，而打猎都是以男性为主。就年龄而言，一般是成年人比老年人玩得多，打布鲁人数较多的是 40~50 岁的中年人，毕竟打布鲁是一种非常需要体力和爆发力的运动，尤其是掷准，如果上肢没有力量，肌肉爆发力不够的话，是会打不到标靶或打不晕猎物。

我出生于体育世家，我的祖父就非常喜欢打布鲁，并且喜欢用布鲁来狩猎，所以后来我和父亲会喜欢布鲁运动应该说都是深受祖父的影响。我父亲从小就非常喜欢掷布鲁，他从师范学校毕业之后，因为原本是学标枪、铁饼和篮球的，后来就在库伦旗当了体委主任，之后他为了传统布鲁运动的延续与传承，就把传统的布鲁器材改良成了现代竞技器材。

最初的布鲁，不是像现在这样弯曲的棒子，而是一个直直的半湿半干的棒子。直棒打出去之后，没有旋转，没有力度，也没有杀伤力。后来，蒙古民族将东部地区榆树的根部或者躯干，即最坚硬的部分根据自己的习惯修制成布鲁。当时布鲁的形状、重量，都没有统一，虽然都叫布鲁，但是它的种类五花八门，比如说有带金属头的镀铮布鲁等。传统的布鲁，只要能够旋转地打出去，或者直线打出去就可以。还有一种是不离手的布鲁，布鲁把儿拴一根皮带固定在手上，击打时不易脱手。

传统布鲁演变到今天发展为两种布鲁：一种是金属头的；另一种是不带金属头的。材质起初是用榆木，这种布鲁很结实，材质密度也够，但缺点是能够制作这种布鲁形状的树木不多，因为毕竟找不到那么多弯曲的树干。后来又尝试用其他的材料去替代，如用塑料代替木材铸造成布鲁，但是又出现了另一个问题，即在炎热的夏天，塑料制成的布鲁很容易变形，到了冬天塑料布鲁又会变得很脆，很容易断裂。在经过很多次的尝试之后，我们选择了材料密度最大的五合板，并经过了很多道复杂的工序，最终制成了现在这种布鲁。

从开始的第一代飞马牌布鲁，到第二代 3+1 牌布鲁，这种新式布鲁最后逐渐成为民运会及其他正式比赛项目的器材。不久前我还参与起草了蒙古族传统布鲁的地方标准，目前已经通过内蒙古自治区质量技术监督局的地方标准审定。

布鲁传承进校园

我认为布鲁运动在入选国家级非物质文化遗产名录之后，仍然需要进一步的挖掘和整理。我父亲满都拉目前是布鲁项目的国家级传承人，他原是库伦旗的体委主任，后来调到内蒙古自治区体育局任群体处处长。他在布鲁传承方面做了大量的工作。他是布鲁器材不断规范化、标准化（500 克）的领头人，也是布鲁器材第一代飞马牌布鲁到第二代 3+1 牌布鲁的创始人。标准化后的布鲁逐渐成为内蒙古自治区民运会、“那达慕”赛事正式比赛项目的器材，从而填补了民族传统体育运动会上体育器材的空白。

我从事布鲁项目的工作已经接近 30 年了，到现在为止，民间打布鲁的人逐渐减少。在内蒙古通辽等几个盟市、吉林前郭和辽宁阜新这一带，只有 40~50 岁以上的农牧区的人才知道布鲁是干什么用的，现在年轻一辈了解布鲁的很少，很多孩子根本就不知道什么是布鲁。我认为应该把布鲁引进高校和中小学，把它作为一个民族体育项目来进行传承与推广，我也知道推广布鲁还存在着一些困难，如尽管布鲁器材携带方便，却需要一定面积的场地，等等。

现在我们正在尝试将布鲁运动引进内蒙古自治区的相关高校，如内蒙古师范大学、呼和浩特民族学院等，并将布鲁作为体育选修课甚至必修课加入大学体育学院的课程安排，希望取得试点经验之后，再大面积地推广这种富有民族特色的传统体育运动。

目前，库伦旗作为安代之乡、荞麦之乡、蒙药之乡，也即将成为布鲁之乡，成为全自治区的布鲁研发和运动基地。现在国家早已实行民间全面禁枪活动，这也是传统的布鲁运动大发展的机会。通过开展布鲁运动，培养民众对布鲁的兴趣爱好，这也是引导大家通过参加布鲁运动来锻炼身体的一种途径。

关于布鲁的传承问题，我认为这与传承人的知识素质、教育背景和民族传统文化底蕴息息相关。如毕业于体育专业的传承者对布鲁的制作、投掷技巧更容易理解和传承，并可以用专业知识向学生解释哪块肌肉怎么参与运动，让学生更加明白技术动作的原理和方法。与此相比，出身于基层并没有受过正规教育的老师教导学生，往往就像茶壶煮饺子一样，肚子里有货倒不出来。此外，除了布鲁运动的技术之外，还有其运动损伤的治疗等也都需要一定的理论来支撑。事实证明，专业知识程度和文化底蕴越高，越有助于布鲁运动的传承和发展。

现在各个大中专院校都有布鲁项目的教学计划，也会经常把它作为一个比赛项目来进行，让更多的人去认识它、了解它并参与其中。为了使布鲁运动得到更快的发展，我有一个想法，那就是应该成立一个自治区级的布鲁协会，这样就能够更频繁、更优质地举办布鲁赛事，也能让全区人民更好地了解布鲁运动项目。

在布鲁的传承中，还有一个非常重要的环节就是老师。目前学校的老师和同学都非常喜欢布鲁运动，老师愿意教、学生愿意学，再加上精彩赛事的刺激，这些因素为布鲁的传承营造了良好的推广氛围。这一积极向上的氛围将布鲁置身于热门运动项目的地位，不但得到了当地政府主管部门的重视，同时也激发了师生们教学与学习的热情，从而促成项目传承的顺利进行。

布鲁运动的实践证明，无论哪种民族传统项目，其精神实质就是一种文化，布鲁作为蒙古民族的传统体育也是如此。通过投掷布鲁不但可以强身健体，还可以培养坚韧不拔的意志力。投掷布鲁，尤其是掷远的布鲁投掷，不是一般人能驾驭的，通过练习布鲁，同时也能提高自己的思想与文化修养，这也是布鲁能够持久发展的一个重要原因。同时，还因为有一群忠实的传承人与传播者，才使得布鲁传以“器”载、承以“人”接。

突破瓶颈求发展

近年来，布鲁的传承和发展也出现了瓶颈，我认为最大的原因是政府对这项运动的重视和认识程度不够。从传承人的角度来说，布鲁的传承能够坚持到今天非常不容易，得益于大多数传承人的坚持与奉献。现在，由于种种原因，一些传统文化的传承发展面临很大困难，如果我们的各级政府不去重视，不在财力、人力和物力上进行积极的挽救，那么布鲁这个运动项目很快就要消失了。

首先，非遗项目的保护主要取决于当地政府对民族传统文化的认识程度；其次，取决于政府主管部门对传统非遗项目的扶持力度；最后，表现为政府相关部门对非遗项目推广上的实际支持。我希望在布鲁相关人员的培训方面，政府相关部门能够多提供一些场馆及经费，这样可以更深入地挖掘其文化内涵和价值，并与布鲁的传承与推广结合起来。

我作为布鲁项目的传承人，在项目的改良上作了一些努力。

首先，在布鲁器材上进行创新。我在布鲁传统制造方式的基础上，对其制作材料和器物形状进行了一定的改良创新。尤其在保留原始性和传统性方面，采用了就地取材与手工制作为主的方式，同时根据市场和发展的需要，对于器材的功能性进行了调整和改良。

其次，对布鲁运动表现形式进行了创新。过去布鲁运动的表现形式较为单一，通过创新，现在的布鲁运动可以打固定靶，也可以打活动靶，还可以在乡下打树梢、杆子、兔子、飞禽等。对这项运动的表现形式进行创新，即在项目的功能性上分为娱乐性与竞技性，在项目特点上分为掷准和掷远，所以在竞技性上，它主要是发展的性质，而在娱乐性上，它主要是传承的性质。作为一个民间活动，只有在其传承中既能够保留原始的情怀，又能够与其他完善的体育项目接轨，才能得到更好的发展。

最后，在规则上进行了创新尝试。在历届民运会规则的基础上，我对布鲁比赛规则进行归纳之后作出了修改，对于呼伦贝尔等地的不同规则，我也给出了自己的观点和建议。我认为，在个性化发展趋势上，还是要制定标准统一的项目规则，这也有助于项目的发展。此外，在原有规则的基础上，也需要积极探究更加完善和符合当地文化特色的规则。

正可谓“守其筋骨，新其血肉”。任何项目的传承都不是顽固不化、一成不变的，一个项目想取得发展一定要根据时代变化，但是最原始、本质的内涵却不能改变。所以，布鲁项目的传承，不仅要保留它原始、天然的一面，更应该积极探索其与现代接轨的方式和途径，只有这样才能够更好地传承下去。

访谈后记

2017 年，我们是在第 9 届内蒙古自治区少数民族运动会的举办地呼伦贝尔市海拉尔区的鄂温克宾馆对传承人白东升老师进行采访的。虽然访谈前专门去赛场观看了布鲁比赛，但我们对布鲁这项运动还是很陌生的。好在与身为副教授的白老师交流非常顺畅，他在很短的时间里就把布鲁运动的历史起源与发展现状讲述得一清二楚。

我们尤其对白东升老师与父亲满都拉父子俩在布鲁器材改良上的不懈努力和用心专研感到佩服，对其“守其筋骨，新其血肉”的非遗传承发展理念表示认同。真心希望布鲁运动能够在年富力强、专业能力强的传承人白东升老师的带领下，在校园里得到良好的发展，使古老的布鲁运动能够世世代代传以“器”载，承以“人”接。

陈小蓉与传承人白东升合影

北京六郎庄五虎棍代表性传承人池永福口述实录

采访时间：2016年5月30日
采访地点：北京玉泉山六郎庄
采访人：陈小蓉、张长念、张鹏飞

项目简介：北京五虎棍是一项集武术、戏曲、音乐、历史故事和传说为一体的宝贵文化遗产。其内容分为武场、文场和走会三种表演形式。五虎棍有72个套路，都是由武术套路演化而来，虽所有兵器皆为木制，但其操练方式结合了刀枪剑戟的招式特征，表演起来却是真刀真枪地对打博弈，场面非常激烈惊险。对弈场面除打斗表演之外，还配有民俗乐器的伴奏和阵法的演练，极具观赏性。此外，五虎棍的故事情节均取材于民间故事，同时还受到宫廷演出文化的影响，表演中角色都按照京剧脸谱的画法上妆，具有明显的京剧色彩。2020年，六郎庄五虎棍被列入国家级非物质文化遗产代表性名录。

口述人简介：池永福，1947年生人，1956年入六郎庄五虎棍会，扮演头棍。2009年六郎庄五虎棍成为北京非物质文化遗产保护项目后，池永福便与其他老会友一同继续研究五虎棍的套路，现已恢复20世纪60年代前老套路11套，并根据现有环境、场合、人员对原有套路进行改进，编排新套路4套。同时，还对其套路的招式、身形、步伐等进行规范，使六郎庄五虎棍表演更具观赏性。

忠孝五虎村中始

北京五虎棍的发源地是海淀乡六郎庄村，又称六郎庄五虎棍。六郎庄村自从明朝建村起就有着尚武好义的传统，它位于北京西北玉泉山脚下、著名的“三山五园”之间，南边为万泉河，北边为昆明湖，东边为畅春园。在这样的环境与氛围下，五虎棍孕育而生。六郎庄五虎棍又称“忠孝童子棍”，相传诞生于康熙年间，确切的记载可追溯至乾隆十九年（1754 年），距今已有二百五十余年的历史。据记载，乾隆年间，忠孝童子棍在村中演练时，被经过此处的“千岁二爷”碰见，“千岁二爷”十分喜爱并将其收为麾下，忠孝童子棍由此发展壮大。

有一年，忠孝童子棍班外出涿州（一说是丰台）走会时，遭到当地十八村会首的阻拦，以没有銮驾的理由阻止进香。六郎庄的会头火速回村，急奔畅春园，求助于“千岁二爷”，并请来了皇太后的半副銮驾，立刻势压十八村，不仅进了头香，还获得了“天下第一棍”的美称。由此，六郎庄的棍会在外走会时，经常可以抢得头香的好兆头。

关于六郎庄五虎棍的文字史料也极其丰富，《清内廷演剧始末考》中记载：“康熙五十一年（1712 年），在南府、景山学艺处之外，还设了六郎庄的学艺处，共有教习四十八名。”六郎庄学艺处的设立无疑对该村棍会的发展起到了促进作用。

光绪二十年（1894 年），会中棍术技艺高超者还被聘为升平署的御教习，据村民讲述，曾有 7 名“杆子头”在宫廷里向太监传授棍术。会中元老潘吉星（1875—1953 年）担任升平署御教习的事迹在村中流传很广。此后，六郎庄的五虎棍在时代变迁中，曾数次间断，又数次重整。中华人民共和国成立后，六郎庄五虎棍曾参加吉祥大剧院的北京市文艺会演。20 世纪 80 年代曾参加北京市妙峰山行香走会表演。1999 年获得北京市海淀区庆祝澳门回归文场大赛三等奖。

六郎庄五虎棍在北京地区传播久远，研习者众多，在两百多年的传承中，家族、亲族的传承是会档的主要传承方式。六郎庄的棍是“童子棍”，练习的儿童要从 10 岁左右开始，每隔 10 年就会培养出新的一代，传承规模比较密集。

武场的练把儿大多来自西村，而文场又以南村成员为主，文、武两场的世代传承中很多都是父子、兄弟和爷孙的关系。老一辈对新入会的小玩角儿们的技艺传授方式都是口传心授，因为从小耳濡目染，新入会的成员无论是武场还是文场都能很快入门。

除暴安良享太平

六郎庄五虎棍主要以民间传说“赵匡胤斗董家五虎”为蓝本，讲述了宋代赵匡胤路过董家桥时和其结义兄弟一起除暴安良的故事。

宋朝开国皇帝赵匡胤在拥帝称王之前做过一段时间逃犯，逃到锁金桥时遇到一群当地的恶霸占地收费，过桥前遇到了推着小车子路过的柴荣。那时柴荣靠卖伞为生，告诉赵匡胤这一带恶霸极为凶险，过桥后必须向他们缴纳过桥费。赵匡胤正值年少轻狂之时，看不惯这群欺凌百姓占地收费之徒，便让柴荣先过桥，说自己再过去把两人的过桥费一起缴了。看桥的恶霸是董家五虎，放柴荣通行后来找赵匡胤收过桥费，赵匡胤不买他们的账，一群人便打起来了。柴荣见此，放下推车跑回来帮赵匡胤，无奈两人势力薄弱打不过这群恶霸，恰巧有个叫郑子明的莽汉路过，拔起路边的树干就冲过去帮赵匡胤、柴荣打恶霸，终于把这董家五虎打跑了。赵匡胤、柴荣和郑子明也因此结识并结拜为兄弟。不打不相识，后来这董家五虎也追随赵匡胤，在其军队中做将领，久经沙场，为赵匡胤建功立业，最后为赵匡胤战死沙场。

后人编排六郎庄五虎棍时，在赵匡胤、郑子明、柴荣与董家五虎八人之外，还增加了一个为赵匡胤拉马的马童和一个帮柴荣推车的车夫。会中的大角儿，即正义的一方包括五个角色：红脸赵匡胤、黑脸郑子明、净脸柴荣、马童及车夫。同时，另有五个小角儿分为头根、二根、三根、四根、五根，分别为董父、董家小姐与其三个哥哥。

相传，六郎庄的棍会在乾隆年间经沧州武师的精心排练，技艺有了很大提高。在棍术中融合了诸多武术兵器套路，最终形成 72 套棍法。此外，在光绪年间又增加了拉车和马童两个角色，丰富了演员阵容，增加了表演难度的同时也提高了观赏性，其中，十人藤牌为比较著名的套路。

六郎庄五虎棍在表演时，要求“杆子头”（武场演员）技艺娴熟，配合默契，节奏张弛有度，尤其在群场时，翻、转、腾、挪，棍棒纷飞，令人眼花缭乱，目不暇接。几百年来，五虎棍在六郎庄村建立了深厚的群众基础，深受当地村民喜爱。

六郎庄五虎棍分为武场表演、文场表演，以及走会表演，所用到的道具器械各有不同。

武场表演主要使用的棍棒均为木制，分别为齐眉棍、梢子棍、双棒、短棒（单刀）、双怀杖、三节棍，还有独具特色的藤牌和双拐。表演时，赵匡胤、郑子明、董家五虎等都使棍，所以在六郎庄五虎棍的表演中以棍为主，其中有单练、对练和群练。和京剧表演不同，五虎棍借鉴了武术的招数，武场中均为真打。

六郎庄五虎棍的套路分为“操”和“围”。其中，出“操”为角色出场进行套路演练，没有对打表演；打“围”则为大、小角之间的群场对打表演。五虎棍表演套路原为 72 套，其散打套路还不在其内。目前部分套路已经失传，据说原来的 72 套操全部练完至少要 3 个小时。

文场表演主要使用大锣、单皮（也叫班鼓）、战鼓、大钹、大铙、小镲，目的是为表演烘托气氛。文场节目保留比较完整，目前有 15 套。

六郎庄五虎棍操练时，以大锣为号令，大锣敲一下，即武场出一操，文场随之。文场伴奏以敲单皮者为指挥，视武场表演情况来叫板，其他乐器按照单皮的叫板来演奏相应的节奏。

文场讲究与武场的配合，没有固定的打法，单皮演奏者对武场套路娴熟于心，随时根据场上角儿的表演动作、快慢来叫板，从而指挥文场的演奏节奏。每套操的伴奏都是由基本节奏中的几个节点节奏组成，没有特别固定的搭配。单皮演奏者要具备丰富的经验，不仅能指挥文场与武场配合一致，还能把握整个文场的演奏。

走会表演主要使用会笼、銮驾、旨意亭、龙旗龙棍、拨旗等器材。

1948 年前，在每年农历四月二十八，六郎庄五虎棍会都要赴丰台药王庙会走会进香。即四月二十七清晨启程，二十八落后回村。出发前，会众须在本村静安院的娘娘殿和真武殿上香，并依次在娘娘殿前和真武殿前“祭杆子”。进香东路，先到海淀街道观音庙献艺，然后到万寿寺，夜宿岳家楼，二十八一早由岳家派人带领并前往看丹村药王庙进香。在药王殿前，会首进香后，先后各出一套红龙棍操与黑龙棍操，然后到庙外撂场献艺。回香时由万泉河西岸回程，路过蓝靛厂西顶庙，除在广仁宫前表演之外，还要到其东侧的立马关帝庙（清末太监养老之处，俗称老公庙）外打尖休息。此时庙内老公公会跪伏出迎，恭请銮驾。棍会在此表演一番，傍晚时启程回村。

六郎庄五虎棍与传统的京剧表演项目不同，京剧在舞台上耍道具而不对打，但五虎棍则是真刀真枪地对弈，因此在感官上更为刺激。同时，它又与传统的武术项目不同，在武术的基础上添加了表演性质的元素，有一套套编排好的套路动作，配合锣鼓等乐器，打锣敲鼓与武术亮相交替进行，即武常动，文常配。因此，六郎庄五虎棍被列为非物质文化遗产的舞蹈类项目。

百年相传再创新

据清代宫廷记载，我们六郎庄五虎棍的师祖名叫潘继兴，于光绪年间在宫廷演出，被聘为御教习，在宫廷里传授五虎棍的表演技艺。因为年代久远，其后几辈传人无法考证，只知潘继兴师祖往后传了几辈，一直传到我的师父苏广林，他比我大六七十岁，我儿时开始习艺时，他已是年逾古稀的老人了。

我开始学艺时刚年满 8 岁，师兄弟共有一百余人，整个广场都站满了，我从站桩练起，一站就是十几分钟。

寒冬时节，额头上呼呼冒着的热气不知不觉都冻成了一层冰壳。11 岁的时候，就到当时刚竣工的密云水库训练排演，那时我已练得游刃有余了。苏老先生教徒非常严格，很多师兄弟都没办法坚持练下去，最后只剩包括我在内的二十余人，苏老先生选了其中资质不错的十一二人，组成了我们这一代的六郎庄五虎棍传承人班底并参与演出。

苏老先生去世后，他的儿子继续教我们习艺并组织演出，演出的条件非常艰苦，不像现在外出商演还有工作餐，甚至有庆功宴。那时我们每人发四毛八一斤的饼干或是小面包就当作餐补了，最困难的时候甚至只发半斤黑糖，温饱问题要自己解决。我印象尤为深刻的一次，是在空军指挥医院表演，战士们实在太热情了，每到精彩部分都鼓掌许久，当时战士们的条件也是比较艰苦的，仍硬留我们在他们的食堂一起吃晚饭，现在回想起来，感觉自己多年的付出都是值得的。

之前我介绍过，六郎庄五虎棍的套路共有 72 套，但其中大部分套路已经失传了。我接手这一代五虎棍表演队之后，依据相关资料以及儿时的记忆，重新摸索并恢复了小部分失传的套路。同时，自己还根据历史故事情节，编排并完善了几套套路。整合下来目前已有一百多种套路。前几年，老一辈的师父们都相继离世了，我们这一辈有十一二人，五虎棍共有 10 个角色，大家分工排演，基本可满足演出的需求。目前，我们当中最年长的表演者已年近半百，但体格硬朗，翻跟头、劈叉之类的技术活儿都不在话下，年轻的表演者二十岁出头，前几年才进的表演队。我现在就负责带下一代的传承人，虽然孩子们都是从小开始习武学艺，但由于文化程度低的原因，大多都是断断续续地学，效果不是太好。我针对这个情况，这几年在教学和训练安排上下了点功夫，孩子们的基本功非常扎实，相关套路也比较熟悉，再过几年都可以独当一面了。

道路且长待突破

得益于广泛的群众基础与政府的大力扶持，2009 年六郎庄五虎棍被列入北京市级非物质文化遗产保护项目，随后又得到了村委会和万柳集团的财力与物力支持。现在我们与万柳集团签署了合作表演的协议，包括在日常训练方面，万柳集团支付我们 5 名教练、18 名学员的基本工资以及日常训练场地的水电开支费用；在赶会表演方面，万柳集团支付服装、道具、交通费等费用，我们负责每日排演，待举办庙会时组织五虎棍的演出。

我们的平时训练为一周五练，即周一至周五训练，周六日休息；训练时上午 8 点开始站桩练基本功，中间休息 10 分钟后开始排演节目，直到中午 11 点半结束，下午的训练时间不做要求。平日里表演者的管理也较为宽松，偶尔有事无暇参与训练可以请假，但到举办庙会时就必须参加了，所谓养兵千日用兵一时，我们平时的训练就是为了庙会的演出。

庙会一般集中于每年春天，我们每年固定要参加的庙会演出有三场：一是四月初一至十五在房山举办的庙会；二是四月二十八至二十九在丰台药王庙举办的庙会；

三是春节在八棵树参加春节祈福庙会，这个庙会刚举办三至四届，但是非常隆重，走街长达七八里地。

除了演出之外，我们还着手于六郎庄五虎棍进校园的准备工作，前年（2014年）的下半年，市教委出台了一系列政策，推动非物质文化遗产走进中小学校园。事实上，有些非遗项目，如空竹、舞龙舞狮等，现在都已走进校园，并开设了相关的体育兴趣班，但五虎棍项目还迟迟没有进展。为此，我们尝试过在幼儿园开展相关兴趣班，可惜孩子们平均在四五岁，年纪太小了，没办法安排教学的内容。我们也尝试过在小学开展体育课，孩子们身体素质跟上来了，可都太调皮了，没办法组织良好的课堂纪律，这样，进校园的工作也就暂时告一段落。

除了开设体育兴趣班受阻外，这个项目本身也有一定的限制性，非物质文化遗产进校园主导权在于学校，即由学校选择进校园的非遗项目，为了降低课堂风险与方便管理，学校更倾向于空竹、舞龙舞狮等容易操作、没有身体对抗且易出成绩的项目，五虎棍有一定打斗对弈的成分，孩子们在学习过程中难免磕磕绊绊，所以五虎棍很少被学校选为非遗进校园的项目。因此，五虎棍作为非遗项目进校园，还有许多困难亟待解决，要走的路还很长。

突破攻坚四抓手

由于六郎庄五虎棍的表演形式与内容都保留在老一辈手艺师父们的记忆中，加上这些年的套路修复、创新及整合工作，五虎棍的表演套路得以较完整地保留，但若不能寻找出新一代的传承人继承这些成果，很多棍法技艺和套路将随着老一辈人的离去而失传，使得五虎棍的技艺传承面临着危机。我认为目前六郎庄五虎棍的传承困境有两个方面：一是难以挑选到合适的传承人；二是五虎棍表演空间被日益压缩。

首先是传承人问题。同目前很多传统文化项目所面临的状况相似，六郎庄五虎棍正面临着成员老化、年龄结构不合理等问题。目前经常参加表演活动的武场成员17人，其中有8人已是年过花甲的老者，虽经过调整和补充，参加演出的演员也多在35岁以上，极度缺乏20岁以下的成员。

我们表演会曾在1995年时培训过一批小学生学习棍术，在妙峰山表演时赢得了好评，但这些孩子中只有三人坚持到了现在，一来是因为现在大部分孩子都是独生子女，父母不愿意孩子为了学五虎棍而吃太多的苦。由于怕吃苦，所以基本功不扎实，自然掌握不了更深层次的技艺。二来是因为随着生活水平的提高，孩子们的课余选择越来越多，家长更倾向让孩子们报名参加语数英等文化课补习班或钢琴美术等兴趣班，而选择学习五虎棍的孩子所剩无几，能够长期坚持下来的年轻人更是凤毛麟角了。

其次是表演空间问题。中华人民共和国成立以前，老一辈表演者有在村里真武殿进香献艺的传统。但随着时代变迁，现在的真武殿只剩下房屋的框架，大殿周围的场院也荒芜多年，进香献艺的传统早已不了了之。现在，虽然有关部门正着手恢复真武殿的进香仪式，但其进展十分缓慢。除此之外，五虎棍也就只剩下庙会赶会这单一的演出形式了。2012 年，六郎庄开始整体拆迁，五虎棍也随之面临无处演出的窘境，因此，要拯救我国的非物质文化遗产，首先要拯救传统文化的仪式过程，现在有太多的非遗项目亟待整理和抢救了。

针对上述五虎棍传承困境，建议可从扩展传承人队伍、整理保存表演技艺、完善训练场地和探寻表演合作四个方面入手，为五虎棍的传承发展提供有效可行的保障。

第一，解决五虎棍技艺的传承人问题是重中之重，成员的年轻化将会为五虎棍的传承注入新鲜血液。前面我提过 1995 年时曾培训过小学生并参加妙峰山表演，虽然坚持下来的孩子不多，但这给我们的非遗传承进学校起到了很好的启示与示范作用。为了推动五虎棍项目进校园，我们应继续与附近中小学洽谈，在小学生中选拔和培养一批棍术演员，并逐步培养一批教练，争取在 1~2 年内将五虎棍作为学校体育选修课程。为协调练习、表演和工作的关系，我们准备在村办企业中选拔一批 20 岁左右的年轻演员，从而形成良好的年龄梯队，建立起老艺人、教练、年轻学员、中小学生的可持续传承机制。

第二，需要我们表演团队、中小学及有关部门通力合作，循序渐进地解决传承人培养问题。由于无法在短时间内得到明显的改善，因此现阶段应注重于表演技艺的整理和保存工作。六郎庄五虎棍流传的 72 套棍法中有部分已经失传，目前还存留 40 套左右，加上这几年来我们进行相关套路的修复与完善工作，现阶段共有 100 余套棍法动作，这些套路多存留于老艺人们记忆中，需要通过文字、绘图和录像相结合的方式对六郎庄和五虎棍的历史渊源、传说、主要技法及套路进行挖掘与整理，以作为永久性资料保存，从而完善建档工作。同时，还可以借助录像、图片等资料对六郎庄五虎棍会进行大力宣传。

第三，近年来六郎庄开始整体拆迁，回迁后的训练场地应设法完善新区配置，在六郎庄新区增设练习场地，使队伍进一步规范化，以巩固招收并培养年青一代传承人。同时，积极开展社区活动，激发社区居民的参与热情，重塑历史记忆，增强队伍凝聚力。

第四，六郎庄五虎棍的传承和发展还需要一定的文化空间，应建立完善以真武庙为基础的五虎棍会展示基地。将六郎庄真武庙打造为五虎棍会展示厅，陈设老藤牌、拨旗、銮驾、龙旗、牌、棍、旨意亭等老物件，展示五虎棍会的传统走会仪式，包括“祭杆子”“踩街”等，恢复五虎棍活动的民俗性，展示五虎棍会的风采。组织六郎庄五虎棍会积极参加民俗节日活动，使其成为六郎庄村和谐发展的重要动力。

访谈后记

我们来到六郎庄五虎棍代表性传承人池永福的居住地，这里已是一片现代化的居民区。主人告诉我们，六郎庄的村民已经集体搬迁到目前这个社区，为了让子孙后代记住六郎庄的历史和渊源，小区正门口竖立着一块巨型长方形石碑，上面用红字刻着“六郎庄记”。

传承人池永福先生个头不高，沉静寡言，轻声细气地讲起六郎庄五虎棍的历史起源和发展经过，并告知我们北京六郎庄五虎棍融合了武术套路、历史故事和戏曲音乐。目前，在海淀地区的棍会中只有六郎庄仍保留着藤牌表演，这在北京地区尚不多见，这对研究我国封建社会军队士兵操练、步兵演阵的形式和特征具有十分重要的参考价值。随后，池永福先生带我们参观了小区内的传承基地和训练馆。我们看到，传承团队正在不断地为非遗项目普遍存在的传承困难寻求出路，并已取得初步成效。

临别时，池永福先生送给我们一幅用精美小楷书写而成的“六郎庄五虎棍赋”，这是他亲手撰写的作品，赋中记录了五虎棍的起源与发展。他说：“想用此赋告知六郎庄的子孙后代，我们六郎庄祖辈们创造的文化遗产，一定要代代传承下去。”

研究团队与传承人池永福工作照

上海青浦船拳代表性传承人丁裕春口述实录

采访时间：2020年12月22日
采访地点：深圳市南山区深圳大学体育科学研究院
采访人：陈小蓉、陈荣扬

项目简介：船拳是具有江南水乡特色的民间水上武术项目，距今已有三百余年的历史，主要在上海市郊青浦、松江和淀山湖周边地区流传。船拳是在船头上习练的武术套路，追溯渊源，是南派少林的一个分支。在传承和传播过程中，由陆地迁至船舟，故名“船拳”。朱家角船拳分为拳术套路和器械套路，据传是由南少林僧人所传授。具体有杨家短打、岳家拳二进、六进等，单刀、双刀、大关刀、牛角镗、木锁、少林棍，还有内外功法、对练实战、水上功夫、擒拿格斗等，其特点是低架小巧，动作紧凑，闪、展、腾挪仅在卧牛之地，注重桩功稳固、沉着，步型重较低，以三角步、骑龙步、马丁步、丁步为主。船拳套路秉承南拳，兼收了各拳种之长，自成一脉。2013年，船拳被列入上海市非物质文化遗产名录。

口述人简介：丁裕春，1942年出生在青浦朱家角镇，自幼练习武术基本功，参加工作后更是遍访名师，很多人因为他对武术的痴迷称他为“武疯子”。丁裕春文武兼修，挖掘、整理了许多船拳历史和拳诀套路，他还致力于冷兵器研制。丁裕春现任上海市武术协会委员、上海市青浦区武术协会主席、上海市老年体育协会武术专业委员会顾问、上海青浦江南武术院院长，为中国武术六段、上海市非物质文化遗产青浦船拳传承人。

历史悠久底蕴厚

据清光绪三年续志记载，北宋年间，松江知府苏东坡到青浦视察，看到少年在船头舞枪弄棒，他就说这是拳船。因为是在船上打，所以我们称为船拳。

青浦船拳发源于上海青浦地区朱家角镇，历史悠久，底蕴丰厚。关于其起源主要有三个说法。一是传说在三国时期，周瑜的继任总督陆逊，曾经在旧青浦（青龙镇）操练水军，青龙战舰练兵。朱家角镇曾在民国时期出土过甘宁大将的文物，但已经没有史料可以考据。二是据说在明代，戚继光为了抗倭，在朱家角设立了一个抗倭司令部，还请了少林寺的月空和尚来训练士兵，并且带来了30个少林寺武僧来支援前线，后来这些战士到金山区去打倭寇，牺牲了。三是相传在旧青浦（青龙镇），南宋抗金女将梁红玉和丈夫韩世忠，在青龙港里操练水军，并击败金兵，保留有“酒瓶山”遗迹。三种关于起源的传说，都表明青浦船拳是在古代水战战场上产生并遗留下来的功夫。

我们村里有不少关于武功的传说。

清代，朝廷下令灭掉南少林。有一个和尚逃到了朱家角避难，具体名字历史上没有记载。他待在三汾荡口法莲庵，法莲庵是带发修行的师姑所待的地方。因为这个庵已经破败无人了，所以他就在里面待了三年。当地的农民不知道这个和尚从什么地方来，来干什么，只知道他在那个地方住了下来。后来，老百姓们对他很照顾，给他菜和粮食。他看到这个地方的人都非常淳朴，也喜欢武术。所以，在他待的这三年中，就把一些南方的拳种和功夫传给了当地的农民，包括少林梅花拳、杨家短打、岳家拳二进、六进等，单刀、双刀、大关刀、牛角镋、木锁、少林棍等。后来，张家埭村民经过长期苦练，练就了南派少林诸多武艺，有杨家短打、岳家拳二进、六进、五虎拳等，十八般兵器样样精通，其中牛角镋、腰菱、木锁、灰耙等器械全国罕见。

青浦的县志上还记载过一位名人。在张家埭村，有一位姓吴的农村中医郎中，叫吴捻灰。但这只是他的绰号，真正的名字现在已经没有记载了。传闻这位郎中，功夫特别厉害，能够把一块石头捻成灰。因此，功夫的名声在当地很响。据说，有一个卖燧石的人，手上功夫也非常了得，能够不用榔头敲打，就可以将石头掰掉。他为了证实吴捻灰到底是花架子还是真功夫，便跑到了吴捻灰所在的村子去卖燧石。吴捻灰听闻，就让村上的人去转告他，说他在家里等他来。之后，有人将这个卖燧石的人引到了吴捻灰的家中。吴捻灰一看，就说：“我要买你这个燧石。”卖燧石的问：“你要买多少斤？”然后用手啪的一声把石头掰掉了。可见他手上的劲非常厉害。之后他就将石头交到了吴捻灰的手上。吴捻灰接过石头后，问：“不行啊，你这个石头怎么用呢？”卖燧石的答：“怎么不行啊，你捻捻看。”结果吴捻灰把手中的石头一捏，就变成粉了，捻成灰了。说明吴捻灰的功夫确实了得。因此，这个姓吴的郎中以“捻灰”成名，就这样，这故事一直流传了两三百年。

淀山湖是上海地区最大的淡水湖泊，漕港河是江苏、浙江东西走向的水上要道。明清时期，由于朱家角紧靠淀山湖和漕港河，所处地理位置优越，所以这里既是一个非常繁荣的商业古镇，也是一个米市。当地的老百姓都要到朱家角来加工稻谷和榨油，最后再换成商品回去。在回去的途中，要经过淀山湖，就经常会遇到水匪（水火帮）袭击老百姓。有的土匪会把人杀了，所以当地的农民为了防止土匪抢劫、伤害性命，一方面练武强身、一方面也可以保护自己。因此，村上人人都会打拳，这也是我们朱家角的一个传统。

民间习俗已消失

据民间记载，每年的农历七月二十七，朱家角镇有一个泥河滩庙会。虔诚的香民自发在朱家角漕港河上为城隍庆生。参加庙会的人不光来自我们青浦，还有松江、太仓、苏州、嘉兴、嘉善等各个地方的人。在庙会上，当地的农民都会有船拳和摇快船传统表演。

上午十点左右，漕港河的两岸和放生桥（朱家角镇最大的明代五孔大桥）上人山人海。整个河边观看表演的农家船楫不计其数，喝彩声、锣鼓声喧天动地，场面热闹非凡。摇快船结束以后就是船拳表演。表演时，来自各个地方的一条条船在河上缓慢地行驶，穿过放生桥的桥洞。特别引人注目的是"飞钢叉"，放生桥有七八米高，当船摇至五孔放生桥下时，武师就在船头将钢叉掷向放生桥上空，钢叉就飞越桥顶，同时拳船也穿过桥孔。等到钢叉飞过放生桥后下落时，站在船头的拳师就用手接住钢叉。整个过程惊心动魄，十分精彩。

旧时的船拳表演也很精彩。拳船是载重 4~5 吨的阳澄湖型制木船。船上有舱棚、艄棚，并饰缎质彩衣。配置大橹、矮橹各一把，矮橹出跳于船舷外，放置于"矮上头"。我们把船分为三个部分，前面是船头，中间是船舱，后面是船艄。

船头是武师表演的地方。由于船头不平坦，船家会提前在船头上加一块板，但这块板不到 2 平方米大。中舱的两边会有两张木凳，上面坐了几个待命表演的武师。船舱还有 2 只大木桶，内置各种演练兵器，有牛角镗、刺毛棍、木锁、肉斧、月牙铲、灰耙、一字浪糒、腰菱等。制拳船工具有凿、斧、锯、钻、刨、油灰、麻、钉。船舱里还有一个锣鼓队，有四五个人。从船出发到终点，约 1000 米一个来回，武师们就在这个船上轮回表演，一个接一个。一般一条船上至少有六七个武师，每个武师最多表演两三分钟就要换人。朱家角船拳的锣鼓乐器有大锣、太锣、鼓、铙钹。

江南船拳跟摇快船在表演形式上存在差异。摇快船跟赛龙舟差不多，观赏性和竞争性很强。因为它加了一支橹（平时练习是一支，到表演的时候就会加一支）。橹就像鱼尾巴一样，套在橹人头上，一碰就跑掉了，具有很强的灵活性。摇橹的时候两人站在船艄的两边，橹绷绳的外边是出跳板，这个板相当有弹性，人站在上面扯绷。两人要配合好这一支橹。表演时，扯绷的人前扑后仰，半个身体都在船身外面，往后时，随着扯绷速度加快，屁股就会嘭唧嘭唧地碰到水。加上锣鼓声节奏较快，所以摇船的速度也就快了。整个场景十分热烈，引起桥上及岸两边观众拍手叫好。

小时候，我亲眼看到过这种民俗活动。摇快船一般是配备 7 个人，船艄后面有两支橹，一支橹配 3 个人，2 人摇橹，1 人扯绷，两支橹就有 6 个人。中间后艄还有控制方向的舵手，总共就是 7 个人。拳船一般是配备 5 个人，也是两支橹在船艄后面，两支橹面对面。一支橹上 2 个人，1 人摇橹，1 人在船上扯绷，两支橹就是 4 个人。再加上控制方向的舵手，总共就是 5 个人。

这些在历史上都有记载，但是发展到现在，已经没这个民俗活动了。

肩负传承的使命

说起我学武的渊源，得追溯到幼年。我今年 79 岁，快 80 岁了，我出生在江南船拳的发源地——朱家角镇。我叔叔丁侠民是地下党，中华人民共和国成立前是上海精武门的一员。我 7 岁的时候，叔叔丁侠民就教我武术的基本功，不是教武术套路，而是教像掌功、站桩等这类基本功法。从小的耳濡目染，让我对传统文化产生了浓厚的兴趣。

到了上学的时候，我喜欢游泳及跑、跳、投等体育运动。由于有从小练武术的基本功，所以我的体育成绩比较突出。后来，到了 17 岁的时候，我就开始学套路了。

清道光年间，南汇出了一个年轻的民间武术家，叫陆嘉山，是一个木雕艺人。他师承南少林门下，在传承和发展武艺的过程中，不断吸取众家之长，以师徒口传身教的形式代代相传。经过再传弟子的传承，传给了姜志侠。抗日战争前，姜志侠搬到了青浦的观音堂镇（又叫凤溪镇），现在又叫华新镇，做中医郎中。他在当地政府支持下传授所学武艺。

当时，我的第一个老师是杜华堂（山东泗水人），原是青浦派出所副所长，曾在上海市卢湾区公安系统做过侦察员，中华人民共和国成立以前他当过军事教官。他身上的功夫是从山东带过来的，有擒拿格斗，还有一些练功功法。他看中了我，指导我练习功法和实用技法，使得我的功夫从粗浅的硬功转为内家功法。但他没有门户之见，他希望的是徒弟能够多学一点本事，而不是跟死一个师傅。因此，经他介绍，我拜了姜志侠为师。他就教了我这一套少林梅花拳。这一套拳当时在朱家角也叫船拳，虽然动作多少有点不一样，但基本上都是一个套路。加之南拳本身具有低架小巧的特点，就相当于两个拳有了结合的统一。后来经过我的整理，就变成了一个完整的套路。之后，我又拜了严介良学江南船拳的其他套路，像杨家短打、牛角锐、木锁，这些都是从朱家角传过来的。

本人也注重功夫的训练，已练成“腹压千斤”“手敲钢锭入木”，一个马步桩能抵一位 200 余斤重力士的弓步推力，纹丝不动。

另外我还投师太极拳老师傅钟文、傅声远，学习太极拳。还有一些名义上的老师，都是有实实在在的功夫的。我虽然跟他们学得不多，但是我也尊他们为师父。主要有嘉兴的李青山老师和内蒙古的徐金胜老师，还有上海体院的王菊蓉教授。这些人都是我在武术队训练时的教练。

有些人说练武的人身体不太好，而且寿命也不长，我认为那是因为他们精气神不足。俗语说：“打拳不练功，到老一场空。”其实，我认为当代小青年练武，对良好道德品质的形成是有好处的，但不是什么人都能教的。之前，有南京军区部队里面的二位解放军徒弟跟我练功夫。他们到我这里学了以后，还在军事比武的时候都得了金牌。这说明练习功夫，对提高解放军的防卫水平，保家卫国，还是起到了一定作用的。

此外，我曾经还表演过“腹压千斤”“手敲钢锭入木”等其他一些功夫。但我老师不支持这种表演，问我们练武术的目的是什么？他说练武的目的是为了养生，为了健康，为了把自己所学功夫传给人们，增强人们的体质，把民族的武术文化传承下去。

挖掘整理助传承

我感觉，我们青浦船拳整体上起源比较早。20 世纪 70 年代的时候，我就已经学到了江南船拳，一直到 1985 年的时候，国家体委颁发一个文件，要求各地的体育局和武术组织成立全国武术挖掘整理小组，要求将整理的成果上报。当时，青浦县武术协会在青浦体育局的领导下，成立了一个传统武术挖掘整理小组，对全县进行武术普查，考察数百年前曾名震江南的船拳之乡——朱家角镇张家埭村，由此开始着重调查和挖掘船拳拳师、历史和拳种，我就是其中的一个组员。

我之前是上海电力公司的职工，从事线路、装接、安全监察工作。加上自己行动方便，有照相机和摩托车，所以我也常到各地去寻访一些武术历史和遗迹，包括一些名人，如青浦的小刀会。小刀会的首领周立春的玄孙叫周裕生，我去调查的时候，他已经 90 岁了。在 20 世纪 80 年代，我还跟他一起拍了个照。除此之外，还有青龙寺的方丈，现在都过世了。

我去调查了七八个地方，但调查比较完整的就只有朱家角张家埭村的船拳。通过这次调查，我了解到江南船拳还有五个拳师在。所以当时我就跟上海的张其正老师，他也是新华社上海分社的记者，还有青浦体育局的工作人员陈志，一起去拜访了江南船拳的几个传人。结果五个传人，四个都卧病在床，只有一个叫严介良的老拳师还能进行访谈沟通。他当时快 60 岁了，是一个农民，也是一名共产党员。那时，他还有一点拳术套路，所以我就拜他为师，跟他学船拳。但是他没有拳谱，光有动作，只是嘴巴里还会唱一些歌。这个拳叫开口拳，就是一边打一边唱。因为过去传人的文化基础比较差，也没有书本记载，都是言传身教。就是他教你怎么打，你就怎么打，他嘴里唱一句，你就跟一句，具体什么意思也记不太清楚了。

我们去采访他的时候，他还唱了几句，只有七八句的样子。但实际上每个动作都是有一个拳谱的，所以我就把它记录了下来。事实上，记录下来的意思和拳是不相干的。后来，我经过慢慢地考证、考据，才知道他这个拳的意思。其实他自己也不知道，因为他的父亲教给他的时候也是这么教的，他的爷爷也是这么教的，所以，就这样一代代传了下来。但是，作为一个非物质文化遗产要传承下去，一定要有个比较准确的东西。所以，我根据严介良的动作和意思整理了一些传统的式法，共有 48 式，全部整理好以后就拿给他看，他认可了。

当时，我的另一个师父姜志侠，因为绝症躺在医院病床上，我们三个人就到他的病房里去，把整理好的东西跟他汇报。他对我说“你打一下”，我就在他的病床旁边把所学的拳一个个地打下来，他看到之后拍手叫好，说“这个就完整了”。其实，在挖掘整理的时候他还当了副组长，这本身也是他的工作，因为他没时间做，所以就由我来做。因此，可以说，青浦船拳是经过 1986 年挖掘整理以后，才成了一个比较完整的套路。

后来，这一套拳我代表青浦、上海在全国比赛、国际比赛上都获得了很多金牌。但我认为，一定要是国家体育总局武术管理中心举办的全国比赛，获得的金牌才有含金量。过去我不大参加比赛，第一个国家级别的金牌是在全国“武术之乡”陕西省宝鸡的武术比赛。虽然金牌拿过很多，但这个比较有含金量。

此外，我还到香港拿过很多金牌，但含金量都不高。不过我的分数比较高。有一个叫原文庆的裁判，曾是一个全国武术冠军，给我表演的江南船拳打了比较高的分数，达到了 9.62 分。

接下来，根据上级指示，秉承挖掘整理、提高发展的精神，我们又进一步挖掘了江南船拳的系列，又挖掘出了牛角铛武术器械和套路。牛角铛本身属于一种稀有兵器，这是因为我们江南地区的水牛角不同于草原上的牛角，弯弯曲曲的特别大。

除了船拳当中的木锁、牛角铛、青龙大刀的挖掘整理之外，我还学了一些外来的武术套路，像通背拳、南拳、螳螂拳，还有杨式太极拳，但主要挖掘整理的还是我们当地的江南船拳，因为它不是一套拳，是一个系列。这个拳当中有套路、有实战、有表演、还有练功的方法，如站桩、打木人桩、练掌功、练排打练石锁、水中擒拿格斗等。

另外，我还学过九宫桩。九宫桩有 81 个桩。桩直径在 18 厘米到 22 厘米，要埋在地下，并且下面要用水泥固定，不然打一下，桩就会跑掉。原来我们也搞了几十个桩，但受到了场地限制。因为树林里树比较多，所以我就在树林里穿来穿去地打。这些扫腿的桩是用毛竹做的，很长一根敲在泥地里，就露出一点，要将它扫掉，脚会很疼。不过那个时候它没有这么标准，距离标准也还不够。但也是有规定的，一圈八个桩。

共肩传承重担

青浦船拳不同于其他拳种，它低架小巧、手法多变、手肘并重，具有南拳的风格，还可以指上打下、指东打西，依照阴阳八卦方向（四个门、八个方向），从一个斜角打到另一个斜角，一个门打到另外一个门，可以就在原地不到两平方米的地上打，也可以到桌子上去打。

它是近身格斗、攻防结合的，讲究身稳桩牢。因为船是在晃动的，身体在动，如果站都站不稳，拳要怎么打？所以桩功是非常重要的。还有近身格斗当中的一些动作，也可以作为自卫防身术。

1983 年，我被挑选为水电部（现为国家电网公司）“引滦工程武术慰问团”，到唐山去慰问施工部队。那时候，我就在台上打了这一套拳，引起下面的解放军工兵团战士们的拍手叫好。因为他们没看到过能在一个桌子上打的拳，这就是我们船拳的特色。

抗日战争以后，每年农历七月二十七的摇快船、船拳表演和泥河滩庙会已经消失了，但庙会表演还是有的，像端午节、春节联欢会等。一年 3 个活动是肯定要举行的。第一个是青浦作为全国武术之乡之一，国家体育总局武术管理中心每年的武术之乡的比赛，青浦船拳作为非物质文化遗产的表演性项目是一定要上的。第二个是上海市的市民运动会，比赛不单是一套拳，里面还有牛角镋、木锁、还有其他武术内容。还有一个就是我们平时开设的武术班，由徒弟们教学生，将江南船拳带到学校。

后来香港、台湾（台湾现在来得少了）的武术爱好者也积极过来与我们交流船拳，还有不少外国人过来跟我们拜师，学习青浦船拳，像法国、意大利、俄罗斯、乌克兰都有。我还收了一个法国徒弟，叫巴俊。他是在法国开武馆的，专门传承我们中国的武术文化，他到我这里来磕头拜师后，学了三套青浦船拳，并准备在法国把青浦船拳传播下去。

目前，恢复后的青浦船拳表演和原来的相比，牛角镋、木锁、大刀等什么的都有，拳套也有，但是没有钢叉。钢叉属于杂技加武术这一类，不仅要天天练，而且要赤膊，不能穿衣服，就慢慢取消了。

另外，古代的青浦船拳属于一种传统的表演，拳师是在船头进行表演的。而现在的船拳是在岸上打，发展主要有三个方向。一是传承，把过去的东西尽量留下来，并且将它发展。2010 年，我创建了江南武术院，开设了船拳普及班，培养和吸纳了很多武术兴趣浓厚的学员。二是在当地政府和文体部门的关心和支持下，我携弟子们不断开辟“江南船拳武术文化基地”，把船拳引进到了学校、部队、机关、农村、社区和企事业单位等。三是通过收徒弟的方式把青浦船拳精华的内容传承下来。

痴心研发古兵器

我从小爱好武术，过去用的刀、剑、九节鞭都是自己动手制作，烧焊的部分会请朋友帮忙。在一次游泳时，我偶然从河中摸到一块形似斧头的石头，细看还有一个人工加工的孔，后来才知道这是新石器时代青浦崧泽文化遗物。通过进一步了解，我知道中国古代冷兵器在青浦崧泽文化中找到起源的依据。这个经历，让我从此多了一个收藏和研究冷兵器的爱好。

过去我也一直关心我们中国的冷兵器。我就想，为什么人家外国都有代表性的兵器，比如说欧洲国家，一个铜牌、两把刀一交叉，在墙上就可以作为一个非常漂亮的装饰品。但是我们中国没有，中国没有标志性的冷兵器传承。但是中国没有冷兵器吗？事实上，中国有 500 多种冷兵器，康戈武所著的《中国武术实用大全》中就记录了 525 种。

古代，朝廷有制造兵器的标准，如刀的重量、质量。《汉书》也有记载，诸葛亮曾经对制作的大斧、大刀进行验收，但这些都是部队里的制式武器，并不包括民间练武时使用的。

我认为，我们传承下来的东西要具有一定的代表性。一是将军用的兵器。比如说关羽，大家都比较崇拜他，因为他是一个忠义的代表，他的大刀叫法也比较多，有青龙偃月刀、大关刀、还有叫青龙大刀的，但实际上它就是一个长柄大刀。而且历史上耍刀的也不止他一个，但是代表人物是关羽。还有吕布用的叫戟刀，也叫青龙戟。但是他的兵器也叫方天画戟，其实错了，使用方天画戟的代表人物是薛仁贵。

实际上很多人对兵器文化的概念是很模糊的。所以，我就产生了把我们中国历史上有名的人物使用的兵器系列化、标准化的想法。这个想法也得到国家体育总局武术管理中心的康戈武教授、武林泰斗蔡龙云和专家王培锟教授等的赞同。加上正好我退休了，自己开了个公司，有了加工这个的能力。

为了更好地制作兵器，我也去学了制图。自己画草图，然后由工程师画标准图纸。制作的话，我厂有工人，有的也会送到浙江等地方加工。依照我们的图纸加工的也有，但百分之七八十都是我自己画草图、根据模具手工打磨制作的。

同时，我还找了很多相关的书籍、资料。此外，还用出土文物作为最后的考据。相比之下，出土文物比较好整理，不同时代的兵器有不同时代的变化，我甚至把画有冷兵器的壁画也调查了一遍，最后以明代为基础，宋代为参考，就设计了一套标准化的“十八般兵器”。

我制作出来的这些兵器，跟现在的十八般武艺用的兵器是不一样的。现在不管是北方也好，南方也好，都生产了不少中国古兵器。但我制作的兵器更加立体，兵器上面也是都有镀金的，像青龙戟、笔挝、金龙爪等。因此，他们要照我这个做是有困难的，因为他们要做生意，照着我这个做，肯定会赔本的！

现在，我的每套兵器都是完全标准化的，也比较系统。国内目前还没有，我也全部申请了国家专利，包括兵器架子也是国家专利。后来，我把这些兵器的文化都写下来了：一是把重量、尺寸固定下来；二是邀请武术专家，听取他们的意见，如专家蔡龙云、王培锟、虞定海、康戈武、陈正雷、纪光宇、冯如龙、傅声远等很多武术家都来看过我的这些兵器。

因为练武术的兵器跟中国古代的冷兵器不同，练武的现在都是练套路，所以器械要轻，它的重量是不够的，而且做得小。武术刀、剑也都是软的，枪头也很小。但我这些兵器，都是依照古代实用的兵器做出来的，都是立体的，花了很多精力，前后花了六年的时间，做了两套。一套做下来要好几万元、几十万元了，花了很多钱。同时，我又花了三年的时间，撰写了有关中国古代兵器文化的书稿，准备在适当的时候付梓。

访谈后记

对上海青浦船拳传承人丁裕春先生的采访我们采用了视频连线的形式，79岁的丁先生在徒弟的帮助下，早早做好了准备。采访开始后，他操着一口上海普通话，将青浦船拳的历史故事和如今的发展状况进行了讲述。尤其是他小时候亲眼观看过、如今已经消失了的泥河滩庙会的船拳表演盛况、船上武师表演和船工摇船的实际操作等内容进行了详细地描述，给后人留下珍贵的记忆。

丁裕春先生一生痴迷武术，尤其是他对古代兵器的钻研和投入给我们留下深刻印象。通过视频，丁先生给我们展示了自己家中的兵器架，这是他亲自设计制造的十八般兵器，外形图案设计精美，制作工艺精良。他还将自己绘制的兵器草稿图纸展示给我们看，并详细讲述了他的兵器设计理念，以及是如何加工生产的。一幅幅设计草图体现了老人对兵器研发的痴迷程度，令人心生敬佩。

吉林朝鲜族踩地神代表性传承人李光平口述实录

采访时间： 2018年8月6日
采访地点： 吉林省延边州龙井市文化馆会议室
采访人： 陈小蓉、赵刚、左逸帆

项目简介： 踩地神起源于朝鲜族，融合了演奏、演唱、舞蹈和对话，以游戏的形式开展，极具朝鲜族人民的民俗、审美和文化特色。踩地神是朝鲜半岛最古老的岁时风俗之一，迁徙到中国的朝鲜族群众，传承祖先们的文化遗产，对踩地神的内容和形式不断加以丰富创新，逐渐发展成为朝鲜族民族文化。每年春节至元宵节，村里有权威的长者们便会策划和组织踩地神。首先，召集二十多位村民组建一支踩地神队；然后，应疾病缠身或生活不顺利的家庭邀请，带领游戏队到各家各户拜酒点香，祈愿平安吉祥；队员们用力脚踩大院和屋内等处，载歌载舞，慰劳地神，借地神的保佑赶走病魔邪气，保佑太平吉祥、安康和谐。2011年，朝鲜族踩地神被列入吉林省非物质文化遗产名录。

口述人简介： 李光平，1944年12月29日出生在延边州延吉县开山屯镇，曾担任延吉县朝阳公社广播站长、乡党委宣传委员，以及龙井市文化馆长等职务，并常年从事群众文化理论、民俗研究，以及摄影工作。为保持和推广延边地区非物质文化遗产项目，李光平曾用二十余年时间，深入延边各地农村，调查、整理包括朝鲜族踩地神、烧月亮房、传统丧葬礼等多种非物质文化遗产项目，积极推动这些非物质文化遗产项目在基层的普及。

朝鲜族自跨江来

踩地神是我们朝鲜族人民的传统民俗活动。因此，大家若想了解踩地神的历史渊源，需先从朝鲜族的历史开始讲起。众所周知，我国朝鲜族不是土生民族，而是从朝鲜半岛迁徙过来的，也就是跨界民族。其历史可以追溯至1880年，那时的朝鲜半岛正经历三年自然灾害，农田一片荒芜，人们只好采树皮草根充饥，甚至易子而食。饥寒交迫的朝鲜农民迫不得已，只好背井离乡，越过鸭绿江和图们江来到中国，在两江一带开垦。一开始是早晨过来开垦，夜晚返回驻地，后来是春天过来务农，秋天收割后回乡。久而久之，为了减轻路途的负担，村民们索性把整个家族搬迁过来定居了。

据资料统计，清光绪七年（1881年），延边地区朝鲜族已达1万人。另外，在大量朝鲜族人民迁移至东北地区的同时，清政府也逐渐意识到朝鲜族人民管理工作的重要性。那时正值清政府解除封禁令，意识到要开始强化东北地区的土地开垦，他们看到朝鲜人民过来开垦荒地、务农繁衍，希望可以掌握这部分朝鲜族，这样一来巩固东北地区的政权统治就轻松得多了，从而默认朝鲜族人口的迁移定居。

1884年9月，清政府在和龙峪（现智新村）设通商局等管理机构，派遣官员组织并管理朝鲜移民，允许迁移的朝鲜人加入中国籍，通过他们开发并巩固边疆。这样一来东北地区朝鲜族人口激增，即形成了我们今天所说的朝鲜族社会。后来到1900年，日本攻占朝鲜半岛，朝鲜民族的知识分子为寻求自己祖国生存与发展之路，到海外及中国境内形成自己的民族地区，壮大力量以求实现祖国光复。这样一来，朝鲜半岛内大部分有特权、有能力的高干和知识分子都来到了东北地区，他们在这里建私塾、办学校，极大程度地提高了在这里生活的朝鲜族人的知识水平与素质。

从朝鲜半岛搬迁而来的朝鲜族人在携家带口的同时，也把他们原来固有的民俗传统体育活动等民族文化一起带来东北地区。朝鲜族移民过来以后，首先要解决是最基本的住宿与温饱问题，在生活稳定后，才有空闲的时间开展民族传统文化活动。

中华人民共和国成立前，延边朝鲜民族民俗活动中最有特色的就是延吉县明月村岛安沟集团移民部落。当年，大部分文化活动都是由移民至岛安沟的原朝鲜民族骨干们组织开展的，他们是于1938年3月从朝鲜庆尚南道集团移民到延吉县明月村岛安沟和朱家屯（1948年划归安图县）的部落，这些部落移民大多保持着各项朝鲜族民俗活动，在传统文化活动的普及中起到至关重要的牵头作用。

朝鲜族非常崇尚月亮，我们以月亮的阴晴圆缺划分季节，确定耕种务农的时间安排，也因此认为月亮可以为我们带来光明与希望，所以每逢正月十五，家家户户都会参加相关的传统民俗活动，来赞美歌颂月亮。如正月十五元宵节期间，举办踩地神、烧月亮等传统民俗活动。

岛安沟部落踩地神活动始于1940年正月十五元宵节，当时屯里老人患病，人们认为通过踩地神能辟邪，便邀请村子里的首领来自己家踩地神，避避邪。忙碌了一年的村民在辞旧迎新欢度元宵佳节之际，通过踩地神游戏表达对地神等图腾信仰的尊重，以求保佑全家及全村人民的幸福吉祥，也寄托了对来年丰收安康的期盼，这样的游戏活动自创办以来就已根植于朝鲜族人民心中，一直延续至今。

齐踩同唱佑乡民

踩地神开始时，我们会组建二十余人的游戏队，大家都身穿农乐舞服饰或朝鲜民族服装，打着彩旗，唱着民谣，音乐是农乐舞曲或盘索里等民间歌谣，道具是每家准备的特色食品、农乐舞道具、用稻草编结的高尖帽和打糕道具。部分人戴假面具，伴奏乐器是四物乐的大锣、小锣、鼓、长鼓等。

活动一开始，游戏队的成员聚集在一起，配合乐队一起敲锣打鼓，在邀请者家门口由领唱呐喊："当家、当家快开门，不开此门俺回走。"其余成员则附声吆喝："哦嗨啦，地神，踩啊、踩啊，踩地神。"

这时，邀请一方的居民会抬着备好的米酒和小菜的小桌子，打开大门相让，敬酒菜来欢迎我们，游戏队也边喝边吃一起跳舞，脚踩地面，互相祝福。此后邀请者引导游戏队进屋，屋里火炕上摆着桌子，桌子上放了猪头、苹果、糕等食品，在铁锅盖上放着大米，大米中间插着三根蜡烛，分别象征天、地、人，这些东西都是给地神准备的。人们点火烧香向地神祭拜，其中寓意：佳节临近，我们举办踩地神活动，请地神您为我们带来吉祥，感谢地神。

游戏队进屋祭拜后便开始唱歌跳舞，寓意让地神保佑屋主。然后，游戏队开始一个角落一个角落地用脚踩地，踩地的时候边唱边跳，领唱吆喝道："踩厨房，像烘烘火焰富起来；踩酱缸边，酱味香，合家安康；踩米缸边，溢出五米，人人和谐；踩屋边，家人康福，合家和睦。"大家合唱道："哦嗨啦，地神，踩啊、踩啊，踩地神。"大家与屋主互相敬酒，寓意慰劳地神，既让地神高兴，也让参与活动的人得到地神的保佑。

最后，游戏队在场院踩地，邀请者则把家里的米和钱分装好送给游戏队，游戏队便转移到下一家。一天下来，各户人家给的米和钱归踩地神游戏队支配，用于游戏队的管理与排练，多余的钱则用于解决处理困难户的补助问题，绝不分配给个人私用。通过这些活动，人与人之间的关系更密切了，村子也更加团结，同时村民们从精神上得到慰藉，心里想着地神保佑我，保佑我家，保佑我亲戚，今年能得到丰收。

文化工作塑新生

我父亲生于1920年，他们那辈在朝鲜的咸镜北道镜城郡生活，那一带山沟较多，土地贫瘠，生活贫困，每年务农的粮食还不够温饱。1939年，日军占领我祖父的故乡并在那里建立军事仓库，把当地居民都赶出去了。

当时，我祖父的大儿子，也就是我大伯在延边龙井生活，家里便决定迁移到龙井与大伯汇合，并在龙井暂居。那时父亲20岁，年轻力壮，听说延边龙井那一带开山屯铁路招工，招雇临时工，父亲便在第一时间前去应聘。从那时起，父亲就在铁路工作，从最底层开始勤勤恳恳工作，中华人民共和国成立后已是开山屯铁路的站长了。可以说，祖父和父亲那一辈都是朝鲜半岛的穷苦农民，靠种田务农勉强维持生活，直到1939年移居龙井，情况才稍有改观。

我于1944年出生于开山屯，我三岁那年生了一场大病，眼睛肿得看不清东西，那时父亲的工作才刚刚起步，没有工资，靠铁路发些粮食过日子，家里自然没什么余钱医治，父亲到处借钱为我治病，总算保住了其中一只眼睛，可惜从那时起我左眼就失明了。

1953年，我在开山屯念小学一年级，那一年父亲被调往安图铁路火车站，我们家也跟随父亲搬到安图，我在那儿完成了小学学业，进入了中学。1960年我念初中一年级时，父亲调往敦化铁路火车站，搬到敦化后我在那儿完成了初中学业。1962年刚上高中时，父亲又调往朝阳川工作，我在朝阳川完成了高中学业。虽然我们家一直随着父亲的工作调动而搬家，我也因此频繁转学，但我的功课并没有因此受到影响。1965年我高中毕业，学习成绩优异，预测可考上重点大学，然而因为身体原因，也就是左眼失明的问题，我被取消了入学资格。

没能上成大学，我高中毕业后就下乡到延吉县朝阳公社太东大队第四队务农了。由于我早先在学校时是学生会干部，思想品德和学习成绩都非常优秀，是入党的积极分子，因此下乡时，学校老师和领导都着重向朝阳公社党委介绍了我。1966年5月，我在下乡第6个月时就光荣地加入中国共产党。

1969年国庆，我结婚成家，县团委把我调到朝阳公社，我在那从事宣传干事的工作。两年后，我被提拔为广播站长，那时广播站有个姓崔的先生，会一点摄影，因此我在从事广播工作的同时开始向他学习摄影技术，1977年时我已经可以独立地完成拍摄了，那时拍摄的底片我都保留到了现在。

到了1980年的时候，我成为朝阳公社宣传委员，主要负责宣传工作与文字材料写作。在那工作一年后，我又被党委安排蹲点、包管帽儿山脚的凤林大队工作。当时，凤林大队的民兵活动和青年活动举办得有声有色，我用文字和照片一一记录下来，认为这有一定的形象价值和普及价值，便汇报给党委领导，受到了领导的表扬，鼓励我多做这样的宣传工作，立即决定在凤林大队召开全公社思想政治工作现场会并进行凤林大队思想工作成果图片展。在展览会上我们展出了一百多幅凤林活动的照片，向来访领导介绍活动开展经验，效果非常好。延吉县党委宣传部一看，认为我利用摄影照片并加以文字来进行宣传活动，创造了宣传部门一种新的宣传形式，为此对我的工作大加赞赏。

在那一年召开的吉林省宣传战线先进集体先进个人表彰大会上，我被评为先进个人。此后的 1984 年 6 月，我们市委组织部里培训骨干，通知朝阳公社安排人选。当时我已经在公社工作十五年了，心想这应该是最后一次上大学的机会了，就向党委书记提出自己参加电大培训班的意愿。领导一开始没有答应，因为我在公社里负责的工作较为重要，短时间内没办法完成工作交接。后来经过再三商议，为了我个人发展还是同意我去参加电大的培训。

我在电大念了两年书，参加党政班，学习政治文化课，同时也学习文学论、艺术概论等课程。在学习过程中，我对摄影创作进行了深入的分析，将学习到的专业理论和已有的摄影实践经验结合起来，拍摄了一幅名为“一寸光阴一寸金”的摄影作品，后来在 1991 年的吉林省民委与省摄影家协会联合举办的少数民族摄影展中获一等奖。我毕业论文写的是关于审美能力的作用，结合摄影工作的实践经验，之后论文顺利发表。待到 1986 年我毕业时，组织部把我调到县文化馆任职馆长。

到文化馆任职后，我的主要工作是组织开展全县的群众文化工作，对县里的文化活动进行调查总结并提出相应的改进措施。当时，我用了一年半的时间深入村镇田间进行调查，记录村民们的文化生活和民族特色，并从中发现了许多典型的东西。以端午节为例，村民的节日活动包括跳板、秋千、摔跤、跑赛，还有踢毽等，饮食则有米肠、米酒等。

1995 年，在我的建议下，市文化局组织民众举办端午节日活动，效果很好，这个端午节的民俗活动一直延续到今天。后来市文化局准备在开山屯组织民族集体舞，那里的朝鲜族特色民俗舞蹈较为活跃。我在开山屯进行实地考察，便安排我们文化馆的舞蹈专家去开山屯镇里对民俗活动进行整理，并在民间活动的基础上，结合专业技能要领，对舞蹈进行编排，同时在群众中进行普及。

后来，龙井市民族事务委员会计划记录并制作朝鲜族民俗大型纪录片和画册，看中了我照相方面的工作能力，安排我和一名作家及摄像师组成工作小组，从事相关工作，我们在安图县录制了端午节的民族表演活动，非常壮观。其中让我印象最深的是他们的拔河项目，与一般的拔河项目不同，这个拔河项目是省级的非遗项目。

自那时起，我对民族文化活动的兴趣越来越浓，外出拍摄的时间自然也是越来越多，对我负责的文化馆行政工作难免有疏忽遗漏的地方，久而久之，文化馆的同志们对我的工作提了许多意见，我诚恳地接受同事们的批评，并于1991年3月提出辞去馆长职务及摄影美术部主任身份，专心从事摄影工作和民俗调查工作，自那时起，我真正地爱上了民俗活动。

1992年，我们出版了《中国朝鲜族民俗画册》一书。1994年，在韩国举办的世界朝鲜民族影像比赛中，我们获得了特别奖。自那以后，我的主要精力都放在了民俗活动摄影上，很少涉及行政工作了。1995年7月，市文化局重新任命我为龙井市文化艺术中心副主任，主管文化馆工作。为了民俗文化的调查，我于2000年12月辞去所有职务，提前4年病退。

摄影工作非常辛苦，且常年漂泊在外，在家照顾家人的时间所剩无几，但我也清楚自己身上的责任，须抓紧时间对有限的民俗活动进行整理和记录，以求不给后人留下遗憾。因此，我下定决心，全力从事民俗文化活动及其历史的调查工作。1999年10月开始，我花了10年时间，骑摩托跑了3.5万公里，走访了100多个村屯，采访了600多位老人，进行民俗文化的调查和研究。那个年代的录音机、摄像机质量远赶不上现在，每次采访时先用录音机记录下与老人们的聊天，再用摄像机拍摄相关的影像资料，内容涉及朝鲜族民间活动的历史、风俗、文化等，并对录音内容进行口述资料整理，编写了一本90余万字的口述史书籍，用朝鲜文发表，延边人民出版社出版。2012年，同事以我这些年的摄影图片成果为主，重新编排了大型画册《中国朝鲜族民俗写真录》，被誉为中国朝鲜族民俗的代表性画册。

2005年，政府相关部门开始对非物质文化遗产的申报资料进行审核整理，当时我在村里拍摄民间活动，并没有留意，直到2006年5月，相关部门举办第1届非物质文化遗产演出活动，我前去观看，发现这一工作非常有价值，同时思考我们本地有什么项目可以向上申报。

从1987年开始，我就着手调查记录安图县明月镇新屯村的民俗活动，新屯村于1948年前属于延吉县。在调查记录的过程中，我看到当地村民举办的踩地神、烧月亮房等民俗活动，极具当地特色。我还记得儿时在安图县念书时也曾见过当地农民排练过这样的民俗活动。后来经过调查，我发现朝阳川、开山屯、三合等地也有几个地方同样有踩地神和烧月亮房活动的记录。因此，我认为这是属于我们朝鲜族特色的民俗活动。

我将相关资料整理后向领导汇报，开始申报踩地神和烧月亮房活动为非物质文化遗产项目，之后对活动进行文献资料查找、整理、活动复案等工作。在文字资料整理过程中，我发现不少文字资料中都记载了相关活动的开展情况，而且这几年间我拍摄的照片中也有相关活动的记录，这些资料足以支撑两个项目的非遗申报工作。

关于踩地神的文字和照片记载，最早可追溯至1943年伪满洲国在长春举办的民族代表表演大会。当时延边的朝鲜族正在开垦荒地，并把朝鲜半岛原有的习俗活动带到了东北地区，新屯朝鲜族是踩地神游戏的带头人。

中华人民共和国成立后，1954 年，民族出版社出版了《延边朝鲜民族自治区画册》，朝鲜文版本画册的第 30 页有中华人民共和国成立五周年时的庆典现场照片，当时朝鲜族民众进行的正是踩地神活动。我把照片的复制件带到安图县找老一辈文艺工作者考证，照片里老人的身份都得到了一一落实，确定这正是安图县本地的活动。

再后来 1987 年，我开始调查新屯民俗，拍摄过好几次百姓举办踩地神的照片。往后 1991 年、2000 年、2001 年、2006 年、2014 年、2019 年、2021 年，我又多次前往新屯拍摄踩地神游戏和烧月亮房等活动。我认为这两个活动都有着深厚的民族文化底蕴，并生动地体现了新屯人民的日常生活和精神面貌，再加上这几年调查工作总结出来的文献记载、图片记录成果，市里领导也非常肯定，认为这次申报非遗项目势在必得。2009 年 6 月，上级成立工作小组，开始对踩地神项目与烧月亮房两个项目的申报材料进行审核，正式进入非遗项目申报程序。2011 年 10 月，延边朝鲜族踩地神项目被批准列入第三批吉林省级非物质文化遗产名录。

民族文明谁肩负

随着城镇化进程的加快，以及老一辈传承人相继离世，朝鲜族踩地神游戏面临着较为严峻的传承困境，具体表现为传承人流失、活动经费短缺等方面。

近年来农村人口流动频繁，中年传承人和年轻人大量流失，大部分老人也被儿女们接到城市生活，村里留下的居民日益稀少，民俗传承人所剩无几，组织民俗活动的骨干几乎没有了，民俗游戏活动难以开展，即使组织踩地神等活动，前来参加的基本都是年过花甲的老人，游戏队伍中的年轻人凤毛麟角。更有甚者，朝鲜族有每年元宵节举办扬歌大会的传统，由于本地居民人数不足，还得从邻村借调。

除人口流失外，经费短缺也是活动传承开展的另一大阻碍。目前，活动经费大多由活动人自己承担，没有经费保障，很多活动只得局限于几处地方，而且也无法按时组织活动，同时还面临人们由于价值观的改变而不愿参加的问题，以至于众多民族习俗传承形势严峻。同样，朝鲜族踩地神也面临岌岌可危的传承困境，若再不认真保护和传承，很快就会失传。

访谈后记

我们是在吉林省延边州龙井市文化馆会议室采访的李光平老先生，老人家个子不高，左眼失明多年，但整个人身上散发着无限的活力。老人语调平和地向我们讲述他坎坷的人生经历和执着的人生信念，讲述他对延边朝鲜族传统文化的热爱。很难想象身体残疾的他，20 多年来，独自一人骑着摩托车，在朝鲜族聚集区翻山越岭，风餐露宿，记录当地朝鲜族的风土民情。让人尤为感动的是，为了能够有更多、更自由的时间拍摄和采访，他前后两次辞去行政领导职务，走访了 100 多个村屯，采访了 600 多位老人，参加了众多民俗活动，留下了 200 多万字的珍贵的口述史资料。

对于踩地神这项朝鲜族传统民俗活动，李光平有自己的理解，这个集祭祀、祈福、驱邪、游戏、娱乐为一体的民间习俗，是朝鲜族大众节庆民族文化活动之一。它起源于一衣带水的朝鲜半岛，又被移民到延边的朝鲜族人民原汁原味地保留了下来。他认为从该项民俗活动中，人们能够了解到朝鲜族民俗、朝鲜族民间信仰和生活情趣等。如今的踩地神民俗活动，由于年轻人流失、无人传承而陷入困境，李光平老先生对我们的工作寄予了很大的期望，他希望朝鲜族的传统民俗能够得到应有的重视，朝鲜族传统文化不要就此消失了。

研究团队与传承人李光平工作照